公司法诉讼实务十八讲

邵兴全 编著

北京大学出版社
PEKING UNIVERSITY PRESS

图书在版编目(CIP)数据

公司法诉讼实务十八讲／邵兴全编著. —北京：北京大学出版社，2023.4
ISBN 978-7-301-33834-6

Ⅰ.①公… Ⅱ.①邵… Ⅲ.①公司法—民事诉讼—研究—中国 Ⅳ.①D922.291.915

中国国家版本馆 CIP 数据核字（2023）第 045907 号

书　　　名	公司法诉讼实务十八讲 GONGSIFA SUSONG SHIWU SHIBA JIANG
著作责任者	邵兴全　编著
责 任 编 辑	陆建华　陆飞雁
标 准 书 号	ISBN 978-7-301-33834-6
出 版 发 行	北京大学出版社
地　　　址	北京市海淀区成府路 205 号　100871
网　　　址	http://www.pup.cn http://www.yandayuanzhao.com
电 子 信 箱	yandayuanzhao@163.com
新 浪 微 博	@北京大学出版社 @北大出版社燕大元照法律图书
电　　　话	邮购部 010-62752015　发行部 010-62750672　编辑部 010-62117788
印 刷 者	北京市科星印刷有限责任公司
经 销 者	新华书店
	720 毫米×1020 毫米　16 开本　31.75 印张　587 千字 2023 年 4 月第 1 版　2023 年 4 月第 1 次印刷
定　　　价	128.00 元

未经许可，不得以任何方式复制或抄袭本书之部分或全部内容。
版权所有，侵权必究
举报电话：010-62752024　电子信箱：fd@pup.pku.edu.cn
图书如有印装质量问题，请与出版部联系，电话：010-62756370

一本独具特色的公司法实务书（推荐序）

十年前，本书作者邵兴全博士跟随我做民商法博士后研究工作。在此期间，他不仅到北京市平谷区人民法院民二庭挂职锻炼，增加了对公司法及商法的实践经验，还积极参与我主持的课题研究，比如"黑名单制度研究""中国企业社会责任立法重大问题研究"等。在课题研究过程中，他能积极提出问题并有效解决，尤其他对问题的归纳、整理能力，令我印象深刻。博士后出站后，他专注于股权及公司法实务的操作和研究。十年下来，取得了甚为显著的成绩。前些日子，他与我联系，告知其近期完成了关于公司法诉讼实务的著作，请我为该书作序。该书凝聚了他近十年来对公司法诉讼实务的思考与总结。作为他的导师，看到他在紧张的工作之余，还能继续保持写作，甚为高兴，便欣然应允。

公司法，作为商事基本法，如何因应商事实践的需要，解决各种矛盾与纠纷，平衡各方利益，理论上的建构自必不可少。但公司法作为实践性极强的部门法，亦需要法官、律师等的积极参与，从而形成理论界与实务界的良性互动，共同推进公司纠纷的解决及公司法理论的创新。本书就是从实务角度，以公司法及相关司法解释确立的相关制度为基础，删繁就简，对公司诉讼的裁判规则进行了提炼、归纳与总结。

本书对内容与形式的安排别具一格，具有以下特色：

第一，内容上，本书不追求"大而全"，打破按公司纠纷案由进行编写的传统思路，按公司生命周期，对公司诉讼中普遍或前沿的问题，有所取舍，归纳、整理出18个专题进行撰写。每讲内容短小精悍，没有多余的套话、废话。

第二，形式上，每讲辅之以案例，对每部分内容加以强化或补充，尤其案例的编写，不但有常规的裁判要旨、基本案情等要素，更增加了法律关系图、实务要点等内容，令人一目了然。

第三，针对前沿、疑难，甚至尚有一定争议的问题，本书也进行了一定的回应。比如，关于公司法定代表人、公司印章、对赌协议及股权让与担保等问题，本书设置了专题进行讲解。又如，对章程能否限制股权转让、股权变动的公示及股东能否查阅原始会计凭证等具体问题，作者提出了自己的观点。

本书的上述特色使其具有突出的实用价值及可读性。当然,本书中诸如公司清算专题等尚显简要,没有展开。一些观点,也是作者的一家之言,有待探讨与商榷。但瑕不掩瑜,作为作者的导师,为其新书出版感到高兴的同时,也将本书推荐给读者,望其有效地助力于公司法律实务的开展。

中国法学会商法学研究会会长、
中国政法大学教授

二〇二二年十一月一日

探寻公司诉讼之美(代前言)

为什么写本书?

这些年,笔者带领团队,致力于股权及公司法领域的持续深耕。不但在股权设计、公司并购等非诉领域有所收获,而且代理了不少争议较大的股权转让、控制权争夺等公司诉讼案件。为了厘定诉讼策略,实现案件代理目标,笔者不得不持续研习公司法理论,研读法院案例,归纳、整理裁判观点,再将之运用到具体案件的代理中。这种往返于理论与实践的做法,逐渐加深了笔者对公司法的实践认知,帮助笔者掌握了公司诉讼的执业技巧。

在代理案件的过程中,笔者深深感受到公司诉讼不像传统的民商案件法律关系单一、呈线性的诉讼形态,而是具有极强的综合性与系统性。许多案件可能既涉及程序问题;又涉及实体问题;既涉及公司法,又涉及民法基本理论,甚至关涉行政法、刑法,具有极强的交叉案件性质。这一点,在公司控制权争夺纠纷中体现尤为明显。公司诉讼之所以呈现这种特点,不但与涉诉主体多元,交易结构设计复杂有关,还与公司法兼具组织法、程序法及行为法的特征有关。

公司法规则的构建既精妙又繁复,公司纠纷也往往跌宕起伏,婀娜多姿。为了梳理公司诉讼的解决之道,展现处理公司诉讼的精髓,笔者结合自身代理公司诉讼多年的实务经验,以公司法及其系列司法解释为基础,直击公司诉讼中的重点、难点,以期带领读者走出公司诉讼的"迷雾",探寻公司诉讼之美。同时,也将本书作为笔者拟撰写的"公司法实务三部曲"系列图书的第二本。

本书有什么内容与特色?

公司作为商业组织形式之一,已经成为人们创造财富的主要工具。在公司的生存与发展的过程中,必须将各种生产要素集合起来,而这些生产要素的提供者就自然成为公司的利益相关者。公司的利益相关者主要包括股东、债权人、供应商等。这些利益相关者之间的诉求与目标往往不一致,进而容易引发冲突。良好的公司治理可以使公司正常运转,解决部分冲突。但当通过公司治理机制无法化解利益相关者之间的冲突时，司法的干预往往成为化解矛盾的有效手段。本书的主要内容，就是讲述公司法规则及法院如何运用这些规则化解利益相关者之间的冲突。本书沿着公司的生命周期展开，从设立到清算，共分为18讲，标题如下：发起人责任、股东资格确认、股东出资、对赌协议、股权转让、股权让与担保、公司人格否认、股东知情权、公司决议、法定代表人与公司印章、关联交易、董监高责任、公司盈余分配、股东代表诉讼、公司对外担保、公司司法解散、公司清算和清算责任。

为了讲清楚公司诉讼中的裁判规则，引领读者找到解决问题的方法及路径，本书在体例及内容上，具有以下特色：第一，在体例上。本书打破惯有的按照公司法案由进行编写的结构，按公司成立、运作及清算的生命周期进行编写；不追求面面俱到，而是以常见及前沿的公司纠纷为重点，归纳出18个专题进行撰写；每个专题采用论述加案例形式，总体上体系完整又独立成章。第二，在内容上。本书注重将公司法原理运用于纠纷的解决；每个章节繁简有度，其他书籍、文章论述较多的，本书略写，对于重点及前沿的问题，本书详写；当遇到有争议的观点时，笔者并不罗列各种观点，而是给出自己的判断及理由。

本书解决什么问题？

面对丰富多彩的公司法实践，任何一本公司法书籍都不可能解决所有的问题，本书也不例外。为此，本书致力于解决以下问题：

第一，本书将公司法的基本原则或原理贯穿于公司纠纷的解决。我们知道，当面对公司利益相关者之间的利益冲突时，有诸多原则或原理为公平、合理地解决公司纠纷提供理论支撑。笔者简单归纳了一下，起码不下10条，比如意思自治、公示公信及商事外观主义、资本多数决、程序正义、信义义务及商业判断、股东有限责任、权利不得滥用、股权自由转让、资本维持、人合性等。这些原则或原理有着调和利益相关者之间利益冲突的功能，各有其适用范围，比如"资本多数决"往往决定着公司决议的有效性；"资本维持"原则影响对债权人利益的保护；"人合性"原理是构建股东优先购买权的基础等。能否深刻理解这些原则或原理，且熟练地运用于公司纠纷的解决，往往成为公司法诉讼专业律师与其他律师的重要区别。为此，本书将带领读者逐步掌握并运用这些原则或原理，助力于公司纠纷的解决。

第二，本书以高度精练的内容，提供了绝大多数公司诉讼的裁判规则。这些年，在研习公司法的过程中，笔者发现无论是公司法教科书，还是实务类书籍，体量均不小，若从头到尾看完，需要花费不少时间。为了节约读者的阅读时间，出版一本体量适中、操作性强的精要类公司法书籍，便成为笔者追求的目标。在阅读本书的过程中，读者可以发现,如果忽略【案例进阶】中所讲的案例,正文内容其实已不多。

第三,本书选择适当的典型案例,解决理论与实践脱节的问题。如果仅仅进行理论研习,容易导致"知易行难"。为了实现"知行合一",笔者从最高人民法院指导性案例、最高人民法院公报案例及国家法官学院案例开发研究中心编写的年度案例中,精选出67个典型案例,用以强化或补充正文中的观点。同时,为便于案例阅读与理解,每个案例均按照"案例名称""案例来源""裁判要旨""基本案情""法律关系图""裁判过程及理由""实务要点"进行编写。

此外,需提醒读者的是:第一,由于本书不是按照公司法纠纷案由进行编写的,因此,纠纷诉讼程序操作要点不是每一讲均具备。没有相应诉讼程序操作要点的专题,需要结合具体案情,确定当事人、管辖法院等。第二,由于案例所涉裁判文书比较冗长,在编写时,笔者对案例进行了适当的处理与简化。需要阅读裁判文书原文的读者,可以依据案件名称及案号,在中国裁判文书网等相关网站下载裁判文书原文。第三,一些案例形成的时间离现在比较久,因此,案例中涉及的法律、法规及司法解释当下可能已被废止或替换,需要读者多加注意。

致 谢!

十年前,当我博士毕业,对自身职业发展迷茫之际,有幸遇到中国政法大学赵旭东教授。赵老师"有教无类",同意让我跟随他做民商法方向的博士后研究。跟随赵老师做博士后研究期间,我不但体会到赵老师治学的严谨,对公司法研究的精深,也以此为契机,改变了自己的执业方向。结合对公司法的研习,我决定将股权及公司法实务作为律师执业方向。十年下来,已初见成效!在此,首先感谢赵老师一直以来对我的关心与支持!

这些年,做业务、写作、代理案件,逐渐变得忙碌。有时无暇顾及家人,在此,感谢我的妻子、孩子等家人们的理解与支持!我深深地爱你们!

在带领团队的过程中,基于团队的分工与协作,团队成员朱雪萍律师、杨璐律师和杨爱律师分担了我大量的具体工作,使我有时间专注于本书的写作,在此,谢谢你们!

在一路成长的过程中,得到了许多师长、同学和朋友的支持与关心,在此一并感谢,"友谊地久天长"!

最后,感谢北京大学出版社蒋浩老师和本书责任编辑陆建华、陆飞雁老师的支持,使本书得以顺利出版!

邵兴全
2022年10月9日于蓉城

凡 例

1. 本书中法律、行政法规名称中的"中华人民共和国"省略,例如《中华人民共和国民法典》简称《民法典》。

2. 本书中下列司法解释及司法指导性文件使用简称:

(1)《最高人民法院关于适用〈中华人民共和国公司法〉若干问题的规定(一)》,简称《公司法司法解释(一)》。

(2)《最高人民法院关于适用〈中华人民共和国公司法〉若干问题的规定(二)》,简称《公司法司法解释(二)》。

(3)《最高人民法院关于适用〈中华人民共和国公司法〉若干问题的规定(三)》,简称《公司法司法解释(三)》。

(4)《最高人民法院关于适用〈中华人民共和国公司法〉若干问题的规定(四)》,简称《公司法司法解释(四)》。

(5)《最高人民法院关于适用〈中华人民共和国公司法〉若干问题的规定(五)》,简称《公司法司法解释(五)》。

(6)《最高人民法院关于适用〈中华人民共和国民事诉讼法〉的解释》,简称《民诉法司法解释》。

(7)《全国法院民商事审判工作会议纪要》,简称《九民纪要》。

(8)《最高人民法院关于适用〈中华人民共和国民法典〉有关担保制度的解释》,简称《民法典担保制度司法解释》。

目录

第一讲 发起人责任

一、发起人的界定 … 003
- (一)发起人应具备的条件 … 003
- (二)发起人资格的特殊限制 … 004
- (三)发起人之间及发起人与股东之间的关系 … 004
- (四)公司设立协议与公司章程之间的关系 … 005
  - 【案例进阶1】公司设立过程中的投资权益能否转让? … 006

二、公司及发起人的责任承担 … 009
- (一)发起人为设立公司,以自己名义对外签订合同时的责任承担 … 009
- (二)发起人为设立公司,以设立中公司名义对外签订合同时的责任承担 … 010
  - 【案例进阶2】发起人以设立中公司名义对外签订合同,公司成立后发起人是否需要承担合同责任? … 011
- (三)公司未成立时,发起人对公司设立行为产生的费用和债务承担 … 013
  - 【案例进阶3】公司未能设立,发起人是否有权按其出资比例分配公司设立阶段的盈利? … 015
- (四)发起人因设立公司而发生的职务侵权行为的责任承担 … 018

三、公司设立及发起人责任诉讼程序操作要点 … 018
- (一)公司设立纠纷与发起人责任纠纷的区分 … 018
- (二)公司设立纠纷与发起人责任纠纷的管辖 … 019
- (三)法律依据 … 019

第二讲 股东资格确认

一、股权的取得方式 ... 023
    (一)股权的原始取得 ... 023
        【案例进阶4】在有限责任公司中,股东持股比例与出资比例
                可否不一致? ... 024
    (二)股权的继受取得 ... 026

二、股东资格的确认标准及证据 ... 028
    (一)股东资格的确认标准 ... 028
    (二)确认股东资格的证据 ... 029
        【案例进阶5】出资行为能够证明出资人具有股东资格吗? ... 029

三、公司违反股权登记义务时,对股东的救济 ... 033
    (一)公司未履行股权登记义务的情形 ... 033
    (二)公司未履行股权登记义务时的救济 ... 034

四、隐名持股 ... 034
    (一)何为隐名股东与名义股东 ... 034
    (二)隐名出资协议的法律效力 ... 034
    (三)隐名股东如何显名化 ... 035
    (四)名义股东对其名下股权的处分效力 ... 036
        【案例进阶6】名义股东破产后,应优先保护名义股东债权人的
                信赖利益吗? ... 037
    (五)名义股东的出资责任 ... 040
    (六)隐名出资中股权的强制执行 ... 041
        【案例进阶7】隐名股东能否对抗名义股东债权人申请的强制执行? ... 041

五、冒名及借名投资 ... 045
    (一)隐名投资、冒名投资及借名投资的辨析 ... 045
    (二)冒名投资中的责任承担 ... 046
    (三)借名投资中的责任承担 ... 046

六、股东资格确认相关纠纷诉讼程序操作要点 ... 046
    (一)股东资格确认相关纠纷的区分 ... 046
    (二)股东资格确认相关纠纷的管辖 ... 047

（三）法律依据　　047

第三讲 股东出资

一、注册资本认缴制及出资　　051
（一）注册资本认缴制　　051
【案例进阶8】修改出资期限的决议应经全体股东一致通过吗？　　053
（二）出资　　056
【案例进阶9】如何认定口头出资协议的合同目的及解除？　　057

二、出资规范　　061
（一）出资的形式　　061
（二）股东出资的法定要求　　062
【案例进阶10】专有技术出资后，出资股东又申请了专利权，公司能否要求股东将专利权变更至公司名下？　　064
（三）公司增资与减资　　068
【案例进阶11】有限责任公司增资时，股东对其他股东放弃认缴的增资份额有优先认购权吗？　　069
【案例进阶12】不同比减资需要经过全体股东一致同意吗？　　073
（四）股东抽逃出资　　076
【案例进阶13】资本公积转为股东对公司的借款债权，构成变相抽逃出资吗？　　079
（五）特别出资行为的效力认定　　083
【案例进阶14】股东可以通过债转股方式履行出资义务吗？　　087

三、违反出资义务的民事责任　　090
（一）股东对公司的补缴及发起人股东的连带责任　　090
（二）股东对其他股东的违约责任　　090
（三）股东对公司债权人的"补充赔偿责任"　　090
（四）股东权利受限或丧失资格　　091
（五）股东出资责任中的诉讼时效及举证责任　　091
【案例进阶15】已履行出资义务的发起人，应对其他发起人未履行的出资义务承担连带责任吗？　　091

四、股东出资相关纠纷诉讼程序操作要点　　095
（一）股东出资相关纠纷的区分　　095
（二）股东出资相关纠纷的管辖　　095
（三）法律依据　　096

第四讲　对赌协议

一、对赌协议概述　　099
（一）对赌协议的基本含义　　099
（二）对赌目标　　099
（三）对赌协议的分类　　099
【案例进阶16】对赌失败后，按约定公式计算出的业绩补偿款为负值时，应如何处理？　　100

二、对赌协议的效力及履行　　104
（一）对赌协议的效力　　104
（二）对赌协议的履行　　104
【案例进阶17】对赌失败后，目标公司为股东之间的股权回购提供连带责任担保是否有效？　　105

第五讲　股权转让

一、股权转让概述　　111
（一）股权转让的基本含义及特征　　111
（二）股权转让与其他民事法律行为的区分　　111
【案例进阶18】股权转让，还是股权收益权转让？　　114
（三）股权变动　　118
（四）股权转让纠纷的法律适用　　120
【案例进阶19】分期付款买卖合同解除制度能否适用于分期付款股权转让合同？　　120

二、瑕疵出资股权转让　　123
（一）瑕疵出资股权转让合同的效力　　123
（二）瑕疵出资股权转让后出资责任承担　　124

【案例进阶20】目标公司不能取得危险化学品经营许可证,受让人能否解除股权转让合同? ... 125

三、股权转让的限制与审批 128
(一)股权转让的限制 128
【案例进阶21】非上市股份公司章程能否限制股东转让股份? 129
(二)股权转让的审批 132

四、股权转让中的附随义务与披露义务 133
(一)股权转让中的附随义务 133
(二)股权转让中的披露义务 134
【案例进阶22】股权转让中,如何确定受让方的谨慎注意义务? 135

五、一股二卖及股权转让中的善意取得 139
(一)一股二卖与冒名转让股权行为的区分 139
(二)一股二卖情形下,第三人善意取得股权的法律适用 140
(三)第三人善意取得股权时,受让人权益的保护 140
【案例进阶23】两份股权转让协议均有效时,应该向谁实际履行? 141

六、股权转让中的预约合同 144
(一)预约合同的基本含义及法律性质 144
(二)预约合同与本约合同的区分 144
(三)违反预约合同的法律后果 144
【案例进阶24】股权转让合同中未分别明确股权转让价格,构成预约合同还是本约合同? 145

七、股东优先购买权 148
(一)股东优先购买权概述 148
【案例进阶25】股份有限公司章程可以规定股东优先购买权吗? 148
(二)股东优先购买权的通知与行使 152
(三)股东行使优先购买权时,"同等条件"的判断 153
(四)股东优先购买权行使期间 154
(五)股东放弃转让的处理 154
【案例进阶26】转让股东放弃转让时,其他股东可以强制行使优先购买权吗? 155
(六)损害股东优先购买权的救济 159

（七）股东优先购买权的特别规定　　160
　　　　【案例进阶27】无偿划转国有股权,其他股东可否行使优先购买权?　162

八、股权转让中的"阴阳合同"　　164
　　（一）"阴阳合同"的定义及产生原因　　164
　　（二）"阴阳合同"的效力认定　　164
　　　　【案例进阶28】股权转让中,如何认定用于登记机关变更登记的
　　　　　　　　　　　"阳合同"的效力?　　165

九、夫妻一方转让其名下股权　　170

十、国有企业股权转让　　170
　　（一）国有企业股权转让程序　　170
　　（二）违反国有企业股权转让程序的效力认定　　171
　　　　【案例进阶29】未进场交易的国有企业股权转让,如何认定其效力?　171

十一、股权转让纠纷诉讼程序操作要点　　175
　　（一）股权转让纠纷的基本含义　　175
　　（二）股权转让纠纷的管辖　　175
　　（三）法律依据　　176

第六讲　股权让与担保

一、股权让与担保识别　　179
　　（一）股权让与担保的基本含义　　179
　　（二）股权让与担保与股权质押、明股实债的区别　　179

二、股权让与担保的法律适用　　180
　　【案例进阶30】如何认定股权让与担保及其效力?　　181

三、股权让与担保的合同效力　　185

四、股权让与担保的对外效力　　186
　　（一）名义股东与公司之间的关系　　186
　　（二）名义股东与公司债权人之间的关系　　186
　　　　【案例进阶31】股权让与担保中,谁有权持有公司公章、证照?　　187

五、股权让与担保的实现   190
  （一）让与担保实现的一般程序   190
  （二）股权让与担保实现的特殊程序   191
     【案例进阶32】"归属清算型"股权让与担保，担保权人可直接取得目标股权吗？   192

第七讲 公司人格否认

一、公司人格否认概述   201
  （一）公司人格否认的基本含义   201
  （二）公司人格否认的构成要件   201
     【案例进阶33】股东仅转移公司单笔资金，可以否定公司独立人格吗？   202

二、公司人格否认的常见情形   207
  （一）人格混同   207
  （二）过度支配与控制   208
     【案例进阶34】如何认定关联公司中的"人格混同"？   208
  （三）资本显著不足   211

三、公司人格否认的举证责任   212
  （一）一般情形下的举证责任   212
  （二）一人有限责任公司人格否认的举证责任   212
     【案例进阶35】如何认定一人公司的财产与股东个人财产是否混同？   213

四、公司人格否认纠纷诉讼程序操作要点   216
  （一）公司人格否认纠纷的含义及类型   216
  （二）公司人格否认纠纷的管辖   216
  （三）当事人的诉讼地位   217
  （四）法律依据   217

第八讲 股东知情权

一、股东知情权概述   221
二、知情权的主体资格   221

（一）股东享有知情权诉权的一般规定 221

（二）特殊情形下知情权诉权的认定 221

【案例进阶36】已转让股份的股东,还能查阅或者复制其持股期间的公司特定文件材料吗？ 222

三、股东知情权查阅范围 227

（一）有限责任公司股东知情权的查阅范围 227

（二）股份有限公司股东知情权的查阅范围 227

四、查阅公司会计账簿 227

（一）查阅会计账簿的前置程序 227

（二）股东查阅会计账簿目的 228

【案例进阶37】公司怀疑股东查阅会计账簿的目的,是为公司涉及的其他案件的对方当事人收集证据时,可以拒绝提供查阅吗？ 229

五、股东知情权的行使 235

（一）胜诉判决表述及执行 235

（二）不正当行使知情权的赔偿责任 235

（三）董事、高管未制作或保存公司文件材料的民事责任 236

【案例进阶38】公司未制备和保存会计账簿,执行董事应如何承担赔偿责任？ 237

六、股东知情权纠纷诉讼程序操作要点 241

（一）股东知情权纠纷的含义 241

（二）股东知情权纠纷的管辖 241

（三）法律依据 242

第九讲 公司决议

一、公司决议概述 245

（一）公司决议的法律性质 245

【案例进阶39】如何认识公司法意义上的董事会决议？ 245

（二）公司决议的效力范围 250

【案例进阶40】公司内部决议瑕疵会影响公司对外法律行为的

　　　　效力吗？ 251
　　(三)公司决议瑕疵类型及审查顺序 259

二、公司决议不成立之诉 260
　　(一)原告资格 260
　　(二)不成立事由 260
　　(三)起诉时限 262
　　【案例进阶41】股东未收到开会通知,股东会决议成立吗？ 262

三、公司决议无效之诉 265
　　(一)原告资格 265
　　(二)无效事由 265
　　(三)起诉时限 266
　　【案例进阶42】股东是否有权提起股东会决议有效之诉？ 266

四、公司决议可撤销之诉 269
　　(一)原告资格 269
　　(二)可撤销事由 270
　　【案例进阶43】董事会决议没有载明解聘总经理的原因,应予以
　　　　撤销吗？ 270
　　(三)可撤销决议的裁量驳回 273
　　(四)公司决议不成立与可撤销的联系与区别 273
　　(五)公司决议撤销之诉与决议无效之诉、决议不成立之诉的转化与
　　　　释明 274
　　(六)起诉时限 274

五、公司决议纠纷诉讼程序操作要点 274
　　(一)公司决议纠纷的含义 274
　　(二)公司决议纠纷的管辖 275
　　(三)当事人的诉讼地位 275
　　(四)公司决议纠纷中的行为保全 275
　　(五)法律依据 276

第十讲　法定代表人与公司印章

一、法定代表人　279
　（一）法定代表人的基本含义　279
　（二）法定代表人的产生与变更　279
　　【案例进阶44】如何涤除"挂名法定代表人"？　279
　（三）法定代表人的代表权　283
　（四）诉讼中公司意志代表权　284
　　【案例进阶45】股东会决议任命的法定代表人与登记的不一致，
　　　谁能代表公司进行诉讼？　285

二、公司印章　289
　（一）公司印章的基本含义及法律意义　289
　（二）返还公司印章之诉　290
　　【案例进阶46】开发商欠施工方工程款，施工方可以"抵押"开发商
　　　公司证照吗？　291
　（三）公司印章返还纠纷诉讼程序操作要点　294

第十一讲　关联交易

一、关联交易概述　297

二、关联关系的认定　297
　【案例进阶47】实际履行高管职责的非高管人员可构成关联方吗？　298

三、关联交易是否损害公司利益的审查　303
　（一）审查关联交易对价是否公允　303
　（二）审查关联交易的程序是否合规　303

四、关联交易损害公司利益的赔偿范围　304
　【案例进阶48】如何认定关联交易损害公司利益？　304

五、关联交易合同存在效力瑕疵时，股东的救济方式　311

六、关联交易损害责任纠纷诉讼程序操作要点　312
　（一）关联交易损害责任纠纷的含义　312
　（二）关联交易损害责任纠纷的管辖　312

（三）法律依据 312

第十二讲 董监高责任

一、董监高责任概述 315
（一）董监高等管理者与公司的关系 315
【案例进阶49】董事与公司之间构成劳动关系吗？ 315
（二）董监高职务的解除 322
【案例进阶50】股东会不作为，已辞任或离任的董事可以诉请公司变更登记吗？ 323

二、勤勉义务 328
（一）勤勉义务的含义 328
（二）勤勉义务的判断标准 329
【案例进阶51】在证券虚假陈述案中，上市公司董事应如何担责？ 330
（三）商业判断规则 335
【案例进阶52】如何认定董事损害公司利益中的过错要件？ 336

三、忠实义务 341
（一）忠实义务概述 341
（二）违反忠实义务主要表现形式 342
【案例进阶53】如何认定公司商业机会？ 343
【案例进阶54】高级管理人员违反竞业禁止义务，离职后应在同类业务领域终身禁业吗？ 353
【案例进阶55】董事将资金借给公司使用，构成自我交易吗？ 358

四、董事、高管责任的特别规定 361
（一）增资时，董事、高管未尽勤勉义务使股东出资未缴足，应对公司或债权人承担相应责任 362
（二）董事、高管协助股东抽逃出资，应对股东的出资义务承担连带责任 362
（三）董事、高管未制作或保存公司文件材料的赔偿责任 363
（四）因未及时办理股东变更登记造成受让股东损失，有过错的董事、高管应承担相应的赔偿责任 363
（五）在清算过程中，董事未尽到忠实勤勉义务的，应承担相应的责任 363

五、董监高责任纠纷诉讼程序操作要点　　364
- （一）董监高责任纠纷的含义　　364
- （二）董监高责任纠纷的管辖　　364
- （三）当事人的诉讼地位　　364
- （四）法律依据　　364

第十三讲　公司盈余分配

一、公司盈余分配概述　　367
- （一）公司盈余分配权的基本含义　　367
- （二）公司盈余分配权的分类　　367
- （三）盈余分配与股权转让　　368

二、公司盈余分配的财务条件、比例及支付时间　　368
- （一）公司盈余分配的财务条件　　368
- （二）公司盈余分配的比例确定　　369
  - 【案例进阶56】股东未尽出资义务，其分红权应当被限制吗？　　369
- （三）公司盈余分配的支付时间　　372

三、公司盈余分配的决策程序　　373
- （一）公司盈余分配的决策规则概述　　373
- （二）股东诉请公司执行具体盈余分配决议的条件　　373
- （三）未提交决议请求分配盈余　　374
  - 【案例进阶57】大股东转移公司利润，小股东可要求强制分红吗？　　374

四、违法分配公司盈余的民事责任　　381

五、公司盈余分配纠纷诉讼程序操作要点　　381
- （一）公司盈余分配纠纷的含义　　381
- （二）公司盈余分配纠纷的管辖　　381
- （三）当事人的诉讼地位　　381
- （四）法律依据　　382

第十四讲　股东代表诉讼

一、股东代表诉讼概述　　385
　（一）股东代表诉讼的基本含义　　385
　（二）与直接诉讼的区分　　385
　（三）股东代表诉讼的管辖　　387

二、股东代表诉讼的诉因 　　387
　（一）公司利益受到损害时,公司怠于行使诉权　　387
　（二）公司利益受到侵害是因为公司的股东、董事及高管的作为或
　　　不作为或者第三人侵犯公司利益　　387
　　　【案例进阶58】股东能否提起双重代表诉讼?　　388

三、股东代表诉讼的原告资格、当事人诉讼地位及反诉　　391
　（一）股东代表诉讼的原告资格　　391
　　　【案例进阶59】在案件审理过程中丧失股东资格的股东,是否可以
　　　　　　　　　提起股东代表诉讼?　　392
　（二）股东代表诉讼中当事人诉讼地位　　395
　（三）股东代表诉讼中的反诉　　396

四、股东代表诉讼的前置程序　　396
　（一）履行前置程序的一般规则　　396
　（二）履行前置程序的豁免　　397
　　　【案例进阶60】未经前置程序,股东可直接提起代表诉讼吗?　　397

五、股东代表诉讼的调解、胜诉利益归属及费用承担　　401
　（一）股东代表诉讼的调解　　401
　（二）股东代表诉讼的胜诉利益归属　　401
　（三）股东代表诉讼的费用承担　　402

第十五讲　公司对外担保

一、公司对外担保概述　　405
二、公司法定代表人越权担保的效力和责任　　405
　（一）违反《公司法》第16条规定,公司法定代表人为他人提供担保

　　　　的效力　　　　　　　　　　　　　　　　　　　　　　　405

　　　【案例进阶61】如何认定非法定代表人以公司名义提供对外担保
　　　　的效力？　　　　　　　　　　　　　　　　　　　　　　406

　　（二）相对人"善意"的认定　　　　　　　　　　　　　　　　413

　　（三）越权担保的责任　　　　　　　　　　　　　　　　　　　413

　　（四）公司向法定代表人的追偿　　　　　　　　　　　　　　　414

　　（五）公司为他人提供担保时，无须机关决议的例外情形　　　414

　　（六）公司对外担保的裁判思路　　　　　　　　　　　　　　　414

三、公司对外担保的特别规定　　　　　　　　　　　　　　　　　　　415

　　（一）境内上市公司对外担保　　　　　　　　　　　　　　　　415

　　（二）一人公司为股东提供的担保　　　　　　　　　　　　　　416

　　（三）公司分支机构未获授权提供的担保　　　　　　　　　　　416

四、公司债务加入的准用　　　　　　　　　　　　　　　　　　　　　418

第十六讲 公司司法解散

一、公司司法解散概述　　　　　　　　　　　　　　　　　　　　　　421

二、公司司法解散要件的适用　　　　　　　　　　　　　　　　　　　421

　　（一）原告的适格要求　　　　　　　　　　　　　　　　　　　422

　　（二）公司经营管理发生严重困难　　　　　　　　　　　　　　422

　　　【案例进阶62】具有盈利能力的公司，可以由法院判决解散吗？　423

　　　【案例进阶63】大股东滥用优势地位，损害小股东权益的，小股
　　　　东可以诉请法院解散公司吗？　　　　　　　　　　　　　　429

　　（三）公司继续存续股东利益受到重大损失的认定　　　　　　　433

　　（四）不能通过其他途径解决的审查　　　　　　　　　　　　　434

三、公司司法解散中的调解与判决的约束力　　　　　　　　　　　　　434

　　（一）公司司法解散中的调解　　　　　　　　　　　　　　　　434

　　（二）司法解散判决的约束力　　　　　　　　　　　　　　　　435

四、公司解散纠纷诉讼程序操作要点　　　　　　　　　　　　　　　　435

　　（一）公司解散纠纷的含义　　　　　　　　　　　　　　　　　435

　　（二）公司解散纠纷的管辖　　　　　　　　　　　　　　　　　435

(三)当事人的诉讼地位　　436
(四)公司解散纠纷中的保全　　436
(五)法律依据　　436

第十七讲 公司清算

一、公司清算概述　　439
(一)公司清算的基本含义　　439
(二)公司清算的类型　　439
(三)公司非破产清算与破产清算的衔接　　439

二、公司自行清算程序　　440
(一)公司自行清算程序　　440
(二)公司自行清算中的相关问题　　442
【案例进阶64】公司清算程序终结后,新出现的债务应该如何处理?　　445

三、公司强制清算　　449
(一)公司强制清算程序　　449
【案例进阶65】多数股东与公司清算事务存在利益冲突,少数股东可以申请强制清算吗?　　453
(二)公司强制清算中的相关问题　　457

第十八讲 清算责任

一、清算责任概述　　463

二、清算义务人的民事责任　　463
(一)清算义务人的基本含义及界定　　463
(二)清算义务人不作为的侵权民事责任　　464
【案例进阶66】应由债权人举证是否构成怠于履行清算义务及具有因果关系吗?　　466
(三)清算义务人作为的侵权民事责任　　470
(四)清算义务人未经清算注销的民事责任　　470
【案例进阶67】执行程序中,公司未依法进行清算即注销,清算义务人能否被追加为被执行人?　　471

三、清算组成员的责任 475
(一)清算组成员责任概述 475
(二)清算组未履行通知和公告义务的责任 475
(三)清算组执行未经确认清算方案的法律后果 476
(四)股东对清算组成员诉讼的特殊规定 477

四、保结人的责任 477
(一)保结人的含义 477
(二)保结人责任的构成要件 477
(三)保结人不同承诺情形下,其责任性质与范围的区分 478

五、清算责任纠纷诉讼程序操作要点 478
(一)清算责任纠纷的含义 478
(二)清算责任纠纷的管辖 478
(三)法律依据 478

参考文献 479

第一讲
发起人责任

Lecture
1

一、发起人的界定

(一) 发起人应具备的条件

一般情况下,发起人是指为设立公司而签署公司章程、认缴或认购出资或者股份并履行设立职责的人,包括股份公司发起人和有限公司设立时的股东。在《公司法》股份有限公司的"设立"章节中,有关于发起人的明确规定,但在有限责任公司的"设立"章节中,则没有发起人的相关规定。《公司法司法解释(三)》第1条规定:"为设立公司而签署公司章程、向公司认购出资或者股份并履行公司设立职责的人,应当认定为公司的发起人,包括有限责任公司设立时的股东。"因此,作为发起人,应同时具备以下条件:

第一,发起人是为设立公司而签署公司章程的人。公司章程是公司自治规则,是公司设立的必备法律文件。经依法制定的公司章程,对公司、股东、董事、监事、高级管理人员具有约束力。公司章程的制定包括起草、讨论、协商、签署等多个环节,只有签署公司章程的人,才能对公司章程的制定和通过具有实质性影响,因此,只有公司章程的签署人才是发起人。需要注意的是,在股份有限公司中,根据《公司法》第76条的规定,"发起人制订公司章程",而根据《公司法》第23条的规定,"股东共同制定公司章程",由此可见,在有限责任公司中,尽管《公司法》没有使用"发起人"的概念,而是使用"股东"一词,但二者均具有制定公司章程的法定义务。这也为《公司法司法解释(三)》第1条所界定的发起人包括有限责任公司设立时的股东,提供了一种解释。

第二,发起人是向公司认购出资或股份的人。2013年,我国《公司法》将公司注册资本制度,由实缴登记制改为认缴登记制。公司注册资本不再需要实缴,只需进行认购,因此,只要有认购出资的行为,无论是否已经实际缴纳出资,均可认定为公司发起人。

第三,发起人是履行公司设立职责的人。设立公司的活动包括签订发起人协议、安排募集股份、认购出资、制订公司章程、选举董事及监事、向主管机关报送登记资料等。履行设立公司的职责,无须每一位发起人都亲自参与,发起人可以授权其他发起人代表自己从事公司设立的筹备活动,但不论发起人是否参与具体的筹办事务,都需对公司设立行为承担相应的责任。

最后,需注意的是,上述三个条件是成为发起人的法定条件,依据《公司法》追究发起人的法律责任时,该发起人应同时具备以上三个条件。

(二)发起人资格的特殊限制

发起人的资格,是指《公司法》对发起人的行为能力、身份、国籍、住所等所作的规定。各国对发起人资格的规定宽严不一。依据我国《公司法》的规定,自然人与法人,甚至合伙企业均可以作为发起人。第一,自然人作为发起人的,必须是具有完全民事行为能力的人,无民事行为能力或者限制民事行为能力的人不能作为发起人。法律禁止设立公司的自然人不得成为发起人。比如公务员、检察官、法官等不得成为公司的发起人。第二,对发起人国籍、住所提出要求或者作出限制,比如《公司法》第78条规定:"设立股份有限公司,应当有二人以上二百人以下为发起人,其中须有半数以上的发起人在中国境内有住所。"第三,法人作为发起人和股东的,应当是法律允许的法人。我国法律禁止机关法人、事业单位法人作为设立公司的发起人,但经国家授权的国有资产管理机构作为发起人参与特定公司设立的除外。

(三)发起人之间及发起人与股东之间的关系

1. 发起人之间的关系

除一人有限公司仅有一个发起人外,各发起人为达到设立公司的目的,从事签订发起人协议、制订公司章程等活动,其行为属于共同民事法律行为。从性质上,签订的发起人协议属于民法的合伙合同,因此,发起人之间的关系是合伙关系,每个发起人均是合伙中的成员。当公司不能成立时,对公司设立行为产生的后果,发起人要承担连带责任。

2. 发起人与股东之间的关系

第一,二者的含义有差异。发起人是指参加订立发起人协议、提出设立公司的申请、认购公司出资或股份并对公司设立承担责任的人。为了实现设立公司的目的,发起人之间通过签订设立公司的协议将其结合在一起,发起人受发起人协议的约束,在公司成立后,自然具有股东身份。股东是对公司投资或基于其他合法原因而持有公司一定份额的股份并享有股东权利的主体。投资人通过认购公司的出资或股份获得股东资格,其方式包括发起人的认购、发起人以外的人的认购、公司成立后投资人对公司新增资本的认购及受让股份等。

第二,二者的身份不完全一致。发起人是股东,股东不一定是发起人。发起人作为公司的出资人,在公司成立后自然成为发起人股东。《公司法》没有限制股东必须具备发起人身份,股东不以发起人为限,在设立阶段和公司成立后认购、受让公司出资或股份的人都可以成为股东。

第三,二者承担的责任不同。无论是发起人股东,还是继受股东,其均以认缴或认购的出资额为限对公司承担责任。在公司设立阶段,发起人对外代表公司,对内执行设立任务。他们要对自己的发起、设立行为承担相应的民事责任,并且各发起人之间承担连带责任。在公司设立后,发起人作为股东,负有资本充实责任。资本充实责任为公司法上确保公司财产基础的一项严格的法定责任,它不以发起人的过失为要件,属于无过失责任且不能以全体股东的同意来免责,也不受时效的约束,除此之外,发起人股东和继受股东的权利义务没有太大差异。

(四)公司设立协议与公司章程之间的关系

1.公司设立协议与公司章程之间的联系

一般情况下,为明确发起人之间在设立公司过程中的权利义务,发起人都会签订公司设立协议,有的又称为"股东协议""发起人协议""股东投资协议"或"项目合作协议"等,其性质属于合伙协议。这类协议与公司章程之间存在着密切的联系:两者的目标高度一致,其目标都是设立公司;内容上也有许多相同之处,如都有公司名称、注册资本、经营范围、股东出资与比例、公司运营等内容。正常情况下,公司章程作为公司自治基本规则,往往是以公司设立协议为基础而制定的。公司设立协议的主要内容,通常都会被公司章程所吸收。

2.公司设立协议与公司章程之间的区别

第一,公司章程是公司必备文件,而公司设立协议则是任意性文件。在现实生活中,许多人认为,签好公司设立协议最为重要,其他的只是手续问题,这是一个极大的误区。其实,在公司设立与运营过程中,公司章程才是法律规定的必备文件。至于公司设立协议,法律除了对股份有限公司有规定外,对其他形式的公司并没有强制要求,公司设立协议对其而言仅为任意性文件,可有可无。

第二,公司章程与公司设立协议的效力范围不同。公司章程对公司、股东、董事、监事及高级管理人员均具有约束力。而公司设立协议仅是发起人股东之间签订的合同。依据合同相对性原则,其作用范围仅限于签约的股东之间。

第三,公司设立协议与公司章程的效力期限不同。公司设立协议效力主要体现在公司设立过程中,其大部分条款在公司设立后会失效。但公司章程的效力期限,可能存在于公司设立开始至公司成立后的整个存续过程,直到公司解散并清算公司章程的效力终止。

3.公司章程与公司设立协议相冲突时的处理

由于公司章程会吸纳公司设立协议的大部分内容,因此,一般情况下,二者之间不会发生冲突。但一旦发生冲突，应按以下原则处理：

第一，如果公司设立协议与公司章程发生冲突，应以公司章程为准。由于公司章程具有公开性，而公司设立协议是内部协议。为保障交易相对人的利益，维护交易的安全性，当二者的内容产生冲突时，应以公司章程为准。

第二，如果是公司章程中未规定的事项或公司未成立时，公司设立协议有约定的，则股东之间的纠纷可补充适用公司设立协议。公司设立协议一般只约定设立过程中的相关权利义务，但也可能约定成立公司以外的事务，如劳务报酬等内容。只要这些内容不违反强制性法律规定，就可在股东之间发生效力。

4. 公司设立协议的解除

最高人民法院民一庭意见认为，若公司发起人订立的协议中不仅包含了设立公司的内容，还包含了公司成立后如何运营、双方在公司运营中的权利义务等其他内容的，应根据具体内容来认定协议的性质，不宜简单认定为单纯的公司设立协议。公司成立后，一方诉请解除的，应根据原《合同法》第94条（现《民法典》第563条）等相关规定进行审查和判断，不宜简单驳回。合同解除后，公司解散事由出现的，应依法进行清算。

【案例进阶1】公司设立过程中的投资权益能否转让？

案例名称： 贾德凤诉李东玲合同纠纷案

案例来源： 北京市第一中级人民法院（2015）一中民（商）终字第4828号民事判决书

裁判要旨：

发起人在公司设立过程中进行了实际投资，在公司设立前相互转让股权及由此产生收益的，应认定该转让有效。公司成功发起设立与否并不影响投资权益的行使。

基本案情：

2013年7月20日，被上诉人（原审原告）贾德凤、上诉人（原审被告）李东玲与案外人覃某、Samuel Harry 签订股东协议，约定贾德凤与李东玲各享有25%的股权，共同发起并成立海狼（北京）国际餐饮有限公司（以下简称"海狼公司"）。在设立海狼公司的过程中，贾德凤与李东玲于2013年10月22日签订《海狼公司协议书》，约定贾德凤将其在海狼公司享有的20%的股权转让给李东玲，李东玲于协议签订的3日内支付转让款20万元，6个月内支付10万元。后海狼公司设立失败。李东玲仅支付第一笔转让款，贾德凤多次催促李东玲支付第二笔转让款，李东玲均无理拖欠,故贾德凤起诉至法院,诉求李东玲支付剩余的股权转让款10万元。

法律关系图:

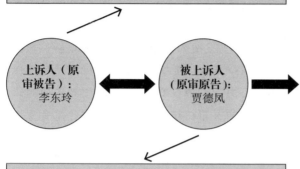

裁判过程及理由:

一审法院认为,贾德凤与李东玲及案外人共同签订《海狼公司股东协议》,约定设立海狼公司,并在协议中确定了贾德凤对海狼公司的投资额。之后贾德凤与李东玲自愿签订《海狼公司协议书》,将贾德凤在海狼公司的投资及收益权转让给李东玲,该协议是双方的真实意思表示,且不违反法律法规的强制性规定,该协议合法有效,各方应当按协议履行各自的权利义务,李东玲未能按约支付转让款应承担相应的违约责任,故对贾德凤要求李东玲支付转让款及利息的诉讼请求,应予以支持。李东玲称,贾德凤转让的并非股权,一审法院对此不持异议,但贾德凤、李东玲双方及案外人共同签订股东协议,拟设立海狼公司,依据上述股东协议,贾德凤、李东玲对拟设立的海狼公司拥有权益,该权益的转让并不违反法律规定,李东玲自愿收购该权益即应支付相应的对价。李东玲称,贾德凤、李东玲与案外人之间的股东协议因海狼公司未能设立而终止,但李东玲未能提交证据证明双方就该协议的终止达成一致意见,也未提交证据证明海狼公司设立不能,故对其该项抗辩意见,不予采纳。贾德凤向签订《海狼公司协议书》的另一方转让其权益,该转让系在发起人内部进行的,其他发起人是否同意并不影响该转让行为的效力。综上所述,一审法院判决:1.李东玲向贾德凤支付转让款10万元,于判决生效后7日内履行。2.李东玲向贾德凤支付逾期付款利息。

李东玲不服一审判决,提起上诉。

二审法院认为,李东玲与贾德凤签订的《海狼公司协议书》系双方当事人的真实意思表示,未违反我国法律法规的强制性规定,合法有效,双方均应依约履行。李东玲上诉称其未支付剩余款项的原因系双方间的转让没有对价,海狼公司没有成立,合同目的无法实现。本院认为,双方在《海狼公司股东协议》中确认了贾德凤和案外人对海狼公司的前期投资,在《海狼公司协议书》中约定了转让标的为股权及由此产生的收益,李东玲与贾德凤作为发起人对于拟设立的海狼公司均拥有权益,李东玲系自愿收购贾德凤享有的公司权益,且海狼公司原定的营业地址现被李东玲用于运营北京希沃福西餐有限公司,故《海狼公司协议书》中约定的转让并不能等同于没有对价的转让。同时,《海狼公司协议书》并未约定贾德凤负责海狼公司设立或者海狼公司未能设立而承担的责任,拟设立的公司最终设立与否系发起人应承担的商业风险。综上,李东玲的上诉意见缺乏事实及法律依据,不予支持。一审法院认定李东玲未能按照《海狼公司协议书》的约定支付剩余转让款,构成违约行为并应承担相应责任,并无不当。综上,二审法院判决:驳回上诉,维持原判。

实务要点:

有些公司的设立过程相对比较复杂,周期也比较长,参与设立公司的发起人有退出公司意愿,其他股东或投资人也有购买原始股东席位的意愿,因此,在公司设立过程中的投资权益交易时有发生。在公司设立中形成的投资权益,主要包括拟成立公司的股权形成的权益及在设立公司过程中形成的其他财产权益。这些权益有现实的或可期待的利益,在不违反法律法规及发起人协议的情况下,发起人投资权益是可以转让的。本案就是一起因发起人投资权益转让引起的纠纷。通过阅读该案例,可以发现:

第一,转让人应在设立中公司具有投资权益,比如进行了真实的投资、可期待的股权收益及增值等,这些财产性权益也构成投资权益转让协议的对价。

第二,发起人内部转让投资权益的,不需要征得其他发起人同意。如果发起人对外转让投资权益,是否需要征得其他发起人同意?本案没有涉及。本书认为,考虑到发起人之间的信任关系,当发起人对外转让投资权益时,应参照有限责任公司股东对外转让股权的一般规则,即在发起人协议没有特别约定的情况下,其他发起人应享有优先购买权。

第三,除非投资权益转让协议另有约定,公司是否正常设立不影响设立公司过程中投资权益的转让,因为,拟设立的公司最终设立与否系受让人应承担的商业风险。

二、公司及发起人的责任承担

在公司设立过程中,发起人的活动主要有两个方面:一是形成公司资本,包括认缴、实缴出资、对出资评估作价等;二是形成公司组织,包括申请预先核准名称、制定章程、设定住所、设立组织机构等。在改革开放后,尽管市场经济观念已深入人心,但人们在创办公司时,依然从熟人圈子开始,在同学、战友及亲朋好友之间寻找发起人,因此,发起人作为公司的筹办者,他们之间的关系犹如合伙,一起从事公司的筹建活动,同时也承担着相应的责任与义务。对内,如果公司未成立,发起人之间该如何分配责任?对外,如果在公司成立过程中,与第三人发生交易,形成合同之债,或侵害第三人的合法权利,形成侵权之债,又该如何处理?一般情况下,在对内关系上,当公司未成立时,在发起人之间责任的承担依据发起人协议进行,如果协议没有约定或约定不明确的,发起人之间应相互承担受信义务。在对外关系上,当公司未成立且形成合同之债或侵权之债时,发起人应承担连带清偿责任;当公司顺利成立时,会依据公司是否接受合同之债及合同签订主体情况,分别处理。此外,需要指出的是,我国《民法典》第75条对法人设立行为的法律后果进行了一般性规定。公司作为营利性法人,在《公司法》没有特别规定的情况下,应该援用《民法典》第75条的一般规定作为法律依据。

(一)发起人为设立公司,以自己名义对外签订合同时的责任承担

1. 依据合同相对性原则,原则上应由签订合同的发起人承担合同责任

公司设立是一系列法律行为的总称,在设立公司的过程中,因设立中公司并不具有完全的民事主体资格,还不能以设立中公司的名义对外享有权利、承担义务,因此,发起人常常以自己的名义对外签订合同。依据合同相对性原则,合同只在特定的当事人之间发生法律效力,合同的相对人应向签订合同的发起人主张合同责任,而不能向合同关系以外的公司主张合同责任。需要注意的是,这里的"发起人",是指具体实施合同行为的发起人,即以其名义对外订立合同的发起人,该"发起人"可能是一人,也可能是两人以上,但不一定是全体发起人。参与签订合同的发起人,不得以其订立合同的目的是设立公司为由对抗合同相对人。

2. 公司成立后,依据隐名代理的一般原理,合同相对人有权请求公司承担合同责任

发起人是设立中公司的代表机关和执行机关,对外代表设立中公司签订合同,相对人不知道发起人是为了设立中公司的利益时,根据《民法典》第926条关于

"隐名代理"的规定,公司成立后应享有介入权,相对人应享有选择权,因此,无论公司成立后,公司是否确认实际享有的合同权利义务,合同相对人有权请求公司承担合同责任。同时,合同相对人一经选定该发起人或者公司承担合同责任后,不得再行变更。

(二)发起人为设立公司,以设立中公司名义对外签订合同时的责任承担

1.如何理解设立中公司

我国《公司法》规定了公司设立的程序和方法,并没有设立中公司的概念。在国外,立法与学术界也对此持不同立场,有无权利能力社团说、合伙组织说、与公司同一体说、非法人团体说等观点。设立中公司,是指自发起人签订发起人协议或者达成发起合意时起,至设立登记完成前,尚未取得法人资格的主体。设立中公司具有临时性和过渡性的特点,其虽然不具有独立法人资格,但是已经具备民事主体的一些特征,如已具有一定组织机构、共同的运作规则和一定的财产等。

第一,设立中公司何时产生?一般情况下,公司设立活动需要完成以下工作:首先,发起人签订设立公司协议并制作公司章程;其次,认股人向公司认缴股份或者缴纳出资;最后,办理申报审批、登记手续等。这几项一般依先后顺序完成,当然,也可能在同一天完成,因此,除发起人有特殊约定外,自发起人签订发起人协议或者达成发起合意时起,设立中公司就存在了。如果发起人未签订设立公司协议,直接签署公司章程,那么,可以将签署公司章程之日视为设立中公司产生之日。总之,发起人签订发起人协议或者签署公司章程之日起,应当认定设立中公司产生。

第二,设立中公司何时消灭?公司登记之日,公司设立使命完成,公司顺利设立,设立中公司消灭;公司设立失败或设立取消的,设立中公司应当消灭;公司设立活动开始后,如发起人协议解除、申报未获批准及发起人放弃设立活动,设立中公司应当消灭。

第三,设立中公司是否具有独立的民事诉讼主体地位?设立中公司具备一定的组织机构,有一定的财产,能够确定代表机关,符合《民法典》规定的"非法人组织"和《民事诉讼法》在民事诉讼主体中规定的"其他组织"特征,在民事诉讼中,可以具有独立的民事诉讼主体地位。

2.依据合同相对性原则,公司成立后应由公司承担合同责任

设立中公司具备了一定的权利能力和行为能力,可以以自己的名义对外从事民事活动。设立中公司与正式成立后的公司系同一人格,发起人以设立中公司的名义签订的合同,一般可认为是为了公司利益,按照合同相对性原则,权利义务应当归属于设立中公司,公司成立后当然应当承继合同的权利义务。合同相对方只

能请求成立后的公司承担合同责任,而不能请求发起人承担合同责任。此外,需注意的是:第一,发起人以设立中公司名义对外签订的合同,既包括直接使用设立中公司的名称,也包括使用设立中公司的临时机构的名称,如公司筹建处、公司筹备组等。第二,如果公司未成立,则由发起人承担连带清偿责任。第三,我国《民法典》第75条第1款规定:"设立人为设立法人从事的民事活动,其法律后果由法人承受;……"公司作为营利性法人,《民法典》第75条第1款前半句的规定,可以作为公司成立后让其承担法律责任的依据。

3. 如果发起人滥用设立中公司名义,为自己的利益与相对人签订合同,公司成立后不应由公司承担合同责任,但相对人善意的除外

如果发起人滥用设立中公司名义,为自己的利益与相对人签订合同,其行为本质上属于民法上的代理权滥用,因此,当发起人滥用设立中公司名义与第三人订立合同,为自己谋取利益时,不应由公司承担合同责任,而应当由发起人承担合同责任。如果发起人与第三人恶意串通,损害公司利益的,则应由发起人与第三人承担连带赔偿责任。但是,与滥用代理权制度所不同的是,公司成立后以此为由主张公司不承担合同责任的,应由公司承担举证责任。

为保护善意第三人的利益,即使公司成立后能够证明发起人利用设立中公司名义,为自己的利益签订合同,仍应对善意相对人承担合同责任。相对人为善意,是指在合同订立时,相对人不知道或不应当知道发起人利用设立中公司的名义,为自己的利益与其订立合同。如果公司成立后,主张相对人并非善意,公司应当承担举证责任。

【案例进阶2】发起人以设立中公司名义对外签订合同,公司成立后发起人是否需要承担合同责任?

案例名称:顾恺诉安庆市天盛装饰工程有限公司申请撤销仲裁裁决案

案例来源:安徽省安庆市中级人民法院(2016)皖08民特20号民事裁定书

裁判要旨:

公司发起人在公司的设立阶段以公司名义与相对人签订施工合同,如果该行为属于设立公司的非必要行为,且发起人存在利用公司法人独立地位和股东有限责任逃避债务的主观故意,则由发起人作为该合同的民事责任主体,承担相应的法律责任。

基本案情:

2013年6月21日,安庆市巴特佛莱酒店有限公司(以下简称"巴特佛莱酒店公司")的发起人顾恺(申请人)和贾丽以该公司的名义与被申请人安庆市天盛装饰工

程有限公司(以下简称"天盛装饰工程公司")签订了一份《建筑装饰工程施工合同》,并在合同上加盖了由顾恺私刻的巴特佛莱酒店公司公章。该合同第35条中明确约定合同履行过程中双方发生争议的解决方式是提交安庆仲裁委员会仲裁。上述合同签署后,天盛装饰工程公司对合同中约定的工程立即进行施工,2013年12月10日,该工程经验收合格正式交付使用,但巴特佛莱酒店公司一直拖欠天盛装饰工程公司工程款131.2259万元。

2014年4月23日,巴特佛莱酒店公司领取营业执照,公司依法成立,其发起人是顾恺、贾丽。2014年8月5日,该公司股东变更为顾恺、时晓智,2014年11月27日,该公司股东变更为顾恺、时晓智和陈芬。2016年2月16日,天盛装饰工程公司向安庆仲裁委员会申请仲裁,请求裁决顾恺、贾丽、时晓智、陈芬、巴特佛莱酒店公司支付尚欠天盛装饰工程公司的工程款131.2259万元。

2016年9月27日,安庆仲裁委员会作出宜仲裁[2016]16号裁决书,裁决顾恺、贾丽在裁决书生效后10日内支付天盛装饰工程公司工程款131.2259万元及延期支付工程款的利息。2016年10月26日,顾恺以其与天盛装饰工程公司之间不存在任何仲裁协议,事后也没有达成任何仲裁约定,安庆仲裁委员会不应受理本案为由,向安庆市中级人民法院提起诉讼,请求法院依法撤销安庆仲裁委员会宜仲裁[2016]16号裁决。

法律关系图:

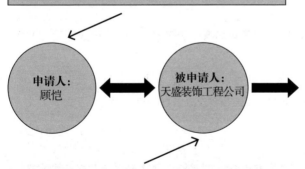

裁判过程及理由：

法院认为，《公司法司法解释（三）》第3条第1款规定："发起人以设立中公司名义对外签订合同，公司成立后合同相对人请求公司承担合同责任的，人民法院应予支持。"本条款并未明确规定在该情况下公司发起人无须与公司共同承担合同责任。本案中，巴特佛莱酒店公司发起人顾恺和贾丽，在酒店公司设立阶段以该公司名义与装饰公司签订施工合同，该行为属于设立公司非必要行为，且顾恺和贾丽存在利用公司法人独立地位和股东有限责任逃避债务的主观故意，应承担施工合同项下合同义务，包括合同约定的仲裁条款。仲裁委员会认定施工合同约定的仲裁条款对公司发起人顾恺、贾丽具有约束力并无不当。据此，法院裁定驳回顾恺的申请。

实务要点：

在公司设立过程中，因设立公司的需要，发起人往往以自己的名义或设立中公司的名义签订一些合同。这些合同是否为公司利益而签订，往往发生争议。本案就是一起因发起人以设立中公司名义对外签订合同而引发的纠纷。通过阅读本案，可以发现：

第一，《公司法司法解释（三）》第3条第1款规定，发起人以设立中公司名义对外签订合同，公司成立后应承担合同责任，但并未明确规定在该情况下公司发起人无须与公司共同承担合同责任。

第二，发起人以设立中公司名义对外签订合同，公司成立后发起人是否需要承担合同责任？应结合多方面的因素进行分析判断，该等因素包括但不限于：①公司的发起人对外签订合同的行为是否为公司设立的必要行为；②公司的发起人是否滥用公司法人独立地位和股东有限责任，逃避债务，严重损害公司债权人利益。

第三，发起人在公司设立过程中，首先，尽量避免以自己的名义对外签订合同；其次，以设立中公司的名义对外签订合同，在公司设立后，应及时催促公司与合同相对人签订补充协议，明确公司设立过程中签订合同的责任承担。

（三）公司未成立时，发起人对公司设立行为产生的费用和债务承担

1. 公司不能成立的含义及其原因

公司不能成立，即公司设立失败，是指公司未能完成设立行为的情形。从结果上看，根据《公司法》第6条、第7条的规定，只要未完成公司设立登记，未领取营业执照的，均属于公司不能成立。至于公司不能成立的原因，可从主、客观两方面分析：第一，主观上，发起人终止合作，创立大会上作出不设立公司决议等情形，可能

导致公司不能成立。第二，客观上，如果不符合公司设立实质性要件（如发起人人数、资格、身份等要件）和设立程序瑕疵（如未经批准、未申请登记等），同样可能导致公司不能成立。

2. 公司未成立时，发起人对外的责任承担

《民法典》第 75 条第 1 款规定："设立人为设立法人从事的民事活动，其法律后果由法人承受；法人未成立的，其法律后果由设立人承受，设立人为二人以上的，享有连带债权，承担连带债务。"《公司法》第 94 条规定："股份有限公司的发起人应当承担下列责任：（一）公司不能成立时，对设立行为所产生的债务和费用负连带责任；（二）公司不能成立时，对认股人已缴纳的股款，负返还股款并加算银行同期存款利息的连带责任；（三）在公司设立过程中，由于发起人的过失致使公司利益受到损害的，应当对公司承担赔偿责任。"由此可见，基于设立公司行为的共同民事法律行为理论，公司未能成立时，因设立公司行为产生的费用和债务，应当由全体发起人共同承担连带责任。对此，应注意以下几点：

第一，依据连带责任的一般原理，债权人有权选择全部发起人或部分发起人承担债务清偿责任，而不受发起人内部责任承担比例的约束，更不得以部分发起人存在过错为由进行抗辩。第二，未被起诉的发起人与案件处理结果存在法律上的利害关系，有权向法院申请以第三人身份参加诉讼。第三，设立行为所产生的债务和费用的认定，存在目的性与合理性的限制。换言之，与公司设立无关以及超过必要限度的债务和费用，应该由作出该行为的发起人自行承担。

3. 部分发起人对外承担连带责任后，内部应该如何追偿

因公司设立行为产生的费用和债务，在公司设立失败后，本应由全体发起人承担连带责任。但债权人可能仅向部分发起人请求清偿，部分发起人对外承担连带责任后，有权要求其他发起人承担相应的责任。关于其他发起人应承担的比例，应按以下规则分担：有约定的，按照约定的比例承担；没有约定承担比例的，按照约定的出资比例分担；既未约定承担比例，又没有约定出资比例的，按照均等份额分担。

4. 因部分发起人过错导致公司未成立时，责任如何分担

在对外承担连带责任以后，如果存在因部分发起人过错导致公司未成立的，其他发起人享有选择权，可以选择按照《公司法司法解释（三）》第 4 条第 2 款规定的方式分担责任，也可以选择按照《公司法司法解释（三）》第 4 条第 3 款的规定，向人民法院起诉，由人民法院依据过错情况，确定有过错的发起人的责任范围。如果其他发起人仍需承担责任的，其责任分担方式仍参照《公司法司法解释（三）》第 4 条第 2 款的规定处理。此外，这里的"过错"是指行为过错，即该过错是指部分发起人

的行为存在故意或过失,从而导致公司未能成立。

【案例进阶3】公司未能设立,发起人是否有权按其出资比例分配公司设立阶段的盈利?

案例名称:王军与李成军等公司设立纠纷再审案

案例来源:陕西省高级人民法院(2012)陕民再字第00010号民事判决书

裁判要旨:

公司设立不能,对发起人在公司设立阶段从事生产经营的行为,虽可由工商部门进行处罚,但对于经营所得利润的处理,应比照发起人按出资比例承担该阶段债务的情形进行分配。

基本案情:

乌拉特前旗秦安磁选厂(以下简称"秦安磁选厂")是2005年4月成立的合伙企业,合伙人为被申请人(一审被告、反诉原告、二审上诉人)李成军等12人。

2007年4月10日,乌拉特前旗矿业秩序整顿规范工作领导小组通知秦安磁选厂必须在2007年7月30日前整改,若整改不达标,将强行关闭。随后,经合伙人一致同意成立秦安矿业有限责任公司(以下简称"秦安公司"),并且在设立公司时引进新资。同年8月25日,再审申请人(一审原告、反诉被告、二审上诉人)王军就设立秦安公司事宜与原秦安磁选厂推选出来的董事进行谈判,并于同月26日形成第一次股东会决议:同意将秦安磁选厂变更为秦安公司,磁选厂合伙人投入的资金转为公司内的股金;通过公司章程,选举王军为董事长;并就秦安公司成立的其他事项作出约定。

2007年9月6日,乌拉特前旗工商行政管理局下达企业名称预先核准通知书,通知书同意预先核准王军等13个投资人出资,企业名称为"乌拉特前旗秦安矿业有限责任公司",预先核准的企业名称保留至2008年3月6日。

2007年9月7日,秦安公司出纳杨荣莲给王军出具了加盖有秦安公司印章的收条一张,载明"收到王军现金1396324.00元整"。同年12月1日,杨荣莲根据财务资料,写明秦安磁选厂在2007年9月至2007年12月份期间实际生产经营73天,盈利687902.00元。

2007年12月25日,王军向一审法院提起诉讼,请求:1.退还投资款1396324.00元。2.按出资比例分配秦安公司名称预留登记期间的经营利润或者赔偿投资款项的利息损失(按银行同期贷款利率的四倍计算)。3.按投资比例分割库存商品、新增固定资产。

法律关系图：

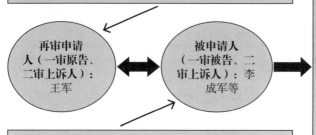

裁判过程及理由：

一审法院认为，公司设立失败后投资人有权撤回出资，并就公司设立期间所取得的收益请求分配。首先，我国《公司法》并未禁止发起人在公司设立失败后撤回投资款，因此王军有权在秦安公司设立失败后要求撤回其向秦安公司的出资款。其次，根据秦安公司设立过程中，各发起人的约定，王军向秦安公司缴纳了出资，并实际参与公司经营73天，按照公平原则，在此期间产生的债务、盈利、新增固定资产价值应按照出资比例承担或者分配，因此，王军有权要求按比例分割盈利及新增的固定资产的价值。据此，一审法院作出(2009)安民初字第12号民事判决，判决如下：1.李成军、尤明军、郑品文、张冰、陈长志、李晓波、欧定祥、陈建、甘安华、丁胜、熊宗友、欧定清在本判决生效后15日内，退还王军出资款1396324.00元；支付王军在共同经营期间的盈利款、新增固定资产价值313245.97元，共计1709569.97元。2.驳回王军的其他诉讼请求。3.驳回李成军、尤明军的反诉请求。

王军、李成军、尤明军不服，提起上诉。

二审法院认为，公司设立失败后投资人有权撤回出资，但无权就公司设立期间所取得的收益请求分配。二审法院对于王军有权在秦安公司设立失败后撤回投资款的观点与一审法院一致。但是对于王军所主张的秦安公司设立过程中取得的收益分配请求权，二审法院认为，根据法律规定，公司预留名称登记期间不允许经营，所以在秦安公司设立期间所进行的经营活动实际属于秦安磁选厂的行为，期间取得的利润、库存商品以及新增的固定资产等都应是属于秦安磁选厂的财产，王军无权要求分割。据此，二审法院作出(2010)陕民二终字第00019号民事判决，判决如下:1.维持安康市中级人民法院(2009)安民初字第12号民事判决第二、三项,撤销第一项。2.由李成军、尤明军、郑品文、张冰、陈长志、李晓波、欧定祥、陈建、甘安华、丁胜、熊宗友、欧定清在本判决生效后7日内,退还王军出资款1396324.00元。3.由李成军、尤明军、郑品文、张冰、陈长志、李晓波、欧定祥、陈建、甘安华、丁胜、熊宗友、欧定清在本判决生效后7日内补偿王军上述款项自2007年8月31日起至2007年12月15日期间按中国人民银行同期同类贷款利率计算的利息。

王军不服二审判决,向最高人民法院申请再审,最高人民法院裁定指令二审法院再审本案。

再审法院认为,关于王军对其参与经营73天的利润及资产是否有权请求分配的问题,《公司法司法解释(三)》第4条规定了公司设立不能时,发起人按出资比例承担该设立阶段产生的债务的情形,但并未规定设立中公司在公司设立阶段从事经营活动产生的盈利如何分配。根据权利义务相一致的法理以及民法的公平原则,对公司设立阶段的债权分配,应比照适用债务承担的规定,发起人有权按照出资比例分配公司设立阶段从事经营行为所产生的盈利。故王军有权按照出资比例参与分配其参与经营的73天中产生的利润及资产。据此,再审法院判决如下:1.维持本院(2010)陕民二终字第00019号民事判决第二项。2.撤销本院(2010)陕民二终字第00019号民事判决第一、三项。3.由李成军、尤明军、郑品文、张冰、陈长志、李晓波、欧定祥、陈建、甘安华、丁胜、熊宗友、欧定清在本判决生效后7日内支付王军在共同经营期间的盈利款和库存商品中铁精粉的利润共计268546.09元。4.驳回王军的其他诉讼请求。5.驳回李成军、尤明军等人的反诉请求。

实务要点:

有些公司的设立需要履行一定的批准程序,设立周期也比较长,发起人往往在公司名称预先核准通过后,就开始从事经营活动。在公司成功设立或设立失败后,围绕这些经营活动容易产生纠纷。本案就是一起因公司设立失败,公司设立阶段的经营收益分配问题引发的纠纷。通过阅读本案,可以发现:

第一,我国《公司法》并未禁止发起人在公司设立失败后撤回投资款,发起人有权在设立失败后要求撤回出资。

第二,《公司法司法解释(三)》第4条规定了公司设立不能时,发起人按出资比例承担该设立阶段产生的债务的情形,但并未规定设立中公司在公司设立阶段从事经营活动产生的盈利如何分配。根据权利义务相一致的法理以及民法的公平原则,对公司设立阶段的债权分配,应比照适用债务承担的规定,发起人有权按照出资比例分配公司设立阶段从事经营行为所产生的盈利。

第三，公司设立失败，发起人是否可以承继设立中公司获得的权利？《公司法》及其司法解释也没有明确规定。在司法实践中，一般认为，以设立中公司名义完成的民事法律行为及其产生的民事权利，在公司设立失败后，可由发起人承继。

(四) 发起人因设立公司而发生的职务侵权行为的责任承担

1. 在公司成立及公司未能成立时，如何确定发起人职务侵权的责任主体

在公司设立过程中，发起人履行设立职责造成他人损害的，不论是《公司法》还是《民法典》"侵权责任篇"均未作出规定。从性质上看，发起人履行设立职责造成他人损害属于职务侵权，因此，应参照适用《民法典》"侵权责任篇"第1191条第1款的规定，用人单位工作人员职务侵权由用人单位承担侵权责任，公司成立后，由公司承担侵权责任。公司未能成立的，应当由发起人承担连带赔偿责任。对此，需要注意以下几点：

第一，侵权行为必须是发起人职责范围内的行为，即必须是为公司设立而做出的法律上、经济上所必需的行为，以此区别于发起人个人的侵权行为。这些行为主要包括对外签订合同、筹集资金、购买设备或者办公用品等。第二，对于认定发起人是否因履行公司设立职责而造成他人损害，举证责任应由受害人承担，且公司或发起人可以以此为由进行抗辩。第三，公司未能成立的，依据《公司法司法解释(三)》第4条第1款中的规定，受害人可以向全部或部分发起人请求承担连带责任。

2. 公司或无过错的发起人对外承担赔偿责任后，对内如何追偿

公司或无过错的发起人，对外承担侵权责任后，必然遭受损失，而该损失是由履行设立职责的发起人造成的，按照《民法典》第1165条过错责任原则的规定，其可以向有过错的发起人追偿。

三、公司设立及发起人责任诉讼程序操作要点

(一) 公司设立纠纷与发起人责任纠纷的区分

关于公司设立及发起人责任纠纷的诉讼程序，最高人民法院《民事案件案由规定》规定了"公司设立纠纷"与"发起人责任纠纷"两个相互独立的案由。就法律适用而言，我国《公司法》及相关民事法律并没有公司设立纠纷以及发起人责任纠纷之类的法律概念。对"公司设立纠纷"与"发起人责任纠纷"进行区分的意义在于，两个案由对于管辖的规定不尽相同，因此，区分案由对于确定诉讼管辖具有重要意义。

公司设立纠纷,是指因发起人为组建公司并使其取得法人资格而依法完成一系列法律行为引发的纠纷。《公司法》等相关法律法规对公司的设立规定了严格的法定条件和程序,为了使公司具备上述法定条件,发起人必须做出一系列相关法律行为,免不了对外签订合同用以筹集资金、租赁场地、采购办公用品等。在公司成立过程中,经常因为相关合同在公司内部发起人、设立中公司、外部债权人等利害关系人之间形成权利义务归属的法律纠纷。

发起人责任是指发起人在公司设立过程中,因公司不能成立对认股人所应承担的责任或者在公司成立时因发起人自身的过失行为致使公司利益受损时应当承担的责任。对于公司设立过程中发起人责任承担,由发起人责任纠纷予以规范。

从上述定义可以发现,公司设立纠纷发生在公司正常设立后,针对设立过程中的行为,尤其是发起人以自己名义或公司名义签订的合同,请求公司承担责任而提起的诉讼;发起人责任纠纷是针对公司设立失败或公司成立时的发起人责任提起的诉讼。

(二)公司设立纠纷与发起人责任纠纷的管辖

公司设立纠纷:以公司住所地法院为管辖法院,公司住所地是指公司主要办事机构所在地。公司办事机构不明确的,由其注册地法院管辖。

发起人责任纠纷:以《民事诉讼法》中关于地域管辖的一般规定为基础,综合考虑公司住所地等因素来确定管辖法院。换言之,发起人责任纠纷不直接适用《民事诉讼法》第27条关于公司相关纠纷的管辖规定。

(二)法律依据

《民法典》第75条;

《公司法》第30条、第83条、第93条、第94条;

《公司法司法解释(三)》第2条、第3条、第4条、第5条。

上述法律依据,"公司设立纠纷"与"发起人责任纠纷"均可能涉及,这需要根据案件的不同情况进行选择。"发起人责任纠纷"的法律依据主要涉及《民法典》第75条,《公司法》第30条、第83条、第93条、第94条;"公司设立纠纷"的法律依据主要涉及《民法典》第75条,《公司法司法解释(三)》第2条、第3条、第4条、第5条。

第二讲
股东资格确认

Lecture
2

一、股权的取得方式

为获取投资收益,投资人认缴或认购公司股份,并将现金、不动产等财产作为注册资本投入公司,丧失这些投资财产的所有权或使用权。这些财产由公司享有,成为公司对外承担责任的基础,同时,投资人的财产权转化为公司的股权,因此,股权是公司的投资人取得股东资格的前提。股权,作为一种民事权利,是在民事法律关系的变动中获得的。一般情况下,股权的取得是在设立债权法律关系后,再根据其准物权的属性,履行必要的登记手续。由于股权依据的民事法律关系不同,认定获得股权的证据也不同,要确认股东资格,应根据股权的产生路径及基础民事法律关系,来分析判断是否获得股权。在股权的取得方式上,分为原始取得与继受取得。

(一)股权的原始取得

股权的原始取得,是投资人直接向公司投入财产而取得股权的方式。原始取得的民事法律关系基础是认购或出资协议。通过这种方式取得股权的股东称为原始股东。原始取得分为公司设立时取得和公司设立后取得。

1. 公司设立时取得

公司设立时取得,是指公司设立时,向公司认购出资或股份,从而取得初始股东资格。比如发起人、募集设立的股份公司中的认股人,就属于这类原始股东。股权在设立时取得,其基础是投资人和公司之间的认购出资或股份协议。该协议一般由设立中公司机关(通常是发起人)与投资人签订。只要签订的协议符合民事法律行为的生效要件且投资人履行了相应的义务,依据该协议取得的股权就合法有效。

2. 公司设立后取得

公司设立后取得,是指公司成立后通过购买发行的新股,而取得股东资格。比如公司增资时,认购新增注册资本的认购人,就属于这类原始股东。股权在公司设立后取得,其基础是投资人和公司之间的增资或认购协议。该协议由公司与投资人签订。只要签订的协议符合民事法律行为的生效要件且投资人履行了相应的义务,依据该协议取得的股权就合法有效。

【案例进阶4】在有限责任公司中,股东持股比例与出资比例可否不一致?

案例名称: 深圳市启迪信息技术有限公司与郑州国华投资有限公司、开封市豫信企业管理咨询有限公司、珠海科美教育投资有限公司股权确认纠纷案

案例来源: 最高人民法院(2011)民提字第6号民事判决书,载于《最高人民法院公报》2012年第1期

裁判要旨:

在公司注册资本符合法定要求的情况下,各股东的实际出资数额和持有股权比例应属于公司股东意思自治的范畴。股东持有股权的比例一般与其实际出资比例一致,但有限责任公司的全体股东内部也可以约定不按实际出资比例持有股权,这样的约定并不影响公司资本对公司债权担保等对外基本功能的实现。如该约定是各方当事人的真实意思表示,且未损害他人的利益,不违反法律和行政法规的规定,应属有效,股东按照约定持有的股权应当受到法律的保护。

基本案情:

再审申请人(一审被告、二审上诉人)深圳市启迪信息技术有限公司(以下简称"启迪公司")与被申请人(一审原告、二审被上诉人)郑州国华投资有限公司(以下简称"国华公司")、原审被告开封市豫信企业管理咨询有限公司(以下简称"豫信公司")共同出资成立原审第三人珠海科美教育投资有限公司(以下简称"科美投资公司"),用于运作和经营北京师范大学珠海分校工程技术学院。注册资本1000万实际全部由国华公司出资,但是三方签订的《投资协议》约定启迪公司享有55%股权,国华公司享有30%股权,豫信公司享有15%股权。在国华公司收回7000万总投入之后,三方按照《投资协议》中约定的股权比例,享有利润分成。后国华公司诉至开封市中级人民法院,请求判令:1.科美投资公司的全部股权归国华公司所有。2.如果国华公司的第一项请求不能得到支持,请依法判决解散科美投资公司,并进行清算。在审理时,国华公司明确表示,放弃第二项即解散并清算科美投资公司的诉讼请求。

法律关系图：

原告认为： 目标公司由其全额出资,两被告均未出资,因此要求法院确认其对目标公司拥有100%股权。

再审申请人（一审被告、二审上诉人）：启迪公司 ⇔ **被申请人（一审原告、二审被上诉人）：国华公司**

争议焦点： 由原告垫资,以被告启迪公司名义投入目标公司500万元出资形成的股权应属于原告还是被告启迪公司?

法院认为： 经全体股东同意,有限责任公司股东出资比与持股比例可以不一致。因此,确认被告启迪公司的股权,驳回原告的请求。

被告认为： 股东之间约定由一方股东垫资,且不按照出资比例持有股权,属于当事人真实意思表示,是一种合法的商业交易行为,不违反法律法规禁止性规定,应认定合法有效。

裁判过程及理由：

一审、二审法院认为,根据《公司法》第27条的规定,股东可以用货币出资,也可以用实物、知识产权、土地使用权等可以用货币估价并可以依法转让的非货币财产作价出资。对作为出资的非货币财产应当评估作价。根据该条规定,非货币财产作为出资须具备两个条件,一是可以用货币估价,二是可以依法转让,同时还应履行评估作价程序。国华公司、启迪公司和豫信公司约定启迪公司以教育资源作为出资,而出资资金由国华支付,实际上规避了相关法律法规。国华公司代替启迪公司和豫信公司筹集出资资金的结果是作为真实投资者的国华公司仅占公司30%的股份,而未出资的启迪公司和豫信公司却占了公司70%的股份,国华公司作为真实投资者,要求确认与其出资相应的股份于法有据,于情相合。据此,一审法院判决:1.确认国华公司出资800万元,占科美投资公司80%的股份;豫信公司出资150万元,占科美投资公司15%的股份;启迪公司出资50万元,占科美投资公司5%的股份。2.驳回国华公司其他诉讼请求。

启迪公司不服一审判决,向河南省高级人民法院提起上诉。二审法院判决:驳回上诉,维持原判。启迪公司不服二审判决,向最高人民法院申请再审,最高人民法院裁定提审本案。

再审法院认为,股东认缴的注册资本是构成公司资本的基础,但公司的有效经营有时还需要其他条件或资源,因此,在注册资本符合法定要求的情况下,我国法律并未禁止股东内部对各自的实际出资数额和占有股权比例作出约定,这样的约定并不影响公司资本对公司债权担保等对外基本功能的实现,并非规避法律的行为,应属于公司股东意思自治的范畴。《投资协议》约定科美投资公司1000万元的注册资本全部由国华公司负责投入，而该协议和科美投资公司的章程均约定股权按照启迪公司55%、国华公司35%、豫信公司15%的比例持有。《投资协议》第14条约定，国华公司7000万元资金收回完毕之前，公司利润按照启迪公司16%、国华公司80%、豫信公司4%分配；国华公司7000万元资金收回完毕之后，公司利润按照启迪公司55%、国华公司30%、豫信公司15%分配。根据上述内容，启迪公司、国华公司、豫信公司约定对科美投资公司的全部注册资本由国华公司投入，而各股东分别占有科美投资公司约定份额的股权，对公司盈利分配也作出特别约定。这是各方对各自掌握的经营资源、投入成本及预期收入进行综合判断的结果，是各方当事人的真实意思表示，并未损害他人的利益，不违反法律和行政法规的规定，属有效约定，当事人应按照约定履行。据此，再审法院驳回了国华公司的诉讼请求。

实务要点：

由于人力资本具有人身属性，缺乏独立转让性及其评估上的随意与不确定性，我国《公司法》禁止人力资本出资。这种规定强调公司资本的担保功能，而忽视其经营功能，使公司中人力资本的所有者难以通过持股或股票期权等方式为公司发展提供动力。实践中，为了使人力资本出资合法化，承认人力资本的价值，可以采用不同的方式处理。本案的裁判思路，就提供了一种人力资本入股的方法。本案中，启迪公司掌握着一定的教育资源，国华公司有资金，如何实现二者的合作，达成双赢？在不损害债权人等其他人利益的前提下，人力资本所有者可以与物质资本所有者通过协议形式，组建不按投资比例持股的公司，这就可以间接体现人力资本的价值，实现二者的合作。通过阅读本案，可以发现：

第一，在股东协议中，对出资比例与股权比例不一致进行明确约定或召开股东会，通过股东会决议的形式，对出资比例与股权比例不一致进行明确。无论是通过股东协议，还是股东会决议，均应在章程中加以记载，同时，注意修改、删除公司章程中冲突的条款。此外，在召开股东会时，应依据《公司法》及章程的要求履行股东会召开流程，并经全体股东一致同意，而不是采用资本多数决。

第二，在公司登记时，登记机关要求适用统一的公司章程范本，可能不允许对公司章程进行个性化的修改，因此，应做好与登记机关的沟通工作。

第三，某些股东的出资由其他股东代为进行的，股东之间进行股权设计时，要做好书面约定和证据保留，避免今后不必要的股权纠纷。

（二）股权的继受取得

股权的继受取得，又称为传来取得、派生取得，是指因转让、继承、合并等原因而取得公司股权。原始取得的股权是独立的,是不依附于既存的他人所有的权利而发生的新权利;继受取得的股权则是基于他人所有的股权而发生的权利。换言之,二者的区别,不仅在于取得股权的时间点有差异,更为重要的是,继受取得是在公司顺利成立,股东已取得股权后,因法定或约定原因,从原股东处取得公司股权。

1. 因转让而取得股权

股权转让是指股东将持有的公司股权,转让给受让人,由受让人取得股权而成为公司新股东的行为。作为股东退出公司的常见方式,因转让而取得股权,也是继受取得最为重要的方式。股权转让的表现形式是出让股东与受让方签订股权转让协议。需要强调的是,股权转让协议是受让人具备取得股东资格的必要条件,而非充分条件,因为要取得股东资格,还需要进一步考察股权转让协议是否有效,是否将受让人记载于公司名册及变更工商登记等因素。因转让而取得股权,将在第五讲展开,此处不再赘述。

2. 因赠与而取得股权

股权作为财产权,股东可以将持有公司的股权赠与他人,从而处分自己持有的股权。股权赠与的表现形式是股权赠与协议。如同其他的赠与协议一样,股权赠与协议是双方民事法律行为,在双方当事人意思表示达成一致时才能成立。

3. 因继承而取得股权

因继承而取得,是指公司股东作为被继承人死亡后,而由其继承人取得被继承人股权。被继承人死亡,股权作为财产权,成为被继承人的遗产。《公司法》第75条规定:"自然人股东死亡后,其合法继承人可以继承股东资格;但是,公司章程另有规定的除外。"尽管在立法上,本条文用的是"继承股东资格",而非股权,但要取得公司股东资格,就必须要取得公司股权,因此,取得股东资格与取得公司股权并无先后之分,而是同时发生。当股东死亡后,其合法继承人请求继承股权,只要公司章程没有对股权继承有其他规定,就应当确认继承人的股东资格。

4. 因法律文书而取得股权

在判决书、裁定书、仲裁裁决等法律文书已经发生法律效力的前提下,依当事人申请,对被执行人持有的股权采取强制转让措施,以抵偿债权人债权的行为,就是因法律文书而取得股权。《公司法》第72条规定:"人民法院依照法律规定的强制执行程序转让股东的股权时,应当通知公司及全体股东,其他股东在同等条件下有优先购买权。其他股东自人民法院通知之日起满二十日不行使优先购买权的,视为放弃优先购买权。"

5. 因合并而取得股权

因合并而取得,是指公司合并时,因合并而丧失法人资格的公司的原股东,依法取得合并后存续公司或者新设公司的股东资格。需要注意的是,在公司合并或分立时,可能存在原始取得与继受取得两种方式,因此,在学界将公司合并或分立时取得的股权称为概括取得。

二、股东资格的确认标准及证据

(一)股东资格的确认标准

1. 总体原则

在股东资格发生争议时,应结合公司章程、股东名册、工商登记、出资情况、出资证明书、是否实际行使股东权利等因素,考虑当事人实施民事法律行为的真实意思,综合对股东资格进行认定。

2. 不同情形下的股东资格确认

第一,股东之间就股东资格发生争议,应当根据股东名册的记载确定股东资格。但是,存在以下情形之一的,可以认定实际出资人的股东资格:①当事人之间对股东资格有明确约定,且其他股东对实际投资人的股东资格予以认可的;②根据公司章程、实际出资、出资证明书的持有或股东权利的行使,可以对股东名册记载作出相反认定的;③实际出资人持有出资证明书,且能证明由于登记原因错登或漏登的。

第二,股东与公司之间就股东资格发生争议,应根据公司章程、股东名册的记载作出认定。公司章程、股东名册没有记载但已实际出资并以股东身份行使股东权利的,应当认定具有股东资格。

第三,股权转让人、受让人与公司之间因股东资格发生争议的,应当根据股东名册的变更登记认定股东资格。公司没有办理股东名册变更登记的,受让人已经实际参与公司经营管理,行使股东权利的,应当认定受让人具有股东资格,同时,可以根据受让人的请求,判决公司将受让人记载于股东名册、公司章程并办理工商登记。

第四,公司或者股东与第三人就股东权益发生争议的,应当根据工商登记的记载确定有关当事人的股东权益。

3. 股权归属确认之诉中应证明的事实

《公司法司法解释(三)》第22条对股权归属确认之诉中应证明的事实进行了规定。在股权原始取得的情形下,投资人应提供证据证明已经依法向公司出资或者认缴出资,且不违反法律法规强制性规定;在继受取得的情形下,受让人应提供证据证明已经受让或者以其他形式继受公司股权,且不违反法律法规强制性规定。换言之,当股权归属发生争议时,当事人应通过提供取得股权的实质性证据(即提供出资或受让取得的证据),以此来确认股权的归属,且该取得方式不违反法律法规的强制性规定。此外,还应注意以下两点:第一,对于投资人不按约定认购股份或缴纳股款的行为,《公司法》另行规定了发起人的补足出资责任、承担违约责任和损害赔偿责任,但并不认为其因此当然丧失股权。第二,"不违反法律法规强制性规定",是指法律、法规对一些特殊主体投资权利的一定限制,比如投资者行为能力、住所、身份等的限制。

(二) 确认股东资格的证据

《公司法》第32条规定,有限责任公司应当置备股东名册,记载于股东名册的股东,可以依股东名册主张行使股东权利。公司应当将股东的姓名或者名称向公司登记机关登记;登记事项发生变更的,应当办理变更登记。未经登记或者变更登记的,不得对抗第三人。该条为股东资格的确认提供了基本标准,但面对类型众多的股东资格确认纠纷,该条仍显原则。为正确认定股东资格,应注重证据分析,将实体证据分为源泉证据、效力证据与对抗证据。

第一,源泉证据,又称为基础证据,是指证明股东取得股权的基础法律关系的法律文件。比如出资证明书、股权转让协议等,就属于源泉证据,这些都是证明股东资格的原始证据。

第二,效力证据,又称为推定证据,即股东名册的记载,凡记载于股东名册上的推定为股东,享有股权,但是这种证据可以被相反证据所推翻。

第三,对抗证据,主要指公司登记机关登记在案的章程等登记文件。根据《公司法》第32条的规定,公司应当将股东的姓名或者名称向公司登记机关登记;登记事项发生变更的,应当办理变更登记。未经登记或者变更登记的,不得对抗第三人。

在股东资格确认问题上,应注重保护善意第三人的利益。在三个方面的证据均有证明力且证据相冲突时,应注重证据证明效力的审查,以优势证据规则对案件进行裁判,而不能简单地认为某类证据的效力高于另一类证据,否则,可能导致裁判不公。

【案例进阶5】出资行为能够证明出资人具有股东资格吗?

案例名称:金民生与吴排安、休宁县新世纪房地产有限公司股权确认纠纷申请再审案

案例来源:最高人民法院(2013)民申字第517号民事裁定书,载于《立案工作指导》2013年第2辑(总第37期)

裁判要旨:

股东资格确认是表征股东资格的证据采信问题。在股权归属的确认上,任何

单一证据材料都不具有当然的推定力,而只是具有普通证据的效力,只能在一定程度上证明权利可能的归属,至于股权最终归属于谁(即真实的权利关系)则要综合各种证据材料来考察。

基本案情：

2000年8月,被申请人(一审被告)休宁县新世纪房地产有限公司(以下简称"新世纪公司")成立,注册资金200万。股东有被申请人(一审第三人)陈纪民,出资120万元;程新社,出资80万元。2002年7月,新世纪公司董事会决议:程新社将其40%的股权转让给再审申请人(一审第三人、二审上诉人)金民生,陈纪民将其10%股权转让给金民生。新世纪公司对该股权转让进行了工商变更登记。2002年10月28日,新世纪公司通过的章程亦载明:陈纪民,出资100万元;金民生,出资100万元。2002年10月23日,被申请人(一审原告、二审被上诉人)吴排安担任新世纪公司监事。此后,吴排安参加了新世纪公司的经营、决策和管理。吴排安与叶国华系夫妻关系,新世纪公司分别于2003年6月3日、2003年10月20日和2004年10月11日向叶国华出具金额分别为4万元、4万元和6万元的三张收据,交款事由均载明为"投入款",总计14万元。新世纪公司于2004年3月30日制作各股东投入款明细表,并加盖新世纪公司公章。2009年,因公司股东之间就出资及股权问题发生争议,吴排安诉请法院确认其在新世纪公司的股权。

法律关系图：

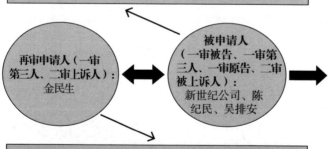

裁判过程及理由：

再审审查法院认为，本案为股权确认纠纷，争议焦点在于能否证明吴排安依法出资的事实和吴排安是否具有股东资格。分析评判如下：

(1)综合本案相关证据，能够证明吴排安向新世纪公司出资的事实。经查，新世纪公司没有设立单独的股东名册，也没有为每个股东出具单独的出资证明书。新世纪公司制作的《明细表》载明：陈纪民投入款共计94万元、金民生投入款共计30万元、吴排安投入款共计14万元(其中，2002年11月15日投入建筑材料木材、机械电气等6万元；2003年6月3日投入4万元；2003年10月23日投入4万元)、煤厂投入款60万元。该《明细表》上有公司法人代表陈纪民的签字和公司财务章。金民生主张该明细表为往来账目，吴排安的14万款项为债权，并以公司财务账册中将吴排安投入款14万元记载为"其他应付款"佐证。但新世纪公司主张，金民生所称财务账册，由其妻子王夏云保管，在一审中新世纪公司及其他当事人已经对该账册的真实性予以否定，故公司财务账册中"其他应付款"的记载并不具有足以推翻《明细表》的直接证明效力。除《明细表》之外，新世纪公司分别于2003年6月3日、2003年10月20日和2004年10月11日向吴排安的妻子叶国华出具金额分别为4万元、4万元和6万元的三张收据，交款事由均载明为"投入款"，总计14万元。其中一份收据上，由新世纪公司会计王夏云亲笔将收款事由更正为"投入款"。金民生提出三张收据能证明该14万元款项的权利人应是吴排安的妻子叶国华，吴排安无权代替叶国华对新世纪公司主张权利。但叶国华对此已经明确表明投入款对应股权由吴排安享有。三张收据与新世纪公司向陈纪民出具的股东出资手续基本相同，形式上均为"收据"，交款事由均载明为"投入款"。该收据与《明细表》相互印证，进一步证明吴排安出资的事实。金民生认为《明细表》上所盖为财务章以及没有其签字，均不足以否定吴排安出资的事实。金民生还主张公司股东身份必须以登记为准，《明细表》不能产生确认公司股东身份的效力。但《公司法》(2005年，已失效)第33条[《公司法》(2018年)第32条]所规定的未经登记不得对抗善意第三人，是就外部效力而言。本案虽股东登记未发生变更，但《明细表》和收据已经证明吴排安实际出资，新世纪公司及陈纪民也认可吴排安的股东资格，故一、二审法院确认吴排安为新世纪公司的股东并无不当。金民生关于吴排安出资14万元系与新世纪公司债权债务关系的申请再审理由不能成立。

(2)新世纪公司《章程》第35条第10款规定，对股东以外的人转让出资由股东会作出决议。但2002年程新社和陈纪民转让股权给金民生时，是以召开董事会的形式形成决议，而非股东会。现有证据表明，新世纪公司在经营过程中董事会和股东会运行并不规范。吴排安出资虽然未与陈纪民、金民生就入股达成书面协议，但结合吴排安出资以后参加了新世纪公司的经营、决策和管理，在相关文件上签字，且金民生从未提出过异议，这都表明吴排安已实际享有股东权利、履行股东义务。一、二审判决确认吴排安的股东资格，亦无不当。因公司增加或减少资本，应当依法向公司登记机关办理变更登记。二审法院变更一审法院关于直接认定吴排安14万元为新增资本的判决是正确的。黄山市中级人民法院所作出的另案民事判决，处理的是新世纪公司股东股权比例问题，与本案股东身份的确认并非同一法律关系。因此，金民生对于本案二审判决结果与另案判决中关于新世纪公司内部股东股权比例的认定相矛盾的申请理由不能成立。因此，最高人民法院驳回了金民生的再审申请。

实务要点：

在股东资格的认定中，出资行为、出资证明、股东名册、工商登记、公司章程、出资协议、股东权利的实际行使等，均是影响股东资格认定的因素，但《公司法》及其司法解释均未明确这些因素在股东资格认定中的效力位阶。实践中，在股东资格认定上至少存在两种路径，即意思主义与外观主义。前者认为，股东资格的取得，均需借助民事法律行为完成，而民事法律行为的核心则是意思表示，因此，出资行为作为股东内心意思的外部表示，应该成为股东资格确认的最终判断标准。后者认为，意思主义本身存在真意探求的困难，为保护外部相对人的信赖利益，股东资格的认定应该更注重股东名册、工商登记等形式要件的审查。上述两种路径并不是非此即彼的关系，而是在股东资格认定上均有一定的适用空间，对于确定股东资格认定条件之间的效力位阶具有指导意义。在本案中，法院依据各股东投入款明细表、投入款收据以及实际行使股东权利之情形，确认在公司内部关系中股东资格的认定上，出资行为的效力位阶高于股东名册、工商登记等形式要件。通过阅读本案，可以发现：

第一，在股权归属的确认上，任何单一的证据都不具有当然的推定力，而只具有普通证据的效力，只能在一定程度上证明权利可能的归属。至于股权最终归属，则需要综合各种证据材料来考察当事人之间的真实意思表示。

第二，为避免股权纠纷，公司应建立健全相关治理规范，完善有关文件，同时，为诉讼环节纠纷的解决提供相关证据以及事实支撑。

第三，股东应及时向公司索取并保留投资凭证、出资证明，且要求公司将其股东身份记载于股东名册、进行工商登记或变更登记，同时，积极行使股东权利。

三、公司违反股权登记义务时,对股东的救济

(一)公司未履行股权登记义务的情形

投资人依法履行出资义务或继受取得股权后,有限责任公司未根据《公司法》第31条、第32条的规定,向投资人签发出资证明书、记载于股东名册并办理工商登记,属于公司未履行法定股权登记义务。

1. 签发出资证明书

出资证明书,是指有限责任公司签发给股东的,证明其已履行出资义务、享有股东权利的法律文书。同时,出资证明书也是投资人成为有限责任公司股东,并依法享有股东权利和承担股东义务的法律凭证。《公司法》第31条对出资证明书的制作,有如下要求:

第一,签发出资证明书的时间为"有限责任公司成立后"。向股东签发出资证明书是公司的法定义务。第二,出资证明书的必要记载事项有五项:公司的名称,公司的成立日期,公司的注册资本,股东的姓名或者名称、缴纳出资的数额和出资的日期,出资证明书的编号和核发日期。第三,出资证明书在形式上应当由公司盖章。只有经过公司盖章以后,出资证明书才能产生法律效力。没有公司盖章的出资证明书,因不具备法定的形式要件,不能发生效力。

2. 记载于股东名册并向登记机关登记

股东名册,是指公司依照法律规定,对本公司股东及其出资情况进行登记的法律文书。根据《公司法》第32条第1款的规定,有限责任公司应当置备股东名册,因此,置备股东名册是有限责任公司成立后必须履行的一项法定义务。此外,发行记名股票的股份有限公司也应当置备股东名册。对于股东名册,《公司法》有如下要求:

第一,股东名册的记载事项。股东名册不能任意记载,对于其记载内容有法定要求。股东名册应当记载以下事项:股东的姓名或者名称及住所、股东的出资额、出资证明书编号。

第二,股东名册作为公司的法定置备文件,具有三个特定的法律效力,即在股东名册上记载为股东的,推定为公司股东;凡是未在股东名册上记载的人,均不能视为公司股东;公司只将股东名册上记载的股东视为真正的股东,股东依据股东名册主张自己的股东权利。换言之,出资证明书等的记载与股东名册的记载之间出现不一致时,应当以股东名册的记载为准,股东名册具有确定效力、推定效力,即实质上的权利人在尚未完成股东名册登记或者股东名册上的股东名义变更前,不能对抗公司。

第三,股东名册的公示。公司应当将股东的姓名或者名称及其出资额向公司登记机关登记;登记事项发生变更的,应当办理变更登记。未经登记或者变更登记的,不得对抗第三人。一般情况下,股东名册记载的事项,应当与公司登记的事项相一致。但如果股东将持有的股权转让后,公司只变更了股东名册,未办理变更登记,就会出现股东名册记载与公司登记记载不一致的情况,对此,公司应当及时办理变更登记,以保持股东名册与公司登记之间的一致性。

(二)公司未履行股权登记义务时的救济

根据《公司法》第31条、第32条的规定,公司应当履行股权登记的义务。当公司不履行上述法定义务时,符合不作为侵权行为的构成要件,应当承担相应的民事责任。据此,当事人有权向法院起诉请求公司履行这些义务,如果给股东造成了损失,公司应当承担赔偿责任。此外,需注意的是,《公司法司法解释(三)》第23条仅适用于有限责任公司,但由于发行记名股票的股份有限公司也应当置备股东名册,因此,在发行记名股票的股份有限公司未按要求将股东记载于股东名册时,亦可参照适用本条。

四、隐名持股

(一)何为隐名股东与名义股东

隐名股东,又称为实际出资人,是指实际出资,享有相应投资权益但是却并不被记载于公司章程、股东名册及工商登记等资料上的投资者。与之相对应,记载于公司章程、股东名册及工商登记等资料上的股东则为名义股东。因隐名投资形成的法律关系,一般具有以下特征:

第一,隐名股东实际认缴注册资本,但其姓名或名称未记载于公司章程、股东名册及工商登记等资料中。第二,名义股东同意隐名股东使用自己的姓名或名称。这是隐名股东与冒名股东的基本区别,在冒名投资中,实际出资人系盗用他人名义出资,并未取得被冒名人的同意。第三,隐名股东承担公司的盈亏风险。这是隐名股东与借贷的区别。如果实际出资人不承担投资风险,双方之间不应认定为隐名投资法律关系,可按债权债务关系处理。

(二)隐名出资协议的法律效力

隐名股东与名义股东之间存在着合意,即隐名出资协议,一般也称为代持股协议,在该类协议中,一般约定隐名股东以名义股东的名义出资作为公司的股东,并由隐名股东承担投资和风险。针对此类协议的效力,《公司法司法解释(三)》第24条第1款、第2款规定:"有限责任公司的实际出资人与名义出资人订立合同,约定由实际出资人出资并享有投资权益,以名义出资人为名义股东,实际出资人与名义股东对该合同效力发生争议的,如无法律规定的无效情形,人民法院应当认定该合同有效。前款规定的实际出资人与名义股东因投资权益的归属发生争议,实际出资人以其实际履行了出资义务为由向名义股东主张权利的,人民法院应予支持。名义股东以公司股东名册记载、公司登记机关登记为由否认实际出资人权利的,人民法院不予支持。"由此可见,隐名投资协议,属于双方的自由约定,根据契约自由的原则,如没有法律规定的无效情形,该协议约定应为有效,在隐名股东与显名股东之间产生拘束力,隐名股东可以依据协议约定向名义股东主张相关权益。对于隐名出资协议的理解,应注意以下几点:

第一,隐名出资协议表现形式多样,双方之间虽然没有书面或口头约定,但如果以其行为表明了此种合意,则仍应将其行为认定为隐名投资行为。如果双方没有隐名持股的合意,则应根据不同的情形,将其认定为借贷法律关系或者不当得利。

第二,投资权益不同于股东权益,股东权益只能由名义股东直接行使,隐名股东只能通过名义股东之手间接行使股东权益来实现投资权益。在隐名持股的情形下,投资权益与股东权益可以进行分割,如双方可以约定隐名股东只享有收益权,而不享有其他权利,由名义股东按照自由意志行使股权的其他权能。

第三,名义股东应根据其与隐名股东之间的约定行使股权,当名义股东行使股权违反该约定时,应当向隐名股东承担违约责任。基于合同相对性原理,当名义股东行使股权时,不能以其违反隐名投资协议而否定名义股东股权行使的效力,名义股东的行为原则上在公司内部以及外部发生法律效力。

第四,"如无法律规定的无效情形",应严格依据《民法典》相关条款进行判断。比如,从隐名持股的目的分析,主要分为规避法律与非规避法律两大类型,前者因规避了公司法或其他法律法规对投资领域、投资主体、投资比例等方面的禁止性或者限制性规定,如果对其效力予以认可,则可能严重损害公共利益及市场交易的安全,因此,对于其效力应予以否定。

(三)隐名股东如何显名化

在隐名股东与名义股东之间,隐名股东的投资权益依据双方代持协议确定并依法受保护。但如果隐名股东请求公司办理变更股东、签发出资证明书、记载于股东名册、记载于公司章程并向公司登记机关登记等,此时隐名股东的要求突破了代持协议约定的范围,隐名股东从公司外部进入了公司内部,成为公司的成员。对于公司和其他股东而言,这类似于发生了股权的对外转让。为保障公司的人合性,维护公司内部关系的稳定,隐名股东显名化应当参照《公司法》第71条第2款规定的股权外部转让的规则,即经由公司其他股东过半数同意,隐名股东才能取代原名义股东成为公司股东,否则,隐名股东不能成为公司股东。在理解隐名股东显名化时,应注意以下几点:

第一,隐名股东显名化需要具备有效的代持股协议与其他股东过半数同意两个基本条件,至于隐名股东是否真实出资、是否行使股东权利等仅是辅助性条件,而非必要条件。

第二,我国公司分为有限责任公司和股份有限公司,其中股份有限公司是资合性公司,股份流动性较强,股东资格以持有或者记载于股东名册等为认定标准,一般不存在隐名股东及其显名化问题,因此,这里的"应当经其他股东过半数同意"指的是有限责任公司中隐名股东的显名化。

第三,隐名股东显名化仅参照有限责任公司股权对外转让的"其他股东过半数同意"规则,而没有参照其优先购买权规则。换言之,当其他股东过半数同意时,此时其并没有优先购买权,不能优先购买该股权;当未达到其他股东过半数同意时,其他股东也不能优先购买该股权,名义股东仍为公司股东。

第四,在隐名股东显名化案件中,应通过行为探求当事人的真意,而不应将"其他股东过半数同意"绝对化。只要隐名股东能够提供证据证明有限责任公司过半数的其他股东知道其实际出资的事实,且对其实际行使股东权利未曾提出异议的,对隐名股东提出的登记为公司股东的请求,应依法予以支持。

(四)名义股东对其名下股权的处分效力

虽然名义股东可以行使股东权利,但该权利的确定是隐名股东出资所致,因此,名义股东不得擅自处分该股权,如果未经隐名股东同意就处分股权,其行为构成无权处分。但第三人凭借对登记内容的信赖,一般可以合理地相信登记的股东(名义股东)就是真实权利人,依据公示主义和外观主义原则,为维护交易秩序和安全,保护善意第三人的利益,隐名股东不能主张处分行为无效。这也是采用隐名持股方式进行投资的法律风险之一。实践中,有的第三人明确知道名义股东并非真实出资人,在名义股东向第三人处分股权后,如果仍认定该处分行为有效,不但会助长第三人及名义股东的不诚信行为,还会侵害隐名股东的合法权益,为此,当隐名股东主张处分股权行为无效时,应当参照《民法典》第311条规定的善意取得制

度处理。对此,应注意以下几点:

第一,为保护第三人对公司登记材料的信赖,只要受让股权的第三人出于善意,即使名义股东转让股权时未经隐名股东同意,该股权转让行为同样有效;如果第三人在受让股权时明知存在隐名股东禁止名义股东私自处分股权,或者名义股东与第三人恶意串通转让股权,则可以推定为第三人受让股权是出于恶意,该股权转让行为当属无效。从处理未经隐名股东同意处分股权的规则分析,隐名投资股权转让纠纷中的核心问题,是如何平衡真正的权利人与善意第三人的利益。在平衡这对矛盾,处理隐名投资对外关系时,应遵循公示主义和外观主义原则,遵从保护善意第三人的价值取向,这样有利于法律关系的稳定和交易安全的维护。

第二,当善意第三人取得股权时,名义股东违反了双方隐名出资协议的行为构成了对隐名股东投资权益的侵害,其行为构成侵权行为,应承担相应的赔偿责任。

第三,这里的处分行为是指能够带来权利变动的处分行为,这种处分能够改变股权归属或者设定物权负担。此种处分不仅包括转让、质押等方式,还包括其他方式,比如信托持股等。

第四,前述讲的是名义股东未经隐名股东同意处分股权的情形,那么,隐名股东转让股权,又应该如何处理?①第三人明知隐名股东的存在,并从隐名股东处受让股权时,如果名义股东以工商登记为由提出反对,则应当进入确权程序。依据不同的确权结果,再认定隐名股东处分股权的效力。②第三人明知隐名股东的存在,并从隐名股东处受让股权时,如果名义股东没有提出反对,则相对于债权债务转移,隐名股东转让的是隐名投资地位,而非股权。隐名投资权益转让后,受让人欲取代名义股东显名化,但仍然需要经过公司其他股东过半数同意。

【案例进阶6】名义股东破产后,应优先保护名义股东债权人的信赖利益吗?

案例名称:王文华诉宜兴申利化工有限公司股东资格确认纠纷案

案例来源:江苏省无锡市中级人民法院(2017)苏02民终3235号民事判决书,载于《人民司法·案例》2019年第5期

裁判要旨:

实际出资人借用他人名义向公司出资,该他人为公司的名义股东。实际出资人与名义股东之间的代持股合同关系如无法律规定的无效情形,应认定为有效。在名义股东破产后,实际出资人以其为代持股权的实际权利人为由提起诉讼,要求确认股权归其所有的,人民法院应优先保护名义股东的破产债权人作为善意第三人依据公示内容对讼争股份的信赖利益,不应支持实际出资人的诉讼请求。

基本案情：

2011年12月1日，江苏鹏鹞环境工程承包有限公司（以下简称"鹏鹞承包公司"）唯一股东喜也纳企业有限公司（CIENAENTERPRIS-ESLIMITED，以下简称"喜也纳公司"）作出股东决定一份，同意鹏鹞承包公司新增投资总额53000万元，新增注册资本35000万元；新增注册资本中35000万元，由其与新增的投资方共同认购，其中被上诉人（原审被告）宜兴申利化工有限公司（以下简称"申利公司"）出资2887.5万元认购鹏鹞承包公司本次新增的注册资本550万元，余额2337.5万元作为资本公积。上诉人（原审原告）王文华在申利公司出资认购的鹏鹞承包公司前述注册资本中作为实际出资人出资210万元，并通过申利公司代持其中40万股股份。

2011年12月15日，鹏鹞承包公司的公司类型从有限责任公司（外国法人独资）变更为有限责任公司（中外合资），股东从喜也纳公司变更为喜也纳公司、申利公司等。2013年1月21日，鹏鹞承包公司变更企业名称为鹏鹞环保股份有限公司（以下简称"鹏鹞股份公司"），同时公司类型从有限责任公司（中外合资）变更为股份有限公司（中外合资，未上市）。2016年1月28日，江苏省宜兴市人民法院裁定受理对申利公司的破产清算申请。2016年7月，鹏鹞股份公司的首发申请获得证监委通过。截至2016年11月14日，申利公司仍为鹏鹞股份公司股东，持有鹏鹞股份公司550万股股份。

王文华向法院提起诉讼，请求：1.确认申利公司名下的鹏鹞股份公司550万股股份中的40万股股份属于其所有；2.申利公司立即向其归还属于其所有的该40万股股份。

法律关系图：

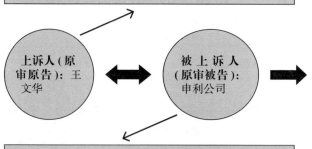

裁判过程及理由：

一审法院认为，本案争议焦点为实际出资人王文华借用名义股东即申利公司名义向鹏鹞承包公司出资，王文华与申利公司之间存在代持股关系，在申利公司破产后，王文华以其为代持股的实际权利人为由提起诉讼，要求确认股权归其所有的，人民法院应否支持？

如本案中的名义股东申利公司并未进入破产清算程序，本案仅是发生在实际出资人王文华与名义股东申利公司双方的内部纠纷，法院只需根据代持股份的证据结合讼争股份的性质确认讼争股份的归属即可，无须考虑代持股合同的效力及申利公司债权人的权益是否需要获得优先保护的问题。但本案是在申利公司破产清算程序中提起的衍生诉讼，在申利公司已进入破产清算程序，其破产财产难以清偿全部债务的情形下，是否确认实际出资人的股东身份，与作为善意第三人的申利公司破产债权人有重大利害关系。

《公司法》第32条第3款规定："公司应当将股东的姓名或者名称向公司登记机关登记；登记事项发生变更的，应当办理变更登记。未经登记或者变更登记的，不得对抗第三人。"维护交易安全、提升交易效率是《公司法》立法的基本宗旨，具体表现形式为公示主义与外观主义，公示主义指交易当事人应将与交易有关的重要事实以法定形式予以公开，使交易相对人知晓，以免合法权益受到损害，如将股东身份通过工商登记等材料予以公示；外观主义，是指将交易当事人的外观行为推定为其真实意思表示，以行为的外观确定行为的法律效果。因此在涉及善意第三人的公司外部关系中，倾向于保护善意第三人的合法权益更符合《公司法》保护公司、股东和债权人的合法权益的立法目的。

具体而言，王文华以申利公司名义出资购买讼争股份，并登记于申利公司名下，根据公司法的规定，股权变更经登记发生法律效力，对外具有公示效力，申利公司在外观上已具有股东特征。讼争股份作为现拟上市的鹏鹞股份公司股份，其股东持有股份和变动的情况更应以依法披露的公开信息及具有公示效力的登记为准。前述登记所具有的公示力对第三人而言，其有权信赖登记事项的真实性。讼争股份是登记在申利公司名下的财产，现申利公司已进入破产清算程序并已被裁定宣告破产，申利公司的债权人难以得到全额清偿。申利公司的破产债权人基于讼争股份登记公示的外观，有理由相信申利公司是讼争股份的真正权利人，并依据该信赖以讼争股份进行公平清偿。如仅考虑实际出资人和名义股东之间的内部关系，从而支持王文华关于确认及返还股权的诉讼请求，必将损害申利公司债权人的利益。因此在对代持股外部和内部关系所涉及的利益综合衡量的基础上，遵循商法的外观主义和公示主义原则,优先保护申利公司的债权人作为善意第三人的信赖利益。综上所述,对王文华的诉讼请求,不予支持。但王文华仍可通过破产程序申报债权,参与破产分配。据此,一审法院判决:驳回王文华的诉讼请求。

王文华不服一审判决,提起上诉。二审法院经审理后,驳回王文华上诉,维持原判。

实务要点:

根据《公司法司法解释(三)》第25条的规定,当名义股东对其名下的股权进行处分时,如果隐名股东主张处分股权行为无效时,应当参照《民法典》第311条规定的善意取得制度处理。这条规定旨在解决名义股东处分股权的效力问题。但如果名义股东进入了破产程序,其代持的股权应该如何处理,立法上并不明确。通过阅读本案,可以发现:

第一,当名义股东处分股权时,对于受让人适用善意取得制度。本案将这一裁判思路拓展到名义股东破产时,名义股东债权人的保护问题,即当名义股东的债权人属于善意第三人时,其信赖利益同样也应受保护。

第二,在破产程序中,由于名义股东代持的股权可能会被认定为破产财产,因此,隐名股东应密切关注公司的经营情况,不要等到公司破产时,才要求显名。

第三,在名义股东代持的股权被认定为破产财产的情况下,隐名股东可以提起赔偿诉讼,待胜诉后进行债权申报,参与破产财产的分配。

(五)名义股东的出资责任

在隐名投资内部关系中,隐名股东才是股权的真正权利人,但就外部关系而言,由于名义股东是公司登记材料中的记名人,依据商法公示主义与外观主义原则,第三人凭借对登记内容的信赖,合理地相信名义股东就是真实权利人,可以要求其在未出资本息范围内对债权人未获清偿的债权承担补充赔偿责任,名义股东与隐名股东之间的内部约定不能对抗第三人,名义股东不能以其非实际权利人为由拒绝承担赔偿责任。理解名义股东出资责任时,应注意以下几点:

第一,《公司法司法解释(三)》第26条中所指的"未履行出资义务"应作广义理解,主要表现为完全不履行、未完全履行和不适当履行三种形式,具体包含拒绝出资、不能出资、虚假出资、抽逃出资等多种形式。

第二,当债权人不知晓隐名股东存在时,可以要求名义股东承担未履行出资义务的责任。当公司债权人在知道隐名股东的情况下,也可以将隐名股东和名义股东列为被告,请求二者对未履行出资义务承担连带责任。如果法院查明隐名股东和名义股东通谋不履行或不全面履行出资义务,具有欺诈的故意,法院可判决二者承担连带责任。

第三,隐名股东未履行出资义务的行为违反了隐名持股协议的约定,当名义股东对外承担相应赔偿责任后,名义股东可依据双方之间协议的约定,向隐名股东追偿。

(六)隐名出资中股权的强制执行

在名义股东未经隐名股东同意擅自处分股权时,依据《公司法司法解释(三)》第25条规定,应当适用善意取得制度。但对因强制执行而转移的股权却没有相应的规定。当名义股东的债权人申请强制执行其代持的股权时,隐名股东经常以实际权利人身份提出异议。究竟是支持隐名股东的实际权利从而排除执行,还是支持名义股东债权人的权利从而驳回案外人的异议,涉及的问题较为复杂、争议较大。笔者认为,首先,应该遵循公示主义与外观主义的原则,从保护善意第三人利益出发,依据公司登记材料中记载的股权归属进行执行,优先保护名义股东债权人的合法权益,依法驳回隐名股东的异议;其次,为避免保护形式利益而扭曲实质正义带来的危害,如果非因隐名股东自身的原因,如登记机关错误等,或者隐名股东一直在行使分红等股东权利,则不宜简单驳回隐名股东的异议。

【案例进阶7】隐名股东能否对抗名义股东债权人申请的强制执行?
案例名称: 案外人伍永田执行异议之诉案
案例来源: 广西高级人民法院(2020)桂民终19号民事判决书,载于《广西审判实务与探索》(2020年第2辑)

裁判要旨:

债权人针对名义股东的股权及相关权利申请人民法院强制执行时,实际出资人会以其享有实际权利为由提出执行异议,进而引发执行异议之诉。保护第三人善意信赖的制度主要适用于与名义股东存在直接股权交易的相对人,但也不应一律排除并非股权交易相对人的债权人所申请的强制执行,否则可能不当损害债权人的利益,危害市场交易安全。实务中要在严格审查股权交易及股权代持真实性的基础上,综合实际出资人的过错程度,在适用商事外观主义原则的框架下,平衡保护债权人及实际出资人的权益。对于实际出资人已经履行出资义务且对办理过户登记没有过错的,可以排除债权人的强制执行;对于实际出资人不符合上述条件的,不能排除债权人的强制执行。

基本案情：

2006年9月24日，上诉人(原告)伍永田与上诉人(被告)南丹县华星矿业有限责任公司(以下简称"华星公司")签订一份《股权转让协议》，约定华星公司将其隐名持有的广西高峰矿业有限责任公司(以下简称"高峰公司")2.75%股权转让给伍永田，转让价格为400万元人民币；转让手续完成后，伍永田缴纳相应的入股资金及履行入股的其他必要条件，便隐名持有高峰公司2.75%的股份，显名股东为南丹县富源矿业探采有限责任公司(以下简称"富源公司")。华星公司不再享有高峰公司2.75%股权带来的任何权利，新的高峰公司重组完成前，有关该股权所需的入股资金由伍永田交纳，该资金与华星公司无关。上述协议签订后，伍永田向华星公司支付了转让费。2006年9月24日，伍永田与华星公司还签订一份《股权转让协议》，约定华星公司将其持有的富源公司5%股权转让给伍永田，转让价格为60万元，华星公司转让上述股权后，不再享有和负担上述股权应有的权利义务。上述协议签订后，伍永田向华星公司支付转让费。上述两份协议签订后，从2008年开始到本案执行阶段，华星公司每年通过富源公司领取高峰公司2.9%股权分红款后，均支付给了伍永田。此外，伍永田与华星公司均是富源公司的股东，也是高峰公司的隐名股东；而富源公司是高峰公司的显名股东。

上诉人(被告)广西五洲国通投资有限公司(以下简称"五洲公司")与华星公司等买卖合同纠纷一案，一审法院于2016年5月25日裁定查封富源公司代华星公司持有的高峰公司2.9%股权。后一审法院作出(2015)南市民二初字第40号民事调解书。由于华星公司没有履行该调解书上规定的义务，五洲公司向一审法院申请强制执行。在执行中，一审法院于2017年11月23日作出了(2017)桂01执715号之一执行裁定，并于2017年11月28日向富源公司发出(2017)桂01执715号协助执行通知书，提取富源公司代华星公司持有的高峰公司2.9%股权的分红款。

2018年5月7日，伍永田向一审法院提出了案外人执行异议，被一审法院裁定驳回后遂向一审法院提起了案外人执行异议之诉。请求确认华星公司通过富源公司持有的高峰公司2.75%的股权实际出资人是伍永田，该股权归伍永田所有；请求确认伍永田与华星公司签订的转让富源公司5%股权的《股权转让协议》有效，该5%股权及对应的高峰公司0.15%股权属于伍永田所有。

法律关系图：

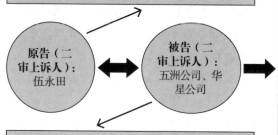

原告认为： 原告是案涉被冻结股权的实际出资人，享有股东权利，名义股东债权人五洲公司不是基于信赖权利而需要保护的善意第三人，无权请求冻结案涉代持股权。

被告认为： 原告未能证明代持事实，不能确认其实际出资人身份。华星公司不是高峰公司股东，未经高峰公司股东会同意，其无权转让高峰公司股权给原告，相应的股权转让协议无效。

争议焦点： 伍永田对案涉执行标的（股权）是否享有足以排除强制执行的民事权益？

法院认为： 1.伍永田受让华星公司转让的富源公司代持高峰公司2.75%的股权后，系该股权的实际出资人，五洲公司对华星公司享有的债权并不优于伍永田对该股权的权利，该部分股权冻结应取消。2.伍永田受让富源公司5%股权后，未及时办理工商变更登记，与转让方华星公司尚属于债权债务关系，不能以此对抗债权人对华星公司持有的该部分股权的执行。

裁判过程及理由：

二审法院认为，本案争议焦点之一为伍永田对涉案执行标的是否享有足以排除强制执行的民事权益。

第一，伍永田对受让的富源公司代持高峰公司2.75%股权及分红款是否享有足以排除强制执行民事权益的问题。富源公司确实代华星公司、伍永田等持有高峰公司的股份，形成了事实上的代持股关系，华星公司、伍永田均是高峰公司的隐名股东，并由富源公司代持。涉案高峰公司2.75%《股权转让协议》既是富源公司股东之间，也是高峰公司隐名股东之间的股权转让。华星公司、伍永田作为富源公司股东及高峰公司隐名股东，相互转让股份并不违反法律及公司章程规定，且伍永田十多年来一直享有隐名股东的分红权利。因此，涉案富源公司代持高峰公司2.75%《股权转让协议》合法有效，应予支持。

五洲公司作为申请执行人，并非华星公司与伍永田隐名股权转让的交易主体。而高峰公司的名义股东是富源公司，非被执行人华星公司，五洲公司对该隐名股权并无信赖利益保护的需要。资产收益权是股东的基本权利，在伍永田已替代华星公司成为高峰公司隐名投资人的情况下，涉案富源公司代持高峰公司2.75%股权及分红款属于伍永田所有，五洲公司对华星公司享有的债权并不优于伍永田对涉案股权及分红款的权利，因此，伍永田关于涉案富源公司代持高峰公司2.75%《股权转让协议》合法有效及对该执行标的享有足以排除强制执行民事权益的主张有事实和法律依据,应予以支持。

第二,伍永田对受让的华星公司持有富源公司5%股权及对应高峰公司股权分红款是否享有足以排除强制执行民事权益的问题。从公司章程内容来看,规定了对外转让股权的条件,但并未设定股东之间相互转让股权的限定条件。因此,涉案华星公司持有富源公司5%股权《股权转让协议》未违反我国法律法规的强制性规定,也未违反富源公司公司章程的规定,该《股权转让协议》合法有效。尽管伍永田、华星公司均为富源公司的股东,其有权相互转让富源公司的股权,但未依法办理股权变更登记。本案中五洲公司与华星公司买卖合同履行时,富源公司登记股东为华星公司。五洲公司有需要保护的公示信赖利益。在五洲公司申请执行时,伍永田因个人原因在上述协议签订后数十年未进行股权变更登记,对此存在过错。因此,伍永田基于受让涉案华星公司持有富源公司5%股权所涉及的《股权转让协议》属于合同履行问题,仍属于债权债务关系,涉案华星公司持有富源公司5%股权及对应高峰公司股权分红款仍属于被执行人华星公司所有,是被执行人华星公司的责任财产,伍永田对涉案华星公司持有富源公司5%股权及对应高峰公司股权分红款不享有足以排除强制执行的民事权益,不能排除本案的强制执行。

案外人执行异议之诉审查的是案外人是否就执行标的享有足以排除强制执行的民事权益。结合前述对两个问题的分析,由于伍永田对受让的富源公司代持高峰公司2.75%股权及分红款享有足以排除本案强制执行的民事权益,应判决本案不得执行该执行标的;而伍永田对涉案华星公司持有富源公司5%股权及对应高峰公司股权分红款不享有足以排除本案强制执行的民事权益,应判决驳回伍永田的该项诉讼请求。综上,二审判决:不得执行2006年9月24日伍永田与南丹县华星矿业有限责任公司签订的《股权转让协议》约定所转让的由南丹县富源矿业探采有限责任公司代持广西高峰矿业有限责任公司2.75%的股权及其相关权利;驳回伍永田的其他上诉请求。

实务要点:

根据《公司法司法解释(三)》第25条的规定,当名义股东对其名下的股权进行处分时,如果隐名股东主张处分股权行为无效时,应当参照《民法典》第311条规定的善意取得制度处理。换言之,股权善意取得制度的适用主体仅限于与名义股东存在股权交易的第三人。本案将这一裁判思路拓展到名义股东的债权人申请强制执行的情形,隐名股东的投资权益能否对抗名义股东债权人申请的强制执行。通过阅读本案,可以发现:

第一,法院认为,不仅股权交易的第三人,而且名义股东的债权人对公示信赖利益同样也应保护。但如果隐名股东已经履行出资义务且对办理过户登记没有过错的,可以排除名义股东债权人的强制执行。基于这个认识,法院确认了伍永田对应高峰公司2.75%的股权能够对抗债权人的强制执行;对涉案华星公司持有富源公司5%股权及其对应高峰公司0.15%的股权,不享有足以排除本案强制执行的民事权益。

第二,在名义股东持有的股权被其债权人申请强制执行时,基于商事外观主义的原则,隐名股东很难对抗债权人申请的强制执行,因此,为保护自身的投资利益,除非万不得已,否则,最好不要采用隐名投资形式。如果受让了隐名投资权益,需要注意保留转让款支付、出资及分红等依据,以便在名义股东的债权人申请强制执行时,提出执行异议或执行异议之诉。

第三,本案比较复杂,涉及两个转让协议效力的认定。第一个是两名隐名股东之间转让隐名投资权益的问题;第二个是股权转让协议。本案提醒我们无论采用什么交易方式,在股权转让时,都应该及时进行变更登记,以避免引起不必要的纠纷。

五、冒名及借名投资

(一)隐名投资、冒名投资及借名投资的辨析

隐名投资、冒名投资及借名投资均是使用他人身份进行投资的行为,三者之间有类似之处,但区别也很明显。

第一,隐名投资中,股东权利的行使由名义股东进行,而在冒名投资及借名投资中,股东权利的行使则由实际投资人进行。

第二,隐名投资与冒名投资都表现为实际出资人以他人而非自己的名义进行投资的行为。隐名投资中,隐名股东与名义股东之间存在合意,约定名义股东行使股东权利,隐名股东出资并享有投资权益。冒名投资中,冒名登记者以根本不存在的人的名义(如虚构者)出资登记,或者盗用他人的名义出资登记,冒名登记者与被冒名者之间存在不存在类似隐名投资的合意。

第三,冒名投资与借名投资都是指实际出资人隐瞒自身身份,用他人之名进行出资,并由实际出资人以他人之名义自己行使股权,名义人不行使股权。二者之间的区别在于名义人是否知道:当名义人不知情时,实际出资人的行为为冒名投资;当名义人知情时,实际出资人的行为为借名投资。

(二)冒名投资中的责任承担

在冒名投资法律关系中,主要涉及被冒名者的责任、冒名者的股东资格确认问题。

第一,对于以假名或者盗名出资并登记的情形,由于被冒名者对冒名人的冒名投资行为并不知情也未予认可,或被冒名人根本不存在,因此,冒名者应当承担相应责任;公司、其他股东或者公司债权人以未履行出资义务为由,请求被冒名者承担补足出资责任或者对公司债务不能清偿部分的赔偿责任的,不予支持。此外,被冒名者还可以采用提起确权之诉、侵权之诉或行政诉讼等方式,向冒名者追究侵犯姓名权的责任或诉求登记机关撤销虚假登记。

第二,为维护公司团体关系的稳定,一般而言,不应认定被冒名者的股东资格,而应确定由冒名者承担责任。具体而言,如果公司和其他股东对冒名出资予以认可,或者得知后在合理时间内未提出异议,应当认定冒名者的股东资格,并责令其进行变更登记。如果公司和其他股东对冒名出资不认可,或者得知后的合理时间内提出异议,可以行使撤销权,要求冒名者退出公司。

(三)借名投资中的责任承担

在借名投资法律关系中,对于借名者与被借名者的责任承担,应区分内外法律关系进行分析。

第一,在内部法律关系中,由于被借名者并没有成为公司股东的意思表示,没有实际出资与行使股东权利,不应当将其认定为公司股东。至于借名者能否取得股东资格,应该在遵循公司法作为团体法的基础之上,具体情况具体分析。如果借名者进行出资且行使股东权利,在其他股东同意或默认的情况下,可以认定其股东资格;否则,不宜认定其股东资格。

第二,在对外法律关系中,由于被借名者为登记股东,依据外观主义与公示原则,为保护公司债权人及其他股东的信赖利益,被借名者应当与借名者就股东责任对外承担连带责任。

六、股东资格确认相关纠纷诉讼程序操作要点

(一)股东资格确认相关纠纷的区分

根据最高人民法院发布的《民事案件案由规定》,股东资格相关纠纷主要涉及三个案由,即股东资格确认纠纷、股东名册记载纠纷及请求变更公司登记纠纷。

1.股东资格确认纠纷

该纠纷是指股东与股东之间或者股东与公司之间就股东资格是否存在,或者具体的持股数额、比例等发生争议而引起的纠纷。主要包括股东与公司之间的股东资格确认纠纷、股东与股东之间因出资产生的股东资格确认纠纷及股东与股东之间因股权转让产生的股东资格确认纠纷。

2.股东名册记载纠纷

当股权转让或发生其他应当变更股东名册记载事项时,公司应予以变更,否则,即可能产生股东名册记载纠纷。由于股东名册关涉股东资格的确认与股权的行使,与股东利益密切相关,因此,作为独立的案由,主要包括因转让方股东怠于履行变更登记义务发生的纠纷、因公司不履行记载义务发生的纠纷。

3.请求变更公司登记纠纷

该纠纷是指股东对于公司登记中记载的事项请求予以变更而产生的纠纷。由于变更公司登记关涉股东资格的确认与股权的行使,与股东利益密切相关,因此,作为独立的案由。此外,该案由主要对应《公司法》第32条规定的情形。

(二)股东资格确认相关纠纷的管辖

由于三个案由均与股东资格及其权利行使相关,因此,在管辖上均依据《民事诉讼法》第27条的规定,由公司住所地人民法院管辖。此外,依据《公司法司法解释(三)》第21条的规定,请求确认股东资格的,应当以公司为被告,与案件争议股权有利害关系的人作为第三人参加诉讼。

(三)法律依据

《民法典》第65条、第125条;
《公司法》第31条、第32条、第73条、第129条、第130条、第139条、第140条;
《公司法司法解释(三)》第22条、第23条、第27条、第28条。

上述法律依据,股东资格确认相关纠纷均可能涉及,这需要根据案件的不同情况进行选择。股东资格确认纠纷主要涉及《民法典》第125条,《公司法》第31条、第32条、第73条、第129条、第130条、第139条、第140条,《公司法司法解释(三)》第22条、第23条;股东名册记载纠纷主要涉及《民法典》第125条,《公司法》第31条、第32条、第73条,《公司法司法解释(三)》第23条;请求变更公司登记纠纷主要涉及《民法典》第65条,《公司法》第32条,《公司法司法解释(三)》第27条、第28条。

第三讲
股东出资

Lecture 3

一、注册资本认缴制及出资

(一)注册资本认缴制

1. 注册资本认缴制的基本含义

公司注册资本金,简称注册资本,是指公司设立时在公司章程中对外宣示其所拥有的财产数额。注册资本来源于股东认缴或认购的出资,是公司资产的重要组成部分,也往往构成公司正常运营的物质基础。根据公司资本的形成制度或方式,大致有法定资本制、授权资本制及折中资本制的区分。我国的公司资本制度属于典型的法定资本制。法定资本制的主要特点是发起人必须按章程中所确定的资本数额,足够缴齐或募足,否则公司不得设立。正因如此,才有认缴资本与实缴资本的区别。我国的法定资本制经历了一个改革的过程,直到2013年《公司法》修正后才实行了比较彻底的认缴制,但总体上仍然是"认缴制"和"实缴制"并行:

第一,除法律、行政法规和国务院决定另有规定外,有限责任公司和发起设立的股份公司实行"认缴制",以全体股东"认缴的出资额"或全体发起人"认购的股本总额"为注册资本。第二,募集设立的股份公司仍实行"实缴制",以公司"实收股本总额"为注册资本。第三,除法律、行政法规和国务院决定另有规定外,一般性地取消了注册资本最低限额要求,并取消了对资本缴纳首次出资比例、最长缴纳期限的要求、货币出资的比例要求及强制验资制度。

2. 股东认缴出资加速到期的适用

在注册资本认缴制下,有认缴资本与实缴资本的区分,其中认缴资本是公司设立时,股东承诺向公司投入的货币或非货币财产,不需要在公司设立时实际投入,但股东认缴资本的具体情况,比如出资数额、财产类型、实缴时间等应记载于公司章程并在公司登记机关予以公示。而实缴资本是指股东依据章程的规定,已经实际交付公司的货币或非货币财产。在注册资本认缴制下,虽然股东意思自治得到充分保障,市场活力得到一定释放,但却大大增加了债权人的交易风险。如何平衡股东期限利益与债权人利益保护,一直是理论界与实务界争论的焦点问题之一。目前,除四种特殊情况外,股东对其认缴的注册资本,依法享有期限利益,债权人不得以公司不能清偿到期债务为由,请求未届出资期限的股东在未出资范围内对公司不能清偿的债务承担补充赔偿责任。

(1)法定加速到期情形:破产、清算

目前,法律法规明确规定的股东出资义务加速到期的情形只有两种,即破产及清算。第一,在破产情形下,《企业破产法》第35条规定:"人民法院受理破产申请后,债务人的出资人尚未完全履行出资义务的,管理人应当要求该出资人缴纳所认缴的出资,而不受出资期限的限制。"第二,在清算情形下,《公司法司法解释(二)》第 22 条规定:"公司解散时,股东尚未缴纳的出资均应作为清算财产。股东尚未缴纳的出资,包括到期应缴未缴的出资,以及依照公司法第二十六条和第八十条的规定分期缴纳尚未届满缴纳期限的出资。公司财产不足以清偿债务时,债权人主张未缴出资股东,以及公司设立时的其他股东或者发起人在未缴出资范围内对公司债务承担连带清偿责任的,人民法院应依法予以支持。"由此可见,对股东而言,无论是破产还是清算,尽管章程规定的出资期限未到,但由于出资义务的对象是公司,章程规定的出资期限不能超过公司的存续期限,因此,公司一旦破产或者清算,则应视为章程规定的出资期限届至,为实现债权人的公平清偿,应加速到期。此外,还需注意以下两点:

第一,公司解散时,股东尚未缴纳的出资,无论是应缴未缴的出资,还是分期缴纳尚未届满缴纳期限的出资,均应作为清算财产进行清算。第二,公司解散进行清算时,公司债权人请求未缴付出资股东对公司债务承担连带清偿责任,必须以公司财产不足清偿债务为前提,未缴付出资股东的连带清偿责任也仅限于其未出资范围内;而对于股东尚未缴纳的出资,如果不符合上述条件,公司债权人不能直接对公司股东主张权利,只能由清算组请求股东缴付出资,作为清算财产。

(2)非破产、清算加速到期:《九民纪要》规定的两个例外

我国现行法律法规并未对非破产加速到期进行明文规定,2019 年《九民纪要》对非破产、清算情形下可加速到期的两种例外情形进行了明确:公司作为被执行人的案件,人民法院穷尽执行措施无财产可供执行,已具备破产原因,但不申请破产的(例外情形 1);在公司债务产生后,公司股东(大)会决议或以其他方式延长股东出资期限的(例外情形 2)。例外情形 1 实则是破产加速到期的延伸,在"应破不破"时类推适用破产中的加速到期;例外情形 2 本质是对通过股东期限利益恶意损害债权人权利情形的规制。理解上述两种例外情形,需注意以下几点:

第一,《九民纪要》不是司法解释,不能作为裁判依据进行援引。《九民纪要》颁布后,法院只能在裁判文书"本院认为"部分具体分析法律适用的理由时,根据《九民纪要》的相关规定进行说理,因此,这两种加速到期并非来自法律法规的规定。

第二,例外情形 1 规定的"已具备破产原因",是指符合《企业破产法》第 2 条第 1 款的规定,即"企业法人不能清偿到期债务,并且资产不足以清偿全部债务或者明显缺乏清偿能力"。

第三，在例外情形1下，毕竟不是破产程序，所以，加速到期的财产归公司的个别债权人，而不像破产财产那样归公司，但这并不妨碍其他债权人申请公司破产，也不妨碍公司申请破产。一旦申请破产，则应适用法定加速到期情形，从而实现所有债权人的公平清偿。

第四，在例外情形1下，债权人应依据《最高人民法院关于适用〈中华人民共和国企业破产法〉若干问题的规定（一）》第2条、第3条及第4条规定，对公司具备破产的原因进行举证。实践中，债权人较难获得债务人的财务报表、财产线索，因此，可能存在一定的举证困难。

第五，针对例外情形2，对于债务产生时点的认定不应过于严格，并不以债务到期为前提。因此，对于公司商业行为中主动产生的合同之债，应以合同签订日为债务产生之时点；对于被动产生的债务如侵权之债，应以侵权行为发生之日为债务产生时点。

【案例进阶8】修改出资期限的决议应经全体股东一致通过吗？

案例名称：姚锦城与鸿大（上海）投资管理有限公司、章歌等公司决议纠纷上诉案

案例来源：上海市第二中级人民法院（2019）沪02民终8024号民事判决书，载于《最高人民法院公报》2021年第3期

裁判要旨：

有限责任公司章程或股东出资协议确定的公司注册资本、出资期限系股东之间达成的合意。除法律规定或存在其他合理性、紧迫性事由需要修改出资期限的情形外，股东会会议作出修改出资期限的决议应经全体股东一致通过。公司股东滥用控股地位，以多数决方式通过修改出资期限决议，损害其他股东期限权益，其他股东请求确认该项决议无效的，人民法院应予支持。

基本案情：

被上诉人（原审原告）姚锦城系上诉人（原审被告）鸿大（上海）投资管理有限公司（以下简称"鸿大公司"）股东，鸿大公司共有四名股东，原告持有公司15%股权。2017年7月17日，鸿大公司形成新的公司章程，规定各股东出资期限为2037年7月1日。2018年11月18日，除原告以外的另外三名股东召开临时股东会，鸿大公司形成临时股东会决议，其中第二项决议内容为通过章程修正案，修正案内容为：将股东的出资期限由2037年7月1日改为2018年12月1日。原告获知上述股东会决议内容后，向法院起诉，请求确认鸿大公司于2018年11月18日作出的2018

年第一次临时股东会决议无效。

法律关系图：

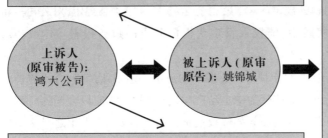

裁判过程及理由：

一审法院经审理后，判决：1.确认鸿大公司于2018年11月18日作出的2018年第一次临时股东会决议中的第二项决议"通过章程修正案"无效。2.驳回姚锦城的其他诉讼请求。鸿大公司不服一审判决，提起上诉。

二审法院认为，本案争议焦点之一是修改股东出资期限是否适用资本多数决规则？根据公司法相关规定，修改公司章程须经代表全体股东三分之二以上表决权的股东通过。本案临时股东会决议第二项系通过修改公司章程将股东出资时间从2037年7月1日修改为2018年12月1日，其实质系将公司股东的出资期限提前。而修改股东出资期限，涉及公司各股东的出资期限利益，并非一般的修改公司章程事项，不能适用资本多数决规则。理由如下：

首先，我国实行公司资本认缴制，除法律另有规定外，根据《公司法》第28条规定，股东应当按期足额缴纳公司章程中规定的各自所认缴的出资额，即法律赋予公司股东出资期限利益，允许公司各股东按照章程规定的出资期限缴纳出资。股东的出资期限利益，是公司资本认缴制的核心要义，系公司各股东的法定权利，如允许公司股东会以多数决的方式决议修改出资期限，则占资本多数的股东可随时随意修改出资期限，从而剥夺其他中小股东的合法权益。

其次，修改股东出资期限直接影响各股东的根本权利，其性质不同于公司增资、减资、解散等事项。后者决议事项一般与公司直接相关，但并不直接影响公司股东之固有权利。如增资过程中,不同意增资的股东,其已认缴或已实缴部分的权益并未改变,仅可能因增资而被稀释股份比例。而修改股东出资期限直接关系到公司各股东的切身利益。如允许适用资本多数决规则,不同意提前出资的股东将可能因未提前出资而被剥夺或限制股东权益,直接影响股东根本利益。因此,修改股东出资期限不能简单等同于公司增资、减资、解散等事项,亦不能简单地适用资本多数决规则。

最后,股东出资期限系公司设立或股东加入公司成为股东时,公司各股东之间形成的一致合意,股东按期出资虽系各股东对公司的义务,但本质上属于各股东之间的一致约定,而非公司经营管理事项。法律允许公司自治,但需以不侵犯他人合法权益为前提。公司经营过程中,如有法律规定的情形需要各股东提前出资或加速到期,系源于法律规定,而不能以资本多数决的方式,以多数股东意志变更各股东之间形成的一致意思表示。故此,本案修改股东出资期限不应适用资本多数决规则。

综上所述,鸿大公司的上诉请求不能成立,应予驳回;一审判决认定事实清楚,判决并无不当,应予维持。据此,二审判决如下:驳回上诉,维持原判。

实务要点:

注册资本认缴制下,股东可自由约定缴足注册资本的期限,即在公司设立或股东加入公司时,各股东之间会达成有关出资期限的合意,并在章程中予以明确,同时,《公司法》并未禁止公司成立后股东通过修改章程重新确定出资期限。根据《公司法》的相关规定,修改公司章程需代表全体股东三分之二以上有表决权的股东通过即可。实践中,若公司经三分之二以上有表决权的股东表决通过修改章程,使股东的出资期限提前,其他股东或小股东却持有异议,那么这样的决议是否有效?是否属于"滥用股东权利损害小股东的出资期限利益"?在司法实践中,由于认识的差异,存在不同的判决,本案通过《最高人民法院公报》案例的形式对这些争议问题进行了回应,对处理类似案件具有积极的参考意义。通过阅读本案,可以发现:

第一,公司股东滥用控股地位,以资本多数决方式通过修改出资期限决议,损害其他股东期限利益,其他股东可诉请确认该决议无效。

第二,何为存在其他合理性、紧迫性事由而需要修改出资期限的情形?目前,法律并没有明确规定。基于公司法人人格团体性的特点,当股东个人利益与作为融合了全体股东利益的公司利益发生冲突时,为确保公司正常发展,股东在特定情形下应让渡部分权益(如出资期限利益),这也是法律需平衡各方利益的应有之义。但这种平衡仍需要以保障股东期限利益为前提,因此,在个案审理中,对合理性、紧迫性事由应严加掌握。至少应结合如下因素进行综合考虑:首先,须善意地为了公司整体利益,比如该等事由是为避免公司因为缺乏资金而被申请破产、影响正常经营等;其次,不存在多数股东利用资本多数决规则欺压少数股东的情形,比如需考虑出资期限变更是否对各股东均公平、加速到期后股东是否有合理时间准备出资金额等。

(二)出资

1. 出资的基本含义

出资,是指出资人,一般是发起人,为获得股东资格,向公司认缴(购)及交付用于出资财产的行为。根据《公司法》的相关规定,出资至少包含两层含义:

第一,出资人通过民事法律行为,认缴或认购股份。这一阶段,出资人同意投入一定金额财产从而获得股东资格和相应股权,其他出资人或者公司表示同意。由于认缴或认购股份的行为,在本质上属于民事法律行为,因此,认缴或认购股份行为的成立、形式、效力、履行等,不仅要符合《公司法》的特别规定,还应符合《民法典》的相关规范。

第二,出资人按照出资人协议或公司章程的记载,依照约定的时间,将用于出资的财产权属转移给公司,以完成其认缴或认购股份的义务。根据《公司法》第28条第1款的规定,股东以货币出资的,应当将货币出资足额存入有限责任公司在银行开设的账户;以非货币财产出资的,应当依法办理其财产权的转移手续。

2. 出资的法律效果

出资行为按时间顺序可分为认缴(购)与实际缴付阶段,相应地,其法律效果也各不相同。对此,本节仅进行概括性的归纳,本书将在本讲"出资规范""违反出资义务的法律责任"部分更深入地进行探讨。

(1)认缴或认购股份产生的法律效果

第一,针对有限责任公司,出资人认缴的法律效果是:出资人将负担出资义务,即按期足额缴纳公司章程所规定的其所认缴的出资额,未履行或未全面履行出资义务的股东在一定条件下须对公司债务承担补充清偿责任;出资人认足章程规定的出资后,有资格向登记机关申请公司设立登记;公司成立后,公司有义务向出资人签发出资证明书、设置股东名册,出资人正式成为股东,可依股东名册主张行使股东权利,但有些股东权利只能按照实缴出资比例行使,例如盈余分配权、增资优先认缴权,除非全体股东另有约定;公司清算(包括自行清算、强制清算和破产清算)时,公司因股东未缴纳出资而享有的对股东之债权应列为清算财产。股东未缴纳的出资,是指股东已认缴而未实缴的出资,包括到期应缴而未缴和实缴期限未至的出资。

第二,针对股份有限公司,如果是发起设立的股份公司,发起人认购股份的法律效果有:发起人负有按章程规定缴纳出资的义务,未履行或未全面履行出资义务的股东在一定条件下须对公司债务承担补充清偿责任;发起人认足章程规定的出资后,才具备选举董事会和监事会,进而由董事会申请公司设立登记的前提条件;公司成立后,应当设置股东名册;发起人缴足认购的股份前,不得向他人募集股份;公司解散时,股东已认缴而未缴纳的出资应列为清算财产。如果是以募集设立方式设立的股份公司,发起人和认股人认购股份后,即负有一次性缴足股款或出资的义务,否则公司不得成立;发起人须认购公司应发行股份的一部分(不少于股份总数的35%,法律、行政法规另有规定的除外),其余股份向社会公开募集或者向特定对象募集;募集设立的股份公司实行注册资本实缴制和验资制度;发起人、认股人在认购股份之后即缴足出资或股款,不得分期缴纳;发起人完成出资、募资并验资之后,应按时召开创立大会,审议筹办情况、通过公司章程、选举产生董事会、监事会;随后,董事会应按时向公司登记机关申请设立登记。将全体股东(包括发起人和认股人)认缴并实缴的股款或者出资,在会计上记入"股本"科目的金额,即为公司成立时的注册资本数额。

(2)实缴出资的法律效果

无论在有限责任公司还是股份有限公司,均是将原属股东的货币转归公司所有,将原属股东的非货币财产的财产权移转至公司名下。换言之,股东用于实缴出资的各种财产或财产权利成为公司的财产或财产权利。对有限责任公司的股东来说,某些股东权利只有在实缴出资后才能享有。

3. 出资及股东资格确认

出资的实质是出资人同意或实际向公司转移财产权而获取公司股权(份)。若当事人之间不存在以财产权利交换股东资格的合意,则不构成出资,因此,出资是取得股东资格及权利的前提。实践中,如何识别向公司转移财产的行为是否构成出资,是否取得股东资格及股权,是审判中的常见问题。在本书的第二讲对于股东资格及权利的取得有详细讨论,请参阅。

【案例进阶9】如何认定口头出资协议的合同目的及解除?
　　案例名称: 田某虎诉华北中铜(北京)电气有限公司股东出资案
　　案例来源: 北京市第三中级人民法院(2018)京03民终12995号民事判决书,载于《中国法院2020年度案例·公司纠纷》

裁判要旨：

出资人签订出资协议的目的不仅包含完成股权的交易，更包含出资人能实际享有股东权利。出资人既不能达到出资协议目的，又未实际享有股东权利，出资人有权解除出资协议。

基本案情：

华北中铜（北京）电气有限公司（以下简称"中铜公司"）成立于2015年，注册资本4888万元。田某虎原系中铜公司员工。2017年3月22日、23日、27日，中铜公司先后向田某虎出具三张收据，载明收到入资款20万元、7万元、5万元，收款单位处均加盖中铜公司财务专用章，共计32万元。银行交易明细显示田某虎向中铜公司股东牛某国、李东玲转账共计25万元；田某虎称中铜公司欠付其工资和提成共计7万元直接转为入资款。一审中，中铜公司提交股东名册和出资证明书，载明田某虎为中铜公司股东，出资32万元，已实际到位，出资日期为2017年5月17日。

工商登记信息显示，中铜公司股东为牛某国和李东玲，牛某国出资3421.6万元，李东玲出资1466.4万元，合计为4888万元。工商登记的股东中并无田某虎。田某虎称其多次要求中铜公司办理出资证明和变更股东工商登记，中铜公司一直未予办理，导致合同目的无法实现，故起诉至法院，请求解除田某虎与中铜公司之间的口头入股协议并判令中铜公司返还田某虎出资款32万元。中铜公司辩称田某虎已获得中铜公司的股东身份，双方口头协议并未约定变更工商登记，故不同意田某虎的诉讼请求。

法律关系图：

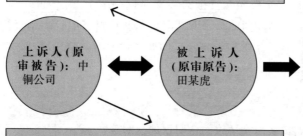

裁判过程及理由：

法院认为，本案争议焦点为：1.诉争的入股协议是否应当解除。2.中铜公司是否应当返还田某虎入资款。

1.诉争入股协议是否应当解除的问题。田某虎要求解除诉争入股协议系基于其向中铜公司出资的合同目的无法实现。从田某虎诉讼请求的请求权基础予以分析，其诉讼请求解除合同的法律依据为原《合同法》第94条第4项（现《民法典》第563条第4项）"当事人一方迟延履行债务或者有其他违约行为致使不能实现合同目的"，据此从合同目的角度予以分析。有效成立的合同对合同当事人具有约束力，当事人均应依约履行。而解除合同系对合同效力的终止，是对合同较为严重的否定性处理，故该项救济途径需要满足较为严格的条件。依据相关法律，违约方的违约行为须达到根本性违约的程度，致使守约方的合同目的无法实现，守约方才可行使合同解除权，需依此对合同进行斟酌判决。具体到本案，分析如下：

第一，从股权取得的途径及合同主体的角度。股权的取得，学理上分为原始取得和继受取得。前者指直接向公司投入资本而取得的股权，包括在公司设立时发起人或认股人直接认购的公司股权，以及在公司成立后因增资而直接认购的公司股权；后者指通过股权转让、继承等方式受让他人股权。通常来说，股权的取得无非以上途径。本案中，田某虎向中铜公司出资，中铜公司向其出具了收据，载明为入资款，中铜公司还向法院提交了股东名册和出资证明书。对于田某虎获得股权的途径，中铜公司否认系通过股权转让，但未有证明显示田某虎系通过继承等其他继受方式受让股权，故田某虎非继受取得上述股权。从原始取得的角度，田某虎并非在公司设立时认购股份，而是在公司成立之后认购，故其亦非在公司最初设立时的原始股东。排除了上述继受取得和设立时原始取得股权的途径，由于田某虎在公司成立之后入资公司，则可以认为田某虎取得股权的途径为公司增资。增资系对公司注册资本的增加，构成公司的重大变更，须严格遵循法定程序进行。但实际上，截止到本案诉讼时，中铜公司的注册资本金并未增加，中铜公司亦未提交证据证明其履行了增资的法定程序和条件。故综合当事人陈述及在案证据，中铜公司未能对田某虎取得股权的途径提供合法的依据及合理的解释，田某虎的出资权益无法得到保障。

第二，从入资协议的合同目的上看。股权是包含了人身权和财产权的综合性权利，出资入股协议作为出资人向公司让渡财产权而换取公司股权的协议，合同目的不仅包含了完成获得股权的交易，更包含了出资人能实际享有股东权利。享有股东权利，不仅体现在公司章程、工商登记、股东名册、出资证明书等载体上，而且体现在能否实际行使股权对应的人身权和财产权这一实质要件上。

本案中,其一,田某虎在向中铜公司交付出资款后,中铜公司并未对田某虎的股东身份向公司登记机关进行变更登记,田某虎未享有对外公示的股东身份的权利外观;其二,虽中铜公司向法院提交了出资证明书及股东名册,但田某虎否认在诉讼前收到上述材料,中铜公司亦无证据证明其在诉讼前向田某虎出示过,故不排除上述材料系中铜公司为了应对本案诉讼而临时制作,田某虎未获得证明股东身份的内部证明;其三,中铜公司虽主张田某虎系隐名股东,田某虎的股权由公司登记的两名股东代持,但中铜公司未能明确具体由谁代持及代持的份额,田某虎对此不予认可,中铜公司未能提供证明代持关系之证据,法院对中铜公司的该项主张难以采信,中铜公司对田某虎的持股性质及份额未能提供合法依据,田某虎的相应出资权益亦难以保障;其四,自田某虎交付出资款后,中铜公司未有召开股东会及作出股东会决议的证据,田某虎亦无法知晓公司的实际经营管理状况,田某虎实际行使股东权利亦缺乏保障。综上,田某虎主张因中铜公司的上述行为,致使田某虎入资中铜公司、实际行使股东权利、保障股东权益的合同目的无法实现,其要求解除诉争入股协议,具备事实及法律依据,予以支持。

2.中铜公司是否应当返还田某虎入资款的问题。原《合同法》第97条(现《民法典》第566条第1款)规定:"合同解除后,尚未履行的,终止履行;已经履行的,根据履行情况和合同性质,当事人可以要求恢复原状、采取其他补救措施,并有权要求赔偿损失。"田某虎与中铜公司之间的入股协议依法解除之后,田某虎有权要求中铜公司返还相应入资款。据此,法院判决:确认田某虎与中铜公司的入股协议于2018年7月24日解除;中铜公司退还田某虎入资款32万元。

实务要点:

本案是一起典型的投资人因出资协议合同目的不能实现,而主张解除出资协议的股东出资纠纷。仅仅同意或者实际向公司转移财产权利并不构成出资,财产移转的背后可能指向多种法律原因,关键要看当事人之间是否存在让渡财产权利换取公司股权和股东资格的出资合意。通过阅读本案,可以发现:

第一,在欠缺书面出资协议的情况下,仅有投资人向公司转移财产,不足以认定构成出资,须审查是否存在出资的合意。本案中,虽然目标公司向投资人出具收据载明为出资款,但由于缺乏书面出资协议,投资人与目标公司对出资的性质、股权的份额均未能明确,因此,为避免纠纷,投资人之间应签订书面的出资协议,并明确各方的权利义务。投资人在缴纳款项时,也应要求公司出具注明为"出资款或注册资本金"的票据。

第二，出资协议合同目的不能实现的认定。出资是股东向公司让渡财产权而换取股权、获得股东资格的行为。出资人签订出资协议的合同目的不仅包含完成股权的交易，更包含出资人能实际享有股东权利。对股权交易合同目的能否实现的判断需通过相应的形式要件和实质要件进行判断。形式要件的审查包括对公司章程、股东名册、出资证明书、工商登记等的审查；实质要件的审查主要体现在能否实际行使股权对应的社员权和财产权。

第三，在本案的合同主体上，中铜公司主张出资协议为股东之间的协议，中铜公司并未与田某虎签订协议。对此，因中铜公司否认涉案入资系股权转让，非继受取得，则田某虎应依原始取得之途径入资，直接向中铜公司认购股份，且中铜公司为田某虎出具了收据，故应认定涉案出资协议的合同主体应为田某虎与中铜公司，应由中铜公司退还田某虎的入资款。

二、出资规范

（一）出资的形式

在股东出资制度上，我国《公司法》采用的是出资形式法定主义，即股东以何种财产出资，不完全取决于股东自身拥有的财产或资源，也不完全取决于公司经营需要何种财产或资源，而是由法律直接规定何种财产可以作为股东对公司的出资。

《公司法》第27条第1款规定："股东可以用货币出资，也可以用实物、知识产权、土地使用权等可以用货币估价并可以依法转让的非货币财产作出资；但是，法律、行政法规规定不得作为出资的财产除外。"由此可见，除货币出资外，股东也可以用实物、知识产权、土地使用权等非货币财产出资，只是非货币财产的出资必须具备以下两个法定要件：

第一，可以用货币估价。为衡量股东之间的出资比例及偿还公司债务，用于出资的非货币财产应具有价值上的确定性，即该非货币财产不但应具有财产价值，而且这种价值可以具体确定或评估作价。

第二，可以依法转让。为了保证公司可以利用出资的财产及转让给公司债权人，用于出资的财产必须具有可转让性。有些财产或经营资源如劳务、信用等，虽然具有一定的经营功能，但因无法转让，不具有债务清偿功能而被排除在出资形式之外。对此，《市场主体登记管理条例》第13条第2款规定："出资方式应当符合法律、行政法规的规定。公司股东、非公司企业法人出资人、农民专业合作社（联合社）成员不得以劳务、信用、自然人姓名、商誉、特许经营权或者设定担保的财产等作价出资。"

(二)股东出资的法定要求

1. 出资的价值评估

除货币出资外,其他形式的出资都需要进行价值评估。《公司法》第27条第2款规定:"对作为出资的非货币财产应当评估作价,核实财产,不得高估或者低估作价。法律、行政法规对评估作价有规定的,从其规定。"对此,应注意以下两点:

第一,股东以非货币财产出资,必须依法进行评估。股东可以用实物、知识产权、土地使用权等非货币财产出资。但为了确定公司注册资本总额,同时也为了确定各股东出资在公司全部注册资本中所占的比例,以明确他们各自取得收益、承担风险责任的依据,对于非货币财产出资的,必须评估作价,核实财产。评估作价,核实财产,必须依法进行,不得高估作价,也不得低估作价。根据《公司法司法解释(三)》第9条和第15条的规定,出资人以非货币财产出资,未依法评估作价,公司、其他股东或者公司债权人请求认定出资人未履行出资义务的,人民法院应当委托具有合法资格的评估机构对该财产评估作价。评估确定的价额显著低于公司章程所定价额的,人民法院应当认定出资人未依法全面履行出资义务。出资人以符合法定条件的非货币财产出资后,因市场变化或者其他客观因素导致出资财产贬值,公司、其他股东或者公司债权人请求该出资人承担补足出资责任的,人民法院不予支持。但是,当事人另有约定的除外。

第二,评估方式。对非货币财产的评估,应严格按照法律、行政法规的要求执行。由于实物、知识产权、土地使用权等的财产形态各异,其评估作价的方法、要求、规则以及主管部门等也都有区别。如国有资产的评估,应当依照《国有资产评估管理办法》的规定,委托持有国务院或者省、自治区、直辖市人民政府国有资产管理行政主管部门颁发的国有资产评估资格证书的资产评估公司、会计师事务所、审计事务所、财务咨询公司以及经国务院或者省、自治区、直辖市人民政府国有资产管理行政主管部门认可的临时评估机构进行国有资产评估。

2. 出资的履行

出资的履行就是股东将用于出资的财产交付公司或向公司履行其他给付义务。不同的出资方式有不同的特点,其履行出资的方式也不同,《公司法》第28条和第83条对有限责任公司和股份公司出资的履行方式作了专门的规定,"股东以货币出资的,应当将货币出资足额存入有限责任公司在银行开设的账户;以非货币财产出资的,应当依法办理其财产权的转移手续"。对于以募集方式设立的股份有限公司的股款缴纳,《公司法》第 88 条规定:"发起人向社会公开募集股份,应当同银行签订代收股款协议。代收股款的银行应当按照协议代收和保存股款,向缴纳股款的认股人出具收款单据,并负有向有关部门出具收款证明的义务。"由此可见,货币出资的履行方式最为简单,只需货币的实际交付即可,即将应出资的货币存入设立中的公司在银行开设的账户。实物等非货币出资的履行方式则较为复杂,其中不仅需要实物或无形财产的实际交付,更需要相应的权属变更。

对于需要办理权属变更登记手续的财产出资,未办理手续或未实际交付时的法律后果,《公司法司法解释(三)》第 10 条规定:"出资人以房屋、土地使用权或者需要办理权属登记的知识产权等财产出资,已经交付公司使用但未办理权属变更手续,公司、其他股东或者公司债权人主张认定出资人未履行出资义务的,人民法院应当责令当事人在指定的合理期间内办理权属变更手续;在前述期间内办理了权属变更手续的,人民法院应当认定其已经履行了出资义务;出资人主张自其实际交付财产给公司使用时享有相应股东权利的,人民法院应予支持。出资人以前款规定的财产出资,已经办理权属变更手续但未交付给公司使用,公司或者其他股东主张其向公司交付、并在实际交付之前不享有相应股东权利的,人民法院应予支持。"由此可见,对股东履行出资义务的认定既要求财产的实际交付,也要求办理权属的变更手续,但在确定出资履行的时间上,则是以实际交付为准,主要原因在于手续办理的迟延通常不会对公司利益造成根本影响。

3. 出资的审验

出资的审验,又称为验资,是指法定机构依法对公司股东出资情况进行检验并出具相应证明的行为。验资是我国长期实行的制度,在 2013 年的资本制度改革中,法定验资程序被取消。取消法定验资的特定程序,绝非否定资本真实性的法律要求,而只是改变资本真实的实现方式,资本制度改革只是废止了法定的验资程序和要求,并不排斥当事人自愿的验资安排。由于出资的真实与否不仅影响公司债权人的债权安全,还会直接影响股东之间的利益公平,为防范和避免部分股东虚假出资或出资不实行为对其他股东的侵害,股东自身可能会对验资有强烈的需求。同时,为证明自己已完全履行出资义务并由此免除出资责任和对抗他人对出资责任的追究,股东也会希望通过验资来获取验资报告这一重要的证据。由此,当事人的自愿验资不仅客观上会部分替代过去的法定验资,而且还应得到相关行政机关和司法机关应有的肯定和鼓励。验资结束,验资机构应出具验资证明,验资证明必须客观真实,验资机构或验资人员不得提供虚假证明文件,否则,将要承担相应的法律责任。根据《公司法》第 207 条的规定,承担资产评估、验资或者验证的机构提供虚假材料的,由公司登记机关没收违法所得,处以违法所得一倍以上五倍以下的罚款,并可以由有关主管部门依法责令该机构停业、吊销直接责任人员的资格证书,吊销营业执照。承担资产评估、验资或者验证的机构因过失提供有重大遗漏的报告的,由公司登记机关责令改正,情节较重的,处以所得收入一倍以上五倍以下的罚款,并可以由有关主管部门依法责令该机构停业、吊销直接责任人员的资格证书,吊销营业执照。承担资产评估、验资或者验证的机构因其出具的评估结果、验资或者验证证明不实,给公司债权人造成损失的,除能够证明自己没有过错的外,在其评估或者证明不实的金额范围内承担赔偿责任。

【案例进阶10】专有技术出资后,出资股东又申请了专利权,公司能否要求股东将专利权变更至公司名下?

案例名称:上海新友水性聚氨酯有限公司诉段某、邹某股东出资案

案例来源:上海市第一中级人民法院(2015)沪一中民四(商)终字第1759号民事判决书,载于《中国法院2018年度案例·公司纠纷》

裁判要旨:

在审查股东专有技术出资义务履行情况时,可以通过对相关图纸、数据、技术成品、配方、工艺程序等技术资料的转移情况及公司是否控制、使用等进行判断。

股东以专有技术出资以后,如就同一技术申请专利,将导致原专有技术失去保密性而导致价值减损,甚至失去价值,同时还会导致股东重新取得对技术的控制权,实际上达到抽逃出资的效果。因此,股东就同一技术申请专利会构成抽逃出资。

基本案情:

2001年4月,案外人某塑料工业有限公司(以下简称"塑料公司")作为甲方,两被告段某、邹某作为乙方,双方签署了《上海新友水性聚氨酯有限公司合同》(以下简称"合资合同"),约定甲乙双方共同投资设立原告上海新友水性聚氨酯有限公司(以下简称"新友公司"),投资总额为500万元,注册资本为500万元,其中甲方以设备和现金出资325万元,乙方以D-001专有技术作价175万元投入合资公司。合同附件三名称为《水性聚氨酯胶粘剂专有技术作价出资协议书》(以下简称"作价出资协议书"),约定两被告向原告转让D-001产品系列技术,并对专有技术内容、工艺文件、性能、作价等进行了约定。2001年4月,塑料公司和两被告依照合资合同约定,共同制定了原告的公司章程,章程中载明两被告认缴的出资额为

175 万元,其中专有技术 175 万元。2002 年 4 月 8 日,上海市外国投资工作委员会作出了设立原告的批复。2002 年 6 月 30 日,原告、两被告及案外人塑料公司共同签署了《专有技术投入交接书》,确认 D-001 专有技术作为对原告的投资,已移交给原告。2002 年 7 月 25 日,上海大明资产评估事务所有限公司出具评估说明,结论为该争议专有技术价值为 177.99 万元。

2002 年 1 月 18 日,两被告向国家知识产权局提交了发明专利申请。2009 年 6 月 10 日,国家知识产权局授予两被告《发明专利证书》,发明名称为"用作胶粘剂和涂料的水性聚氨酯分散液及其制备"。

2010 年,因两被告与案外人塑料公司就合资合同产生争议,两被告作为申请人,以案外人塑料公司作为被申请人,向中国国际经济贸易仲裁委员会上海分会提出仲裁申请,仲裁庭出具的《裁决书》认为:申请人已经将其专有技术投入合资公司,而被申请人未按约定投入第二期资金。申请人投入的是专有技术,申请人依赖其技术获取收益只能来源于与被申请人共同投资设立的合资公司投资回报。最终裁决合资合同自本裁决作出之日起终止。

原告已成立了清算组,2014 年 8 月 20 日,清算组作为询证人、两被告及案外人塑料公司作为被询证人,召开了询证会,并形成了一份《关于上海新友水性聚氨酯有限公司相关无形资产情况询证会决议》(以下简称"询证会决议"),内容为:被询证人达成一致意见,根据双方合同,原告拥有对水性聚氨酯胶粘剂 D-001 专有技术在中国境内的使用权。两被告拥有包含该项技术的所有权。2014 年 12 月 8 日,案外人塑料公司向原告的清算组出具一份说明,内容为:询证会决议并不表示该公司放弃对水性聚氨酯胶粘剂 D-001 专有技术所有权的权益主张,一切应以双方签订的合同和相关文件为最终依据。

原告认为,被告在获得专利证书后,一直隐瞒该事实,故意不将涉案专利变更权属至原告名下,利用原告的财产对外谋取不当利益,故诉至法院,请求判决:1. 两被告自判决生效之日起 30 内,向有关机关申请将专利号为 ZIL02110585.5 的发明专利权属变更至原告名下。2. 两被告向原告支付违约赔偿金 50 万元。3. 本案诉讼费用由两被告承担。被告段某、被告邹某辩称:不同意原告的诉讼请求。第一,被告用于出资的是专有技术,不是发明专利,原告要求被告将发明专利权属变更至原告名下没有依据。被告已经完成了出资义务,所有的专有技术已经投入原告公司。第二,原告与两被告之间没有任何约定,不存在违约金的问题。

法律关系图：

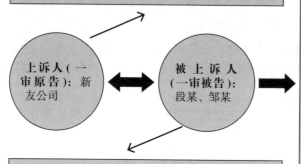

裁判过程及理由：

法院认为,本案争议焦点:1.双方当事人争议的专有技术 D-001 出资是使用权出资还是所有权出资,两被告是否履行了相应的交付义务(即两被告出资是否到位)。2.本案系争专利与专有技术 D-001 是否是同一项技术,原告要求变更权属的诉讼请求是否能够得到支持。

关于第一个争议焦点:首先,从作价出资协议书来看,各方约定两被告向原告"转让专有技术",使用的动词为"转让"而并非"授权",其标的指向是"专有技术"而非"专有技术使用权"。其次,合同签订于 2001 年,根据当时的《公司法》第 3 条和第 4 条的规定,公司享有由股东投资形成的全部法人财产权,依法享有民事权利,承担民事责任公司以其全部资产对公司的债务承担责任。如果两被告仅以 D-001 专有技术使用权出资,则原告在对外承担责任时相应的财产权是无法转让的,难以保障原告的权利以及原告债权人的权利。最后,对于两被告提出依照《关于以高新技术成果出资入股若干问题的规定》(已失效)第 6 条的规定和合资合同第 17 条的约定,两被告系以 D-001 专有技术使用权出资的,因"专有技术"具有"无形性""非独占性"的特点,上述规定和约定仅是对原告享有所有权的 D-001 专有技术进行了一定的限缩,不能据此认为两被告是以专有技术使用权出资,否则会将两被告对原告的出资变为许可使用,不符合法律规定,也不符合双方的本意。另外,在两被告与案外人塑料公司的仲裁争议中,仲裁庭也认为两被告依赖其技术获取收益只能来源于合资公司(即原告)的投资回报。也就是说,仲裁庭也认为两被告将D-001专有技术投入原告公司后,除依法收取投资回报外,已经没有其他获取收益的途径。因此,两被告应当是以D-001专有技术的所有权作为出资投入原告公司。对于两被告提供的询证会决议,法院认为,该决议系股东内部协议,可能会损害公司债权人的利益,不符合有关法律规定,案外人塑料公司此后也明确予以否认,故法院对该决议不予认可。

关于两被告是否履行了出资义务。首先,从原告提供的《专有技术投入交接书》来看,两被告已经将D-001专有技术移交给原告。其次,双方在庭审中均确认,原告已经使用上述专有技术生产了D-001产品。另外,在两被告与案外人塑料公司的仲裁争议中,仲裁庭也认定两被告已将D-001技术投入原告公司中。因此,可以认定两被告已经履行了出资义务。

关于第二个争议焦点:两被告是将D-001专有技术的所有权作为出资投入原告公司,根据法律规定,D-001专有技术应属于原告的公司财产,两被告不得取回。专有技术最为关键的特征在于它的秘密性,专有技术之所以有出资价值,也在于它具有秘密性。如果两被告将D-001专有技术申请了专利权,由于其技术的内容已经以专利说明书和权利要求书的方式向公众公开,已经失去了秘密性,也丧失了作为专有技术的价值,其价值就从原来依托于其秘密性而转化为依托于专利权的排他性特权。因此,假如D-001专有技术的内容与系争专利权所涉及的权利内容一致,由于专利权在两被告手中,那么,这项专有技术的价值就会因依托于专利权的排他性特权而重新回到了两被告手中,实质上就相当于两被告收回了对原告的出资,属于违反法律规定的行为。因原告的诉讼请求是要求将系争专利的权属变更至原告名下,原告认为系争专利与两被告用于出资的专有技术具有同一性,而两被告并不认可,根据举证责任分配的原则,原告应当对其主张承担举证责任。因原告撤回了对系争专利和专有技术的一致性进行司法鉴定的请求,法院在听取了双方意见、研读了系争的作价出资协议书、评估说明、发明专利的权利要求书和说明书之后,认为从现有证据来看,D-001专有技术与系争专利并不完全相同,原告要求将系争专利权属变更至原告名下的理由并不充分。

综合对以上两个争议焦点的分析,因两被告已经向原告交付了D-001专有技术,履行了相应的出资义务,而D-001专有技术与系争专利并不完全一致,故对于原告要求两被告变更专利权属、承担违约责任的诉讼请求难以支持。

上海市浦东新区人民法院作出判决:驳回原告的诉讼请求。一审判决后,原告不服提起上诉。上海市第一中级人民法院依法判决:驳回上诉,维持原判。

实务要点:

本案是一起因专有技术出资而引发的出资纠纷。1993年《公司法》曾规定,"股东可以用货币出资,也可以用实物、工业产权、非专利技术、土地使用权作价出资",其明确将非专利技术纳入可用作出资的财产范围。2013年《公司法》第27条规定:"股东可以用货币出资,也可以用实物、知识产权、土地使用权等可以用货币估价并可以依法转让的非货币财产作价出资;但是,法律、行政法规规定不得作为出资的财产除外。"该条款未对非专利技术出资的适格性作出明确肯定。通过阅读本案,可以发现:

第一,什么是专有技术?非专利技术(Know-how),也称专有技术,是指尚未公开和取得工业产权法律保护的某种产品或某项工业设计、工艺流程、配方、质量控制和管理方面的技术知识,如技术图纸、资料、数据、技术规范等。最高人民法院于1995年发布的《最高人民法院关于正确处理科技纠纷案件的若干问题的意见》现虽已失效,但仍具有借鉴意义,其中规定专有技术成果应当具备下列条件:①包含技术知识、经验和信息的技术方案或技术诀窍;②处于秘密状态,即不能从公共渠道直接获得;③有实用价值,即能使所有人获得经济利益或竞争优势;④拥有者采取了适当保密措施,并且在没有约定保密义务的前提下未曾将其提供给他人。

第二,专有技术出资是否到位难以确认。根据《公司法》第28条的规定,股东以非货币财产出资的,应当依法办理其财产权的转移手续。专有技术作价评估后,如何将其真实、完整地转移至新设立的公司,登记机关往往难以确认。比如,甲乙双方共同出资设立公司,乙方以专有技术出资,投产后发现乙方未将该项专有技术完整移交,且得知乙方已对相关技术申请了专利,这就容易导致双方产生纠纷。

第三,专有技术出资应注意交付及价值评估。专有技术具有一般知识产权的无形性,且缺乏法定权属的证明形式,而是否交付需要通过有形的形式体现,因此,用专有技术出资的股东需要保留能够证明交付的有形证据,如交接清单、邮件、会议纪要等,同时,为避免出现出资不实纠纷,在出资时最好进行价值评估。

(三)公司增资与减资

1.增加注册资本

(1)增加注册资本的基本含义

增加注册资本,简称"增资",是指公司经过公司的股东会或者公司的股东大会进行决议后将公司的注册资本在原来的基础上予以扩大的法律行为。公司为了扩大经营规模或者经营范围,或者为了与公司的实际资产相符,或者为了提高公司的资本信誉,有时需要增加注册资本。公司增加注册资本主要有两种途径:一是吸收外来新资本,包括增加新股东或股东追加投资,需要说明的是,在股权投资中,为了将投资款用于公司及项目经营,经常采用增加新股东的增资方式;二是用公积金增加资本或利润转增资本。本书所讲的增资是指前一种方式。

(2)增资需经过股东会或股东大会作出特别决议

与减少注册资本不同,增资不会损害公司债权人的利益,因此,没有必要履行保护债权人的程序,但是,增资却涉及股东的利益和公司本身财产的变化,因此,增资必须经过股东会(股东大会)作出特别决议才能进行。换言之,有限责任公司增资决议须经代表三分之二以上表决权的股东通过;股份有限责任公司增资决议必须经出席会议的股东所持表决权的三分之二以上通过。

(3)新增资本的出资与缴纳

有限责任公司股东认缴新增资本的出资,按照设立有限责任公司缴纳出资的有关规定执行。股份有限公司股东认购新股,依照设立股份有限公司缴纳股款的有关规定进行。增资后要相应地修改公司章程并进行公司章程的变更登记。

(4)股东的优先认购(缴)权

公司设立后,可能会因经营业务发展的需要而增加注册资本。由于有限责任公司更具人合性,股东之间相互信赖、联系比较紧密。因此,在公司增资时,应当由本公司的股东首先认购,以防止新增股东打破公司原有股东之间的紧密关系,此即为股东的优先认购(缴)权。即只有在原股东不认购时,其他投资者才可认购,成为公司新的股东。原股东优先认购的范围限于原股东原来实缴的出资比例,超过此比例外的新增注册资本,原股东不享有优先认购(缴)权。此外,公司章程或全体股东可以约定不按照比例优先认购出资。对于股份有限公司,公司增资时,股东是否享有优先认购(缴)权,公司法没有明确规定。实践中,如果公司章程既没有事先约定,增资时股东大会也未决定股东享有优先认购权,那么,股东是不享有优先认购(缴)权的。

【案例进阶11】有限责任公司增资时,股东对其他股东放弃认缴的增资份额有优先认购权吗?

案例名称: 贵州捷安投资有限公司与贵阳黔峰生物制品有限责任公司、重庆大林生物技术有限公司、贵州益康制药有限公司、深圳市亿工盛达科技有限公司股权确权及公司增资扩股出资份额优先认购(缴)权纠纷案

案例来源: 最高人民法院(2009)民二终字第3号民事判决书

裁判要旨：

有限责任公司增资时，除公司章程另有约定外，股东会决议将股东放弃认缴的增资份额转由公司股东以外的第三人认缴，其他股东主张优先认缴的，法院不予支持。

基本案情：

贵阳黔峰生物制品有限责任公司（以下简称"黔峰公司"）是一家有限责任公司，其股东及持股比例分别为：重庆大林生物技术有限公司（以下简称"大林公司"）54%、贵州益康制药有限公司（以下简称"益康公司"）19%、深圳市亿工盛达科技有限公司（以下简称"亿工盛达公司"）18%、贵州捷安投资有限公司（以下简称"捷安公司"）9%。黔峰公司为改制上市，引进战略投资者，召开股东会并形成决议：公司增资扩股2000万股，引进外部战略投资者。

大林公司、益康公司、亿工盛达公司均同意增资扩股，且放弃认缴的增资份额总计1820万股，转由新引进战略投资者认购，同意占比为91%；捷安公司同意增资扩股，但主张按其比例享有的认缴权180万股，且不同意引入战略投资者，并对其他股东放弃认缴的增资份额主张优先认缴权，由此产生争议。捷安公司诉至法院，请求确认股东资格及对黔峰公司增资扩股部分的1820万股增资份额享有优先认缴权。

法律关系图：

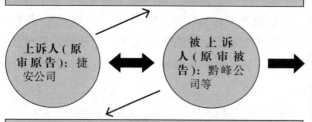

裁判过程及理由：

一审法院认为，本案的争议焦点有两个：1.捷安公司是否是黔峰公司的股东。2.捷安公司是否对其他股东承诺放弃的认缴新增出资份额享有优先认购权。第

一个争议焦点涉及股东资格认定,在此省略。关于第二个争议焦点分析如下:

首先,优先权对其相对人权利影响巨大,必须基于法律明确规定才能享有。根据我国《公司法》第34条的规定,有限责任公司新增资本时,股东有权优先按照其实缴的出资比例认缴出资。但是,对当部分股东欲将其认缴出资份额让与外来投资者时,其他股东是否享有同等条件下的优先认购权的问题,公司法未作规定。

其次,公司增资扩股行为与股东对外转让股份行为确属不同性质的行为,意志决定主体不同,因此二者对有限责任公司人合性要求不同。股权转让往往是被动的股东更替,与公司的战略性发展无实质联系,故要更加突出保护有限责任公司的人合性;而增资扩股,引入新的投资者,往往是为了公司的发展,当公司发展与公司人合性发生冲突时,则应当突出保护公司的发展机会,此时若基于保护公司的人合性而赋予某一股东优先认购权,该优先权行使的结果可能会削弱其他股东特别是控股股东对公司的控制力,导致其他股东因担心控制力减弱而不再谋求增资扩股,从而阻碍公司的发展壮大。因此,不能援引《公司法》第71条关于股权转让规定的精神来解释《公司法》第34条的规定,因此,不能因股东在股权转让时拥有优先购买权就推定股东在增资扩股时对其他股东放弃的认缴出资比例也拥有优先认缴权。据此,一审判决驳回了捷安公司的诉讼请求。

捷安公司不服一审判决,提起上诉。

二审法院认为,对于第二个争议焦点,关于股份对外转让与增资扩股的不同,一审判决对此已经论述得十分清楚,二审法院予以认可。我国《公司法》第34条规定,"公司新增资本时,股东有权优先按照其实缴的出资比例认缴出资",直接规定股东认缴权范围和方式,但并没有直接规定股东对其他股东放弃的认缴出资比例增资份额有无优先认购权,也并非完全等同于该条但书或者除外条款即全体股东可以约定不按照出资比例优先认缴出资的除外情形,此款所列的除外情形是完全针对股东对新增资本的认缴权而言的,这与股东在行使认缴权之外对其他股东放弃认缴的增资份额有无优先认购权并非完全一致。对此,有限责任公司的股东会完全有权决定将此类事情及可能引起争议的决断方式交由公司章程规定,从而依据公司章程规定方式作出决议,当然也可以包括股东对其他股东放弃的认缴出资有无优先认购权问题,该决议不存在违反法律强制性规范的问题,决议是有效力的,股东必须遵循。只有股东会对此问题没有形成决议或者有歧义时,才有依据公司法规范适用的问题。即使在此情况下,由于公司增资扩股行为与股东对外转让股份行为确属不同性质的行为,意志决定主体不同,因此,二者对有限责任公司人合性的要求不同。在已经充分保护股东认缴权的基础上，捷安公司在黔峰公司此次增资中利益并没有受到损害。当股东个体更大利益与公司整体利益或者有限责任公司人合性与公司发展相冲突时，应当由全体股东按照公司章程规定方式进行决议，从而得出最终结论以便各股东遵循。综上所述，捷安公司的上诉请求和理由不能成立，据此，二审法院维持了一审判决。

实务要点：

本案是因原股东行使优先认购（缴）权而引发的纠纷。根据《公司法》第34条的规定，有限责任公司新增资本时，股东有权优先按照其实缴的出资比例认缴出资。但是，当部分股东欲将其认缴出资份额让与外来投资者时，其他股东是否享有同等条件下的优先认购（缴）权，《公司法》及司法解释未作明确规定。通过阅读本案，可以发现：

第一，在有限责任公司增资时，为避免股东的持股比例不被稀释，《公司法》规定了股东的优先认购（缴）权，即如果全体股东没有特别约定，股东只能优先按照自己持有的实缴出资比例，认缴新增的注册资本。这意味着原股东一旦行使了优先认购（缴）权，投资人不可能再进入公司，导致公司融资的目的无法实现，为此，在股权投资时，需要股东签署放弃优先认缴权声明，以避免此种情况的发生。

第二，除公司章程另有规定的外，股东不能对其他股东放弃的认缴新增出资份额享有优先认购（缴）权，否则，公司拟引进投资人，促进公司发展的目的无法实现。

第三，依据该案的裁判逻辑，如果想阻止投资人进入公司，公司章程制定之初，可以在章程中规定，"原股东对其他股东放弃的认缴的增资份额拥有优先认购（缴）权"。如果公司拟融资引进投资人，就可以不进行这样的规定，以免堵死公司通过增资扩股进行融资的渠道。

2.减少注册资本

（1）减少注册资本的基本含义

公司减少注册资本，简称"减资"，是指公司依法对已经注册的资本通过一定的程序进行削减的法律行为。公司可能基于多种原因进行减资，比如缩小经营规模、减少过剩资本、与公司净资产匹配等。从公司层面，减资意味着公司注册资本的减少，这也意味着公司对外承担责任的财产基础减少；从股东层面，减资意味着公司股东出资的减少，甚至是意味着不同股东之间的股权占比，即股权结构的变化。

（2）减少注册资本的程序

为避免公司通过减资，损害公司债权人利益，基于资本维持的原则，一般不允许减少注册资本,但也不是说绝对地禁止,只是要求比较严格,限制性的规定较多。根据《公司法》第 177 条的规定,公司减资需要经过以下程序:

第一,编制资产负债表和财产清单。公司减资无论是对公司股东还是公司债权人,影响都很大,公司法赋予了股东和债权人在公司减资过程中进行自我保护的方法。但是,无论是股东进行投票,还是公司债权人要求公司清偿债务或者提供担保,前提都是对公司的经营状况尤其是财务状况有一定了解才可做出理智的决定,因此,公司减资时,必须编制资产负债表及财产清单。

第二,股东(大)会作出减资决议。公司减资,往往伴随着股权结构的变动和股东利益的调整,在公司不依股东持股比例减资的情况下,更是如此,因此,公司减资直接引发公司股东之间的利益冲突。为了保证公司减资能够体现绝大多数股东的意志,就有限责任公司而言,应当由股东会作出特别决议,即经代表三分之二以上表决权的股东通过才能进行;就股份有限公司而言,应当由公司的股东大会作出特别决议,即必须经出席会议的股东所持表决权三分之二以上决议通过才能进行。

第三,向债权人通知和公告。公司应当自作出减少注册资本决议之日起 10 日内通知债权人,并于 30 日内在报纸上公告。这一程序主要是为了保护公司债权人的利益。

第四,减资登记。公司减资以后,应当到登记机关办理变更登记手续,公司减资只有进行登记后,才能得到法律上的承认。

(3)对债权人利益的保护

由于公司减资导致公司对外承担责任的财产减少,会对债权人造成比较大的影响,因此,公司减资时一定要注重保护债权人的利益。根据《公司法》第 177 条的规定,债权人自接到通知书之日起 30 日内,未接到通知书的自公告之日起 45 日内,有权要求公司清偿债务或者提供相应的担保。如果债权人没有在此期间内对公司主张权利,公司可以将其视为没有提出要求。

【案例进阶 12】不同比减资需要经过全体股东一致同意吗?
案例名称:华宏伟与上海圣甲虫电子商务有限公司公司决议纠纷上诉案
案例来源:上海市第一中级人民法院(2018)沪 01 民终 11780 号民事判决书
裁判要旨:

减资存在同比减资和不同比减资两种情况,不同比减资会直接突破公司设立时的股权分配情况,如只需经三分之二以上表决权的股东通过即可作出不同比减资决议,实际上是以多数决形式改变公司设立时经发起人一致决所形成的股权架构,故对于不同比减资,在全体股东或者公司章程另有约定除外,应当由全体股东一致同意。

基本案情:

被上诉人(一审被告)上海圣甲虫电子商务有限公司(以下简称"圣甲虫公司")系有限责任公司,注册资本6313131元,其中夏宁出资2500543元,上诉人(一审原告)华宏伟出资1544912元,案外人杨某出资449495元,××合伙企业出资681818元,杭州××有限公司(以下简称"××公司")出资631313元,××2合伙企业出资505050元。

2018年2月13日,圣甲虫公司向华宏伟发出《关于召开临时股东会会议的通知》,通知华宏伟于2018年3月1日召开临时股东会会议,会议内容为审议××公司认缴的注册资本中210438元进行定向减资。同年3月1日,圣甲虫公司作出股东会决议,同意定向减资事宜。以上事项表决结果为:同意股东为5名,占总股数75.5286%,不同意股东为1名(即华宏伟),占总股数24.4714%。后华宏伟向法院提起诉讼,提出请求确认上述股东会决议不成立等诉讼请求。

法律关系图:

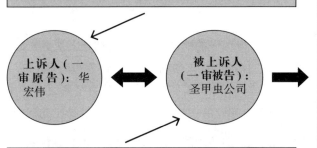

裁判过程及理由:

一审法院认为,本案争议焦点之一是:圣甲虫公司2018年3月1日临时召开股东会关于同意××公司定向减资的决议是否应取得全体股东一致同意。

公司减资,往往伴随着股权结构的变动和股东利益的调整,特别是在公司不按股东持股比例减资的情况下,更是如此。为了保证公司减资能够体现绝大多数股东的意志,公司法规定有限责任公司应当由股东会作出特别决议,即经代表三分之二以上表决权的股东通过才能进行减资。《公司法》已就股东会作出减资决议的表决方式进行了特别规制,但并未区分是否按照股东持股比例进行减资的情形,因此华宏伟关于涉案临时股东会定向减资的决议应取得全体股东一致同意的主张不符合法律规定。据此,一审法院驳回华宏伟的诉讼请求。

华宏伟不服一审判决,提起上诉。

二审法院认为,本案争议焦点之一是:涉案股东会决议的第一项、第三项、第四项是否须经全体股东一致同意?是否构成不成立的情形?

华宏伟认为公司定向减资涉及的股权比例的变化应当经全体股东一致同意,退一步讲,即便须经三分之二以上表决权的股东同意,本案所涉股东会决议的通过也未达到持有三分之二以上表决权的股东同意。圣甲虫公司则认为本案所涉减资的表决比例符合我国公司法和公司章程规定。

首先,根据《公司法》第43条的规定,股东会会议作出修改公司章程、增加或者减少注册资本的决议,以及公司合并、分立、解散或者变更公司形式的决议,必须经代表全体股东三分之二以上表决权的股东通过。圣甲虫公司章程中也作出同样的约定。此处的"减少注册资本"应当仅仅指公司注册资本的减少,而并非涵盖减资后股权在各股东之间的分配。股权是股东享受公司权益、承担义务的基础,由于减资存在同比减资和不同比减资两种情况,不同比减资会直接突破公司设立时的股权分配情况,如只需经三分之二以上表决权的股东通过即可作出不同比减资决议,实际上是以多数决形式改变公司设立时经发起人一致决所形成的股权架构,故对于不同比减资,在全体股东或者公司章程另有约定除外,应当由全体股东一致同意。本案中,圣甲虫公司的股东中仅有××公司进行减资,不同比的减资导致华宏伟的股权比例从24.47%上升到25.32%,该股权比例的变化并未经华宏伟的同意,违反了股权架构系各方合意结果的基本原则。

其次,圣甲虫公司的财务报表显示,圣甲虫公司出现严重亏损状况,华宏伟持股比例的增加在实质上增加了华宏伟作为股东所承担的风险,在一定程度上损害了华宏伟的股东利益。涉案股东会决议的第一项、第三项、第四项均涉及减资后股权比例的重新分配以及变更登记,在未经华宏伟同意的情形下,视为各股东对股权比例的架构未达成一致意见,该股东会决议第一项、第三项、第四项符合《公司法司法解释(四)》第5条第5项规定的"导致决议不成立的其他情形"。上诉人华宏伟主张涉案股东会决议的第一项、第三项、第四项不成立的诉讼请求于法有据,应予支持。据此,二审法院判决:1.撤销上海市浦东新区人民法院作出的(2018)沪0115民初32686号民事判决。2.确认被上诉人上海圣甲虫电子商务有限公司于2018年3月1日作出的股东会决议中第一项、第三项、第四项决议不成立。3.确认被上诉人上海圣甲虫电子商务有限公司于2018年3月1日作出的股东会决议中第二项无效。

实务要点:

本案是因定向减资而引发的公司决议纠纷。根据减资是否改变各股东原持股比例,公司减资可分为同比例减资和非同比例减资。其中,同比例减资不改变原股东持股比例,而非同比例减资则会改变股东原持股比例。我国《公司法》并未对同比例减资与非同比例减资进行区分。通过阅读本案,可以发现:

第一,应注意区分同比例减资与非同比例减资。《公司法》规定公司减资须经代表三分之二以上表决权的股东(有限责任公司)或经出席会议的股东所持表决权的三分之二以上(股份有限公司)通过,但并未区分同比例和非同比(即定向)减资。基于《公司法》规定的法定减资比例,以超过三分之二的资本多数决通过定向减资的股东会决议似乎无可非议。但探究定向减资的法律后果时,定向减资(本案仅一名股东减少出资),不仅各股东的股权比例发生变化,而且公司向该股东返还部分投资款,这对公司利益、债权人利益均有重大影响,尤其是对于公司其他股东而言,这种定向减资可能是非常不公平的。

第二,非同比减资时的表决权应当有特殊要求,绝非简单的三分之二以上多数决,除全体股东或者公司章程另有约定外,应当由全体股东一致同意。这体现了对中小股东保护的理念,有利于防止大股东利用资本多数决原则,滥用股东权利,损害小股东及公司债权人的利益。

(四)股东抽逃出资

1.股东抽逃出资的基本含义

目前,《公司法》及其司法解释并没有明确规定"股东抽逃出资"的含义。一般认为,股东抽逃出资是指股东向公司履行了出资义务后,通过制作虚假财务会计报告虚增利润进行分配、虚构债权债务关系将出资转出等方式,未经法定程序而将出资抽回,损害公司权益的行为。本质上,股东抽逃出资是股东滥用股权、利用有限责任损害公司财产的行为,因此有其自身的特点,比如股东已经出资、程序上的违法性、高度隐蔽性、欺诈性等。

2.股东抽逃出资与虚假出资等行为的区分

第一,股东抽逃出资与虚假出资。虚假出资和股东抽逃出资均是瑕疵出资的表现形式。股东未按期足额缴纳出资、在公司成立前非法将其缴纳的出资款全部或部分抽回,或者作为出资的非货币财产的实际价额显著低于公司章程所定价额的,构成虚假出资;股东在公司成立后非法将其缴纳的出资全部或部分抽回的,构成股东抽逃出资,但根据出资款的来源、抽逃的时间等足以证明股东有虚假出资意图的视为虚假出资。换言之,虚假出资是指股东表面上出资而实际未出资或未足额出资,本质特征是股东未支付相应对价或未足额支付对价而取得公司股权。股东抽逃出资则是指股东在公司成立后将所缴出资全部或部分暗中撤回。

第二,股东抽逃出资与减资。股东抽逃出资和减资都表现为公司资本的减少。如果按照法定程序减资,减资具有合法性,法律对此并不完全禁止;股东抽逃出资有违资本维持原则,损害公司、债权人及其他股东的利益,属于《公司法》禁止的违法行为。

第三,股东抽逃出资与股东借款。股东借款是指股东向公司借款的行为,股东为债务人,公司为债权人。是否有真实合法的债权债务关系成为区分二者的关键。股东向公司借款时,有真实的债权债务关系,且符合金融管理等法律、法规。股东抽逃出资,股东与公司之间往往没有实质性的债权债务关系,如无须支付利息、没有偿还期限、没有担保等。

3.认定股东抽逃出资的构成要件

《公司法司法解释(三)》第12条规定:"公司成立后,公司、股东或者公司债权人以相关股东的行为符合下列情形之一且损害公司权益为由,请求认定该股东抽逃出资的,人民法院应予支持:(一)制作虚假财务会计报表虚增利润进行分配;(二)通过虚构债权债务关系将其出资转出;(三)利用关联交易将出资转出;(四)其他未经法定程序将出资抽回的行为。"根据上述规定,股东抽逃出资的认定应具备以下要件:

第一,公司已经成立,且股东已经依照公司章程规定期限和数额将相应出资缴纳完毕。如果股东尚未缴纳出资,也就不具备实施股东抽逃出资的前提条件。

第二,股东具有欺诈的故意,实施了《公司法司法解释(三)》所规定的四种行为之一,即"制作虚假财务会计报表虚增利润进行分配、通过虚构债权债务关系将其出资转出、利用关联交易将出资转出、其他未经法定程序将出资抽回的行为"。此外,在实务中,也存在股东和公司恶意串通,抽回出资,欺诈公司债权人的情形。

第三，股东实施的上述四种行为同时损害了公司权益，主要表现为造成公司资产减少，是对公司财产的占有和侵犯。

第四，有权提起股东抽逃出资认定诉讼的主体为公司、公司其他股东、公司债权人。由于股东抽逃出资，造成公司可支配、可分配资产减少，侵害了公司的法人财产权，损害了公司其他股东的可期待利益，降低了公司的偿债能力，因此，公司、公司其他股东、公司债权人有权对抽逃出资的股东进行追索。

4. 股东抽逃出资的民事责任

我国《公司法》第35条规定："公司成立后，股东不得抽逃出资。"股东抽逃出资的，根据具体情况，依法可能需承担民事、行政甚至刑事责任。司法实践中，承担行政责任、刑事责任的情况较为少见，故此处主要就《公司法》上规定的民事责任予以介绍。

第一，返还义务。根据《公司法司法解释（三）》第14条第1款的规定，股东抽逃出资，公司或者其他股东请求其向公司返还出资本息、协助抽逃出资的其他股东、董事、高级管理人员或者实际控制人对此承担连带责任的，人民法院应予支持。

第二，赔偿责任。根据《公司法司法解释（三）》第14条第2款的规定，股东抽逃出资，公司债权人请求抽逃出资的股东在抽逃出资本息范围内对公司债务不能清偿的部分承担补充赔偿责任、协助抽逃出资的其他股东、董事、高级管理人员或者实际控制人对此承担连带责任的，人民法院应予支持；抽逃出资的股东已经承担上述责任，其他债权人提出相同请求的，人民法院不予支持。此外，需注意的是，返还义务及赔偿责任中协助抽逃行为，应为积极的作为，而非消极的不作为，这也符合《民法典》第1169条关于"教唆、帮助"应为积极行为的规定。

第三，股东权利限制。根据《公司法司法解释（三）》第16条的规定，股东未履行或者未全面履行出资义务或者抽逃出资，公司根据公司章程或者股东会决议对其利润分配请求权、新股优先认购权、剩余财产分配请求权等股东权利作出相应的合理限制，该股东请求认定该限制无效的，人民法院不予支持。

第四，股东资格解除。根据《公司法司法解释（三）》第17条的规定，有限责任公司的股东未履行出资义务或者抽逃全部出资，经公司催告缴纳或者返还，其在合理期间内仍未缴纳或者返还出资，公司以股东会决议解除该股东的股东资格，该股东请求确认该解除行为无效的，人民法院不予支持。

5. 股东抽逃出资举证责任的分配

根据《公司法司法解释（三）》第14条的规定，公司、其他股东、债权人均可能成为股东涉嫌抽逃出资案件的原告,但基于证据基本掌握在公司或抽逃出资股东一方,因此,对于不参与公司经营管理的股东、债权人来说,如果按照《民事诉讼法》"谁主张、谁举证"的举证规则,则会在举证方面会存在较大的障碍。《公司法司法解释(三)》第 20 条规定:"当事人之间对是否已履行出资义务发生争议,原告提供对股东履行出资义务产生合理怀疑证据的,被告股东应当就其已履行出资义务承担举证责任。"该司法解释虽然没有明确对股东出资后又抽逃出资情形的举证是否同样适用,但在司法实践中,往往只要求原告一方有合理怀疑的证据即可,比如能证明股东出资不久后有大额的资金流出、有大额的资金转给关联方等,而不要求对于转出是否经过了合法的程序或有正当的理由进行证明,该部分举证责任将由被告股东完成举证。如果被告股东不能举证证明抽回资金、财产等的合法理由,则应该承担抽逃出资的法律责任。因此,在涉及股东抽逃出资的案件中,为维护公司、债权人的合法权益,被告承担了更重的举证责任,这也为原告追究股东抽逃出资的责任提供了更多可能。

【案例进阶 13】资本公积转为股东对公司的借款债权,构成变相抽逃出资吗?

案例名称:江门市江建建筑有限公司与江门市金华物业投资管理有限公司等执行异议之诉纠纷再审案

案例来源:最高人民法院(2013)民提字第 226 号民事判决书,载于《公司案件审判指导(增订版)》

裁判要旨:

股东实际出资大于应缴出资形成的资本溢价,性质上属于公司的资本公积金,不构成股东对公司的借款,股东以此作为借款债权而与公司以物抵债的,构成变相抽逃出资,不符合《最高人民法院关于人民法院民事执行中查封、扣押、冻结财产的规定》第 15 条规定(2020 年修正)的阻却人民法院执行的条件,不发生标的物所有权变动的法律效力。

基本案情:

江门市金华投资有限公司(以下简称"金华投资公司")注册资本 100 万元,股东林金培认缴出资 40 万元,占公司股权的 40%,但林金培实际投入金华投资公司 3700 余万元。2003 年 5 月 15 日,金华投资公司通过《董事会决议》,决定将金华投资公司名下的坐落在江门市东华一路 61 号四层 401、402 号商铺、保安办公室、停车场的房产所有权作价 1884 万元转让给林金培,以抵顶林金培多投入的股权出资本息。2003 年 5 月 22 日,林金培指定金华投资公司将上述金华商业中心物业交付给江门市金华物业投资管理有限公司（以下简称"金华物业公司"）。随后，金华投资公司与金华物业公司签订《购买房屋协议书》，约定把金华投资公司名下的上述物业出卖给金华物业公司，但是双方并没有办理过户手续。随后，金华物业公司将上述物业出租给了其他人。

2005年1月3日，江门市江建建筑有限公司（以下简称"江建公司"）以"金华投资公司拖欠其工程款"为由，向人民法院申请查封上述物业。2008年11月3日，金华物业公司提出执行异议，认为上述物业归其所有，要求法院不予执行并解除查封。执行法院认为金华物业公司异议成立，裁定中止对上述物业执行，并解除了查封。

江建公司不服上述裁定，向一审法院提起了执行异议之诉，请求：依法确认坐落在江门市东华一路61号四层401、402号商铺、保安办公室、停车场的房产所有权不属于金华物业公司；江建公司依法享有拍卖上述房屋清偿部分债务的优先权；诉讼费用由金华物业公司承担。

法律关系图：

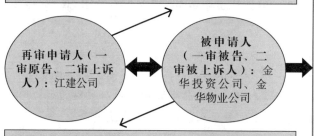

裁判过程及理由：

一审法院认为，江建公司对金华投资公司享有的是拖欠工程款的金钱债权，而金华物业公司对金华投资公司名下的上述物业享有一定物权性质的权利（购房合同+事实占有），在效力上享有优先性，足以排除对涉案标的的强制执行，故判决驳回江建公司诉讼请求。江建公司不服一审判决,向广东省高级人民法院提起上诉,广东省高级人民法院驳回上诉,维持原判。江建公司不服二审终审判决,向最高人民法院申请再审。

最高人民法院认为,本案的争议焦点是金华物业公司是否合法拥有坐落于江门市东华一路61号四层401、402号商铺、保安办公室、停车场的房产所有权,进而是否具有阻却人民法院进行执行的事由。根据《最高人民法院关于人民法院民事执行中查封、扣押、冻结财产的规定》第17条(2004年,现为第15条)的规定,判断金华物业公司是否具有阻却人民法院执行的事由,主要审查金华物业公司是否具备已经支付全部价款、实际占有案涉物业以及对未办理过户登记没有过错三个条件。对于金华物业公司已经实际占有案涉物业以及在查封时未办理过户登记没有过错,二审法院已经作出认定,予以认可,不再赘述。因此,本案再审审理的重点是金华物业公司受让本案的物业,是否已经支付了全部价款。

金华物业公司系通过与金华投资公司签订《购买房屋协议书》而受让本案物业,其主张购买房屋的对价就是林金培对金华投资公司额外出资形成的借款债权。因此,林金培对金华投资公司是否因额外出资而享有借款债权,即成为本案审理的关键。对此,最高人民法院认为:

第一,林金培对金华投资公司的额外出资不是借款,而属于资本公积金,林金培对金华投资公司所谓的借款债权并不成立。首先,金华投资公司于1995年设立时,《公司章程》规定首期投资总额1.46亿元,而公司注册资本只有100万元,故包括林金培在内的各股东还需额外出资,《公司章程》第11条也因此规定各股东"应按工程进度及各方相应的出资额按期投入资金"。但对于股东在注册资本之外的出资属于什么性质,章程并未明确规定。1993年1月7日财政部发布的《房地产开发企业会计制度》第311号科目"资本公积"部分规定:"一、本科目核算企业取得的资本公积,包括接受捐赠、资本溢价、法定资产重估增值、资本汇率折算差额……"对于资本溢价的范围,"二、投资人交付的出资额大于注册资本而产生的差额,作为资本溢价……"《公司法》(1994年7月1日起施行)第178条规定,国务院财政主管部门规定列入资本公积金的其他收入,应当列入公司资本公积金。据此可知,股东对公司的实际出资大于应缴注册资本部分的,应属于公司的资本公积金。金华物业公司主张林金培对金华投资公司多缴的出资属于林金培对金华投资公司的借款,但未提供证据证明双方事先对该出资的性质为借款以及对借款期限、借款利息等有特别约定,在此情形下,根据财政部的规定,林金培多缴的出资应为资本公积金,而非借款。其次,二审期间,金华投资公司提供的手写书证记载"金华投资公司注册资本为一百万元,现将各股东多投入的资本转为资本公积。资本公积合计:15991016.22"。由此证明,金华投资公司各股东对多缴出资的性质为资本公积金也是明知并认可的。最后,二审期间,金华投资公司提供的林金培出资的53张会计凭证原始记录即为"资本公积",虽后来被更改为"长期借款",但根据会计法的规定,会计凭证不得变造,金华投资公司变造上述会计凭证的行为违反会计法,应属无效。

第二,资本公积金属于公司的后备资金,股东可以按出资比例向公司主张所有者权益,但股东出资后不能抽回,也不得转变为公司的债务计算利息,变相抽逃。2003年5月14日,金华投资公司董事会决议用本案的房产抵顶林金培多投入的出资本息,实质是将林金培本属于资本公积金的出资转变为公司对林金培的借款,并采用以物抵债的形式予以返还,导致林金培变相抽逃出资,违反了公司资本充实原则,与公司法的规定相抵触,故董事会决议对林金培借款债权的确认及以物抵债决定均应认定为无效。

第三,金华物业公司与金华投资公司签订《房屋购买协议》时,系依据林金培的指定而受让本案物业,并以林金培对金华投资公司额外出资形成的借款债权作为对价而以物抵债。但本院认为,林金培根据以物抵债决议受让本案物业并不具有合法性基础,该借款债权也不成立,故金华物业公司依据林金培的指定而受让案涉物业不具备《最高人民法院关于人民法院民事执行中查封、扣押、冻结财产的规定》第17条(2004年,现为第15条)规定的阻却人民法院执行的条件,金华物业公司也不应取得金华商业中心四层物业的所有权。据此,最高人民法院撤销一、二审判决,改判江建公司执行异议成立,有权对上述物业申请查封并予以执行。

实务要点:

本案虽然发生在执行异议之诉中,但问题的关键是股东将资本公积作为借款债权而与公司以物抵债,是否构成变相抽逃出资。通过阅读本案,可以发现:

第一,《公司法》第167条规定:"股份有限公司以超过股票票面金额的发行价格发行股份所得的溢价款以及国务院财政部门规定列入资本公积金的其他收入,应当列为公司资本公积金。"该条规定仅适用于股份有限公司。对于有限责任公司,股东的实际出资大于应缴注册资本部分是否为资本公积金,并无明确规定。但依据资本维持原则并结合相关会计准则推定,这部分出资属于资本公积金,股东在公司成立后同样不得抽回。否则,根据《公司法司法解释(三)》第12条的规定,有可能被认定为抽逃出资。

第二,对于有限责任公司,如果股东的实际出资大于应缴注册资本,应结合投资目的,在公司章程中明确相关款项的性质。如果是对公司借款,在相关资金投入公司前,应与公司签订《借款协议》,明确款项性质,否则,将可能像本案例中的股东一样,承担不利的法律后果。

第三,《公司法》第168条第1款规定,"公司的公积金用于弥补公司的亏损、扩大公司生产经营或者转为增加公司资本。"可见,公积金包括盈余公积金和资本公积金都是可以转增注册资本,而转增注册资本后经公司法定程序,是可以进行减资的,因此,如果打算抽回计入资本公积金的出资,需通过转增公司注册资本,然后再减资的路径进行。

(五)特别出资行为的效力认定

1. 无处分权财产及犯罪所得出资的效力

(1)无处分权财产出资的效力

处分权是财产权最根本的权能,应由财产所有人自己行使或授权他人行使。出资人未经财产所有人同意或授权,以自己不享有处分权的他人财产出资的行为,侵害了财产所有人的权益,应属于无权处分行为,其出资行为无效。但为了维护社会交易秩序和交易安全,保护善意第三人的利益,《民法典》第311条也规定了第三人善意取得制度。换言之,出资人以其不享有处分权的他人财产出资时,原财产所有人请求公司返还该财产,或者当事人之间对出资行为效力产生争议的,人民法院可以参照《民法典》第311条的规定,判定出资行为的效力,进而确定财产的归属。

《民法典》第311条规定:"无处分权人将不动产或者动产转让给受让人的,所有权人有权追回;除法律另有规定外,符合下列情形的,受让人取得该不动产或者动产的所有权:(一)受让人受让该不动产或者动产时是善意;(二)以合理的价格转让;(三)转让的不动产或者动产依照法律规定应当登记的已经登记,不需要登记的已经交付给受让人。受让人依据前款规定取得不动产或者动产的所有权的,原所有权人有权向无处分权人请求损害赔偿。当事人善意取得其他物权的,参照适用前两款规定。"由此可见,出资人以不享有处分权的他人财产出资,公司善意取得该财产的所有权,应符合以下要件:

第一,公司在受让该财产时是善意的,即公司不知道也不应当知道出资人对出资财产不享有处分权。一般认为,善意是指受让人有真实的交易目的,不知道或者无法知道出资人是无权处分。在实践中,出资人出资时,如果公司要求出资人履行正当的手续,并尽到谨慎的审查义务,则公司属于善意的交易人。第二,该出资财产转让价格合理。判断转让价格是否合理，一般应依法进行评估。第三，出资的财产已经登记在公司名下，不需要登记的已经交付给公司。出资人以他人财产出资，同时符合上述三个条件的，出资有效，公司取得出资财产所有权，不符合上述三个条件之一的，出资无效，原财产所有权人有权取回出资财产。此外，需注意的是，对出资效力提出异议的"当事人"，不仅包括公司或者股东，还包括与出资行为有利害关系的债权人。

(2) 犯罪所得出资的效力

由于犯罪所得有可能是货币，也有可能是非货币财产，因此，对犯罪所得出资的效力应区分货币与非货币出资，分别认定。

第一，用犯罪所得的货币出资。对货币这种属于种类物的特殊动产，其所有权与占有权合一，推定货币占有人为货币所有人，其享有对货币的处分权。基于这种理论，出资人将贪污、受贿、侵占等犯罪货币所得用于出资，不宜认定为无权处分，公司应取得货币的所有权，该出资行为有效，出资人依法取得与该出资所对应的股权。在追究出资人犯罪行为责任时，为兼顾公司及受害人的利益，不应直接从公司抽回货币，只能对出资人就该货币形成的股权进行拍卖或变卖。

第二，用犯罪所得的非货币财产出资。如果公司对此不知道也不应当知道该财产系犯罪所得，且尽到了合理的审查义务，公司没有返还该财产的义务。犯罪分子在公司享有的股权，可以参照《公司法司法解释(三)》第7条第2款的规定处理。如果公司未尽到合理的审查义务，且具有返还原物的法律依据时，应当考虑向公司支付合理的对价后，由原财产所有人取回。

2. 以划拨和设定权利负担的土地使用权出资的效力

在我国，要取得国有土地使用权的方式有二：出让和划拨。并非所有土地使用权的取得都要采取出让的方式。以出让的方式取得土地使用权需要依法缴纳土地出让金，通常适用于营利性开发用地的取得。以划拨的方式取得土地使用权是无偿的或者只需要缴纳很低的费用，通常适用于公益性用地的取得。《城市房地产管理法》第24条规定："下列建设用地的土地使用权，确属必需的，可以由县级以上人民政府依法批准划拨：(一)国家机关用地和军事用地；(二)城市基础设施用地和公益事业用地；(三)国家重点扶持的能源、交通、水利等项目用地；(四)法律、行政法规规定的其他用地。"以划拨的土地使用权出资违反了划拨土地用途的上述法律规定，故不得将划拨的土地使用权用于出资。

根据《民法典》的相关规定，在土地使用权上设定权利负担主要包括租赁权、抵押权、地役权等。设定权利负担的土地使用权因面临被抵押权人等权利人追索、处置的可能,如果允许此类土地使用权出资,可能违反资本确定原则,使公司资产面临较大的不确定性,因此,原则上也不得用于出资。

实践中,如果出资人已经以上述财产出资设立公司,登记机关已经办理了公司登记,法院在审理有关诉讼时,土地使用权存在的权利瑕疵可以补正,且在法院指定的合理期限已经补正的,可以认定出资的效力。只有逾期未补正时,才有判决出资人未依法全面履行出资义务的必要。出资人以划拨土地使用权出资的,应当在法院指定的合理期限内依法补缴土地出让金,办理土地变更手续,将划拨土地使用权变更为出让土地使用权。出资人以设定权利负担的土地使用权出资,应当在法院指定的合理期限内依法解除权利负担。此外,需要注意的是,能否补正瑕疵的决定权在于自然资源管理部门及所设权利负担的权利人,而非法院。

3. 以其他公司股权出资的效力

(1)以其他公司股权出资应满足的条件

股权,作为一种可以用货币估价并可以依法转让的非货币财产,如果不违反法律法规的禁止性规定,可以用于出资。《公司注册资本登记管理规定》(已失效)第6条规定:"股东或者发起人可以以其持有的在中国境内设立的公司(以下称股权所在公司)股权出资。以股权出资的,该股权应当权属清楚、权能完整、依法可以转让。具有下列情形的股权不得用作出资:(一)已被设立质权;(二)股权所在公司章程约定不得转让;(三)法律、行政法规或者国务院决定规定,股权所在公司股东转让股权应当报经批准而未经批准;(四)法律、行政法规或者国务院决定规定不得转让的其他情形。"结合《公司法司法解释(三)》第11条的规定,可将以其他公司股权出资应满足的条件归纳如下:

第一,用于出资的股权由出资人合法持有并依法可以转让。由出资人合法持有是指出资人获得该股权的方式符合法律法规的规定,不存在非法转让的情形。依法可以转让是指用于出资的股权的转让不受法律限制。按照《公司法》的规定,股权转让有一定的限制,比如有限责任公司股权对外转让时,其他股东享有优先购买权;股份有限公司发起人、董监高持有股份转让的禁售期限制等。如果存在这些转让限制,则需要解除限制条件后,才能用于出资。第二,出资的股权无权利瑕疵或者权利负担。用于出资的股权存在瑕疵时,其价值有可能受到实质影响,甚至缩水,进而威胁到公司资本的确定和稳定,因此,合法有效的股权出资应不存在权利瑕疵或权利负担。第三,出资人已履行关于股权转让的法定手续。股权出资如同其他非货币财产出资一样,需要依法将股权办理至公司名下。第四,出资的股权已依法进行了价值评估。股权,作为一种非货币财产。用于出资时,应当依法对该股权进行价值评估,以保证股权出资的真实性,防止出资不实。

(2)不满足股权出资条件的法律后果

用股权出资必须同时满足上述四个条件,法院才会认可股权出资的效力,否则,公司、其他股东及公司债权人可以向法院起诉请求认定出资人未履行出资义务,并采取相应的救济措施。

第一,股权出资不符合上述第一项至第三项条件的,公司、其他股东或者公司债权人请求认定出资人未履行出资义务的,法院应当责令该出资人在指定的合理期限内采取补正措施,以符合上述条件;逾期未补正的,法院应当认定其未依法全面履行出资义务。第二,股权出资不符合上述第四项条件的,公司、其他股东或者公司债权人请求认定出资人未履行出资义务的,法院应当按照《公司法司法解释(三)》第9条的规定处理,即人民法院应当委托具有合法资格的评估机构对该财产评估作价。评估确定的价额显著低于公司章程所定价额的,法院应当认定出资人未依法全面履行出资义务。

4. 债权出资的效力

债权是因合同、侵权行为、无因管理、不当得利以及法律规定的其他情形,权利人请求特定义务人为或者不为一定行为的权利。对公司而言,按债务人的不同,出资人拟作为出资的债权,可分为如下两类:

(1)出资人以对公司以外的第三人享有的债权出资

由于债权是否足额回收,具有不确定性,可能违反资本确定原则,因此,出资人能否以对公司以外的第三人享有的债权出资,理论上尚存争议。在司法实践中,涉及债权出资的案例比较少,但法院普遍认为法律并未明确禁止出资人以对第三人的债权作为出资,对以此债权出资的效力予以认可。

(2)出资人对公司本身享有的债权出资

这就是常说的"债转股"。经公司与债权人事前约定(可转换的债权)或事后商定(普通债权转股权),公司不向债权人偿还债务,而将公司财务科目上的应付账款转为公司的实收资本,从而使该债权人成为公司的股东。《公司注册资本登记管理规定》(已失效)第7条规定:"债权人可将其依法享有的对在中国境内设立的公司的债权,转为公司股权。转为公司股权的债权应当符合下列情形之一:(一)债权人已经履行债权所对应的合同义务,且不违反法律、行政法规、国务院决定或者公司章程的禁止性规定;(二)经人民法院生效裁判或者仲裁机构裁决确认;(三)公司破产重整或者和解期间,列入经人民法院批准的重整计划或者裁定认可的和解协议。用以转为公司股权的债权有两个以上债权人的,债权人对债权应当已经作出分割。

债权转为公司股权的,公司应当增加注册资本。"此外,需注意的是,无论是采用何种形式的债权出资,如果未按公司相关规定依照法定程序对所出资的债权进行评估、验资并在公司登记机关办理实收资本变更登记,可能对外不产生实缴出资的效力,则视为出资人未履行足额实缴出资的义务。

【案例进阶 14】股东可以通过债转股方式履行出资义务吗?

案例名称:上海保发金属制品有限公司诉苏州颐来达模具有限公司、陈静华、王盼盼买卖合同纠纷案

案例来源:上海市第一中级人民法院(2020)沪01民终2064号民事判决书

裁判要旨:

在公司股东与公司之间签订债转股协议,约定将股东对公司的真实、合法金钱债权转为股权后,有关债转股行为的认定应根据合同法与公司法的规定。首先,债转股作为债权出资方式,虽然公司法未明确规定其效力,但司法解释、部门规章、域外立法均赋予其合法的效力。其次,债转股应重点审查债权的真实性,法定验资程序被取消后,应侧重于审查债权人与债务人之间的关系、债权标的、往来凭证以及公司账簿,综合认定债权出资的真实性。同时,增资型债转股由于涉及增加公司注册资本、修改公司章程,应召开股东会决议并经过代表三分之二以上表决权的股东通过。最后,若债转股行为经认定为真实、合法、有效时,应认定股东履行了出资义务,债权人不得要求股东承担补充清偿责任。

基本案情:

2016年5月至6月,上诉人(一审原告)上海保发金属制品有限公司(以下简称"保发公司")作为乙方与被上诉人(一审被告)苏州颐来达模具有限公司(以下简称"颐来达公司")作为甲方,签订多份销售合同确认书,约定甲方向乙方订购钢材。甲方如对钢材的材质、规格、数量、外观有异议,应当于收到后10日内在生产加工之前提出异议。2016年6月21日,保发公司向王盼盼发送2016年5月25日至6月21日期间的对账单,货款金额为363149元。2016年7月26日,王盼盼将货款金额调整至36.3万元,并在上述对账单上签名。庭审中,保发公司自认颐来达公司已支付货款17万元。

2017年5月2日,颐来达公司经股东会决定:(1)同意增加注册资本500万元,以货币形式出资,出资时间为2017年5月2日之前,由被上诉人(一审被告)陈静华(股东)新增认缴300万元,被上诉人(一审被告)王盼盼(股东)新增认缴200万元,增加后的注册资金为600万元。(2)选举陈静华为公司执行董事,选举王盼

盼为公司监事,免去钱小妹公司监事职务。(3)同意通过公司章程修正案。公司章程作如下修改:注册资本为600万元。陈静华以货币方式出资,出资额60万元,出资时间为2014年1月20日;出资额300万元,出资时间为2017年5月2日。王盼盼以货币方式出资,出资额40万元,出资时间为2014年1月20日;出资额200万元,出资时间为2017年5月2日。2017年5月22日,江苏省昆山市市场监督管理局公司出具准予变更登记通知书,同时,公司章程已经备案。

2017年5月25日,陈静华、王盼盼分别与颐来达公司签订债转股协议书,主要内容是,为了公司的业务发展需要,按照公司股东会的决议要求,经双方协商达成以下协议:陈静华于2014年12月至2017年4月期间累计借给公司390万元,"在公司其他应付款挂账",其中300万元经本人同意转增公司股本。王盼盼于2014年5月至2016年12月期间累计借给公司210万元,"在公司其他应付款中挂账",其中200万元经本人同意转增本公司股本。颐来达公司2014年、2016年、2017年、2018年的企业年度报告中显示,陈静华、王盼盼增资实际出资部分记载为零。

保发公司向一审法院提起诉讼,请求判令:1.判令颐来达公司支付货款19.3万元。2.判令被告颐来达公司支付逾期付款违约金(以19.3万元为基数,自2016年7月27日起至实际清偿日止,按日万分之七计算)。3.判令被告陈静华、王盼盼作为股东,对颐来达公司上述债务承担补充清偿责任。

法律关系图:

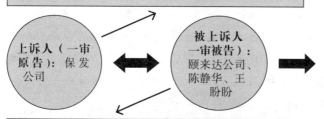

裁判过程及理由:

一审法院认为,本案争议焦点为:1.颐来达公司尚欠保发公司货款金额及保发公司主张违约金是否有依据、金额是否过高。2.陈静华、王盼盼应否承担补充赔偿责任。

关于第一个争议焦点。根据查明的事实,法院确认至 2016 年 7 月 26 日,颐来达公司结欠保发公司货款 36.3 万元。现保发公司认可颐来达公司已付货款 17 万元,故确认颐来达公司尚欠原告货款 19.3 万元。……

关于第二个争议焦点。从庭审查明的事实来看,陈静华、王盼盼在颐来达公司增加注册资本时,已通过债转股方式认缴新增资本,债转股协议书为双方当事人的真实意思表示,应为有效。保发公司提供的证据已证明陈静华、王盼盼作为公司股东与颐来达公司之间存在大额经济往来支出,二者之间存在债权债务关系。保发公司认为陈静华、王盼盼向被告颐来达公司出借大额款项,并签订债转股协议书,与常理不符,存在伪造证据的嫌疑,尚未提供相应证据,则应承担举证不能的法律后果。王盼盼未到庭参加诉讼,视为其放弃答辩权利,对此产生的法律后果,应由王盼盼自行承担。据此,一审法院判决:1.颐来达公司于本判决生效之日起 10 日内支付保发公司货款 19.3 万元。2.颐来达公司于本判决生效之日起 10 日内支付保发公司逾期付款违约金(以 19.3 万元为基数,自 2016 年 9 月 26 日起至清偿日止,按日万分之五计算)。3.驳回保发公司其余诉讼请求。

保发公司不服一审判决,提起上诉。

二审法院认为,尽管保发公司在二审中提供的企业年报显示颐来达公司增资的实际金额为零,该证据有一定证明力,但并不能完全证明是因为实际未出资而导致的实缴金额为零,本案仍需就保发公司与被上诉人提供证据的证明力进行综合评判。由于被上诉人提供的证据较原告仅有的工商年报更具高度盖然性,故陈静华、王盼盼就其已履行出资义务完成了举证责任。据此,二审法院判决:驳回上诉,维持原判。

实务要点:

本案的基础法律关系是买卖合同关系,在确认了买方欠付货款的情况下,买方股东是否已经履行出资义务,就成为股东是否应当承担补充赔偿的关键。本案中,股东用于出资的财产是股东对公司的债权,如何认定债转股情况下,股东出资义务的履行,就成为本案的关键。通过阅读本案,可以发现:

第一,增资型债转股,应受到《民法典》合同编与《公司法》的双重调整。只有符合这些法律的规定,才能认定债转股合法有效,股东履行了出资义务。从合同法来看,主体适格;债权真实、数额确定;不存在恶意串通、虚构债权等违背法律、行政法规强制性规定的情形。从公司法来看,需要增加注册资本、修改公司章程,召开股东会决议并向登记部门办理变更登记手续。

第二,在债权出资的过程中,可能会遇到登记机关不予备案的情况。本案提供了一种解决思路,即在公司实收资本不再备案的背景下,可以采用先增资再债转股的方式,解决不能备案的问题。

三、违反出资义务的民事责任

股东认缴出资或者认购股份后,即对公司负有按章程规定的期限、数额和方式等缴纳出资的义务。股东违反出资义务包括完全不履行和部分不履行出资义务的行为。股东违反出资义务,可能引发其对公司或者其他股东的民事责任,也可能导致其对公司债权人承担一定的民事责任。本讲前述部分内容,已涉及具体的出资责任,在此,进一步对股东违反出资义务的民事责任进行归纳、总结,需注意的是,除民事责任外,股东违反出资义务还可能涉及行政责任或者刑事责任。

(一)股东对公司的补缴及发起人股东的连带责任

公司成立后,不按章程规定缴足出资的股东,应当对公司承担补缴出资的责任。股东在设立公司时以非货币财产出资的,公司成立后,如发现其出资的实际价额低于章程所定金额,除了该股东有责任补足出资差额外,公司设立时的其他股东(或发起人)还应连带承担补缴责任。股份公司的发起人不按章程规定缴足出资的,其他发起人也承担连带补缴责任。

(二)股东对其他股东的违约责任

违反出资义务的股东可能对履行出资义务的股东承担违约责任。对于有限责任公司成立后,股东未按章程规定缴纳出资的,《公司法》第28条第2款规定,"除应当向公司足额缴纳外,还应当向已按期足额缴纳出资的股东承担违约责任"。发起设立的股份公司,发起人不按照章程规定缴纳出资的,应当依照发起人协议承担违约责任。

(三)股东对公司债权人的"补充赔偿责任"

如果股东出资不实而公司又无力偿还债务,那么,公司债权人是否对该股东拥有某种请求权?结合《公司法司法解释(三)》的相关规定,以下几点值得注意:

第一,出资不实的股东对公司债权人承担的是"补充赔偿责任"而非连带责任。第二,股东的补充责任限于"未出资本息"范围内。股东不重复承担此责任,未履行或者未全面履行出资义务的股东已经承担上述责任,其他债权人提出相同请求的,人民法院不予支持。第三,公司的其他发起人对出资不实股东的上述责任承担连带责任,发起人承担责任后可以向出资不实的股东追偿。第四,对公司增资时增资人的出资不实负有责任的董事、高管亦应承担赔偿责任。第五,有限责任公司的股东在未履行或未全面履行出资义务的情况下转让股权,受让人知道或者应当知道该股权存在出资瑕疵的,公司有权请求股权出让人履行出资义务,且受让人承担连带责任;公司债权人向股权出让人提起前述"补充赔偿责任"之诉的,亦有权要求股权受让人承担连带责任。受让人承担上述责任后,有权向股权出让人追偿,除非双方另有约定。第六,名义股东与实际出资人不符的,如果公司债权人对名义股东提起前述补充责任之诉,名义股东不得以其为名义股东作为抗辩理由。名义股东在承担相应的赔偿责任后,有权向实际出资人追偿。但被他人冒名登记为股东的人,由实施冒名登记行为的人承担相应责任。

(四)股东权利受限或丧失资格

针对有限责任公司,对于违反出资义务的股东,公司有权限制其股东权利乃至解除其股东资格。违反出资义务的股东,公司可以通过公司章程的规定或者股东会决议,对其利润分配请求权、新股优先认购权、剩余财产分配请求权等股东权利作出相应的合理限制。股东未履行出资义务或者抽逃全部出资,经公司催告,在合理期间内仍未缴纳或者返还出资的,公司可以通过股东会决议解除该股东的股东资格。

(五)股东出资责任中的诉讼时效及举证责任

股东不得对公司、其他股东或公司债权人基于其违反出资义务而提出的补足出资请求或补充赔偿请求提出诉讼时效抗辩。当事人之间对是否已履行出资义务发生争议,原告提供对股东履行出资义务产生合理怀疑证据的,被告股东应当就其已履行出资义务承担举证责任。

【案例进阶15】已履行出资义务的发起人,应对其他发起人未履行的出资义务承担连带责任吗?
案例名称:潘伟与江苏康辉国际旅行社有限责任公司、张长福等股东损害公司债权人利益责任纠纷案
案例来源:江苏省无锡市中级人民法院(2019)苏02民终5250号民事判决书

裁判要旨：

资本充实责任是为贯彻资本充实原则，由公司设立者共同承担的相互担保出资义务履行的民事责任，该责任属法定责任；资本充实责任所担保的"出资范围"应系设立公司的股东在公司章程中承诺的全部出资义务，而不论该出资系一次性出资还是分期出资。一次性出资与分期出资只是出资的履行期限不同，出资义务本身未变，故并不会影响资本充实责任的承担。

基本案情：

2014年3月4日，水立方公司成立，公司章程规定注册资本5000万元，股东为上诉人（原审被告）潘伟、原审被告张长福、原审被告刘亚杰、原审被告彭鹏，各股东应于2014年2月26日和2016年3月2日分两期完成出资。水立方公司2017年度报告显示，张长福、刘亚杰分别仅实缴出资200万元、260万元，彭鹏、潘伟实缴出资各1500万元。

2017年9月4日，法院受理被上诉人（原审原告）江苏康辉国际旅行社有限责任公司（以下简称"康辉公司"）起诉水立方公司代理合同纠纷一案，判决水立方公司支付康辉公司预付票款3285210元及滞纳金、保证金及利息损失。

2018年，康辉公司向一审法院起诉，请求判令张长福、刘亚杰在未缴出资范围内对水立方公司欠其的500万余元债务承担赔偿责任，并请求彭鹏、潘伟作为公司发起人承担连带责任。

法律关系图：

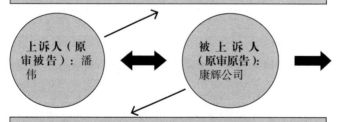

裁判过程及理由：

一审法院认为，股东应当按期足额缴纳公司章程中规定的各自所认缴的出资额。公司债权人请求未履行或者未全面履行出资义务的股东在未出资本息范围内对公司债务不能清偿的部分承担补充赔偿责任的，人民法院应予支持。股东在公司设立时未履行或者未全面履行出资义务，公司债权人请求公司的发起人与未全面履行出资义务的股东承担连带责任的，人民法院应予支持；公司的发起人承担责任后，可以向未全面履行出资义务的股东追偿。本案中，水立方公司的股东张长福、刘亚杰应各出资1000万元却只分别实际出资了200万元、260万元，未全面履行出资义务，康辉公司作为水立方公司的债权人可以要求刘亚杰、张长福在未出资本息范围内对水立方公司债务不能清偿的部分承担补充赔偿责任。

有限责任公司股东可以一次性缴纳出资，也可以分期缴纳出资，但无论是首期出资还是公司成立后的分期出资，均属于公司设立时所确定的股东出资义务，发起人的资本充实责任应当与公司设立时股东在公司章程中承诺的出资义务一致，而不论该出资系在某一时间节点的一次性出资或分期出资。本案中张长福、刘亚杰未按公司设立时承诺的期限与数额缴纳出资，彭鹏、潘伟作为签署该公司章程的发起人，应当承担相应的连带责任。据此，一审法院判决：1.刘亚杰、张长福在未出资本息范围内对水立方公司不能清偿的部分承担补充赔偿责任，即结欠康辉公司的预付票款3285210元及利息。2.彭鹏、潘伟对上述第一项债务承担连带清偿责任。

潘伟不服一审判决，提起上诉。

二审认为，本案的争议焦点为：潘伟是否需承担公司发起人的资本充实责任？资本充实责任是为贯彻资本充实原则，由公司设立者共同承担的相互担保出资义务履行的民事责任，该责任属法定责任，意在平衡股东的有限责任与公司债权人的利益，维护社会交易秩序。本案中，潘伟作为水立方公司的发起人，应就张长福、刘亚杰未完全履行出资义务部分承担资本充实责任。

首先，张长福、刘亚杰未全面履行其出资义务。二审中，张长福、刘亚杰主张其已完全履行出资义务，剩余部分的股权已转让给案外人彭建君等，但其提交的相关股权交割证明及股东会会议纪要均为复印件，且同为股东的潘伟亦不予认可，故本院对其前述主张不予采信。退一步讲，即使张长福、刘亚杰的剩余股权已经转让给他人，但由于其并未进行相应的股权工商变更登记，康辉公司作为水立方公司的债权人，仍有权要求张长福、刘亚杰承担补充赔偿责任。

其次，潘伟与张长福、刘亚杰同为水立方公司设立时的股东（发起人），需相互承担出资担保责任即资本充实责任。按照资本充实责任的原理，设立公司的股东未按照公司章程的规定全面履行出资义务，致使公司资本不能按照公司章程规定缴足时，其他设立公司的股东需承担连带的补足出资义务。此处需说明的是：

第一，资本充实责任系因公司设立行为而产生，其承担者为公司设立时的股东（发起人），担保的"主体范围"也限于其他发起人股东，公司成立后因增资或受让股权而成为股东的主体，不在资本充实责任规制的"主体范围"内。

第二，资本充实责任所担保的"出资范围"应系设立公司的股东在公司章程中承诺的全部出资义务，而不论该出资系一次性出资还是分期出资。一次性出资与分期出资只是出资的履行期限不同，出资义务本身未变，故并不会影响资本充实责任的承担。根据以上原理，对《公司法司法解释（三）》第13条第3款关于"在公司设立时"的限定应当理解为系对"主体范围"的限定，即发起人仅对公司设立时的股东因未履行或未全面履行出资义务而需向债权人承担补充赔偿责任时承担相应的连带责任；而非潘伟上诉时所称的"在公司设立时"系对资本充实责任所担保的"出资范围"的限定，即仅限于首期出资。本案中，张长福、刘亚杰未能按照公司章程的规定全面履行其出资义务，同为发起人的潘伟需承担相应的资本充实责任，故康辉公司作为水立方公司的债权人，有权要求潘伟与张长福、刘亚杰承担连带责任。但潘伟在承担责任后，可以向张长福、刘亚杰追偿。

第三，潘伟、张长福等人对康辉公司所承担的责任系补充责任。所谓补充责任，系指只有在水立方公司不能清偿债权时，潘伟等股东才须就公司不能清偿部分承担赔偿责任。一审法院根据相关法律规定已在判决中明确刘亚杰、张长福承担的责任系补充赔偿责任，而潘伟和彭鹏系针对前述补充赔偿责任承担连带责任，并未判令各股东承担直接给付义务。

综上所述，潘伟的上诉请求不能成立，应予驳回；一审判决认定事实清楚，适用法律正确，应予维持。据此，二审法院判决如下：驳回上诉，维持原判。

实务要点：

本案是一起债权人要求未履行出资义务的股东在未出资本息范围内对公司不能清偿的部分承担补充赔偿责任的纠纷。本案中，未履行出资义务的股东应承担补充赔偿责任，没有异议。有争议的是公司的发起人是否应对未全面履行出资义务的股东承担连带责任？这涉及对《公司法司法解释（三）》第13条第3款的理解与适用问题。对此，司法实践仍有争议。部分法院认为，《公司法司法解释（三）》第13条第3款规定的发起人的资本充实责任，应当仅限于股东在"公司设立时"未履行或未全面履行出资义务，"公司成立后"股东未能履行分期缴纳出资义务的，发起人无须承担连带责任。本案中，法院给出了另外一种回答。通过阅读本案，可以发现：

第一，资本充实责任是一种贯彻资本充实原则的法定责任。只要发起人未履行或未全面履行出资义务,相关主体有权请求公司设立时的股东(发起人)承担连带责任。

第二,资本充实责任系因公司设立行为而产生,其承担者为公司设立时的股东,担保的"主体范围"也限于其他设立股东,公司成立后因增资或受让股权而成为股东的主体,不在资本充实责任规制的"主体范围"内。资本充实责任所担保的"出资范围"应系设立公司的股东在公司章程中承诺的全部出资义务,而不论该出资系一次性出资还是分期出资。一次性出资与分期出资只是出资的履行期限不同,出资义务本身未变,故并不会影响资本充实责任的承担。根据以上原理,对《公司法司法解释(三)》第13条第3款"在公司设立时"的限定应当理解为系对"主体范围"的限定,即发起人仅对公司设立时的股东因未履行或未全面履行出资义务而需向债权人承担补充赔偿责任时承担相应的连带责任。

第三,由于我国《公司法》对于发起人股东的责任要求比其他股东更为严格,因此,发起人股东在公司注册资本数额的确定、对其他发起人出资能力的评估、及时履行出资义务等方面,均应引起足够重视,以免承担资本充实责任。

四、股东出资相关纠纷诉讼程序操作要点

(一)股东出资相关纠纷的区分

依据最高人民法院《民事案件案由规定》,围绕出资相关纠纷,可能涉及两个案由,即股东出资纠纷、新增资本认购纠纷。

1. 股东出资纠纷

该纠纷处理公司与股东、股东与股东、股东与债权人之间因出资而引发的纠纷。主要包括虚假出资纠纷、出资不足纠纷、逾期出资纠纷、出资加速到期纠纷、抽逃出资纠纷等。

2. 新增资本认购纠纷

该纠纷是指有限责任公司新增资本认购,股份有限公司发行新股认购产生的纠纷。主要包括因行使优先认购(缴)权、新增资本出资义务纠纷等。

股东出资纠纷规范的是股东违反出资义务的各种情形;而新增资本认购纠纷规范的则是公司新增注册资本时,除股东出资纠纷之外的相关纠纷。

(二)股东出资相关纠纷的管辖

因股东出资及新增资本引起的纠纷,应依据《民事诉讼法》第27条规定,原则

上由公司住所地人民法院管辖。此外,需注意的是,公司股东认为其他股东抽逃出资而发生纠纷,属于投资协议,因协议引起或与协议有关的纠纷,应依据关于合同纠纷或侵权行为纠纷的特殊地域管辖原则确定管辖法院。

(三)法律依据

《民法典》第 125 条;

《公司法》第 26 条—第 30 条、第 34 条、第 80 条—第 84 条、第 91 条、第 93 条、第 133 条—第 136 条、第 199 条、第 200 条;

《公司法司法解释(三)》第 7 条—第 11 条、第 13 条、第 18 条、第 19 条。

上述法律依据,股东出资相关纠纷均可能涉及,这需要根据案件的不同情况进行选择。股东出资纠纷主要涉及《民法典》第 125 条,《公司法》第 26 条—第 30 条、第 80 条—第 84 条、第 91 条、第 93 条、第 199 条、第 200 条,《公司法司法解释(三)》第 7 条—第 11 条、第 13 条、第 18 条、第 19 条。新增资本认购纠纷主要涉及《民法典》第 125 条,《公司法》第 34 条、第 133 条—第 136 条,《公司法司法解释(三)》第 11 条、第 13 条。

第四讲
对赌协议
Lecture
4

一、对赌协议概述

(一) 对赌协议的基本含义

"对赌协议"(Valuation Adjustment Mechanism,VAM)是舶来品,在国外称为"估值调整机制"。被引入国内后,由于其结果具有不确定性,类似于"赌博",就赋予其一个投机气息浓厚的名字,称为"对赌协议"。自从中国公司,尤其是民营公司接受国内、国外股权投资机构的资金后,对赌现象日益增多。有成功的案例,如蒙牛和摩根斯坦利的对赌安排,最终实现双赢。也有失败的案例,如永乐电器和摩根斯坦利、小马奔腾与建银文化等机构的对赌。

"对赌协议"是指投资方与融资方在达成股权性融资协议时,为解决交易双方对目标公司未来发展的不确定性、信息不对称以及代理成本而设计的包含了股权回购、金钱补偿等对未来目标公司的估值进行调整的协议。换言之,在股权投资过程中,由于投融资双方信息不对称,容易引发逆向选择与道德风险,为分配这些风险,"对赌协议"应运而生。通常,当出现"对赌协议"约定的情形时,会给投资方选择退出等权利,因此,从公司财务视角分析,也可以把"对赌协议"视为期权的一种形式。

(二) 对赌目标

对赌目标,又称为对赌指标,是由投融资双方在"对赌协议"中设定的,用以衡量对赌成败的标准。达到对赌目标,则融资方对赌胜利;未达到对赌目标,则融资方对赌失败。按照对赌目标是否涉及财务指标,可分为财务类指标与非财务类指标。

财务类指标,通常约定目标公司在一定时间内的公司净利润或销售收入等必须达到多少。非财务类指标,通常约定目标公司在某个时间之前必须IPO;约定目标公司在一定时间内产品的市场占有率必须达到多少;必须有多少的新产品或新专利测试开发;约定创始团队的锁定期及竞业禁止等。在签订"对赌协议"时,一般不会采用单一的指标,而是将财务类指标与非财务类指标混合使用。

(三) 对赌协议的分类

1. 依据订立主体进行的分类

从订立"对赌协议"的主体来看,有投资方与目标公司的股东或者实际控制人"对赌",投资方与目标公司"对赌",投资方与目标公司的股东、目标公司"对赌"等形式。

2. 依据补偿方式进行的分类

第一种,金钱补偿型:是指当公司未能实现对赌目标时,目标公司、股东或实际控制人给予投资方一定数量的现金补偿。

第二种,股权回购型:是指当公司未能实现对赌目标时,目标公司、股东或实际控制人必须以溢价的方式回购投资方的股权。

第三种,控制权转让型:是指当公司未能实现对赌目标时,目标公司、股东或实际控制人同意投资方通过低廉价格增资或者受让股东或管理层的股权,从而获得对目标公司的控制权。

第四种,获得优先权型:是指当公司未能实现对赌目标时,投资方将获得股息分配优先权、剩余财产分配优先权、超比例表决权等。

目前,《九民纪要》明确规定了与目标公司对赌情形下,请求目标公司股权回购及现金补偿的法律适用问题,对于其他类型的补偿,则需要结合公司法与合同法进行个案判断。

【案例进阶16】对赌失败后,按约定公式计算出的业绩补偿款为负值时,应如何处理?

案例名称:上海盛彦投资合伙企业(有限合伙)诉宋立新公司增资纠纷案

案例来源:辽宁省高级人民法院(2015)辽民二初字第00029号民事判决书

裁判要旨:

投资款项性质的认定应根据投资协议、借记通知以及收据等书面记载,考虑双方签订协议时的合意情况来进行判定,公司会计上的不同处理不对款项性质的认定产生实质影响。

根据"对赌协议"约定公式计算出的业绩补偿款为负值时,法院依据意思自治原则,不予支持业绩补偿款的请求。

基本案情:

2011年7月9日,原告上海盛彦投资合伙企业(有限合伙)(以下简称"上海盛彦"(投资人)、被告宋立新(大股东)与曙光农牧(目标公司)等相关主体签订《增资合同》,约定上海盛彦以增资形式向曙光农牧投资。同日,作为甲方的上海盛彦与作为乙方的宋立新签订《增资补充合同》,就目标公司接受投资后2011年至2013年的经营目标及业绩补偿公式作出约定:2011年至2013年度的净利润目标分别为1亿元、1.3亿元、1.69亿元;或者目标公司2011年实际完成的净利润为基础,宋立新保证2012年至2013年年均实现净利润增长不低于30%;同时,宋立新承诺,如2011年至2013年目标公司实际经营业绩低于上述经营目标,则宋立新以相应现金对上海盛彦进行补偿,现金补偿数额计算方式如下:

2011年补偿金额=投资额×(6666.67万元-实际完成净利润)÷6666.67万元(公司实际完成的净利润低于6666.67万元适用本公式,公司完成的净利润达到或超过6666.67万元时,乙方无须向投资方进行现金补偿)。2012年补偿金额为按下列两公式计算的款项的较低者:(1)2012年补偿金额=7500万元×(5000万元-实际完成净利润)÷5000万元;(2)2012年补偿金额=实际投资金额×(2011年实际完成净利润×130%-2012年实际完成净利润)÷(2011年实际完成净利润×130%)。当2012年净利润较2011年的净利润增长达到或超过5%时,乙方无须向甲方进行补偿。2013年补偿金额为按下列两公式计算的款项的较低者:(1)2013年补偿金额=7500万元×(1.69亿元-实际完成净利润)÷1.69亿元;(2)2013年补偿金额=甲方实际投资金额×(2012年实际完成净利润×130%-2013年实际完成净利润)÷(2012年实际完成净利润×130%)。当2013年净利润较2012年的净利润增长达到或超过5%时,乙方无须向甲方进行补偿。

《增资合同》及《增资补充合同》签订后,投资人总计支付投资款项2750万元。目标公司2011年至2013年的经营净利润分别为9211.6516万元、-5254.84万元、-7456.74万元。根据约定的业绩补偿计算公式,2012年计算结果为正值,而2013年的计算结果则出现负值情形。因大股东到期未支付业绩补偿款项,投资人诉请法院要求支付2012年、2013年年度业绩补偿,并主张2013年的业绩补偿公式应根据缔约本意予以相应调整。

法律关系图:

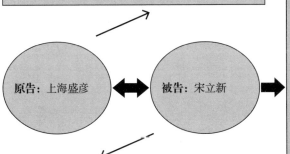

裁判过程及理由：

法院认为，《增资合同》及《增资补充合同》是各方当事人真实意思表示，不违反法律、行政性法规的强制性规定，内容合法有效。

关于案涉2000万元及750万元款项性质的认定问题。《增资合同》及《增资补充合同》中均有上海盛彦以增资形式向曙光农牧投资的约定。2011年7月20日及2012年3月30日，上海盛彦向曙光农牧支付款项2000万元及750万元，在借记通知注明"投资款"。对2000万元款项的性质为投资款宋立新没有异议，但对750万元款项的性质，宋立新主张"在审计报告中为其他应付的股东欠款，并未进资本公积，未确认为投资款，该750万元应为曙光农牧对上海盛彦的欠款"。该项主张不能成立，理由如下：

第一，上海盛彦和曙光农牧从未签订借款合同并就借款的期限、利息等借款合同的主要条款作出约定，认定双方为借款法律关系缺乏合同依据；第二，上海盛彦按照《增资补充合同》的约定将款项打入曙光农牧，借记通知上明确记载为"投资款"，且在曙光农牧2012年度的审计报告中，虽然将该款项记入"其他应付款"项下，但对该款项的性质仍明确记载为"投资款"，表明曙光农牧亦认可该款项的"投资款"性质；第三，曙光农牧在收据上明确写明收到投资款。因此，从基于投资行为的合意的角度看，该款项的性质也应认定为投资款，款项的性质亦不会因为公司会计上的不同处理而发生变化。综上，对上海盛彦按照合同约定向曙光农牧给付两期共计2750万元投资款的事实应予认定。

关于补偿款给付依据及额度的确认问题。《增资补充合同》约定，标的公司获得的各项国家扶助资金计作公司的非经常性损益。本案中的非经常性损益即为审计报告载明的"政府补助利得"，对此，各方均无异议。《增资补充合同》还约定，2011年度至2013年度目标公司接受投资后的经营目标是扣除非经常性损益之后的净利润。故曙光农牧2011年至2013年度的实际净利润＝审计报告中载明的2011年至2013年度净利润-2011年至2013年度非经常性损益（政府补助利得）。鉴于上海盛彦按照合同约定采用第二种计算方式计算相应的补偿款，故对上海盛彦提出的计算方法予以采纳。

根据大信审字（2013）第3-00082号和（2014）第3-00227号审计报告的记载，曙光农牧2011年的净利润为95485284.08元，政府补助利得为3068768.67元，故2011年的实际净利润应为95485284.08元-3068768.67元＝92416515.41元≈9241.65万元，虽未达到合同约定的1亿元的经营目标，但该利润已经超过6666.67万元，按照合同约定宋立新无须向上海盛彦进行现金补偿。2012年曙光农牧的净利润为-40184884.15元，政府补助利得为12363535.23元，故2012年的实际净利润应为(-40184884.15元)+(-12363535.23元)=-52548419.38元≈-5254.84万元。2013年曙光公司的净利润为-12355598.52元,政府补助利得为62211829.41元,故2013年的实际净利润应为(-12355598.52元)-62211829.41元=-74567427.93元≈-7456.74万元。这两个年度的净利润均为负值,均未达到合同约定的1.3亿和1.69亿的经营目标,故宋立新应基于合同中对业绩保证作出的承诺,对上海盛彦进行现金补偿。

2012年的补偿金额,按照《增资补充合同》约定的公式二计算=2750×[9241.65万元×130%-(-5254.84万元)]÷(9241.65万元×130%)=3952.86万元,取其中较低者,故2012年业绩补偿款应为3952.86万元。按照合同约定,补偿款的确定应在两个公式计算结果中取较低的一个,故上海盛彦应获得的2012年的补偿款应确定为3952.86万元。按照合同约定,该笔款项应于2013年4月30日之前结清,宋立新至今未予支付,构成违约,故除应向上海盛彦支付该补偿款外,还应按照《增资补充合同》中违约条款的约定承担相应的违约责任。故上海盛彦要求宋立新按照"违约金为投资方投资总额的5%"(2750万元×5%=137.5万元)的约定支付违约金的诉请应予支持。上海盛彦要求宋立新给付补偿款的利息,因已判令宋立新承担补偿款和相应的违约责任,其承担支付的补偿款及违约金均具有补偿性质,故对上海盛彦要求给付利息的该项诉请不予支持。

2013年的补偿金额,曙光农牧2013年扣除非经常性损益后净利润为-7456.74万元,未能达到约定的业绩指标,根据《增资补充合同》第5.2条的约定,宋立新应当给予上海盛彦现金补偿,按公式一计算:7500万元×[16900万元-(-7456.74万元)]÷16900万元=10809.2万元,按公式二计算:2750×[(-5254.84万元)×130%-(-7456.74万元)]÷[(-5254.84万元)×130%]=-251.78万元,最低值是个负值。因两个公式计算结果中较低的为-251.78万元,出现负值,故对上海盛彦要求宋立新给付2013年补偿款及利息的诉请无法支持。

综上,法院判决:1.宋立新于本判决生效后10日内给付上海盛彦投资合伙企业(有限合伙)2012年度补偿款3952.86万元。2.宋立新于本判决生效后10日内向上海盛彦投资合伙企业(有限合伙)支付违约金137.5万元。3.驳回上海盛彦投资合伙企业(有限合伙)其他诉讼请求。

实务要点:

本案是一起因对赌失败而引发的业绩补偿纠纷。问题的关键是,对赌失败后,因业绩补偿公式设计不当,导致业绩补偿款为负值,应该如何处理?通过阅读本案,可以发现:

第一,《股权投资协议》中应明确约定股权投资相关款项的归属。股权投资款作为投资协议实际履行的重要依据,关乎投资人是否完成投资义务的认定。因此,为避免因投资款的性质发生纠纷,实际交易中,应在转账时明确备注写明"投资款"字样,且可要求目标公司出具载有"收到×××投资款"字样的合法票据。

第二,业绩补偿的指标设定,尤其是指标为净利润时,应充分考虑目标公司亏损的情形。本案中,虽然投资人约定了不同补偿款计算方式,但因其忽略掉了经计算后的补偿款为负值的情况,导致其无法按照约定的计算方式获得补偿。为避免类似情况发生,在设定对赌指标及计算公式时,需要将目标公司业绩的各种可能性予以全面考虑。

二、对赌协议的效力及履行

(一) 对赌协议的效力

对于投资方与目标公司的股东或者实际控制人订立的"对赌协议",如无其他无效事由,认定有效并支持实际履行,实践中并无争议。投资方与目标公司订立的"对赌协议"是否有效?《九民纪要》第 5 条第 1 款规定:"投资方与目标公司订立的'对赌协议'在不存在法定无效事由的情况下,目标公司仅以存在股权回购或者金钱补偿约定为由,主张'对赌协议'无效的,人民法院不予支持,但投资方主张实际履行的,人民法院应当审查是否符合公司法关于'股东不得抽逃出资'及股份回购的强制性规定,判决是否支持其诉讼请求。"由此可见,《九民纪要》不再直接否定与目标公司签订"对赌协议"的效力,而是在尊重商事交易中当事人平等协商、意思自治所缔结的合同关系的基础上,根据目标公司的具体情况考察"对赌协议"履行的可能性,这也符合资本维持原则的基本要求。

(二) 对赌协议的履行

1. 股权回购型对赌协议

投资方请求目标公司回购股权的,法院应当依据《公司法》第 35 条关于"股东不得抽逃出资"或者第 142 条关于"股份回购的强制性规定"进行审查。经审查,目标公司未完成减资程序的,法院应当驳回其诉讼请求。换言之,股权回购式对赌中,可履行性的判断标准是"公司是否已经履行了减资程序"。通过减资程序,公司债权人的利益得到了保护,否则,投资方请求目标公司回购股权的,不予支持。此外,需注意的是,由于减资需要代表三分之二以上有表决权的股东通过,一旦发生纠纷,股东会极有可能无法正常召开。为避免因无法履行减资程序而导致的无法完成股权回购的风险,在签订《股权投资协议》时,需要专门针对减资程序及其相关责任进行明确约定。

2. 金钱补偿型对赌协议

投资方请求目标公司承担金钱补偿义务的,法院应当依据《公司法》第35条关于"股东不得抽逃出资"和第166条关于"利润分配的强制性规定"进行审查。经审查,目标公司没有利润或者虽有利润但不足以补偿投资方的,法院应当驳回或者部分支持其诉讼请求。如果今后目标公司有利润时,投资方还可以依据该事实另行提起诉讼。换言之,为避免"抽逃出资",金钱补偿型对赌中,可履行性的判断标准是"公司是否有足够利润支付补偿款"。只有在被投资公司有可以分配的利润的情况下,投资方的请求才能得到全部或部分支持,当然,起诉时目标公司不具有可以分配的利润,或者可以分配的利润不足以完全清偿的,今后具备时,投资方还可以依据新的事实另行提起诉讼。此外,需注意的是:第一,这里的利润,不仅包括目标公司当年的利润,而且也包括目标公司之前的剩余未分配利润。第二,为避免纠纷发生后目标公司无法形成有效的分配决议,在签订《股权投资协议》时,需要专门针对分配决议的形成及其相关责任进行明确约定。

【案例进阶17】对赌失败后,目标公司为股东之间的股权回购提供连带责任担保是否有效?

案例名称: 强静延、曹务波股权转让纠纷案

案例来源: (2016)最高法民再128号再审民事判决书

裁判要旨:

投资人已对公司提供担保经过股东会决议尽到审慎注意和形式审查义务,且公司提供担保有利于自身经营发展需要,并不损害公司及公司中小股东权益,应当认定担保条款合法有效。

基本案情:

2011年4月26日,瀚霖公司、曹务波与强静延等签订了《增资协议书》及《补充协议书》。约定强静延向瀚霖公司增资3000万元,持有瀚霖公司0.86%的股权。《补充协议书》等约定,当瀚霖公司未能完成每年的业绩目标,则强静延有权要求曹务波以现金方式购回强静延所持股权。协议还约定瀚霖公司为曹务波的回购提供连带责任担保。瀚霖公司2011年的利润未达到约定的业绩目标,且公司涉及大量诉讼,经营情况严重下滑,最终未能上市。

2012年5月31日,强静延与曹务波签订了《股权转让协议》,强静延将持有的瀚霖公司股权转让给曹务波。2014年4月2日,强静延书面通知曹务波、瀚霖公司支付股权转让款并承担违约责任,但曹务波、瀚霖公司未履行付款义务。后强静延向法院起诉,请求曹务波支付股权转让款以及逾期付款违约金,并要求瀚霖公司对曹务波的付款承担连带清偿责任。

法律关系图:

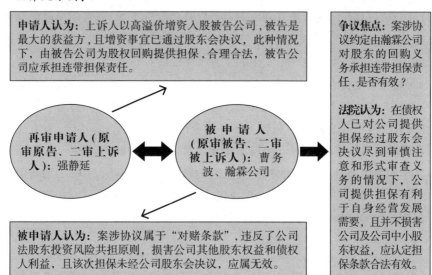

裁判过程及理由:

一审法院认为,曹务波是瀚霖公司的股东和法定代表人,强静延未提交瀚霖公司为股东提供担保已经股东会决议通过的证据,认定瀚霖公司为回购提供连带担保的约定无效。二审法院认为,瀚霖公司为曹务波股权转让款的支付提供担保,其实质是不管瀚霖公司经营业绩如何,强静延均可以从瀚霖公司获取收益,悖离了公司法法理精神。无论瀚霖公司提供担保是否经过股东会决议,均应认为无效。

最高人民法院再审认为,本案争议焦点是案涉《补充协议书》所约定瀚霖公司担保条款的效力问题。案涉《补充协议书》所约定担保条款合法有效,瀚霖公司应当依法承担担保责任。其理由如下:

其一,强静延已对瀚霖公司提供担保经过股东会决议尽到审慎注意和形式审查义务。案涉《增资协议书》载明"瀚霖公司已通过股东会决议,原股东同意本次增资;各方已履行内部程序确保其具有签订本协议的全部权利;各方授权代表已获得本方正式授权"。《补充协议书》载明"甲方(瀚霖公司)通过股东会决议同意本次增资扩股事项"。因两份协议书约定内容包括增资数额、增资用途、回购条件、回购价格以及瀚霖公司提供担保等一揽子事项，两份协议书均有瀚霖公司盖章及其法定代表人签名。对于债权人强静延而言，增资扩股、股权回购、公司担保本身属于链条型的整体投资模式，基于《增资协议书》及《补充协议书》的上述表述，强静延有理由相信瀚霖公司已对包括提供担保在内的增资扩股一揽子事项通过股东会决议，曹务波已取得瀚霖公司授权代表公司对外签订担保条款，且瀚霖公司在本案审理中亦没有提交其他相反证据证明该公司未对担保事项通过股东会决议，故应当认定强静延对担保事项经过股东会决议已尽到审慎注意和形式审查义务，因而案涉《补充协议书》所约定担保条款对瀚霖公司已发生法律效力。

其二，强静延投资全部用于公司经营发展，瀚霖公司全体股东因而受益，故应当承担担保责任。《公司法》第16条之立法目的，系防止公司大股东滥用控制地位，出于个人需要、为其个人债务而由公司提供担保，从而损害公司及公司中小股东权益。本案中，案涉担保条款虽系曹务波代表瀚霖公司与强静延签订，但是3000万元款项并未供曹务波个人投资或消费使用，亦并非完全出于曹务波个人需要，而是全部投入瀚霖公司资金账户，供瀚霖公司经营发展使用，有利于瀚霖公司提升持续盈利能力。这不仅符合公司新股东强静延的个人利益，也符合公司全体股东的利益，瀚霖公司本身是最终的受益者。即使确如瀚霖公司所述并未对担保事项进行股东会决议，但是该担保行为有利于瀚霖公司的自身经营发展需要，并未损害公司及公司中小股东权益，不违反《公司法》第16条之立法目的。因此，认定瀚霖公司承担担保责任，符合一般公平原则。综上，强静延已对瀚霖公司提供担保经过股东会决议尽到审慎注意和形式审查义务，瀚霖公司提供担保有利于自身经营发展需要，并不损害公司及公司中小股东权益，应当认定案涉担保条款合法有效，瀚霖公司应当对曹务波支付股权转让款及违约金承担连带清偿责任。

实务要点：

本案是一起因对赌失败而诉求原股东承担股权回购责任及目标公司承担担保责任的纠纷。问题的关键是，公司为投资人与股东对赌提供担保是否有效？对此情形，《公司法》及相关司法解释没有明确规定，本案认定为公司担保有效。通过阅读本案，可以发现：

第一，目标公司为股东对赌提供担保不构成合同无效事由，效力判断因素应落在《公司法》第16条有关公司为他人提供担保的规定。目标公司承担连带责任保证有效，需要具备两个要件：一是程序合规。目标公司股东会/股东大会应对这一担保责任形成决议。二是投资人投资的资金，应有利于目标公司经营发展需要,并不损害公司及公司中小股东权益。

  第二,虽然《九民纪要》肯定了与目标公司对赌的效力,但是在履行上仍存在一定的障碍。通过担保形式,将目标公司拉入对赌责任中,让目标公司对股权回购款的支付承担连带责任,仍是可以考虑的设计思路。但投资者应注意严格按照《公司法》第16条的规定,履行形式审查义务,以防担保条款被认定无效,错失救济途径。

第五讲
股权转让
Lecture
5

一、股权转让概述

(一) 股权转让的基本含义及特征

股权是一种民事权利,其不同于物权,是一种糅合了财产权与社员权的复合型权利,可归入"投资性权利"范畴。由于股权具有财产权利的性质,蕴含着极大的经济价值,是继债权、物权之后重要的财富载体,因此,股权往往成为交易对象,股权转让也由此产生。所谓股权转让,是指股东依照法律及公司章程的规定,将自己持有的股权转让给他人,他人支付相应价款的民事法律行为。严格来说,由于我国《公司法》将公司划分为有限责任公司与股份有限公司两种类型,与之对应,有限责任公司股东转让的是"股权",而股份有限公司转让的是"股份"。相较于其他类型的买卖行为,股权转让的法律特征如下:

第一,股权转让的转让方是股东。股权作为股东持有的财产权利,只有股东才依法享有处分的权利。不具有股东资格的主体签订股权转让协议,构成无权处分,受让人能否取得股权,应参照适用《民法典》物权编中关于善意取得制度的规定。此外,除非特殊情况,目标公司不能持有自身的股权,更不能成为股权转让的转让方。

第二,股权转让的标的物是具有完整权能的股权。相较于其他类型的买卖行为,股权转让交易的标的物是股权,而非其他动产或不动产。具有完整权能的股权,股东依法享有资产收益、参与重大决策和选择管理者等权利。某些情况下,转让合同的标的物在内容范围与权利层次上存在缩减与间隙,并不是具有完整权能的股权。比如以股权收益权为标的的资产证券化、设立过程中的公司所涉"权益"转让等。在处理这些"准股权"或"类股权"纠纷时,应依据具体案情具体分析,与本讲所指的股权转让相区别。

第三,股权转让涉及的部门法交叉问题比较多。普通商品买卖,往往仅涉及《民法典》的适用,但股权转让关涉目标公司、债权人、甚至职工的切身利益,因此,股权转让的合法性判断不仅涉及《民法典》,还可能涉及《公司法》《企业国有资产法》《外商投资法》等。

(二) 股权转让与其他民事法律行为的区分

1. 股权转让与资产转让

资产是指公司拥有或控制的能以货币计量的经济资源,包括机器设备、土地厂房、现金、商标、专利等有形与无形财产。资产转让就是公司将上述资产进行转让的行为。资产转让属于公司对其所拥有的财产进行的处分,这有助于公司剥离不良资产,突出主营业务。

资产转让与股权转让存在以下差异:第一,协议签订主体不同。股权转让协议的签订主体是股东与受让方,而资产转让协议的签订主体是企业自身与收购方。第二,转让标的不同。股权转让的标的是股东的股权,而资产转让的标的是企业的资产,多为企业的优良资产,一般不涉及债权债务移转给收购方的问题。第三,转让对价的利益承受主体不同。股权转让中,转让对价的利益承受者是股东,并非企业自身,而资产转让中,转让对价的利益承受者是企业自身。第四,转让对价的确定依据不同。股权转让中,转让对价的确定不仅需要考虑到企业的现状,还要考虑到企业将来的发展前景,而资产转让中,转让对价往往以转让资产的净价值为确定依据。

实践中,存在资产转让与股权转让概念混淆的现象。比如交易双方旨在转让商铺、字号等资产,但签订了股权转让协议,这容易产生法律关系性质的争议。又如交易双方旨在转让股权,在股权转让协议中同时约定了设备、不动产租赁、字号等资产移转的内容。实际上,股权转让并不涉及资产所有权转移内容,标的公司资产所有权归属于标的公司,受让方受让标的公司股权后,自然依据股东身份享有相应的权益,因此,股权转让协议可以约定公司资产交接事宜,而非公司资产转让事宜。

2. 股权无偿转让与股权赠与

股权无偿转让,是指公司股东将自己的股权无偿转让给他人,使他人取得股权的民事法律行为。赠与合同是指赠与人将自己的财产无偿给予受赠人,受赠人表示接受赠与的合同。赠与合同具有单务性、实践性的特征。

股权无偿转让与股权赠与的主要区别如下:第一,性质不同。前者属于双务合同,即转让方有义务配合受让方转让股权给受让方,并配合办理股东名册和工商登记的变更等;后者则属于单务合同,即转让方有义务转让股权给受让方,受让方无对待给付义务。这是二者的根本区别。第二,股权价值确定与否不同。前者股权价值确定即 0 元;后者股权价值不确定、不明确。第三,是否可撤销不同。前者如果没有法定或约定可撤销情形,则不能撤销;后者根据法律规定,在股权没有交付前可以撤销。

实践中,不能简单地将股权无偿转让直接认定为赠与,而需要探寻双方的真实意思表示,具体案件具体分析。比如股权转让的对价可能是多元的,除了金钱对价,还包括劳务、知识产权等。此时,虽然是 0 元受让股权,但受让方此前已为公司付出了劳务等贡献,一般不应认定为赠与。又如股权无偿转让中,如果受让人同时受让该股权下的股东义务以及企业经营中的其他责任,且转让人就转让股权部分未实缴出资,则该转让行为不符合赠与合同的单务性特征,不应认定为赠与合同。

3.股权转让与股权让与担保

让与担保是指债务人或者第三人为担保债务的履行,将标的物转移给他人,于债务不履行时,该他人可就标的物受偿的一种非典型担保。将标的物转移给他人的债务人或第三人形式上是转让人,实质上是担保人;受领标的物的他人形式上是受让人,实质上是担保权人。股权让与担保是让与担保的一种,简言之,就是用股权作为担保物设立的让与担保。股权转让的实质系指以股权为交易标的的买卖,即股东将其所持有的公司股权转让给他人的行为;而股权让与担保的本质并非股权的买卖,而是以股权的所有权提供担保。

股权转让与股权让与担保的具体区别如下:第一,从合同目的来看,股权转让是当事人出于转让股权的目的而签订协议,股权让与担保的目的在于为主债务提供担保,受让人通常不为此支付对价,同时,未届清偿期受让人不得行使和处分该受让股权;第二,股权让与担保作为一种非典型担保,属于从合同的范畴,与此对应的往往存在一个主合同,而股权转让则不存在类似问题。股权让与担保在内部关系上,根据当事人的真实意思表示,应当认定为担保;在外部关系上,基于商事外观主义,受让人将股权转让他人的,该他人可根据善意取得制度取得股权。

4.股权转让与增资扩股

股权转让和增资扩股是公司股权性融资最常用的两种方式,各有优劣。股权转让,是指公司股东依法将自己的股权让渡给他人,使他人成为公司股东的民事法律行为。增资扩股,是指原股东或第三方将资金或财产投入公司,并增加公司注册资本的行为。

股权转让与增资扩股的主要区别如下:第一,资金的接受方不同。增资扩股的资金接受方为公司,资金性质属于公司资本金;股权转让的资金接受方则为出让股权的股东,资金性质为股权转让的对价。这是两者最根本的区别。第二,公司注册资本的变化不同。增资扩股使得公司的注册资本增加,但股权转让并不会影响公司的注册资本,注册资本仍保持不变。第三,决策主体不同。增资扩股属于公司内部的重要决策,必须经公司股东会决议,并经三分之二以上表决权股东通过;股权转让,除非公司法及公司章程等的特别规定外,通常由出让股东自行决定。第四,对公司产生的影响不同。增资扩股不但为公司带来资金,还可能带来管理、人才等其他资源;股权转让也可能给公司带来管理、人才等资源,但除非股权转让特别约定,股权转让价款属于出让股权的股东,对公司没有资金的注入。

【案例进阶18】股权转让,还是股权收益权转让?

案例名称: 张居德与南阳鑫源黄金有限公司、贾冰股权转让纠纷案

案例来源: 河南省高级人民法院(2015)豫法民三终字第00219号民事判决书

裁判要旨:

从合同约定来看,受让方取得的权利是转让方持有的公司部分股权中涉及矿区开发经营的收益权,该种收益权仅为股权中的自益权,不是公司的股权全部,不能据此认定为股权转让。

基本案情:

2010年2月2日,被上诉人(原审第三人)贾冰(甲方)与上诉人(原审原告)张居德(乙方)经协商,就被上诉人(原审被告)南阳鑫源黄金有限公司(以下简称"南阳鑫源公司")所辖矿区开发收益事宜达成协议约定:"一、乙方出资购买甲方名下南阳鑫源公司35.25%的股份,但该股份所有权仍归甲方,在公司股东登记名册上仍由甲方具名,并以公司股东身份参与公司相应活动、出席股东会并行使表决权以及行使公司法与公司章程授予股东的其他权利。二、对于乙方出资购买的股份,乙方只享有该股份在公司所辖矿区的开发收益,不承担和享受公司其他固定资产及其他资产所产生的损失和收益(所辖矿区的开发收益指黄金山庄、选厂、公司享有的银海公司40%股权在开发期间的收益及公司在内乡县域范围内矿山经营收益)。三、双方的权利与义务:1.甲方作为具名股东,对公司享有实际的股东权利并有权获得相应的投资收益。2.甲方取得全部投资收益后依据本协议约定向乙方支付约定的收益。3.甲方负有按照公司章程、本协议及公司法的规定和公司股东会或董事会的决定以现金进行及时出资、集资的义务,并以其出资额为限承担一切投资风险。但甲方股权中乙方购买的份额的相应义务由乙方承担。因乙方未能及时出资、集资而导致的一切后果(包括给甲方造成的实际损失)均应由乙方承担。乙方不能随意干预甲方作为股东在公司中的正常活动。4.乙方向甲方出资购买的份额不享有本协议约定以外的任何收益权或处置权(包括但不限于股东权益的转让、质押)。5.乙方向甲方出资购买份额的股份产生的相关费用及税费均由乙方承担,甲方有权在乙方的收益中扣除。四、南阳鑫源公司所辖矿区开发完毕,本协议自行终止,双方围绕股权不存在任何纠纷。……七、其他事项,本协议自双方签字之日起生效。"双方均在协议书上签名。

2011年2月28日双方再次签订协议书,协议约定:"乙方出资购买甲方名下南

阳鑫源公司20%的股份,该股份在公司股东登记名册上仍由甲方具名,甲方保证其前述股权转让行为的真实性和有效性,并不得将乙方受让的股权份额再行转让或抵押,否则造成的一切后果由甲方承担。本协议自双方签字甲方收到款后生效。"其他约定事项与2010年2月2日协议书约定事项相同。协议签订后,张居德支付了全部款项。

2012年7月12日,张居德向一审法院提起诉讼,请求确认系南阳鑫源公司股东,并判令南阳鑫源公司完成股东变更登记。

法律关系图:

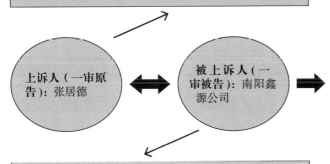

原告认为: 原告与第三人签订的两份协议系股权转让协议,协议明确了股权转让后收益的归属问题,原告仅是委托第三人代为行使显名权,原告具有股东身份,被告应配合办理工商变更登记。

被告认为: 原告与第三人签订的协议不符合股权转让的要件,协议仅是转让的股权收益权,原告并未参与过公司经营管理,从未享有过公司收益,原告并非公司股东。

争议焦点: 案涉两份协议约定转让的是股权还是股权的收益权?

法院认为: 从合同约定来看,原告取得的权利是第三人持有的公司部分股权中涉及矿区开发经营的收益权,该种收益权仅为股权中的自益权,不是公司的股权全部,不能据此认定为股权转让。原告主张其系公司股东缺乏法律和事实依据,不予支持。

裁判过程及理由:

二审法院认为,本案争议的焦点是:张居德与贾冰签订的两份协议,约定转让的是贾冰持有的南阳鑫源公司55.25%股权还是贾冰持有南阳鑫源公司部分股权的收益权的问题。

第一,从协议约定的内容判断。本案中诉争的股权是指股东基于向公司出资而享有的对公司的各种权利。包括股东基于股东资格而享有的从公司取得经济利益并且参与公司经营管理的权利。两份协议开始即约定"甲(贾冰)、乙(张居德)双方本着平等互利原则,经协商,就南阳鑫源黄金有限公司所辖矿区开发收益事宜达成协议如下";两份协议的第2条分别约定"乙方(张居德)只享有该股份在公司所辖矿区的收益,不承担和享受公司其他固定资产及其他资产所产生的损失和收益(所辖矿区的开发收益指黄金山庄、选厂、公司享有的银海公司40%股权在开发期间的收益及公司在内乡县域范围内矿山经营收益)"。协议明确约定,张居德对其出资购买的份额不享有本协议约定以外的任何受益权或处置权,协议第4条约定了矿区开发完毕,协议自动终止。同时,协议也约定了贾冰作为股东登记在股东名册之上,对公司享有实际的股东权利,并以股东身份行使参与公司活动、行使表决权等股东权利,张居德不得随意干预贾冰作为股东在公司中的正常活动等内容。从合同约定来看,张居德从贾冰处交易取得的权利范围限定,对南阳鑫源公司矿产开发以外的其他公司业务不享有权利也不承担责任,有存在期限,且约定贾冰仍作为股东登记具名,行使股东权利。张居德取得的权利是贾冰持有的南阳鑫源公司部分股权中涉及矿区开发经营的收益权,该种收益权仅为股权中的自益权,不是贾冰持有的南阳鑫源公司的股权全部。

第二,交易价格的高低不能成为判断交易标的性质的依据。本案中,张居德在二审庭审中提交了2007年至2016年南阳鑫源公司股东交易价格表,并将其支付的1578万元折算为股价,证明其支付的价格远高于其他股权交易的平均价格,据此主张张居德向贾冰购买的是贾冰持有的南阳鑫源公司的股权。二审法院认为,合同的价款作为合同内容之一,其数额的确定是由合同约定交易标的的市场价格及交易双方协商决定,交易价格高低仅是交易标的价值的反映,不能作为单独认定交易标的种类及性质的依据。张居德在二审中提交的2007年至2016年南阳鑫源公司股东交易价格表不是二审中的新证据,不予采信。张居德主张的折算对比方式,仍是建立在其取得的是贾冰股权基础上的假设。在张居德从贾冰处取得的是股权还是收益权仍为本案争议内容的情况下,该对比缺乏事实依据。另外,在没有其他证据相互印证的情况下,仅以支付价款高低本身不能证明张居德取得的就是贾冰的股权。

第三,张居德在签订协议后,征求南阳鑫源公司其他股东同意的行为不发生股权转让的法律效力。根据《公司法》第71条第2款的规定,有限责任公司股东向股东以外的人转让股权,应当具备两个方面的条件。(1)该股东与他人就转让股权达成协议;(2)由该股东书面通知其他股东其股权转让的有关事项,并征得半数以上股东同意。本案中,依据贾冰与张居德签订的两份协议,约定转让的是贾冰持有的南阳鑫源公司部分股权的收益权,即使张居德在协议签订后,实际支付了该部分股权的全部价款,并征得半数以上股东同意股权转让,也不能改变贾冰与张居德约定转让贾冰持有部分股权的收益权的事实,因此,张居德征得南阳鑫源公司半数以上股东同意股权转让的事实,不发生张居德取得贾冰持有的55.25%股权的法律效果。

综上,二审法院维持了一审法院驳回张居德诉讼请求的判决结果。

实务要点:

本案中,上诉人请求确认股东资格及进行股权变更登记。问题的关键是,两份协议的性质究竟是什么?如果是股权转让,则上诉人的请求应予支持;如果是股权收益权转让,上诉人的请求应予驳回。通过阅读本案,可以发现:

第一,股权,作为一种复合型的财产权,包含表决、收益等权能,典型的股权转让行为,是具有完整权能的股权转让。股权部分权能的转让,如表决权信托、股权收益权转让等,并非严格意义上的股权转让。对于这些权能的转让,需要探求交易双方真实的意思表示,根据具体案情判断交易的性质。

第二,以股权收益权等为基础的资产收益权交易,尽管已在金融领域大量运用,但大部分资产收益权在法律上并无明确的规范性依据,其合法性一直饱受争议。最高人民法院民事审判第二庭编著的《最高人民法院公司法司法解释(四)理解与适用》一书中,认为利润分配请求权能否单独转让,是指利润分配请求权不与股权一并转让。其是否能被允许,要区分具体利润分配请求权与抽象利润分配请求权。公司作出分配利润决议,股东享有的是具体利润分配请求权,该权利产生于作为成员权的抽象利润分配请求权,但已经脱离利润分配请求权独立存在,性质上与普通债权无异,故股东可以在不转让股权的情况下,将公司利润分配决议已经确定分配的利润转让给他人。受让人即使不是公司的股东,亦可以基于公司利润分配决议向公司主张分配利润。因此,请求公司分配利润诉讼的原告,虽通常是股东,但亦可能是从享有具体利润分配请求权的股东受让具体利润分配请求权的主体。此时,该原告除了要提交载明具体分配方案的股东会决议,亦需要提交其从有权分配利润股东处受让利润分配请求权的证据材料。公司未作出利润分配的决议,股东享有的是抽象的利润分配请求权,该抽象利润分配请求权属于股东成员资格的重要内容,能否单独进行转让,有待进一步研究。① 在本案中,一审法院认定两份协议合法、有效,这间接认可了股权收益权可以转让,但不属于股权转让,不能据此诉请股权变更登记。

---

① 参见最高人民法院民事审判第二庭编著:《最高人民法院公司法司法解释(四)理解与适用》,人民法院出版社 2017 年版,第 284—285 页。

(三)股权变动

1.股权转让合同生效与股权变动生效的区分

任何法律交易都需要经过订立合同与合同履行两个阶段,而且都是由民事法律行为推动的。股权转让合同作为一种民事法律行为,同样如此。借鉴民法理论上的区分原则,关于股权转让合同生效与股权变动生效的区分,可以得出如下结论:

第一,股权转让合同必须在合同履行之前生效,借助于合同债权的约束力保障股权转让合同的履行。第二,股权转让合同生效发生债权,不能把这一债权作为股权变动的充分根据,更不能把股权变动作为股权转让合同生效的根据。第三,物权变动以公示原则(不动产登记和动产交付)作为生效要件,对于股权变动同样适用。但股权的财产及社员权属性,其公示形式(有限责任公司及发行记名股票的股份有限公司记载于股东名册;发行无记名股票的股份有限公司采用交付)具有一定的特殊性。但是,非依民事法律行为而发生的股权变动,比如依据法院裁定或者事实行为的股权变动不在此列。

2.有限责任公司股权变动

以交易方式变动有限责任公司股权的,有限责任公司股权转让合同,除法律另有规定或合同另有约定外,自合同成立时生效;未将受让人记载于股东名册或者未向登记机关办理变更登记的,不影响股权转让合同本身的效力。有限责任公司股东名册记载在效力上属于股权登记及股权变动的生效要件,因此,有限责任公司股权变动生效的时点以受让人记载于股东名册为准;公司登记机关登记是以公司股东名册登记为基础和根据,具有向社会不特定多数人公示的作用,因此,股权变动未经公司登记机关变更登记的不得对抗善意第三人。实践中,在不存在规范的股东名册的情况下,有关的公司文件,如公司章程、会议纪要等,只要能够证明公司认可受让人为新股东的,都可以认为产生股东名册变更,股权变动已经完成。

3.股份有限公司股份变动

(1)记名股票与非记名股票权属的变动

上述"股权转让合同生效与股权变动生效的区分"依然适用于股份有限公司的股份交易,但股份变动的生效要件尚存争议。本书认为,股份有限公司股份变动,应依据是否发行记名股票而有所区别:

第一,记名股票的变动。《公司法》第139条第1款规定:"记名股票,由股东以背书方式或者法律、行政法规规定的其他方式转让;转让后由公司将受让人的姓名或者名称及住所记载于股东名册。"由于股份有限公司发行的记名股票应该记载于股东名册,因此,记名股票的变动可以参照适用有限责任公司股权变动的规则,即股份有限公司股份变动生效的时点以股东名册为准。第二,无记名股票的变动。《公司法》第 140 条规定:"无记名股票的转让,由股东将该股票交付给受让人后即发生转让的效力。"由此可见,无记名股票的变动适用物权法中动产交付的规则。

(2)关于股份转让登记的性质

根据《市场主体登记管理条例》第 8 条第 2 款的规定,股份有限公司发起人属于登记事项,但股份有限公司股份转让不属于登记事项,因此,不需要进行变更登记。实践中,依据股份有限公司的不同类型,不同的登记机构事实上依然行使着登记职能,但需要明确的是这些登记行为并非"创设权利"或"认定股份发生变动"的依据。在我国现行的法律体系下,根据股东人数是否超过 200 人,以及股份是否公开发行和转让,可将股份有限公司分为上市公司、非上市公众公司及非上市非公众股份有限公司。上市公司是指股票在证券交易所上市交易的股份有限公司。上市公司的股东人数可以超过 200 人,股份可以公开发行和公开转让。非上市公众公司是指根据《非上市公众公司监督管理办法》第 2 条的规定,有下列情形之一且其股票未在证券交易所上市交易的股份有限公司:①股票向特定对象发行或者转让导致股东累计超过 200 人;②股票公开转让。非上市公众公司中,包括了通常所称的"新三板挂牌公司"、两网及退市公司以及其他类型的非上市公众公司。非上市非公众股份公司是指除上市公司和非上市公众公司之外的其他股份有限公司。此类公司股东人数不得超过 200 人,股份不得公开发行及公开转让。

第一,上市公司股份变更登记。上市公司的股份转让在上海证券交易所以及深圳证券交易所进行。股份转让涉及的变更登记由中国证券登记结算有限责任公司负责办理。

第二,新三板挂牌公司股份变更登记。根据《全国中小企业股份转让系统有限责任公司管理暂行办法》第 2 条、第 14 条的规定,新三板挂牌公司的股份转让在全国中小企业股份转让系统进行,股份转让涉及的变更登记由中国证券登记结算有限责任公司负责办理。

第二,非上市非公众公司股份变更登记。目前,对于非上市非公众公司的股份转让及变更登记的规定较为混乱,并且相关规定与实务存在脱节之处。首先,事实上并不存在《公司法》第 138 条提及的国务院对于上述股份公司股份转让方式的其他规定。其次,在地方股权交易中心办理了股份托管的股份有限公司,其股份在交易中心转让,登记也由交易中心办理。但各地的规范性文件内容以及实操方式存在较大差异。此外,大多数地方股权交易中心的交易并不活跃。最后,实务中,大量的非上市非公众公司并未在地方股权交易中心办理股份托管。事实上也并不存在针对此类股份转让的专门监管部门和交易场所,也并无专门机关对此类股份转让涉及的变更事宜进行登记。司法实践中,各级法院通常也不会因非上市非公众公司的股份转让未在特定场所进行而认为股份转让协议无效,理由在于法院倾向于认为《公司法》第138条不属于禁止性、效力性规范,不影响对股权转让合同效力的认定,并且实践中对未上市股份有限公司股权交易方式尚未有明确、统一的操作规程。

(四)股权转让纠纷的法律适用

股权转让纠纷通常是由股权转让合同的签订、履行、终止等所产生的纠纷。从其财产权利的属性方面来看,股权与其他财产的交易在法律适用上并无区别,同样应该适用《民法典》总则编、物权编及合同编的相关规定。同时,公司具有团体性质,股权又是一种社员权利,股权转让会涉及股东、高管、债权人等不同主体的利益,因此,《公司法》《证券法》《企业国有资产管理法》《外商投资法》等法律、法规也适用于股权转让纠纷。《公司法》《证券法》《企业国有资产管理法》《外商投资法》等法律、法规相对于《民法典》总则编、物权编及合同编而言,前者属于特别规定,后者属于一般规定。按照特别法优先一般法适用的原则,《公司法》《证券法》《企业国有资产法》《外商投资法》等法律、法规对股权转让合同有规定的,应当优先适用这些规定。

【案例进阶19】分期付款买卖合同解除制度能否适用于分期付款股权转让合同?

案例名称: 汤长龙诉周士海股权转让纠纷案

案例来源: 最高人民法院指导案例67号,(2015)民申字第2532号民事裁定书

裁判要旨:

有限责任公司的股权分期支付转让款中发生股权受让人延迟或者拒付等违约情形,股权转让人要求解除双方签订的股权转让合同的,不适用《合同法》第167条(现《民法典》第634条)关于分期付款买卖中出卖人在买受人未支付到期价款的金额达到合同全部价款的五分之一时即可解除合同的规定。

基本案情:

被申请人汤长龙与再审申请人周士海于2013年4月3日签订《股权转让协

议》及《股权转让资金分期付款协议》。双方约定:周士海将其持有的青岛变压器集团成都双星电器有限公司6.35%股权转让给汤长龙。股权合计710万元,分四期付清,即2013年4月3日付150万元、2013年8月2日付150万元、2013年12月2日付200万元、2014年4月2日付210万元。此协议双方签字生效,永不反悔。

协议签订后,汤长龙于2013年4月3日依约向周士海支付第一期股权转让款150万元。因汤长龙逾期未支付约定的第二期股权转让款,周士海于2013年10月11日,以公证方式向汤长龙送达了《关于解除协议的通知》,以汤长龙根本违约为由,提出解除双方签订的《股权转让资金分期付款协议》。次日,汤长龙即向周士海转账支付了第二期150万元股权转让款,并按照约定的时间和数额履行了后续第三、四期股权转让款的支付义务。周士海以其已经解除合同为由,如数退回汤长龙支付的4笔股权转让款。买受人汤长龙遂向人民法院提起诉讼,要求确认出卖人周士海发出的解除协议通知无效,并责令其继续履行合同。

另查明,2013年11月7日,青岛变压器集团成都双星电器有限公司的变更(备案)登记中,周士海所持有的6.35%股权已经变更登记至汤长龙名下。

法律关系图:

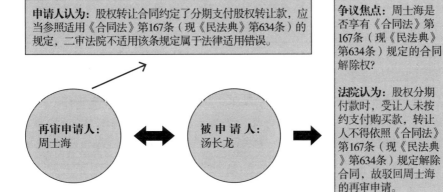

裁判过程及理由:

最高人民法院认为,本案争议的焦点问题:周士海是否享有《合同法》第167条规定的合同解除权。

第一,分期付款买卖行为一般是以消费为目的,本案股权转让分期付款合同非为消费目的与一般的分期付款买卖合同有较大区别。依据《合同法》第167条第1款及相关司法解释的规定,分期付款买卖的主要特征为:

一是买受人向出卖人支付总价款分三次以上，出卖人交付标的物之后买受人分两次以上向出卖人支付价款；二是多发、常见在经营者和消费者之间，一般是买受人作为消费者为满足生活消费而发生的交易；三是出卖人向买受人授予了一定信用，而作为授信人的出卖人在价款回收上存在一定风险，为保障出卖人剩余价款的回收，出卖人在一定条件下可以行使解除合同的权利。

本案系有限责任公司股东将股权转让给公司股东之外的其他人。尽管案涉股权的转让形式也是分期付款，但由于本案买卖的标的物是股权，因此具有与以消费为目的的一般买卖不同的特点：一是汤长龙受让股权是为参与公司经营管理并获取经济利益，并非满足生活消费；二是周士海作为有限责任公司的股权出让人，基于其所持股权一直存在于目标公司中的特点，其因分期回收股权转让款而承担的风险，与一般以消费为目的分期付款买卖中出卖人收回价款的风险并不同等；三是双方解除股权转让合同，也不存在向受让人要求支付标的物使用费的情况。综上特点，股权转让分期付款合同，与一般以消费为目的分期付款买卖合同有较大区别。对案涉《股权转让资金分期付款协议》不宜简单适用《合同法》第167条规定的合同解除权。

第二，双方订立《股权转让资金分期付款协议》的合同目的能够实现。汤长龙和周士海订立《股权转让资金分期付款协议》的目的是转让周士海所持青岛变压器集团成都双星电器有限公司6.35%股权给汤长龙。根据汤长龙履行股权转让款的情况，除第二笔股权转让款150万元逾期支付2个月，其余3笔股权转让款均按约支付，周士海认为汤长龙逾期付款构成违约要求解除合同，退回了汤长龙所付710万元，不影响汤长龙按约支付剩余3笔股权转让款的事实的成立，且本案一、二审审理过程中，汤长龙明确表示愿意履行付款义务。因此，周士海签订案涉《股权转让资金分期付款协议》的合同目的能够得以实现。另查明，2013年11月7日，青岛变压器集团成都双星电器有限公司的变更（备案）登记中，周士海所持有的6.35%股权已经变更登记至汤长龙名下。

第三，从诚实信用的角度出发，周士海应当信守承诺。《合同法》第60条（现《民法典》第509条第1款、第2款）规定："当事人应当按照约定全面履行自己的义务。当事人应当遵循诚实信用原则，根据合同的性质、目的和交易习惯履行通知、协助、保密等义务。"鉴于双方在股权转让合同上明确约定"此协议一式两份，双方签字生效，永不反悔"，因此周士海即使依据原《合同法》第167条的规定，也应当首先选择要求汤长龙支付全部价款，而不是解除合同。

第四，从维护交易安全的角度，不应解除股权买卖合同。一项有限责任公司的股权交易，关涉诸多方面，如其他股东对受让人汤长龙的接受和信任（过半数同意股权转让），记载到股东名册和在工商部门登记股权，社会成本和影响已经倾注其中。本案中，汤长龙受让股权后已实际参与公司经营管理、股权也已过户登记到其名下，如果不是汤长龙有根本违约行为，动辄撤销合同可能对公司经营管理的稳定产生不利影响。

综上，法院驳回再审申请人周士海要求解除股权买卖协议的请求。

实务要点：

本案是最高人民法院发布的指导性案例，该案例确立了分期付款的股权转让合同引起的解除权纠纷，不能适用原《合同法》第167条（现《民法典》第634条）的相关规定。该指导案例颁布后，理论界和实务界仍然存在不少争议。通过阅读本案，可以发现：

第一，《最高人民法院关于审理买卖合同纠纷案件适用法律问题的解释》第32条第1款的规定："法律或者行政法规对债权转让、股权转让等权利转让合同有规定的，依照其规定；没有规定的，人民法院可以根据民法典第四百六十七条和第六百四十六条的规定，参照适用买卖合同的有关规定。"由此可见，对于股权转让问题，当《公司法》等法律、法规没有规定时，应该参照适用买卖合同的有关规定。但需注意的是，依据本案的裁判规则，股权转让分期付款合同具有一定的特殊性，与以消费为目的分期付款的买卖合同不同，因此，不能适用《合同法》第167条（现《民法典》第634条）规定的特定合同解除权。

第二，在分期付款的股权转让合同不能适用《合同法》第167条（现《民法典》第634条）规定的法定解除时，可考虑在股权转让合同中就款项支付问题约定解除合同的条件，比如对每期股权转让款的支付方式、支付顺序、支付时间、催告程序、送达条款、迟延支付的法律后果等进行详细约定。

二、瑕疵出资股权转让

（一）瑕疵出资股权转让合同的效力

出资瑕疵股东转让股权合同的效力，即虚假出资、出资不足或者抽逃出资的股东与他人签订的股权转让合同的效力。认定出资瑕疵股东转让股权合同的效力时，应当根据受让人的意思表示是否真实来处理，即转让人对受让人是否构成欺诈来确定股权转让合同的效力。

第一，如果转让人与受让人签订股权转让合同时，转让人隐瞒出资瑕疵的事实,受让人并不知道出资瑕疵的事实,并因此而受让股权,则受让人有权以欺诈为由请求撤销股权转让合同;如果受让人考虑到公司经营前景较好,不愿撤销股权转让合同,则应当确认股权转让合同效力。此外,需注意的是,受让人需要在《民法典》第152条规定的期限内行使撤销权,即撤销权没有因除斥期间经过而消灭。

第二,转让人与受让人签订股权转让合同时,将出资瑕疵的事实告知受让人,或者受让人知道或者应当知道出资瑕疵的事实,仍然受让股权的,不再适用《民法典》第148条的规定,股权转让合同有效,不能撤销。

(二)瑕疵出资股权转让后出资责任承担

1. 转让人与受让人出资责任的分配

第一,有限责任公司的股东未履行或者未全面履行出资义务即转让股权,转让股东的出资义务不得因股权转让而解除,公司仍有权请求转让股东履行出资义务。由于受让人在受让股权时应当查证该股权所对应的出资义务是否履行,具有较公司其他股东更高的注意义务,在受让人明知转让股东未尽出资义务仍受让股权时,其更应对转让股东未尽的出资义务承担连带责任。因此,公司向法院起诉请求转让股东履行出资义务时,可以同时请求知道或者应当知道转让股东未尽出资义务的受让人承担连带责任。

第二,当有限责任公司的股东未履行或者未全面履行出资义务即转让股权,受让人对此知道或者应当知道时,公司债权人有权请求转让股东在未出资本息范围内对公司债务不能清偿的部分承担补充赔偿责任、受让人承担连带责任。此外,需注意以下两点:①公司债权人享有诉权的条件是因股东未履行或者未全面履行出资义务侵害了公司债权人的债权,即公司不能清偿公司债务;②公司债权人请求赔偿的金额以股东未出资本息范围为限。

第三,依据连带责任内部追偿原理,受让人对公司或债权人承担责任后,可以向未履行或者未全面履行出资义务的股东追偿。但是,受让人与转让股东之间关于出资义务的承担另有约定的,从其约定。

2. 转让人出资瑕疵担保责任

因转让人出资义务未履行造成股权瑕疵,使得受让人因而遭受损害时,转让人应承担的责任,属于权利瑕疵担保责任而非物之瑕疵担保责任。股权权利瑕疵使得受让人受让的权利之上存在负担或者限制之瑕疵,但不存在股权履行不能或部分履行不能的问题,因此,受让人不能基于出资不到位的股权瑕疵请求解除合同,但可以在满足瑕疵责任要件的情况下对于转让人主张损害赔偿。

【案例进阶 20】目标公司不能取得危险化学品经营许可证，受让人能否解除股权转让合同？

案例名称：黄洁非、毕正文诉尹文民等股权转让纠纷案

案例来源：安徽省高级人民法院（2015）皖民二终字第 01074 号民事判决书

裁判要旨：

目标公司不能取得危险化学品经营许可证，属于转让标的物的重大瑕疵，在转让人未履行告知义务的情况下，该违约行为直接导致受让人通过股权转让取得公司合法经营权的目的不能实现，受让人可以诉请解除股权转让合同。

基本案情：

2012 年 3 月 20 日，蒙城县绿源农副产品再生资源有限公司与蒙城县双涧镇人民政府签署《工业项目合同书》，约定在蒙城县双涧镇工业功能区投资建设该项目，项目用地 70 亩，固定资产投资不低于 4500 万元。2012 年 5 月 7 日，蒙城县绿源农副产品再生资源有限公司在蒙城县工商行政管理局进行公司核准设立登记，公司注册资本 1000 万元，上诉人（原审被告）尹文民、单为民、黄伟拥有公司股份分别为 51%、23%、26%。

2014 年 12 月 8 日，尹文民、单为民、黄伟与被上诉人（原审原告）黄洁非、毕正文签订《蒙城县绿源农副产品再生资源科技有限公司股份及资产整体转让协议书》（以下简称《公司股份及资产整体转让协议书》），约定：尹文民、单为民、黄伟将其在蒙城县绿源农副产品再生资源科技有限公司的股权整体转让给黄洁非、毕正文，转让价格为 1000 万元，黄洁非、毕正文于协议书签订之日起先期支付 300 万元定金至蒙城县双涧镇人民政府指定账户，定金到达之日起 3 日内完成资产交接及工商变更手续，余款 700 万元在双方办理完交接手续后 120 日内付清。协议签订后，2014 年 11 月 26 日、12 月 9 日，黄洁非、毕正文共支付 300 万元至蒙城县双涧镇人民政府指定账户。2014 年 12 月 8 日，双方办理了股权变更登记手续，黄洁非担任公司法定代表人。

黄洁非、毕正文接手该公司后，发现因糠醛生产项目不在政府规划的化工园区或化工集中区内，且未全面履行安全生产"三同时"手续，于 2013 年 6 月 9 日、8 月 6 日两次被蒙城县安全生产监督管理局通知停止建设，使公司无法正常生产和经营。尹文民、单为民、黄伟故意隐瞒上述事实，导致股权转让合同目的无法实现。黄洁非、毕正文遂于 2015 年 2 月 4 日诉至一审法院，请求判令：解除涉案《公司股份及资产整体转让协议书》，尹文民、单为民、黄伟返还其定金 300 万元。

法律关系图：

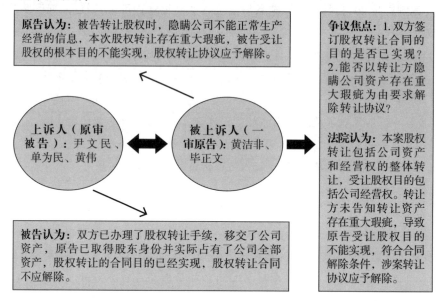

裁判过程及理由：

一审法院认为，本案的争议焦点为：1.双方当事人签订股权转让合同的目的是否已实现？2.能否以转让方隐瞒公司资产存在重大瑕疵为由要求解除案涉《公司股份及资产整体转让协议书》？

双方签署《公司股份及资产整体转让协议书》，目的是通过收购该公司的股权，进而控制公司的生产经营，而蒙城县安全生产监督管理局两次通知该公司停止糠醛生产项目建设，项目停止建设的原因是糠醛生产项目不在政府规划的化工园区或化工集中区内。对于该影响公司生产经营的重大事件，尹文民、单为民、黄伟没有提供证据证明在签署股权转让协议前已经告知了黄洁非、毕正文。尹文民、单为民、黄伟的行为没有遵循先合同义务，违反了《合同法》第6条(现《民法典》第7条)规定的诚实信用原则，根据《合同法》第94条(现《民法典》第563条)之规定，案涉《公司股份及资产整体转让协议书》应予解除。据此，一审法院判决：1.解除黄洁非、毕正文与尹文民、单为民、黄伟于2014年12月8日签署的《公司股份及资产整体转让协议书》。2.尹文民、单为民、黄伟于判决生效之日起10日内返还黄洁非、毕正文定金300万元。

尹文民、单为民、黄伟不服一审判决，提起上诉。

二审法院认为，蒙城县绿源农副产品再生资源科技有限公司主要生产经营的项目是年产5000吨糠醛。糠醛物理性质危险标记为"易燃液体"，被列入国家《危险化学品目录》。根据国务院《危险化学品安全生产条例》的规定，国家对危险化学品经营实施许可制度，经营危险化学品的企业应当取得危险化学品经营许可证，未取得经营许可证，任何单位和个人不得经营危险化学品。

案涉合同虽名为股权转让协议，但实为公司资产和经营权的整体转让，转让的标的物包括蒙城县绿源农副产品再生资源科技有限公司的全部资产和经营权，受让人签署股权转让合同的目的不但体现在其成为公司股东，而且还体现在取得公司资产所有权和合法经营公司的经营权。因转让标的物经营权中糠醛生产经营属于危险化学品经营项目，所以根据国家相关产业政策，必须先取得危险化学品经营许可证。

本案中，双方签订股权转让协议时，案涉糠醛生产在建项目没有取得危险化学品经营许可证，之前已被蒙城县安全生产监督管理局两次下发文件通知停建，且因该项目不在蒙城县人民政府规划的化工园区或化工集中区内，选址不符合国家安全生产监督管理局《危险化学品经营许可证管理办法》规定的"应当符合当地县级以上（含县级）人民政府的规划和布局，新设立的企业应建在地方人民政府规划的专门用于危险化学品生产、储存的区域内"的规定，属于亳州市重点督办整治的非法建设项目。二审中，蒙城县安全生产监督管理局书面回复安徽省高级人民法院案涉糠醛生产项目因选址问题不可能颁发安全生产许可证。该影响公司生产经营的重大事项，属于转让标的物的重大瑕疵，当事人在签订转让协议时应当根据合同的性质、目的和交易习惯，履行明确的告知义务，而转让人尹文民、单为民、黄伟无证据证明其向受让人黄洁非、毕正文履行了告知义务，该违约行为直接导致受让人通过股权转让取得公司合法经营权的目的不能实现，黄洁非、毕正文诉请解除案涉合同符合《合同法》第94条第1款第4项（现《民法典》第563条第4项）规定的解除条件。据此，二审法院判决：驳回上诉，维持原判。

实务要点：

在本案中，目标公司所从事的项目，因不符合政府规划，不能取得危险化学品经营许可证，即在公司资产存在重大瑕疵的情况下，受让方能否以不能实现合同目的为由解除股权转让合同。通过阅读本案，可以发现：

第一，瑕疵担保责任，是《民法典》"买卖合同"一章中规定的法定责任，存在物之瑕疵担保与权利瑕疵担保两种情形。前者指出卖人应担保标的物本身不存在足以减少物的使用价值、交换价值或不符合合同约定效用的瑕疵；后者则指出卖人就交付标的物，应担保第三人不得向买受人主张任何权利。对于股权转让和有体物买卖一样存在权利瑕疵担保，并无争议。但对于权利转让能否和有体物买卖一样适用物之瑕疵担保，却争议不断。对此，本书赞同《最高人民法院关于买卖合同司法解释理解与适用》

一书中的观点:公司财产决定股权的实际价值,公司财产的真实存在是股权价值得以实现的保证,如果股权转让所对应的公司财产并不真实存在,受让人即使取得股权也没有任何意义,股权不具有真正的价值,此时应认为转让的股权存在瑕疵,该瑕疵并不是权利担保中"第三人主张权利",而是股权交换价值的减少,故也应属于物的瑕疵担保责任的内容。① 在本案中,目标公司不能取得危险化学品经营许可证,严重影响目标公司的生产经营,转让方应承担物的瑕疵担保责任。

第二,主张瑕疵担保责任最为关键的要点是瑕疵的认定,这需要结合合同的约定、资产瑕疵是否对股权转让合同构成实质影响、受让人是否履行了必要注意义务等进行综合认定。为避免产生纠纷,建议在收购前重视收购前的尽职调查。同时,在股权转让合同中,明确合同的目的,重视"鉴于"条款;细化转让价格的构成及"陈述与保证"条款。

三、股权转让的限制与审批

(一) 股权转让的限制

为了保持公司的人合性或保护公司投资者、债权人的利益,公司往往对股权转让进行限制。这类限制可以从两个方面进行分析,即《公司法》中股份有限公司股份转让的限制与公司章程中规定的限制。

1.《公司法》中股份有限公司股份转让的限制

通常情况下,针对股份有限公司,不论是公开发行还是非公开发行的股份,都应当允许股东通过转让股份变现。但是,为了加强信息披露、规范关联人员行为、保护投资者的合法权益,在特定情形下也有必要对其转让作出一定限制。《公司法》第 141 条、第 142 条对股份有限公司股份转让作出如下限制性规定:

第一,发起人持有的本公司股份,自公司成立之日起 1 年内不得转让。第二,公司股票在证券交易所上市交易的,公开发行股份前的股份自上市交易之日起 1 年内不得转让。第三,公司董事、监事、高级管理人员持有的本公司的股份,在其任职期间每年转让的股份不得超过其所持有本公司股份总数的 25%;公司股票在证券交易所上市交易的,自上市交易之日起 1 年内不得转让;上述人员离职后半年内,不得转让其所持有的本公司股份;公司章程可以对公司董事、监事、高级管理人员转让其所持有的本公司

---

① 参见最高人民法院民事审判第二庭编著:《最高人民法院关于买卖合同司法解释理解与适用》,人民法院出版社 2016 年版,第 668—669 页。

股份作出其他限制性规定。第四,除法定情形外,公司不得收购本公司的股份。其他法律对股份有限公司的股份转让作出限制规定的,也应依照执行。

此外,需注意的是,在张桂平诉王华股权转让合同纠纷案中,最高人民法院认为,《公司法》关于"发起人持有的本公司股份,自公司成立之日起3年内不得转让"的规定,旨在防范发起人利用公司设立谋取不当利益,并通过转让股份逃避发起人可能承担的法律责任。股份有限公司的发起人在公司成立后3年内,与他人签订股权转让协议,约定待公司成立3年后为受让方办理股权过户手续,并在协议中约定将股权委托受让方行使的,该股权转让合同不违反《公司法》(1999年)第147条第1款的规定。协议双方在公司法所规定的发起人股份禁售期内,将股权委托给未来的股权受让方行使,也并不违反法律的强制性规定,且在双方正式办理股权登记过户前,上述行为并不能免除转让股份的发起人的法律责任,也不能免除其股东责任,因此,股权转让合同合法有效。① 现行《公司法》已将限制发起人转让股份的期限缩短为1年,但并未取消禁售期,因此,本案仍对司法实践具有指导意义。

2. 有限责任公司章程中规定的限制

《公司法》第71条对有限责任公司的股权转让进行了规定,同时规定了"公司章程对股权转让另有规定的,从其规定",这充分体现了有限责任公司的人合性。针对有限责任公司股权转让,公司章程对股权转让的特殊规定可以是在程序上作更加简洁的规定,甚至是取消同意程序或优先购买程序的规定,同时,公司章程还可以对转让的实质条件作出更加苛刻的规定。在司法实践中,如果公司章程规定禁止或者变相禁止股权转让的条款,因为这样的规定违反了财产可自由转让的原则,一般会被认定为无效条款。同时,因公司章程并非法律、法规性质的"强制性规定",因此,违反公司章程并不必然导致股权转让合同无效。虽然合同效力不会因此受影响,但由于可能不会得到其他股东和公司的认可,如无法记载于股东名册,这可能最终导致股权无法变动,影响合同目的实现,这涉及股权转让合同解除问题,与股权转让合同的效力无涉。

【案例进阶21】非上市股份公司章程能否限制股东转让股份?

案例名称: 上药控股上饶公司、上海医药公司与喻德怀、爱心大药房、胡瑛、信丰投资公司股东资格确认纠纷案

案例来源: 江西省上饶市中级人民法院(2017)赣11民终1330号民事判决书

---

① 参见最高人民法院办公厅主办:《中华人民共和国最高人民法院公报》2007年第5期。

裁判要旨：

由于股份有限公司属于资合性公司,股份流通性是其生命,股份转让的自由度不仅直接影响公司自身利益和公司内部中小股东的利益,更涉及公司外部第三人利益。因此,不能通过公司章程变更《公司法》对股份有限公司股权转让所作的规定。否则,将构成对股份有限公司股份转让的变相禁止。从而不符合股份有限公司的资合性特征和立法精神。

基本案情：

上诉人(一审被告)上药控股上饶公司原名江西上饶医药股份有限公司,江西上饶医药股份有限公司于2007年变更登记设立。2007年,江西上饶医药股份有限公司变更登记设立制定的《江西上饶医药股份有限公司章程》规定：增加股份和股份转让,须经出席会议的会议股东所持表决权的三分之二以上通过。2016年5月12日,江西上饶医药股份有限公司更名为上药控股上饶公司,企业类型为其他股份有限公司(非上市)。

2008年至2016年期间,被上诉人(一审原告)喻德怀以被上诉人(一审被告)爱心大药房名义,通过竞拍或转让取得上药控股上饶公司9.5%的股份。后因上药控股上饶公司及其他股东就增资问题未能达成一致。喻德怀遂向一审法院起诉请求：1.判定爱心大药房持有的上药控股上饶公司16.5%的股份中9.5%为原告所有；2.被告爱心大药房、上药控股上饶公司立即配合原告办理股份变更登记手续。

法律关系图：

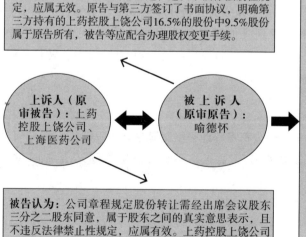

裁判过程及理由：

经审理后，一审法院支持了喻德怀的诉讼请求，上药控股上饶公司及大股东上海医药公司不服，提起上诉。

二审法院认为，本案的主要争议焦点为：1.2007年的《江西上饶医药股份有限公司章程》规定股份转让须经出席会议的股东所持表决权的三分之二以上通过的限制性规定是否有效？2.被上诉人喻德怀要求将股份变更在自己名下，是否应适用《公司法司法解释（三）》第24条第3款规定，即是否须经上诉人上药控股上饶公司其他股东半数以上同意？3.本案是否必须以原审法院正在审理的被上诉人胡瑛所提起的股权确认之诉的审理结果为依据从而中止审理？

对于焦点一，我国《公司法》对有限责任公司的股权转让和股份有限公司的股份转让作了不同的规定，我国《公司法》第71条对有限责任公司的股权转让作了须经其他股东过半数同意的限制性规定，并规定公司章程对股权转让另有规定的从其规定，即有限责任公司章程可以约定对股权转让的限制。而我国《公司法》第137条规定了股东持有的股份可以依法转让，仅在第141条就公司发起人及董事、监事、高级管理人员所持本公司股份的转让作了法定限制，并规定公司章程可以对公司董事、监事、高级管理人员转让其所有的本公司股份作出其他限制性规定。我国《公司法》对股份有限公司的股份转让规定"股东持有的股份可以依法转让"。在现有的立法框架下该条规定应理解两层含义：一是股份转让必须依法进行；二是只要依法进行，股份就可以转让。我国《公司法》就股份有限公司的股份转让，除了对公司董事、监事、高级管理人员转让股份作了限制性规定，并规定公司章程可以对公司董事、监事、高级管理人员转让股份作出其他限制性规定，没有作其他限制性规定和允许公司章程对股份转让作其他限制性规定。因此，上药控股上饶公司作为非上市股份有限公司，其2007年的《江西上饶医药股份有限公司章程》规定股份转让须经出席会议的股东所持表决权的三分之二以上通过的限制性规定与我国《公司法》的规定相违背，原审法院认定其无效正确，上药控股上饶公司、上海医药公司认为其有效的上诉理由均不能成立（对于焦点二、三的认定省略）。据此，二审法院判决：驳回上诉，维持原判。

实务要点：

本案涉及非上市股份有限公司章程对股份转让的限制是否有效。对此问题，理论与实务界均存在不同的观点。本案中，法院认为限制非上市股份有限公司股份转让的公司章程条款无效。通过阅读本案，可以发现：

第一，为实现社会财富最大化，非上市股份有限公司的股份应具有充分流动性,因此,限制非上市股份有限公司股份转让的章程条款应认定为无效。同时,这也符合股份有限公司的资合性特征和立法精神。

第二,为避免因非上市股份有限公司章程限制股份转让引发的纠纷:首先,在收购非上市股份有限公司股份前,应仔细核查公司章程是否有此类限制;其次,如果没有办法取消此类限制条款,应让转让方取得股东会同意的决议或者在股份转让合同中约定,转让方应协助股东会出具决议,否则,受让方有权解除合同;最后,在股份转让合同签订后,应及时获得股东会同意转让的决议并变更公司章程。

(二)股权转让的审批

关于股权转让中的审批问题,可以从两个层面进行分析:法律、法规明确规定股权转让需要经过审批才生效的情形,如国有企业及外商投资企业的股权转让;双方约定以上级部门批准作为股权转让合同生效条件。

1. 法律、法规明确规定股权转让需要经过审批才生效的情形

为了维护公共利益,涉及国有企业、外商投资企业、金融机构、期货公司等的股权转让往往需经过审批才能生效。但随着简政放权及负面清单制度的逐步推进,需要经过审批的股权转让合同数量已呈现下降趋势。这里重点分析国有企业股权转让审批问题及外商投资企业股权转让审批问题。

第一,国有企业股权转让审批问题。本书认为,就国有企业股权转让而言,法律、法规明确规定应当办理审批手续而未办理批准手续的,应当认定合同未生效,而非无效。法律、行政法规关于国有企业股权转让应当办理审批手续的规定,主要体现在《企业国有资产法》第53条及《企业国有资产监督管理暂行条例》第23条、第24条的规定,但上述法律及行政法规只是原则性规定,没有具体规定何种类型的国有企业股权转让需要办理审批手续,但是授权了国务院国资委另行制订管理办法,并报国务院审批。而国务院国资委制订的管理办法属于部门规章,并非法律、法规的范畴,因此,违反此类管理办法中需要办理审批手续而未办理审批手续的国有企业股权转让合同,是否应该认定为未生效,实践中仍存在争议。

第二,外商投资企业股权转让审批问题。在2016年10月8日之前,我国实行外商投资审批制度,对于外商投资企业股东转让股权的,应当依法办理审批手续才能生效,未经审批的股权转让合同为已成立但未生效合同。从2016年10月8日起,依据商务部《外商投资企业设立及变更备案管理暂行办法》(已被修正)相关规定,外商投资企业采用负面清单管理制度,对于不在负面清单内的企业,依法已经不需要对于股权转让进行行政审批,合同自约定生效之日起生效。

此外,需要注意的是,依据《民法典》第 502 条第 1 款、第 2 款的规定:"依照法律、行政法规的规定,合同应当办理批准等手续的,依照其规定。未办理批准等手续影响合同生效的,不影响合同中履行报批等义务条款以及相关条款的效力。应当办理申请批准等手续的当事人未履行义务的,对方可以请求其承担违反该义务的责任。"由此,如果股权转让合同依据法律、法规需要经审批才生效的,负有报批义务的一方应及时履行报批义务,否则,有可能违反报批义务而承担相应的违约责任。

2. 双方约定以上级部门批准作为股权转让合同生效条件的情形

除了法律、法规明确规定股权转让需要经过审批才生效的情况外,转让双方也可能约定股权转让合同需要经过上级部门批准才生效,比如经过母公司批准。这类股权转让合同属于附生效条件的合同,如果约定的审批机构不存在或超越审批机构职权的;或者当事人为自己的利益不正当地阻止条件成就的,股权转让合同应认定为已生效。

四、股权转让中的附随义务与披露义务

(一) 股权转让中的附随义务

1. 附随义务的特征

《民法典》第 509 条第 1 款、第 2 款规定:"当事人应当按照约定全面履行自己的义务。当事人应当遵循诚信原则,根据合同的性质、目的和交易习惯履行通知、协助、保密等义务。"这种合同当事人依据诚实信用原则,根据合同的性质、目的和交易习惯所承担的作为或不作为的义务,即为合同附随义务。一般而言,附随义务包括注意义务、告知义务、协助义务、保护义务、保密义务等内容。附随义务具有以下特征:

第一,附随义务具有从属性。由于附随义务的存在价值主要是使债权人的利益得到更好的实现,所以,在合同关系中附随义务居于从属地位。第二,附随义务具有不确定性。一般而言,合同义务分为法定义务和约定义务两种,而且这些义务在合同成立之初就已经被确定。但是,附随义务具有一定的特殊性,它并非自始确定,而是随着合同关系的进行,视具体情况要求当事人遵守一定的义务,以维护对方当事人的利益。换言之,附随义务不受合同种类和性质的限制,即无论任何类型的合同均可发生附随义务。此外,附随义务也不受合同是否有效存在的制约,在签约前、签约中和履约后的所有阶段都可能发生。第三,附随义务具有法定性。附随义务则是基于诚实信用原则产生的,即使当事人双方在订立合同时没有约定,也不

影响该种义务的存在,而且,此类义务一般情况下当事人也无权排除适用。

2. 股权转让附随义务的范围

无论何种合同类型均可发生附随义务,因此,在股权转让合同中当然也存在附随义务。对于股权转让合同,给付义务即为交付股权和价款的义务,而附随义务即为依据诚实信用原则双方当事人在合同全过程中应负的义务。具体可以包括:

第一,转让人的说明义务,即转让人在将股权转予受让人时,有义务对股权的具体情况、公司的相关情况告知受让人,从而使其能够更好地预测交易风险的义务,其中当然包括对出资情况的相关说明义务;第二,转让人的辅助义务,即在股权转让过程中及股权转让后,转让人须对受让人在一定时期内遇到的与公司股权、公司事务有关的问题给予相关帮助的义务;第三,当事人的相互通知义务,即在股权的转让过程中,如果发生影响对方当事人利益的重大事项,当事人有义务及时、准确地通知受让方知晓。此外,当事人还存在一些其他的附随义务,这需要根据具体的合同内容和诚实信用原则作出进一步判断。

3. 股权转让合同中违反附随义务的法律后果

就股权转让合同而言,出让方附随义务履行与否不影响受让方取得公司股权,亦不影响合同目的的实现,受让方不能据此抗辩股权转让款的支付。一般情况下,也不能据此解除合同,但因违反附随义务给另一方当事人造成损失的,应承担相应的赔偿责任。此外,如果出现出让方不予配合办理股权变更登记等情形,严重影响受让方签订股权转让合同目的实现的,也可以依据具体情况依法解除合同。

(二)股权转让中的披露义务

1. 出让方如实披露义务的基本含义

我国现行法律法规未对股权转让中的信息披露义务进行明确规定,但依据股权转让合同当事人之间的约定或《民法典》第 500 条第 2 项的规定,当事人在订立合同过程中,故意隐瞒与订立合同有关的重要事实或者提供虚假情况,给对方造成损失的,应当承担损害赔偿责任。可见,股权转让合同订立过程中的信息披露义务可能属于合同约定的义务,也可能属于法定的先合同义务。在股权转让合同关系中,股权作为一种具有财产价值的权利,其交易价格主要取决于目标公司的资产及经营状况,故出让方负有披露公司资产负债、实际经营等情况的义务。此外,出让方的信息披露义务与上述附随义务有所不同:第一,二者功能有差异。附随义务的主要作用是辅助合同中约定义务的履行。而披露义务主要作用是确保受让方获知足够的信息,以评估股权的真实价值。第二,二者产生的原因不同。附随义务并非自始确定,而是随着合同关系的履行,依据诚实信用原则的发生。披露义务基于双方当事人的约定,或依据《民法典》第 500 条第 2 项的规定产生,具有确定性。第三,法律后果有差异。违反附随义务一般不构成合同解除的理由,仅能主张损害赔偿。如果出让方违反披露义务可能构成欺诈,受让方可以诉请撤销合同或主张损害赔偿。

2.违反如实披露义务的法律后果

第一,如果出让方违反披露义务,受让方可依据《民法典》第 500 条第 2 项要求出让方承担损害赔偿责任。

第二,如果出让方违反披露义务,严重影响了受让方对股权价值的判断,构成《民法典》第 148 条的欺诈行为,受让方可以在知道或应当知道欺诈行为之日起 1 年内主张撤销股权转让合同。

【案例进阶 22】股权转让中,如何确定受让方的谨慎注意义务?

案例名称: 宜都市农洋工贸有限公司、湖北清能投资发展集团有限公司股权转让纠纷案

案例来源: 最高人民法院(2019)最高法民再 80 号民事判决书

裁判要旨:

股权转让交易中,买受人对目标公司的债务及担保情况负有谨慎注意的义务,应对转让方披露的情况作出审查。转让方已通过资料移交清单等书面方式,将目标公司债务担保情况告知受让方,且受让方接收并知晓的,受让方接受股权后又以转让方隐瞒重大债务为由要求解除转让协议或承担违约赔偿责任的,不予支持。

基本案情:

被申诉人(被告、上诉人)湖北清能投资发展集团有限公司(以下简称"清能投资公司")系清江产业公司股东,持有 75%股份。2011 年 6 月 22 日,申诉人(原告、被上诉人)宜都市农洋工贸有限公司(以下简称"农洋工贸公司")与清能投资公司签订《产权交易合同》,清能投资公司将 75%股权转让给农洋工贸公司。随后,农洋工贸公司支付了全部股权转让款并办理了股权变更工商登记手续。

2011 年 6 月 28 日,农洋工贸公司与清能投资公司签署了档案移交表。该移交表清单上载明"《关于宏业公司 900 万元贷款的情况说明》(2008 年已解除担保责任)",农洋工贸公司在该表接交人处签字并盖章,表明其已收到档案移交表中列明的材料。

2014 年 12 月,农洋工贸公司拟以清江产业公司资产在湖北宜都农村合作银行

申请抵押贷款,被该行以"清江产业公司对外有担保债务,且因逾期未清偿而被录入征信不良记录系统"为由予以拒绝。清江产业公司曾于2003年为湖北恩施宏业魔芋开发有限责任公司(以下简称"宏业公司")向中国农业银行恩施支行贷款900万元提供连带责任担保,后宏业公司未予清偿前述贷款。清江产业公司因经中国农业银行恩施支行于2006年两次催告仍未履行担保责任,而被列入征信不良记录。按现行税收政策,变更登记清江产业公司固定资产(现值6324029元的房产及土地使用权)将产生过户税费总额1182593.39元。

2015年7月9日,农洋工贸公司以清能投资公司隐瞒重大债务情况为由起诉至法院,要求解除《产权交易合同》,并要求清能投资公司返还农洋工贸公司已支付的股权转让款726.47万元,并支付违约金145.29万元及公司过户税费。

法律关系图:

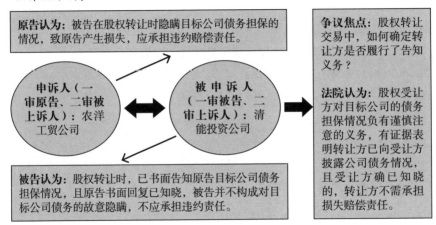

裁判过程及理由:

本案的主要争议焦点为:……清能投资公司在股权转移时是否履行了标的公司债权债务的全面告知义务。

一审法院认为:1. 农洋工贸公司与清能投资公司签订的《产权交易合同》系双方真实意思表示,不违反法律、行政法规的强制性规定,合法有效。2. 清能投资公司提供并作为确定双方股权交易对价依据的《资产评估报告》中并未载明清江产业公司曾为宏业公司提供融资担保并产生不良担保负担的情况,属于合同约定的"隐瞒或遗漏标的企业债务负担"的违约情形,故清能投资公司应承担违约责任。3. 由于诉讼各方均未就"其因涉案担保债务尚在法律规定的担保期内而应继续承担担保责任"提供证据,结合该担保债务于2006年被通知后已经过了9年期间之事实,该不良担保债务不能认定为符合《产权交易合同》约定的"对标的企业可能造成重大不利影响,或可能影响产权交易价格"的情形。因此,农洋工贸公司依照《产权交易合同》载明的"若标的企业在转让股权时的资产、债务等存在重大事项未披露或存在遗漏,对标的企业可能造成重大不利影响,或可能影响产权转让价格的,农洋工贸公司有权解除合同"之约定而行使合同解除权,没有事实依据。4. 农洋工贸公司可以依据《产权交易合同》载明的"不解除合同的,有权要求清能投资公司就有关事项进行补偿,补偿金额相当于上述未披露的资产、债务等事项可能导致的企业的损失数额中转让标的所对应部分"之约定,向清能投资公司主张违约赔偿责任。综上,一审法院判决清能投资公司向农洋工贸公司赔偿损失。

清能投资公司不服一审判决,提起上诉。

二审法院认为,清能投资公司在清江产业公司资产评估过程中及合同签订时并未如实告知标的企业对外不良担保债务的事实,致农洋工贸公司以受让股权方式取得清江产业公司资产后,因清江产业公司被载入不良征信记录而不能以其资产抵押融资,清能投资公司的违约行为客观存在。作为告知义务人的清能投资公司在履行告知义务时将"涉案担保债务因已超过了法律规定的担保期间而可能不需继续承担担保法意义上的义务"(此时该担保债务如本案而可能变为自然债务并因此可能产生征信不良记录之负担)告知为"已解除担保责任"(即排除了如本案发生的征信不良记录之后果发生的可能),属未全面如实履行告知义务的情形。由于清能投资公司未如实告知清江产业公司对外不良担保的债务情况,因清江产业公司被纳入征信不良记录而不能以该资产抵押贷款,该种负面影响超过了农洋工贸公司接受清江产业公司资产时的预期,可视为农洋工贸公司的预期利益损失。故二审法院判决:驳回上诉,维持原判。

清能投资公司不服,向湖北省高级法院申请再审,该院裁定提审本案。

再审法院认为,清能投资公司向光谷产权交易所提交了《审计报告》,同时还委托资产评估公司出具《资产评估报告》。虽然《资产评估报告》未载明清江产业公司对外有担保债务,但在2011年6月28日的移交清单上已列明了涉案担保债务的情况,即在清单上注明"《关于宏业公司900万元贷款的情况说明》(2008年已解除担保责任)",而《审计报告》亦载明"公司为参股企业宏业公司提供900万元信用担保,贷款起止时间为2004年12月24日至2005年12月23日,该贷款已逾期",即该《审计报告》已披露了清江产业公司为宏业公司贷款提供担保且该贷款已逾期的情况。农洋工贸公司作为买受人对目标公司的债务担保情况应负有谨慎注意的义务,现其在受让股权后再主张清能投资公司隐瞒清江产业公司对外担保构成违约并应承担赔偿责任,这与双方的交易方式及实际履行情况不符。故清能投资公司已履行告知义务,不应承担赔偿损失责任。故再审法院判决撤销原审判决。

农洋工贸公司不服再审法院判决,向检察机关申请监督。

最高检抗诉认为,原审判决认定的基本事实缺乏证据证明,并导致实体判决错误。"清能投资公司在'移交清单'中对涉案担保债务即《关于宏业公司900万元贷款的情况说明》注明的是'2008年已解除担保责任',此种表述应为担保责任之完全解除,不应包含本案发生的征信不良记录之后果发生的可能。但实际情况只是涉案担保债务因已超过了法律规定的担保期间而可能不需要继续承担担保法意义上的义务,但会变为自然债务并因此可能产生征信不良的后果,和注明的'已解除担保责任'在法律后果上明显不同,显然属于未全面如实履行告知义务,符合《产权交易合同》约定的'隐瞒或遗漏标的企业债务负担'的违约情形,故清能投资公司应承担违约责任。"

最高法认为,清能投资公司在股权转移时已全面履行了标的公司债权债务的告知义务。1."清江产业公司于2008年9月22日出具《情况说明》,明确载明'从2006年下半年开始,绿色公司(清江产业公司)不停催促宏业公司尽快还款,全力解除绿色公司的贷款担保责任。经过两年多的努力,预计今年年底可取消该笔担保',该《情况说明》已披露清江产业公司为宏业公司贷款提供担保,且只是预见2008年底该笔担保可能取消,而不是担保必然取消或已解除。依据上述事实可以认定农洋工贸公司知道清江产业公司为宏业公司900万元贷款提供担保而产生不良担保的情况。"2."本案系股权交易合同纠纷,农洋工贸公司作为买受人对目标公司的债务担保情况负有谨慎注意的义务。结合农洋工贸公司在竞买前已分别向光谷产权交易所、清能投资公司出具《承诺函》声明'我方完全清楚标的公司(即清江产业公司)的现状,并愿意承担由此产生的全部风险',应当认定农洋工贸公司已了解了清江产业公司的全部资料及相关情况。"3."随后,农洋工贸公司在之后的股权转让手续办理过程中亦未对清江产业公司的资产状况提出过异议,双方完成了股权转让。"基于上述事实,再审判决认定清能投资公司已通过移交相关材料和经营资料的方式完成了其告知义务,事实清楚,证据确凿。综上,最高法维持再审判决。

实务要点:

本案历经一二审、再审、最高检抗诉和最高法审理程序。法院以股权转让方履行了告知义务,受让方未尽到谨慎注意义务为由,驳回了受让方的诉讼请求。通过阅读本案,可以发现:

第一,股权转让方未如实披露相关信息的,受让方可以依据不同情形,主张解除合同或赔偿损失;但受让方未尽合理的谨慎注意义务的,则应自担风险。

第二,在股权转让中,受让方不能仅以接收到转让方材料,且合同中存在"若标的公司资产、债务等存在重大事项未披露或存在遗漏,对标的企业或受让方可能造成重大不利影响的,受让方有权解除合同,或要求转让方承担上述债务"的条款,就认为履行完毕谨慎注意义务。相反,受让方需要在接收到转让方材料后,尽职审查材料,以尽到谨慎注意义务。

第三,资料交接应严谨、仔细。在进行股权转让相关资料移交时,双方应谨慎处理各项移交事项,对移交事项予以准确记载、签署确认并保留凭证,避免移交文书中的表述歧义。

五、一股二卖及股权转让中的善意取得

(一)一股二卖与冒名转让股权行为的区分

所谓"一股二卖",是指原股东与受让方签订股权转让合同之后,变更登记之前,原股东再次处分股权而发生股权归属争议的法律问题。一股二卖的产生原因比较复杂,既有股权变动模式及商事外观主义等法律原因,也有原股东违背诚信原则等主观原因。根据《公司法司法解释(三)》的规定,有限责任公司的股权,可以参照《民法典》物权编第311条的规定予以善意取得,由此,股权之善意取得得以在我国法律文件中正式确立。具体说来,《公司法司法解释(三)》涉及股权善意取得的情形共有三处,即股权出资情形(第7条)、名义股东未经实际出资人同意处分名下股权之情形(第25条第1款)以及所谓"一股两卖"情形(第27条第1款)。鉴于股权出资情形及名义股东未经实际出资人同意处分名下股权之情形已在本书相应章节进行过讨论,本处仅针对"一股两卖"情形下的股权善意取得进行分析。

实务中,一股二卖与冒名转让股权的行为容易产生混淆,有必要予以区分。所谓冒名转让股权行为,指冒名人在未经真实股东同意或授权的情况下,通过冒用真实股东名义的方式,擅自将他人持有的股权转让给第三人的行为。目前,我国并不存在伪造他人签名无效的相关规定,因此,认定此类股权转让合同无效依据不足。在冒名转让股权行为情形下,转让股权并非真实股东的意思表示,真实股东并无向他人转让其股权之要约,因此,此类合同宜认定为股权转让合同不成立。股权转让合同不成立的法律后果,可以依据《最高人民法院关于适用〈中华人民共和国民法典〉总则编若干问题的解释》第23条的规定,参照适用《民法典》第157条的规定解决。针对受让人提出善意取得的抗辩,由于股权转让合同评价为不成立,尚未进入

合同效力的评价阶段,因此,冒名转让股权的行为自然排除善意取得的适用。此外,需注意的是,股权被冒名转让,又被再次转让,第二次转让符合善意取得条件的,则适用善意取得规则。

(二) 一股二卖情形下,第三人善意取得股权的法律适用

一股二卖情形下,原股东将股权转让后,由于未办理公司登记机关的变更登记而处分仍登记于其名下股权时,应参照《民法典》物权编第 311 条规定的善意取得制度处理。具体而言,一股二卖情形下,第三人主张应适用善意取得,需符合以下条件:

第一,出让方为股权仍登记于其名下的原股东。第二,出让方系无权处分。当转让方与受让方就股权转让达成合意,且完成股东名册变更时,股权在双方当事人之间实现转移。此时,受让人已经取得股权,为该股权的真实权利人,原股东已经丧失了对该股权的处分权。如果原股东仍将登记于其名下的股权进行再次转让,则实质上原股东构成了处分他人之权利,为无权处分行为。第三,股权转让具备完备的形式要件,且完成了股权变更登记程序。第四,第三人应为善意。依据公示主义及商事外观主义,公司登记材料的内容构成了第三人的一般信赖,为保护第三人的信赖利益,第三人可以以登记的内容来主张其不知道股权归属于受让人进而终局地取得股权;但受让人可以举证证明第三人知道或应当知道该股权归属于受让方自己。一旦证明,该第三人就不构成善意取得,处分股权行为的效力应当被否定,其也就不能终局地取得该股权。虽然公司登记机关没有办理相应的登记,但公司的股东名册已将转让股东变更为受让人的,则应推定第三人对于股权已经转让给受让方的事实是知道或应当知道的。第五,第三人必须支付了合理的对价。

(三) 第三人善意取得股权时,受让人权益的保护

在第三人通过善意取得制度终局地取得该股权后,受让股东的股权利益不复存在,但应当对其权益进行保护。股权转让协议生效后,如果因为没有进行工商变更登记,股权最终被第三人善意取得,应根据不同情况追究相关当事人的责任。

第一,原股东违反股权转让协议再次处分股权的行为构成了对受让股东股权的侵犯,受让股东可以要求作出处分行为的原股东承担赔偿责任。

第二,公司董事以及高级管理人员作为公司的管理者,负责处理公司日常事务,而为股权受让方办理公司登记机关的变更登记乃其职责所在。当董事、高级管理人员违反法律对其职责要求,未为股权受让方办理此项变更登记致使其权利受

损的,董事、高级管理人员应当在其过错范围内承担相应的损害赔偿责任。

第三,如果实际控制人滥用控制权,通过其控制行为不正当地阻止公司为股权受让方办理变更登记而致其利益受损时,实际控制人应当在其过错范围内对股权受让方承担相应的损害赔偿责任。

第四,股权转让后,股权受让方应当及时请求公司协助其办理公司登记机关的变更登记。如果由于受让方自身过错未及时办理此项登记致使其自身利益受损的,根据民法过失相抵之原则,受让方应根据其过失程度承担相应之损害后果,从而减轻原股东、董事、高级管理人员以及实际控制人的责任。

【案例进阶23】两份股权转让协议均有效时,应该向谁实际履行?
案例名称: 马罗喜诉陈昌信股权转让纠纷案
案例来源: 盐城市中级人民法院(2015)盐商终字第00438号民事判决书
裁判要旨:

在两份股权转让协议均有效且均未进行变更登记的情况下,可以参照《最高人民法院关于审理买卖合同纠纷案件适用法律问题的解释》第6条的规定,根据协议具体履行情况,确定转让方应该向谁实际履行。

基本案情:

2001年5月6日,东台市雅尔达装饰公司企业改制,新公司东台市雅尔达装饰有限公司(以下简称"新雅尔达公司")股东为被上诉人(原审原告)马罗喜、上诉人(原审被告)陈昌信、马正群三人。三位股东向验资账户打入了相应的资金,其后,陈昌信、马正群取走了所投注册资金。

2002年10月,马罗喜、陈昌信、马正群签订《关于股权流转的决议》,将陈昌信、马正群的股权转让给马罗喜。马罗喜持股比例100%,但未在登记部门办理股权变更手续。2010年8月29日,陈昌信告知马罗喜、马正群其要将名下的股权以80万元的价格转让给他人,要求二人在30日内书面答复是否行使股东优先购买权。马罗喜答复陈昌信其为名义股东,名下股权已经转让,无再行转让可言。2010年10月22日,陈昌信同上诉人(原审第三人)王同根签订《股权转让协议》,将其名下拥有的新雅尔达公司39%的股权以80万元价格转让。双方为此产生纠纷,马罗喜向法院起诉,请求判令陈昌信协助马罗喜办理股权变更登记手续,将陈昌信名下股权变更至马罗喜名下。

另查明,本案因股东抽逃注册资金,被移送东台市公安局侦查。公安机关审查后,认为应当将涉嫌抽逃出资的线索移交工商部门继续调查。遂法院将涉嫌抽逃出资的线索移交东台市工商局。东台市工商局认为应当由法院认定各股东出资义务状况，再由工商部门处理。

法律关系图：

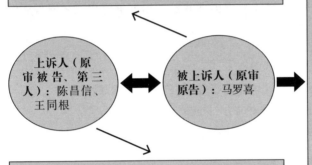

原告认为：陈某未实际出资，系名义股东，案涉股权已经转让给原告，第三人王某明知该事实，仍受让股权，属于恶意串通，该重复转让股权行为应属无效。陈某应配合将股权将变更登记至原告名下。

被告（第三人）认为：原告马罗喜并没有购买案涉股权的真实意思表示，双方之间不存在股权流转的事实。陈昌信属于工商登记股东，第三人王同根受让股权时已履行了核查义务，陈昌信与王同根之间的股权交易应受法律保护，案涉股权应优先转让给第三人王同根。

争议焦点：第一份股权流转决议的效力如何认定？如果该流转决议内容有效，第二份股权转让协议也有效，那么本案争议的股权是否应当优先转让给第二份协议的受让方王同根？

法院认为：案涉两份股权转让协议均有效且均未进行变更登记。本案中，王同根并非善意第三人，参照《关于审理买卖合同纠纷案件适用法律问题的解释》第6条的规定，应确定陈昌信向合同签订在先的马罗喜实际履行股权转让义务。

裁判过程及理由：

一审法院认为，本案争议焦点为：两份股权转让协议或决议的效力如何认定？被告应当向谁履行股权转让协议？

第一，新雅尔达公司股东的确定。根据工商登记和公司章程、股东名册的记载，马罗喜、陈昌信、马正群为新雅尔达公司股东。至于马罗喜、陈昌信、马正群是否存在未履行出资义务或者抽逃出资的行为，根据《公司法司法解释（三）》第18条的规定，对未履行出资义务或者抽逃出资的股东转让股权未作禁止性限制，公司可以要求该股东、受让人承担责任。

第二，马罗喜提交的《关于股权流转的决议》效力的认定。《关于股权流转的决议》主要内容为公司股东对股权的处理，即将公司全部股权集中给马罗喜一人，此内容并非公司股东会讨论决定事项。应认定《关于股权流转的决议》为陈昌信、马正群向马罗喜转让股权的有效协议。

第三，第三人王同根与陈昌信签订的《股权转让协议》效力的认定。陈昌信与第三人王同根签订了《股权转让协议》，陈昌信将新雅尔达公司39%的股权转让给第三人王同根，并履行了通知其他股东的手续，被告陈昌信承认款项已交付。转让程序符合公司法、公司章程的规定。该协议内容合法有效。

第四，两份有效的股权转让合同，受让方均要求履行合同，如何处理。因本案涉及两份股权转让合同，涉及主体包括股东内部和公司外第三人，由于主体的不同，在法律适用上，应当有所区别。具体而言，内部关系属于个人法上的法律关系，应当优先适用个人法。外部关系属于团体法上的法律关系，应当优先适用团体法。陈昌信与马罗喜两人均系公司股东，应当适用个人法进行调整，探究双方真实的意思表示。第三人王同根非公司股东，根据商法外观主义原则，应当按照公司公示的内容审理与陈昌信的股权转让纠纷。作为公司外部股权受让人，王同根在受让股权时应当充分审查出让股东公司登记资料、公司章程等资料。但本案的特殊性在于，第三人王同根(所购买营业房屋)与新雅尔达公司紧邻，其在大额资金受让股权时，其合理的做法应当是审查出让股东公司登记资料、公司章程等情况，其更应进一步与公司其他股东充分沟通，了解公司真实的经营、负债状况，确定股权转让对价，从而作出合理判断。第三人王同根仅去工商部门调取了公司资料，在未完全了解公司负债等影响股权对价的情况下，贸然与陈昌信签订股权转让合同。应当认定，第三人王同根并未完全尽到谨慎、注意义务。此时，第三人王同根以陈昌信为公司登记股东为由，对马罗喜的诉讼主张进行抗辩，不当。

基于以上分析，两份股权转让协议应当适用相同的法律，对法律关系进行分析、认定、处理，才是公允的处理方法。依上述分析，陈昌信转让股权给马罗喜成立在先，马罗喜的诉讼请求应予以支持。据此，一审法院判决：陈昌信于本判决生效后30日内协助马罗喜将新雅尔达公司39%的股权变更至马罗喜名下。

陈昌信、王同根不服一审判决，提出上诉。二审法院经审理后判决：驳回上诉，维持原判。

实务要点：

本案涉及同一股权转让两次，两份股权转让协议均为有效，且均未办理工商变更登记的情况下，应当向谁履行？通过阅读本案，可以发现：

第一，在一股一卖情形下，后受让人的股权善意取得要件，本质上与物权法上的善意取得要件相同。由于第二次股权转让没有办理变更登记，因此，第三人不符合善意取得的构成要件，不能以善意取得进行抗辩。

第二，在多份股权转让协议均有效且均未进行变更登记的情况下，可以参照《最高人民法院关于审理买卖合同纠纷案件适用法律问题的解释》第6条的规定,根据协议具体履行情况,确定转让方应该向谁实际履行。这些考虑的因素包括是否进行了股东名册变更、是否参与了实际经营管理及是否支付完毕股权转让价款等。

第三,在股权交易中,受让方应对标的股权进行尽职调查,否则,可能因没有尽到最基本的审慎注意义务,而不适用善意取得制度。

六、股权转让中的预约合同

(一)预约合同的基本含义及法律性质

股权转让中,由于磋商缔约的周期较长,买卖双方经常会签订框架协议、意向书、认购书、预备购买协议、草签合同、备忘录、协商纪要等文本,旨在锁定双方的排他性谈判地位、股权转让的基本条件等权利义务,并以双方能签订正式股权转让协议为根本目的,该类协议一般称为预约合同。预约是相对于本约而命名的,预约合同为签订本约合同之前的协议,系为准备签订本约合同而建立的法律关系。预约合同本身就是一种合同,只不过它的标的比较特殊,是一种订立合同的行为,目的是确保与相对人在将来订立特定的合同。换言之,预约合同最本质的内涵是约定在将来一定的期限内订立本约合同。

《民法典》第495条第1款规定:"当事人约定在将来一定期限内订立合同的认购书、订购书、预订书等,构成预约合同。"由此可见,一定程度上,尽管预约合同会约束本约合同的缔结并影响本约合同的内容,且二者具有内在的紧密关联,但预约合同与本约合同在法律上属于两个不同的合同,预约合同具有独立性。

(二)预约合同与本约合同的区分

区分预约合同与本约合同是正确适用法律的前提。预约合同与本约合同的区分认定,不能仅看合同的名称,还应当结合合同的具体内容,预约合同与本约合同的根本区别在于合同中权利、义务内容的安排。如果合同中明确权利义务关系的目的在于订立本约合同,则属于预约合同;如果合同中出现了具体交付标的物的安排,已经具备了股权转让的主要条款,无须再另行订立合同的,可以认定为构成本约合同。

(三)违反预约合同的法律后果

预约合同的成立与效力等应适用《民法典》总则编及合同编的相关规定。依法成立的预约合同,根据《民法典》第495条第2款的规定,当事人一方不履行预约合同约定的订立合同义务的,对方可以请求其承担预约合同的违约责任。当然,一方违约,符合解除条件的,非违约方也可以请求解除预约合同。关于违约责任的承担方式包括违约金责任、定金责任、继续履行和赔偿损失等。在理解预约合同的违约责任时,应注意以下几点:

第一,关于一方违约后,能否要求违约方继续履行,尚存在争议。如果当事人在预约阶段就对股权转让的主要内容达成了一致,本约合同的内容不需要再作过多协商,那么,对于预约合同,要求违约方承担"继续履行"的违约责任,即订立本约合同的责任具有一定的合理性。

第二,关于违约赔偿范围。是以缔约过失责任范围,还是本约合同的履行利益为参照,尚存在争议。关于违约赔偿范围,应根据预约合同阶段在整个交易环节中的位置、预约合同的订立及履行使整个交易所达到的成熟度等因素,在预约合同违约赔偿范围的计算中予以综合考虑,不能僵化适用某一种解决思路。

第三,如预约合同订立后,预约双方须依诚实信用原则进行磋商。如果已尽诚信磋商义务,而仍就未决条款不能达成一致意见的,应认定为系因不可归责于双方当事人的原因致使本约合同不能签订,双方订立本约合同之义务即告消灭,均不负违约责任。

【案例进阶24】股权转让合同中未分别明确股权转让价格,构成预约合同还是本约合同?

案例名称: 郭金东、金浦投资控股集团有限公司等与郭金林股权转让纠纷案

案例来源: 江苏省高级人民法院(2019)苏民终940号民事判决书

裁判要旨:

股权转让合同明确约定了出让方、受让方、标的股权的名称及份额、股权转让对价等内容,且协议中也无双方将在一定期限内再行订立本约合同的意思表示,虽然该协议未对标的股权的价值予以明确,但仍属于本约合同。

基本案情:

郭金林、郭金东均为金浦投资控股集团有限公司(以下简称"金浦集团公司")股东,郭金林持有25.264%股权,郭金东持有74.736%股权;均为金浦新材料股份有限公司(以下简称"金浦新材料公司")股东,郭金东持有4883.8176万元股权,郭金林持有1953.72万元股权。

2015年4月3日,南京金浦房地产开发有限责任公司(以下简称"金浦房地产

公司")诉郭金林、南京金东房地产公司(以下简称"金东房地产公司")损害股东利益责任纠纷一案,南京中院作出民事调解书,后该调解书未被履行。在各方申请强制执行上述调解书的过程中,郭金林、郭金东、金浦集团公司、金浦新材料公司、金陵塑胶公司、金浦房地产公司就金浦集团公司及金浦新材料公司股权纠纷签订《全面和解协议》,主要约定:郭金东以税后3.1亿元的价格受让郭金林在金浦集团公司、金浦新材料公司所持有的全部股权。后郭金东并未履行《全面和解协议》。

郭金林向南京中院起诉,请求判令:1.郭金东向其支付股权转让款3.1亿元及其利息。2.在郭金东全额支付上述股权转让款及利息后,金浦集团公司、金浦新材料公司办理股权的工商变更登记手续。

法律关系图:

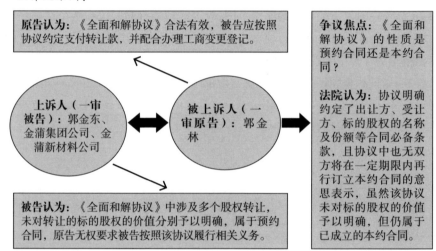

裁判过程及理由:

本案争议焦点为:《全面和解协议》的性质是预约合同还是本约合同?

法院认为,《最高人民法院关于适用〈中华人民共和国合同法〉若干问题的解释(二)》(已废止)第1条第1款规定:"当事人对合同是否成立存在争议,人民法院能够确定当事人名称或者姓名、标的和数量的,一般应当认定合同成立。但法律另有规定或者当事人另有约定的除外。"据此,根据合同内容能够确定当事人名称或者姓名、标的和数量的,该合同应为本约,且合同成立,至于合同条款是否完整,合同履行过程中是否需要签订补充协议,不影响合同本约的性质。

《最高人民法院关于审理买卖合同纠纷案件适用法律问题的解释》(2012年,已被修改)第2条规定:"当事人签订认购书、订购书、预定书、意向书、备忘录等预约合同,约定在将来一定期限内订立买卖合同,一方不履行订立买卖合同的义务,对方请求其承担预约合同违约责任或者要求解除预约合同并主张损害赔偿的,人民法院应予支持。"该条款系关于预约合同的规定,由此可见,是否约定在将来一定期限签订本约合同是预约与本约的主要区别。本案中,各方签订《全面和解协议》的目的是通过股权转让方式使郭金林退出金浦集团公司和金浦新材料公司,而该协议关于股权转让的出让方、受让方、标的股权的名称及份额、股权转让对价等合同的必备条款均有明确约定,且协议中也无双方将在一定期限内再行订立本约合同的意思表示,虽然该协议未对郭金林转让的标的股权的价值分别予以明确,但此项事实仅关涉《全面和解协议》如何履行的问题,不能据此认定该协议系预约合同。因此,依据上述规定,《全面和解协议》属于已成立的本约,郭金东、金浦集团公司、金浦新材料公司提出的该协议系预约合同的主张,缺乏事实和法律依据,不能成立。

据此,一审法院判决:郭金东应支付郭金林股权转让款3.1亿元;金浦集团公司、金浦新材料公司应分别将郭金林持有的金浦集团公司25.264%股权、金浦新材料公司1953.72万元股权变更登记至郭金东名下,郭金林、郭金东应协助办理相关工商变更登记手续。郭金东、金浦集团公司、金浦新材料公司不服一审判决,提起上诉后,江苏省高院驳回上诉,维持原判。

实务要点:

本案中,标的股权(份)是出让方持有的两个公司的股权(份)。股权转让合同仅笼统约定了总的股权转让款为3.1亿元,没有分别约定出让方持有的每个公司的股权(份)价值。据此,受让人认为这属于预约合同,而非本约合同。通过阅读本案,可以发现:

第一,只要股权转让的出让方、受让方、标的股权的名称及份额、股权转让对价等合同的必备条款均有明确约定,且协议中也无双方将在一定期限内再行订立本约合同的意思表示。受让方不能仅以未分别明确约定转让价款,就认为不构成本约合同。

第二,股权转让预约合同中,可考虑明确在某一具体日期签订本约合同,并约定在已确定的交易条件的基础上签订本约合同。同时,对于名为意向书、框架协议等实为预约合同的协议,其中的违约责任条款、保密条款、争议解决条款等对于各方均具有约束力,因此,股权转让中的意向性文书也需谨慎,必要时可聘请专业律师把关。

七、股东优先购买权

(一) 股东优先购买权概述

股东优先购买权,是指在有限责任公司中,股东向股东以外的人转让股权时,经股东同意转让的股权,在同等条件下,其他股东享有优先购买的权利。由于有限责任公司具有资合兼人合的性质,既需要强调股东之间的信任与合作关系,也需要确保股权作为财产权益的交换价值,为此,我国《公司法》规定了股东的优先购买权制度,以此实现转让股东与其他股东之间的利益平衡。

《公司法》第 71 条规定:"有限责任公司的股东之间可以相互转让其全部或者部分股权。股东向股东以外的人转让股权,应当经其他股东过半数同意。股东应就其股权转让事项书面通知其他股东征求同意,其他股东自接到书面通知之日起满三十日未答复的,视为同意转让。其他股东半数以上不同意转让的,不同意的股东应当购买该转让的股权;不购买的,视为同意转让。经股东同意转让的股权,在同等条件下,其他股东有优先购买权。两个以上股东主张行使优先购买权的,协商确定各自的购买比例;协商不成的,按照转让时各自的出资比例行使优先购买权。公司章程对股权转让另有规定的,从其规定。"由此可见,本条第 1 款规定的是股权在公司内部的转让问题,即股东之间的股权转让,《公司法》未作任何限制;第 2 款、第 3 款规定的是股权向股东以外的人转让,《公司法》作出了限制性规定,规定了两个法定程序:第一,征求公司其他股东的同意程序;第二,公司其他股东的优先购买程序。第 4 款规定的是授权内容,授权公司章程可以对股权转让有特殊规定,并且特殊规定优先于法律规定执行。此外,需注意的是,优先购买权人相对于第三人所享有的优先权,并非购买条件上的优先,而只是在同等条件下取得股权顺序上的优先。

【案例进阶 25】股份有限公司章程可以规定股东优先购买权吗?
案例名称:上海保培投资有限公司与雨润控股集团有限公司股权纠纷案
案例来源:江苏省高级人民法院(2017)苏民终 66 号民事判决书
裁判要旨:
虽为股份公司,但如果股东较少,其股票既不公开发行也没有公众股东,具有显著的人合性特征。为了满足公司人合性的要求,公司章程规定股东享有优先购买权的,系全体股东共同意志的体现,不违反法律、行政法规的强制性规定,该章程合法有效。

基本案情：

2015年9月18日，上诉人（一审原告）上海保培投资有限公司（以下简称"保培公司"）与被上诉人（一审被告）雨润控股集团有限公司（以下简称"雨润公司"）签订《股权代持协议》，约定：保培公司委托雨润公司作为自己对原审第三人利安人寿保险股份有限公司（以下简称"利安保险公司"）原始股141176500股出资的名义持有人，并代为行使相关股东权利。

2015年10月，利安保险公司增资5亿元，其中雨润公司增资金额为141176500元。利安保险公司增资后，其股权结构表显示，雨润公司出资金额95717.65万元、持股数量95717.65万股、股份比例28.2353%。雨润公司所持有的利安保险公司股权先后被广东省高级人民法院等数次轮候查封。

《利安保险公司章程（2016修订）》第25条规定，股东向股东以外的人转让股份，须经过全体股东过半数同意；不同意转让的股东应购买该转让的股份，如果不购买该转让的股份，视为同意转让。经股东同意转让的股份，在同等条件下本公司其他股东具有优先购买权等。

保培公司向一审法院起诉，请求判令：1.确认雨润公司持有的利安保险公司141176500股股权归保培公司所有。2.雨润公司配合保培公司办理工商变更登记。

法律关系图：

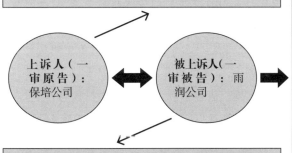

裁判过程及理由：

一审法院认为，本案争议焦点为：关于保培公司主张双方之间系代持股关系，雨润公司则主张保培公司系居间人融资的争议问题。根据保监会颁布的原《保险公司股权管理办法》第8条（现《保险公司股权管理办法》第31条）的规定，除保监会另有规定的，保险公司的股权不得委托他人代持，保险公司股东也不得接受他人委托持有保险公司股权。案涉股权代持协议明显违反了保监会依据《保险法》授权制定规章中的上述规定，也有违保险法关于维护社会经济秩序及社会公共利益的立法目的，应属无效。此外，根据利安保险公司章程规定，股东向股东以外的人转让股份，须经过全体股东过半数同意，且在同等条件下本公司其他股东具有优先购买权。故即便双方存在有效的代持股关系，在保培公司未能举证证明其他过半数股东同意其受让且放弃优先购买权的情形下，保培公司要求确认案涉讼争股权归其所有及雨润公司配合办理工商变更登记手续，不符合利安保险公司章程的规定。综上，保培公司的诉请，于法无据，遂判决：驳回保培公司的诉讼请求。

保培公司不服一审判决，提起上诉。

二审法院认为，本案争议焦点为：1.保培公司与雨润公司于2015年9月18日签订的股权代持协议性质及效力如何认定。2.保培公司根据2015年9月18日协议要求确认雨润公司持有的利安保险公司141176500股股权归其所有、雨润公司配合办理工商变更登记手续的请求应否支持。

第一，关于双方之间关系性质及案涉协议的效力问题。

保培公司与雨润公司存在股权代持关系，2015年9月18日协议合法有效。理由：本案双方对相互之间的关系问题存在争议，保培公司主张双方之间系股权代持关系，雨润公司在诉讼中否认与保培公司存在单纯的股权代持关系，认为双方之间签订的协议系关于雨润公司重组的一揽子协议的一部分，保培公司在重组中实际是作为居间人帮助融资。由于雨润公司提供不出其所称的一揽子重组协议证明其观点，而双方对2015年9月18日所签订协议的真实性均不持异议，故该协议及其履行情况是认定双方关系的事实依据。该协议既名为股权代持协议，且内容中也约定了保培公司自愿委托雨润公司作为自己对利安保险公司原始股141176500股出资的名义持有人，并代为行使相关股东权利，故该协议是双方真实意思的反映，且双方对保培公司代雨润公司支付的141176500元增资款并无异议，保监会也已对利安保险公司相应的增资行为予以认可，故保培公司主张双方之间系股权代持法律关系的事实依据充分，应予认定。

对于双方争议的2015年9月18日协议的效力问题，雨润公司认为该协议无效的理由主要是协议约定违反了保监会的《保险公司股权管理办法》、且损害社会公共利益,以及违反利安保险公司章程。对此,二审法院认为,依据《合同法》(已失效)第52条及《最高人民法院关于适用〈中华人民共和国合同法〉若干问题的解释(一)》(已失效)第4条的规定。关于股权代持问题,《保险公司股权管理办法》(2014年,已失效)第8条明确规定"任何单位或者个人不得委托他人或者接受他人委托持有保险公司的股权",该办法系为保持保险公司经营稳定,保护投资人和被保险人的合法权益,加强保险公司股权监管,根据保险法、公司法等法律所制定,若有违反相关规定的,保监会根据有关规定可予处罚,由于该规定尚不属于立法法所规定的授权立法范畴,故雨润公司以此主张2015年9月18日协议违反国家强制性法律规定而无效不符合合同法及其司法解释的规定。

至于协议约定是否有损社会公共利益的问题,由于保险法及股权管理办法对保险公司持股比例在5%以上的股东有较严格的要求,本案所争议股权尚达不到此比例,故雨润公司以社会公共利益否认协议效力也缺乏依据。根据《利安保险公司章程》第25条的规定,利安保险公司虽为股份公司,但从设立至今一直为11名记名股东,股票既不公开发行也没有公众股东,属于发起设立的股份有限公司,具有显著的人合性的特征。公司章程的规定既优先满足了公司人合性的要求,亦未损害出让股东的财产利益,系全体股东共同意志的体现,不违反法律、行政法规的强制性规定,该章程合法有效。虽然雨润公司在未征求其他股东意见的情况下,与保培公司签订委托代持协议,保培公司现根据该股权代持协议要求将该股权转移至自己名下,雨润公司与保培公司的行为有违利安保险公司章程的规定,但该违反章程的行为可能影响的是协议能否履行,并不影响该协议的效力。故雨润公司认为2015年9月18日协议无效缺乏法律依据。原审法院以《保险公司股权管理办法》系授权立法,案涉协议违法且有违公共利益而无效的观点法律依据并不充分,应予以纠正。

第二,保培公司尚不具备成为利安保险公司股东的条件。

根据《合同法》(已失效)第110条(现《民法典》第580条第1款)的规定,如前所述,虽然《保险公司股权管理办法》系管理性部门规章,雨润公司据此主张协议无效缺乏依据,但雨润公司与保培公司签订的委托代持股协议明显违反了该管理性规定,保培公司以违反该管理性规定的股权代持协议要求办理转让手续并不为监管部门认可,存在法律上的不能履行。并且,即便监管部门认可该股权代持协议的内容,但由于雨润公司与保培公司签订的股权代持协议中关于股权转让的相关内容也违反了公司章程的规定,尚未满足章程所规定的得到其他股东过半数同意,以及其他股东可行使优先购买权的条件。故在保培公司的诉请尚未得到其他股东过半数同意、并放弃在同等条件下行使优先购买权的情况下,该请求也存在事实上不能履行的情形。另外,雨润公司的案涉股权目前已被多家法院轮候查封,本院如支持保培公司的诉请也有规避执行的嫌疑。综上,保培公司关于确认雨润公司持有的141176500股股权归其所有以及办理股权变更登记的诉讼请求,不予支持。遂判决:驳回上诉,维持原判。

实务要点:

本案中,不仅涉及保险公司股份能否代持问题,还涉及股份有限公司章程能否规定股东优先购买权。通过阅读本案,可以发现:

第一,关于保险公司股份能否代持?对此,一审法院认为,案涉股权代持协议,明显违反了保监会依据保险法授权制定的《保险公司股权管理办法》中保险公司股权不得代持的规定,也有违保险法关于维护社会经济秩序及社会公共利益的立法目的,应属无效。二审法院则认为,《保险公司股权管理办法》尚不属于立法法所规定的授权立法范畴,代持比例未超过5%,亦不存在损害社会公共利益的问题,因此,案涉股权代持协议有效。

第二,关于股份有限公司章程能否规定股东优先购买权?二审法院认为,利安保险公司虽为股份公司,但从设立至今一直为11名记名股东,股票既不公开发行也没有公众股东,属于发起设立的股份有限公司,具有显著的人合性的特征。公司章程的规定既优先满足了公司人合性的要求,亦未损害出让股东的财产利益,系全体股东共同意志的体现,不违反法律、行政法规的强制性规定,该章程合法有效。换言之,在该案中,法院认可了股份有限公司章程规定股东优先购买权的有效性。

第三,基于人合性因素,我国《公司法》仅规定了有限责任公司股东享有优先购买权,对股份有限公司股东能否享有优先购买权,没有进行明确规定。在立法没有规定的情况下,股份有限公司章程能否对此规定,理论与实务界尚存争议。主流观点认为,除了上市公司或非上市公众公司外,由于股东人数较少,且具有较强的人合性因素,股份有限公司章程可以规定优先购买权。

(二)股东优先购买权的通知与行使

《公司法司法解释(四)》第17条规定:"有限责任公司的股东向股东以外的人转让股权,应就其股权转让事项以书面或者其他能够确认收悉的合理方式通知其他股东征求同意。其他股东半数以上不同意转让,不同意的股东不购买的,人民法院应当认定视为同意转让。经股东同意转让的股权,其他股东主张转让股东应当向其以书面或者其他能够确认收悉的合理方式通知转让股权的同等条件的,人民法院应当予以支持。经股东同意转让的股权,在同等条件下,转让股东以外的其他股东主张优先购买的,人民法院应当予以支持,但转让股东依据本规定第二十条放弃转让的除外。"对于此条的理解,应注意以下几点:

第一,转让股东的通知不以一次为限。根据《公司法司法解释(四)》第 17 条第 1 款、第 2 款的规定,转让股东对外转让,应就其股权转让事项通知其他股东。经股东同意的对外转让,其他股东还可以要求转让股东告知股权转让的同等条件,因此,转让股东对外转让时,其对其他股东的通知并不限于一次。通常情形下,第一次通知一般告知欲对外转让股权,至于具体的受让人和转让价格等,可不予列明。第一次通知后,如果半数以上股东同意对外转让,那么,转让股东还需要就受让人、转让价格、履行期限等内容进行第二次通知,以便其他股东行使优先购买权。第二,同意对外转让的股东对股权的优先购买权并不丧失。股东对外转让时,对于不同意对外转让的股东可以购买该股权并无争议。同时,基于维系公司人合性的需要,股东过半数同意对外转让的,每个表示同意的股东也可以行使优先购买权。第三,转让股东通知其他股东可以采用其他能够确认收悉的合理方式。《公司法》第 71 条规定了应当以书面形式通知其他股东。根据实际需要,《公司法司法解释(四)》第 17 条第 1 款、第 2 款拓宽了告知途径,即转让股东还可以采用"其他能够确认收悉的合理方式通知其他股东"。比如向其他股东发出公告,并且为其他股东知晓;又如以口头方式通知其他股东,但有证据证明其他股东已经知悉。

(三)股东行使优先购买权时,"同等条件"的判断

《公司法司法解释(四)》第 18 条规定:"人民法院在判断是否符合公司法第七十一条第三款及本规定所称的'同等条件'时,应当考虑转让股权的数量、价格、支付方式及期限等因素。""同等条件"是股东行使优先购买权的要件,该要件既需要保护公司的人合性又要保障股权的正常流动。司法解释对于"同等条件"的内容采取了列举式的模式,在权衡具体因素时,明确将股权的数量、价格、支付方式和期限作为主要衡量因素,同时,以"等"字为其他因素的综合适用留有空间。具体理解"同等条件"时,需要注意以下几点:

第一,"同等条件"是基于转让对价的衡量,而非主体资格的挑选。该对价基于市场交易规律确定,第三人的身份、经营规模等因素一般情况下不应作为衡量因素。第二,除非公司章程约定或全体股东另有约定,或者转让股东及第三人同意其他股东对优先购买权部分行使,否则,不允许其他股东部分行使优先购买权。第

三,对于转让价格,原则上股东应当以高于第三人或与第三人相同的价格行使优先购买权。如果转让股东与第三人恶意串通、虚抬价格以规避其他股东的优先购买权时,其他股东有权要求以双方之间真实的转让价格作为"同等条件"的标准。第四,其他可能影响股权价值的因素,比如承诺增加商业机会、提供专有技术等,如果这些因素能够转化为价格因素,可以纳入"同等条件"的考虑;如果这些因素不能转化为价格因素,除非公司经营和发展所必需的条件且难以定价的,原则上应当予以排除。

(四)股东优先购买权行使期间

基于意思自治,股东优先购买权的行使期间交由当事人决定,《公司法司法解释(四)》第 19 条仅对最短期限作出了硬性规定,即"有限责任公司的股东主张优先购买转让股权的,应当在收到通知后,在公司章程规定的行使期间内提出购买请求。公司章程没有规定行使期间或者规定不明确的,以通知确定的期间为准,通知确定的期间短于三十日或者未明确行使期间的,行使期间为三十日"。具体适用行使期限时,需要注意以下几点:

第一,股权优先购买权行使期限的起算以有效通知为前提,即应以收到或确认收悉上述通知之日开始计算。第二,股权优先购买权的行使应明确提出购买请求并在特定期限内行使,其他股东意思表示不明确的,不宜推定行使了优先购买权。第三,股权优先购买权行使期间属于不可变期间,不适用中止、中断或延长的相关规定。

(五)股东放弃转让的处理

根据《公司法司法解释(四)》第 20 条的规定,转让股东在其他股东主张优先购买权后,又不同意转让股权的,应依据下述规则处理:

第一,除了公司章程另有规定或者全体股东另有约定,有限责任公司的转让股东,在其他股东主张优先购买后又不同意转让股权的,对其他股东优先购买的主张,人民法院不予支持。换言之,除了两种例外情形,原则上转让股东享有"不同意转让股权"的权利,但如果转让股东反复在其他股东主张优先购买权时"反悔",依据权利不得滥用的法理,其他股东可请求损害赔偿,同时,也可以否定其"不同意转让股权"的效力,使其他股东可通过行使优先购买权成立转让合同,购买相应的股权。第二,在有限责任公司的其他股东主张优先购买权后,转让股东又不同意转让的,在支持了转让股东"不同意转让股权"的情况下,如果转让股东该行为给其他股东造成了损失,其他股东主张转让股东赔偿其损失合理的,应当予以支持。

【案例进阶26】转让股东放弃转让时,其他股东可以强制行使优先购买权吗?

案例名称:楼某某与方某某、毛某某等股权转让及优先购买权纠纷案

案例来源:最高人民法院民二庭编著:《最高人民法院公司法司法解释(四)理解与适用》,人民法院出版社2017年版,第422—427页

裁判要旨:

股东对外转让股权,其他股东在同等条件下享有优先购买权。转让股东虽然合法持有股权,但其不能滥用权利,转让股东撤销对外转让股权时,不得损害享有优先购买权的其他股东的合法权益。

基本案情:

被申请人(一审原告、被上诉人)楼某某与申请人(一审被告、上诉人)方某某等8名股东均系T公司的股东,其中楼某某出资占T公司注册资本的6.91%,方某某等8名股东出资占注册资本的93.09%。2008年10月至2009年10月期间,方某某为T公司的法定代表人。

2009年4月16日,方某某等8名股东与伍某某、劳某某、卢某某(以下简称"伍某某等3人")签订《资产转让协议》一份,约定:1.方某某等8名股东将T公司所有的资产转让给伍某某等3人。2.转让价格:总价9480万元,价款支付方式:①协议签订之日起3个工作日内支付定金1000万元。②协议签订之日起30个工作日内支付6000万元。③待完成股份转让手续后5个工作日内支付余款2480万元。3.转让资产:T公司所有的资产。协议对具体资产进行了约定。以上资产和债务经伍某某等3人确认后,伍某某等3人支付方某某等8名股东净收9480万元。一切过户及税收相关费用等由伍某某等3人自负……7.未尽事宜另行协商,协商不成,由资产所在地法院管辖。

2009年5月25日,方某某等8名股东与伍某某等3人签订《T公司股份转让补充协议》一份,约定:鉴于楼某某不同意股份转让,股权转让手续需时间以完善,双方就T公司股份转让一事达成协议如下:1.双方同意对2009年4月16日签订的《资产转让协议》"第二条转让价格及价款支付方式"修改为:转让价格为8824万元。价款支付方式:①伍某某等3人已向方某某等8名股东支付定金1000万元;②待完成楼某某不同意股份转让手续后,双方办理股份转让手续时支付4000万元;③楼某某案结案后支付2000万元;④待完成股份转让手续后3个工作日内将余款1824万元转入双控账户。双方将T公司资产交接完毕及4月

29日双方签订补充协议履行后,再将余款支付给方某某等8名股东。2.双方之前签订的协议继续有效,与本协议不一致的,以本协议为准。未尽事宜,另行协商。经方某某等8名股东及伍某某等3人确认,协议中的"楼某某案"系指B市中级人民法院审理的楼某某与T公司民间借贷纠纷一案,该案尚在审理中。

2009年6月3日,方某某等8名股东以T公司名义在2009年6月4日的某日报上发布《通知》一份,内容为:楼某某先生:本公司书面通知你如下事项:经T公司董事长方某某提议,由公司董事长方某某召集,决定召开公司股东会议。会议时间:2009年7月6日。会议地点:株洲市×宾馆×房间。会议内容:公司股东方某某等8名股东在T公司的股份93.09%全部对外转让,转让价格为8824万元。请你准时参加临时股东会议,并请你于2009年7月6日前对是否受让其余八位股东的股权作出书面答复。

2009年6月23日,楼某某经某公证处公证分别向方某某等8名股东邮寄了《通知》一份,载明:方某某等8名股东:你们于2009年6月3日在某日报上刊登了《通知》,向我告知你们将所持的T公司的93.09%的股权对外转让,价格为8824万元,现答复如下:我以同等条件向你们购买T公司的93.09%的股权,请你们收到本通知5日内与我办理股权转让有关的事宜。

2009年7月20日,方某某等8名股东与伍某某等3人签订《解除股权转让协议书》一份,约定。1.双方同意解除2009年4月16日签订的《资产转让协议》、2009年4月29日签订的《资产转让补充协议》、2009年5月25日签订的《T公司股份转让补充协议》。2.本协议签订时伍某某等3人已收到方某某等8名股东退还的1000万元定金,鉴于伍某某等3人为股权转让协议的签订及履行做了较多准备,方某某等8名股东同意支付伍某某等3人赔偿金200万元。3.本协议经双方签字后生效。

2009年9月11日,T公司召开股东会议,讨论方某某等8名股东所持该公司93.09%的股份不再对外转让的事宜。经表决,方某某等8名股东同意该议题,楼某某弃权,表决结果为方某某等8名股东所持有的公司93.09%的股权不再对外转让。A市公证处对此次股东会会议进行了现场监督,并出具了公证书。

2009年7月1日,楼某某向B市中级人民法院提起诉讼,请求判令:1.撤销方某某等8名股东与伍某某等3人签订的股权转让协议,即:2009年4月16日的《资产转让协议》,2009年4月29日的《资产转让补充协议》,2009年5月25日的《T公司股份转让补充协议》,2005年5月25日的《甲方应移交乙方的资料》。2.确认楼某某依法行使股东优先权,以同等条件与方某某等8名股东的股权转让协议成立并生效,即楼某某以方某某等8名股东与伍某某等3人签订的有关股权转让协议中的权利和义务为同等履行条件,以8824万元价格受让方某某等8名股东在T公司所占的93.09%股份。3.判决方某某等8名股东履行与楼某某达成的股权转让协议,协议内容以方某某等8名股东与伍某某等三人签订的《资产转让协议》《资产转让补充协议》《T公司股份转让补充协议》的同等条件为准。4.由方某某等8名股东承担本案全部诉讼费用。

法律关系图:

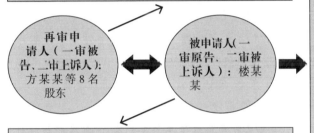

裁判过程及理由:

一审法院认为,《公司法》第71条规定了股东优先购买权,方某某等8名股东与伍某某等3人签订股权转让协议,后在某日报以T公司名义刊登通知,告知方某某等8名股东持有的股份全部对外转让,转让价格8824万元,并要求楼某某于2009年7月6日前对是否受让8人的股权作出书面答复,楼某某收到该通知后在约定时间内作出答复,表示愿意以《资产转让协议》及补充协议同等条件受让股份,并向方某某等8名股东邮寄了答复内容,还于同年6月26日在某日报上刊登了其答复的内容,要求行使优先购买权。据此,楼某某对方某某等8名股东对外转让的股权依法享有优先购买权。方某某等8名股东以不知晓楼某某主张优先购买权来加以否认,不能成立。方某某等8名股东此后在T公司召开的股东会会议上以其所占股份的绝对优势形成决议,对股权转让款的支付方式作出新的约定以及股权不再对外转让的决议,均不能撤销楼某某的优先购买权。楼某某就本案起诉后,虽然方某某等 8 名股东与伍某某等 3 人解除了股权转让协议,但不影响楼某某的优先购买权。但因方某某等 8 名股东与伍某某等 3 人已解除了相关的股权转让协议及补充协议,故楼某某要求撤销上述协议的请求不予支持。一审法院据此判决楼某某对方某某等 8 名股东所持有的 T 公司 93.09% 的股权享有优先购买权,就该优先购买权楼某某与方某某等 8 名股东应承担的权利义务内容,按方某某等 8 名股东于 2009 年 4 月 16 日签订的《资产转让协议》、于同年 4 月 29 日签订的《资产转让补充协议》、于同年 5 月 25 日签订的《T 公司股份转让补充协议》约定的内容履行。

方某某等 8 名股东不服一审判决,提起上诉。

二审法院认为,方某某等 8 名股东刊登在某日报上的《通知》内容,符合《合同法》规定的要约的全部条件,是明确的要约行为,楼某某在该《通知》限定的期限内在某日报上以刊登通知的形式明确表示愿意以该价款受让方某某等 8 名股东的股份,应认定双方已达成合意。故在楼某某已明确表示在同等条件下行使股东优先购买权的情况下,方某某等 8 名股东在楼某某提起本案诉讼后,与伍某某等 3 人签订解除股权转让协议,重新召开股东会,有违诚信原则,不应得到支持。同时,优先购买权是《公司法》规定的有限责任公司股东享有的法定权利,一旦转让股东与股东以外的第三人达成股权转让协议,公司其他股东只要以转让的同等条件行使优先购买权,就将取代第三人的地位,成为股权转让协议的受让方当事人,股权转让股东与第三人签订的相关股权转让协议约定的权利义务继而约束转让股东与行使优先购买权的股东。方某某等 8 名股东与伍某某等 3 人签订的《资产转让协议》及《资产转让补充协议》约定的付款条件明确,一审判令方某某等 8 名股东及楼某某按上述协议内容履行,符合《公司法》的规定,应予支持。据此,二审法院判决驳回上诉、维持原判。

方某某等 8 名股东不服二审判决,申请再审。

最高人民法院再审认为,方某某等 8 名股东因转让股权于 2009 年 4 月至 5 月期间先后与伍某某等 3 人签订三份协议,明确表达了转让股权的意思及转让条件等,但在同年 7 月 6 日召开的股东会中其在履行征求其他股东是否同意转让及是否行使优先购买权时,隐瞒了对外转让的条件,仅保留了转让价格,对合同约定的履行方式及转让股权后公司债务的承担等予以变更。《公司法》第 71 条规定,股东对外转让股权时应当书面通知股权转让事项,在同等条件下,其他股东有优先购买权。方某某等 8 名股东在签订对外转让股权合同后,在公司股东会中公布转让股权事项时有所隐瞒,将其转让股权款的支付方式,由对伍某某等 3 人转让合同的先交付1000万元定金、交付4000万元的股权转款后办理股权过户,过户完毕后再交付余款等,变更为一次性支付股权转让款;对伍某某等3人转让合同中约定的债务由转让股东方某某等8名股东承担等内容不再涉及。方某某等8名股东在股东会中提出的股权转让条件与其对伍某某等3人签订股权转让合同约定的条件相比,虽然价格一致,但增加了股权受让方的合同义务和责任。方某某等8名股东的该行为,未如实向公司其他股东通报股权转让真实条件,采取内外有别的方式提高股权转让条件,不符合《公司法》相关规定,有违诚实信用原则。楼某某在获悉方某某等8名股东对伍某某等3人的股权转让合同后,坚持明确主张按方某某等8名股东对伍某某等3人转让合同的条件行使优先购买权,系合理主张共有权益人的权利,符合《公司法》的规定,楼某某的主张应获得支持。

实务要点:

本案中,其他股东明确表示在同等条件下行使股东优先购买权的情况下,转让股东解除与第三人的股权转让协议,重新召开股东会,对股权转让款的支付方式作出新的约定以及股权不再对外转让的决议,是否损害了其他股东的优先购买权?通过阅读本案,可以发现:

第一,《公司法》第71条第3款第1句规定的"经股东同意转让的股权,在同等条件下,其他股东有优先购买权"中所谓"同等条件",不仅仅包括价格条款,还包含支付方式等其他条件。因此,其他股东行使优先购买权应当按照转让股东与第三人之间订立的转让合同的同等条件进行,包括在支付方式等方面的条件。本案判决中对"同等条件"的考量不仅包括价格条款,还综合考虑了支付方式以及其他交易条件,充分地保护了优先购买权人的利益。

第二,在本案中,方某某等8名股东因转让股权,有两次签订合同的行为,第一次是在受理本案之前与第三人,第二次是在再审程序中与楼某某,又先后选择放弃合同,对其股权是否转让及转让条件作出了多次反复处理。依据权利不得滥用原理,方某某等8名股东的"反悔权"应受到限制,其他股东可通过行使优先购买权成立买卖合同,购买相应股权。

(六)损害股东优先购买权的救济

《公司法司法解释(四)》第21条及《九民纪要》第9条明确规定了侵犯其他股东优先购买权的股权转让合同的效力及救济问题。转让股东和股东以外的股权受让人之间签订的股权转让合同,与转让和其他股东之间订立的股权转让合同,二者之间相互独立,即转让股东和股东以外的股权受让人之间签订的股权转让合同如

无其他影响合同效力的事由,应认定为有效。对于损害股东优先购买权股权转让合同的效力及救济,应注意以下几点:

第一,股东向股东以外的人转让股权,未就其股权转让事项征求其他股东意见,或者以欺诈、恶意串通等手段,损害其他股东优先购买权,其他股东主张按照同等条件购买该转让股权的,人民法院应予支持。这里的"欺诈",主要是指转让股东告诉其他股东的转让股权的所谓"同等条件",不是其与第三人交易的同等条件,使其他股东因受欺诈而放弃了行使优先购买权的机会。所谓"恶意串通",是指转让股东与第三人为了达到使其他股东放弃优先购买权的目的,串通抬高转让股权的交易价格或者其他交易条件的行为。比如,如果没有按照签订的合同履行,特别是没按照其中的价格条款履行,就可以确认转让股东与第三人构成恶意串通。

第二,在转让股东未就其股权转让事项征求其他股东意见,或者以欺诈、恶意串通等手段,损害其他股东优先购买权的情况下,其他股东应当自知道或者应当知道行使优先购买权的同等条件之日起30日内主张,或者自股权变更登记之日起1年内主张。自股权变更登记之日起超过1年,维持现有关系,但优先购买权受到损害的其他股东,仍然可以依法向转让股东或者受让人主张相应的民事权利,转让股东或者受让人应当承担相应的民事责任。此外,这里的"30日"和"1年",属于不变期间,不适用中止、中断及延长的规定。

第三,优先购买权受到损害的其他股东,如果仅提出确认股权转让合同及股权变动效力等请求,未同时主张按照同等条件购买转让股权的,其请求不应支持。优先购买权受到损害的其他股东,如果不是因为自身原因导致无法行使优先购买权,就只能请求损害赔偿,因为已经无法主张优先购买权了。如果股东以外的股权受让人,因股东行使优先购买权而不能实现合同目的的,可以依法请求转让股东承担相应的民事责任。

(七)股东优先购买权的特别规定

1.股权拍卖中股东优先购买权的"通知"与"同等条件"

《公司法》第72条规定:"人民法院依照法律规定的强制执行程序转让股东的股权时,应当通知公司及全体股东,其他股东在同等条件下有优先购买权。其他股东自人民法院通知之日起满二十日不行使优先购买权的,视为放弃优先购买权。"《公司法司法解释(四)》第22条第1款规定:"通过拍卖向股东以外的人转让有限责任公司股权的,适用公司法第七十一条第二款、第三款或者第七十二条规定的

"书面通知""通知""同等条件"时,根据相关法律、司法解释确定。"由此可见,《公司法司法解释(四)》第 22 条第 1 款进一步明确了拍卖方式的股权转让中对优先购买权的保护。同时,考虑到拍卖与一般买卖方式的不同,此款还明确了关于股东优先购买权相关条件的适用应遵循"特别法优于一般法"的原则,具体根据相关法律、司法解释确定。这些司法解释主要包括《执行拍卖变卖规定》《网络司法拍卖规定》及《强制执行股权规定》等。

2. 国有股权转让中股东优先购买权的"通知"与"同等条件"

《公司法司法解释(四)》第 22 条第 2 款规定:"在依法设立的产权交易场所转让有限责任公司国有股权的,适用公司法第七十一条第二款、第三款或者第七十二条规定的'书面通知''通知''同等条件'时,可以参照产权交易场所的交易规则。"由此可见,此款明确了国有股权转让中对优先购买权的保护。同时,考虑到国有股权转让的特殊程序规则,明确了在认定优先购买权时,可以参照产权交易场所的交易规则。

3. 股东资格继承中股东优先购买权的排除适用

依据《公司法司法解释(四)》第 16 条的规定,除非公司章程另有规定或者全体股东另有约定,因继承而发生的股东资格或股权变动时,其他股东不享有同意权和优先购买权。

4. 股权赠与或遗赠时,股东是否享有优先购买权

赠与、继承和遗赠均属于无偿变动股权,对于继承情况下,其他股东是否享有优先购买权,《公司法司法解释(四)》有明确的规定,但对于对外赠与或遗赠股权时,其他股东是否享有优先购买权,尚没有明确规定。在司法实践中,也存在不同的观点。对此,可采用以下观点进行处理:

其一,对于赠与或遗赠股权时,其他股东是否享有优先购买权,应从设置优先购买权制度的目的出发,依据人合性与股权自由转让原理,具体问题具体分析,平衡有限责任公司的人合性需要与股权自由流动的利益冲突。其二,当赠与他人股权,影响到有限责任公司人合性的情况下,则应该赋予其他股东优先购买权,反之,则不享有优先购买权。其三,股权遗赠是指赠与人将股权赠与给国家、集体或法定继承人以外的人。在发生股权遗赠时,进入公司的股东是法定继承人以外的人,这势必会破坏有限责任公司的人合性,因此,股权遗赠中可以适用股东优先购买权。

【案例进阶 27】无偿划转国有股权，其他股东可否行使优先购买权？
案例名称： 天津鑫茂公司与甘肃汇能公司、酒泉汇能公司股权转让纠纷案
案例来源： 最高人民法院（2017）最高法民终 205 号民事判决书
裁判要旨：
如果公司章程中规定，国有股权无偿划拨不适用关于股权转让的相关规定，则其他股东不享有优先购买权。

基本案情：
2009 年 9 月 8 日，上诉人（原审原告）天津鑫茂公司（甲方）与被上诉人（原审被告）甘肃汇能公司（乙方）共同出资设立甘肃鑫汇公司。甘肃鑫汇公司章程第 14 条规定：任何一方就其对公司注册资本的出资的全部或部分作出处置时必须按如下的规定办理：……3.股东不得将其股权无偿赠予他人，但根据国有资产无偿划拨规定的不在此限，且无偿划拨不适用关于股权转让的规定。

2014 年 9 月 1 日，甘肃电力集团召开党政联席会议，研究甘肃电投能源发展股份有限公司（以下简称"电投股份公司"）非公开发行股票预案事宜，决定甘肃汇能公司将持有的甘肃鑫汇公司等股权转移至酒泉汇能公司，转移完成后，收购酒泉汇能公司 100% 股权为本次非公开发行股票的募集资金收购项目。2014 年 12 月 8 日，甘肃电力集团就本次非公开发行股票方案请示甘肃省国资委。2014 年 12 月 16 日，甘肃省国资委作出同意批复。

2014 年 9 月 4 日，甘肃汇能公司与被上诉人（原审被告）酒泉汇能公司签订《股权划转协议》，约定甘肃汇能公司将持有的甘肃鑫汇公司 90% 股权 39600 万元划转给酒泉汇能公司。同日，甘肃鑫汇公司作出股东会决议，同意甘肃汇能公司将持有的甘肃鑫汇公司 39600 万元出资额变更为酒泉汇能公司持有，并根据上述变更内容修改公司章程有关条款。本次股东会决议没有天津鑫茂公司签字。

2014 年 11 月 28 日，甘肃鑫汇公司根据上述股东会决议办理了工商变更登记，将股东从天津鑫茂公司、甘肃汇能公司变更为天津鑫茂公司、酒泉汇能公司。

天津鑫茂公司以侵害回购权、优先购买权等为由，请求确认甘肃汇能公司与酒泉汇能公司之间关于甘肃鑫汇公司 30% 股权的转让行为无效。

法律关系图：

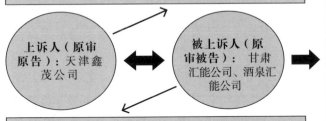

裁判过程及理由：

二审法院认为,本案争议焦点为:1. ……2. 天津鑫茂公司主张股权转让行为程序违法,损害其优先购买权的理由是否成立……

关于天津鑫茂公司主张甘肃汇能公司与酒泉汇能公司之间股权转让程序违法,损害其优先购买权的理由是否成立的问题。甘肃鑫汇公司章程第14条第3款规定,股东不得将股权无偿赠予他人,但根据国有资产无偿划拨规定的不在此限,且无偿划拨不适用关于股权转让的规定。本案甘肃汇能公司和酒泉汇能公司均系国有独资公司。2014年9月1日,甘肃电力集团召开党政联席会议,决定甘肃汇能公司将持有的甘肃鑫汇公司等股权转移至酒泉汇能公司,转移完成后,收购酒泉汇能公司100%股权作为电投股份公司非公开发行股票的募集资金收购项目,其后亦取得甘肃省国资委的同意。甘肃汇能公司向酒泉汇能公司划转股权亦未约定对价,其实质是基于甘肃电力集团的决定对国有资产进行划拨,故该股权划转行为不应当适用关于股权转让的规定。一审法院认定天津鑫茂公司不存在行使优先购买权的基础正确。二审法院维持了一审法院的判决,驳回天津鑫茂公司的诉讼请求。

实务要点：

基于有限责任公司具有较强的人合性,我国《公司法》规定股东对外转让股权时,公司其他股东享有优先购买权。但在有限责任公司国有股权无偿划转中,其他股东可否行使《公司法》上的优先购买权？目前,《公司法》及其司法解释没有明确规定。通过阅读本案,可以发现:

第一，在该案中，法院否认其他股东在公司无偿划拨情况下享有优先购买权。法院作出判决的依据主要为公司章程有关于"无偿划拨不适用关于股权转让的规定"这一事先约定，即由于股东内部已达成股权无偿划转不适用股权转让规定的合意，则其他股东不享有优先购买权。如果公司章程没有进行规定，应如何处理，法院未进行进一步的分析。

第二，在公司章程未就无偿划转国有股权进行规定的情况下，其他股东是否享有优先购买权，理论上尚有争议。本书认为，尽管国有股权无偿划转不同于商业交易上的股权转让，其目的往往是优化产业结构和提高企业核心竞争力，但毕竟国有股权无偿划转的直接后果是股权发生变动，这种变动同样会导致有限责任公司股权结构变化，破坏既有股东之间的信任关系。基于有限责任公司中具有较强的人合性因素，在法律没有明确规定的情况下，不应当轻易排除《公司法》赋予其他股东的优先购买权。同时，为防止争议的发生，建议在公司章程中明确规定在国有企业股权无偿划转中，其他股东不享有优先购买权。

八、股权转让中的"阴阳合同"

(一)"阴阳合同"的定义及产生原因

所谓"阴阳合同"，是交易双方就同一交易事项签订的两份甚至两份以上交易条件不一致的合同。其中，记载双方真实交易条件并作为双方履约依据的合同为"阴合同"；交易条款并非双方真实意思表示但出示给相应国家机关进行备案或作为缴纳税款等依据的为"阳合同"。实践中，就股权转让而言，采用阴阳合同一般是出于规避公司其他股东的优先购买权、逃避国家税收以及股权工商变更登记等目的。

(二)"阴阳合同"的效力认定

《民法典》第146条规定："行为人与相对人以虚假的意思表示实施的民事法律行为无效。以虚假的意思表示隐藏的民事法律行为的效力，依照有关法律规定处理。"因此，无论出于何种目的签订"阴阳合同"进行股权转让，"阳合同"属于"以虚假的意思表示实施的民事法律行为"，应认定为合同无效。由于"阴合同"背后隐藏的民事法律行为，体现了双方当事人的真实意思表示，原则上不应否定其效力。但隐藏行为的效力最终如何，需要根据该行为自身的效力要件予以判断，不宜不加限制地一律承认其效力。

【案例进阶 28】股权转让中,如何认定用于登记机关变更登记的"阳合同"的效力?

案例名称: 朱鹏杰与高枫、唐恭馀股权转让纠纷案

案例来源: 最高人民法院(2016)最高法民终字 7 号民事判决书

裁判要旨:

股权交易双方用于工商登记机关备案登记的《股权转让协议》中,将股权转让价款约定为平价转让,掩盖了双方股权交易的实际价格。该《股权转让协议》与《股权转让补充合同》构成"阴阳合同"的关系,依法应当认定该《股权转让协议》系双方通谋实施的虚伪意思表示,为无效合同。

基本案情:

上诉人(原审被告)朱鹏杰系和静县大西沟铁矿有限责任公司(以下简称"大西沟公司")股东,持有该公司 99%比例的股权。朱鹏杰将持有大西沟公司的股权分别转让给被上诉人(原审原告)高枫、唐恭馀。双方之间就股权转让事宜,先后签订五份合同:

第一份是 2011 年 11 月 8 日签订的《新疆和静县大西沟铁矿有限责任公司股权转让合同》(以下简称《股权转让合同》);第二份是 2011 年 11 月 8 日签订的《股权转让补充合同》;第三份和第四份是 2011 年 11 月 8 日朱鹏杰分别与高枫、唐恭馀签订的用于工商备案的《股权转让协议》;第五份是 2011 年 12 月 16 日针对尾款变更支付问题签订的《和静县大西沟铁矿有限责任公司股权转让补充说明》(以下简称《股权转让补充说明》)。

其中《股权转让补充合同》主要内容为:"(一)大西沟公司股权:甲方朱鹏杰持有公司 99%的股份,在 2011 年 11 月 8 日签订的《股权转让合同》一次性转让给乙方,乙方以人民币 2500 万元的价格一次性受让甲方朱鹏杰的全部股份和投资……(二)转让价款乙方分四次支付:……4. 乙方第四次余额人民币 200 万元受让款待甲方办理采矿权证所要提交的《和静大西沟铁矿详查地质报告》《和静大西沟铁矿开发利用方案报告》《和静大西沟铁矿地质灾害评估报告》《和静大西沟铁矿环境评估报告》取得新疆维吾尔自治区国土厅评估中心评审通过并取得专家评审意见书后 5 个工作日内乙方全部给甲方付清。(二)特别约定:……2. 甲方(朱鹏杰)确保和静县大西沟铁矿采矿权证手续办理,在公司股权转让变更后的 16 个月内提交完《和静大西沟铁矿详查地质报告》《和静大西沟铁矿开发利用方案报告》《和静大西沟铁矿地质灾害评估报告》《和静大西沟铁矿环境评估报告》,取得新疆维吾尔自治区国土厅评估中心评审通过并取得专家评审意见书,同时甲方办妥更正国土资源厅划定矿区范围批复中可采标高,标

高应在2648米至1998米(向下浮动150米也可以)范围内。附新国土资采划〔2011〕第15号文复印件,若此款规定出现纰漏或差错均由甲方如数退回乙方股权转让款并承担日3‰的利息至转让款退还为止。3.和静县大西沟铁矿采矿权证手续办理所提交的《和静大西沟铁矿详查地质报告》《和静大西沟铁矿开发利用方案报告》《和静大西沟铁矿地质灾害评估报告》《和静大西沟铁矿环境评估报告》编制费80万元由乙方额外承担,股权转让款内不包含此款项。(四)本合同规定的条款内容与双方2011年11月8日签订的《股权转让合同》不一致的,以本补充合同为准。本补充合同未作规定的,仍执行《股权转让合同》的约定。"

同日,朱鹏杰与高枫签订用于工商行政管理部门备案的《股权转让协议》,高枫取得大西沟公司66%的股权,朱鹏杰另与唐恭馀签订用于工商行政管理部门备案的《股权转让协议》,唐恭馀取得大西沟公司33%的股权。2011年12月12日,大西沟公司对工商档案登记中的投资人,根据股东会决议的内容进行了变更登记。聂家瑞占公司股份比例为1%,高枫占公司股份比例为66%,唐恭馀占公司股份比例为33%。自2011年10月21日,高枫陆续向朱鹏杰支付股权转让款及合同外价款共计2700万元。自2012年3月14日起,高枫分三次支付报告编制费共计75万。

2015年3月31日,因朱鹏杰未按照《股权转让补充合同》约定按时履行义务,高枫、唐恭馀向一审法院起诉,请求判令:1.解除双方之间的《股权转让协议》及《股权转让补充合同》。2.朱鹏杰向高枫、唐恭馀返还股权转让款2700万元及报告编制费75万元,共计2775万元。

法律关系图:

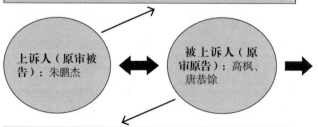

裁判过程及理由：

一审法院认为，双方于2011年11月8日签订的《股权转让补充合同》及用于工商登记备案的两份《股权转让合同》是双方真实意思的表示，不违反法律法规强制性规定，合法有效。朱鹏杰并不能证明其已经履行了《股权转让补充合同》第3条特别约定中的义务。因达到约定解除合同的条件，高枫、唐恭馀主张解除合同返还已付股权转让款2700万元的主张符合双方合同约定，应予支持。据此，一审法院判决：1.解除朱鹏杰与高枫、唐恭馀签订的《股权转让补充合同》及用于工商行政管理部门备案的两份《股权转让合同》。2.朱鹏杰在判决生效之日起15日内，向高枫、唐恭馀返还股权转让款2700万元……

朱鹏杰不服一审判决，提起上诉。

二审法院认为，当事人就案涉大西沟公司的股权转让事宜，先后签订了2011年11月8日的《股权转让合同》《股权转让补充合同》、两份用于工商备案的《股权转让协议》，以及2011年12月16日的《股权转让补充说明》等系列文件。就前述协议文本之间的相互关系来看：首先，在朱鹏杰与高枫、唐恭馀分别签订的用于工商登记机关备案登记的《股权转让协议》中，将股权转让价款约定为66万元和33万元，掩盖了双方股权交易价格实际为2800万元的真实情况，该《股权转让协议》与《股权转让补充合同》构成"阴阳合同"的关系，依法应当认定该《股权转让协议》系双方通谋实施的虚伪意思表示，为无效合同。

关于上诉人朱鹏杰履行合同义务是否符合约定的问题。案涉《股权转让补充合同》第3条第2款前句约定："甲方（朱鹏杰）确保和静县大西沟铁矿采矿权证手续办理，在公司股权转让变更后的16个月内提交完《和静大西沟铁矿详查地质报告》《和静大西沟铁矿开发利用方案报告》《和静大西沟铁矿地质灾害评估报告》《和静大西沟铁矿环境评估报告》，取得新疆维吾尔自治区国土厅评估中心评审通过并取得专家评审意见书，同时甲方办妥更正国土资源厅划定矿区范围批复中可采标高，标高应在2648米至1998米（向下浮动150米也可以）范围内。"本案中，高枫和唐恭馀受让大西沟公司的股权工商变更登记于2011年12月12日完成，故朱鹏杰依约应当于2013年4月12日之前向相关部门提交完前述4份报告，取得国土资源厅的评审通过和专家意见书，并办妥可采标高调整。根据本案查明的事实：

首先，朱鹏杰未能在合同约定的时间内全部完成前述报告的提交义务。在4份报告中，除铁矿详查报告是在合同约定的期限内提交外，其余3份报告的提交时间均晚于合同约定的履行期限。具体而言，矿产资源开发利用方案的提交日期为2013年8月22日，地质灾害评估报告的提交日期为2014年8月22日，环评报告的提交日期为 2015 年 2 月。

其次,从铁矿详查报告、开发利用方案和地质灾害评估报告这 3 份报告取得自治区国土资源厅评估中心评审通过和专家意见书的时间节点来看,除铁矿详查报告于 2013 年 2 月 4 日评审通过符合合同约定外,开发利用方案的评审通过日期为 2013 年 12 月 4 日,地质灾害评估报告的评审通过日期为 2015 年 2 月,均远超合同约定的履行期限。

最后,在本案审理期间,朱鹏杰并未能够提交其已经就矿区标高调整事宜向相关部门提出过申请的相关证据,依法应当认定其并未履行合同约定的标高调整申办义务。虽然案涉合同约定的报告报审义务须经相关部门审批同意,但朱鹏杰开展报告的编制和提交工作系其能够自主决定的事项,且在本案中,现有证据尚不能反映出朱鹏杰履行义务迟延系因政府部门的审批环节所导致,故对上诉人朱鹏杰关于其积极履行合同义务,其履行迟延系受制于政府审批的上诉理由,不予采信。综上,朱鹏杰未在合同约定的时间内完成其依约应当履行的合同义务,应认定为违约行为,并应承担相应的法律责任。

案涉《股权转让补充合同》第 3 条第 2 款后句约定:"若此款规定出现纰漏或差错均由甲方如数退回乙方股权转让款并承担日 3‰ 的利息至转让款退还为止。"该款约定虽未使用一方有权解除合同的文字,但其文义非常清楚地包括了如果朱鹏杰在履行合同义务的过程中出现纰漏或差错,应当承担返还价款并承担利息的不利后果,故原审判决将此约定认定为合同所附的解除条件正确,予以维持。上诉人朱鹏杰关于该约定仅包括一方返还的内容,而解除合同的法律后果应为双方相互返还,故该约定仅为关于违约责任的特别约定,并非合同约定的解除条件的诉讼理由,对法律的理解并不正确,按其逻辑,将会出现朱鹏杰因违约而返还股权转让款并负担罚息后,还丧失了原有股权的结果,故对其该项诉讼理由不予采信。《合同法》(已失效)第 93 条第 2 款规定:"当事人可以约定一方解除合同的条件。解除合同的条件成就时,解除权人可以解除合同。"故原审判决关于朱鹏杰无证据证明其已经在合同约定的期限内完成合同的特别约定,达到约定解除合同的条件的认定正确。据此,二审法院判决:驳回上诉,维持原判。

实务要点:

此案比较复杂,既涉及通过股权转让取得矿业权效力问题,又涉及股权转让中的"阴阳合同"。通过阅读本案,可以发现:

第一,由于矿业权具有其自身特殊性,我国对其转让规定了严格的条件和程序,在实践中以转让股权的形式实现矿业权转让的现象屡见不鲜。对于矿业公司股权转让合同的效力认定,尚存争议。在大宗集团有限公司、宗锡晋与淮北圣火矿业有限公司、淮北圣火房地产开发有限责任公司、涡阳圣火房地产开发有限公司股权转让纠纷案[最高人民法院(2015)民二终字第236号民事判决书,载《最高人民法院公报》2016年第6期]中,最高人民法院在"裁判摘要"部分认为,矿业权与股权是两种不同的民事权利,如果仅转让公司股权而不导致矿业权主体的变更,则不属于矿业权转让,转让合同无须地质矿产主管部门审批,在不违反法律、行政法规强制性规定的情况下,应认定合同合法有效。迟延履行生效合同约定义务的当事人以迟延履行期间国家政策变化为由主张情势变更的,不予支持。同样,在薛梦懿等四人与西藏国能矿业发展有限公司、西藏龙辉矿业有限公司股权转让合同纠纷案(2016年7月12日,最高人民法院发布的10起人民法院矿业权民事纠纷典型案例之七)中,最高人民法院认为,《合作协议》及转让合同的性质应为股权转让,而非矿业权转让;矿山企业股权转让协议不属于法律、行政法规规定须办理批准、登记等手续才生效的合同,《合作协议》依法成立并生效。本书赞同最高人民法院的上述裁判规则,上述规则反映了股权的自由转让,即涉矿股权转让合同都应当按照有效进行处理,否则将影响公司权利的独立性,将公司权利与股东权利混为一谈。

第二,为了达到避税等目的,股权转让当事人在办理股权变更登记时,往往采用工商代办机构提供的合同模板。这些合同模板条款简单,权利义务也约定不明确,经常连转让价格都没有约定。产生纠纷时,对于此类合同的效力,法院一般认为构成"阴阳合同"中"阳合同",系双方通谋实施的虚伪意思表示,应认定为无效合同。

第三,案涉《股权转让补充合同》第3条第2款没有明确约定守约方可以解除合同,仅约定违约方应如数退回股权转让款及承担相应的利息。对此约定,法院认为,该款约定虽未使用一方有权解除合同的文字,但其文义非常清楚地包括了如果上诉人在履行合同义务的过程中出现纰漏或差错,应当承担返还价款并承担利息的不利后果,故原审判决将此约定认定为合同所附的解除条件正确,予以维持。上诉人关于该约定仅包括一方返还的内容,而解除合同的法律后果应为双方相互返还,故该约定仅为关于违约责任的特别约定,并非合同约定的解除条件的诉讼理由,对法律的理解并不正确,按其逻辑,将会出现上诉人因违约而返还股权转让款并负担罚息后,还丧失了原有股权的结果,故对其该项诉讼理由不予采信。尽管此处的论证不是很周延,但该观点在办理其他类似案件时可资借鉴。

九、夫妻一方转让其名下股权

婚姻关系存续期间,夫妻一方未经对方同意,将以夫妻共同财产出资而登记在其自己名下的股权,转给第三人的法律效力认定,尚存在争议。依据公示及商事外观主义,本书赞同最高人民法院第二巡回法庭的观点,即股权是股东基于其股东资格而享有的复合性权利。在婚姻关系存续期间以夫妻共同财产出资取得但登记在夫或者妻一方名下的有限责任公司股权,仅得由登记方行使,而非夫妻共同共有,故登记方对于该股权的处分系有权处分。如无与第三人恶意串通损害另一方利益等导致合同无效的情形,登记方应按合同约定协助办理股权变动手续,但基于该股权而取得的收益属于夫妻共同财产。①

十、国有企业股权转让

(一) 国有企业股权转让程序

国有企业股权作为国有资产的一种形式,其转让需要履行内部决策、拟定转让方案、提请审批、审计及评估、评估结果备案与核准、信息披露、进场交易等程序。这些程序中,影响股权转让合同效力的主要有审批、审计评估、进场交易等法定程序。

第一,审批程序。《企业国有资产法》第53条规定:"……履行出资人职责的机构决定转让全部国有资产的,或者转让部分国有资产致使国家对该企业不再具有控股地位的,应当报请本级人民政府批准。"《企业国有资产交易监督管理办法》第7条规定:"……因产权转让致使国家不再拥有所出资企业控股权的,须由国资监管机构报本级人民政府批准。"第8条规定:"……对主业处于关系国家安全、国民经济命脉的重要行业和关键领域,主要承担重大专项任务子企业的产权转让,须由国家出资企业报同级国资监管机构批准……"根据以上规定,企业国有股权转让应当依法履行批准程序。

第二,审计、评估程序。《企业国有资产法》第47条规定:"国有独资企业、国有独资公司和国有资本控股公司合并、分立……以非货币财产对外投资……或者有法律、行政法规以及企业章程规定应当进行资产评估的其他情形,应当按照规定对有关资产进行评估。"《企业国有资产交易监督管理办法》第11条规定:"产权转

---

① 参见贺小荣主编:《最高人民法院第二巡回法庭法官会议纪要(第二辑)》,人民法院出版社2021年版,第215—232页。

让事项经批准后,由转让方委托会计师事务所对转让标的企业进行审计……"第 12 条规定:"对按照有关法律法规要求必须进行资产评估的产权转让事项,转让方应当委托具有相应资质的评估机构对转让标的进行资产评估……"根据以上规定,国有企业股权转让事项经批准后,应由转让方委托会计师事务所对转让标的企业进行审计,并应依法委托具有相应资质的评估机构对转让标的进行资产评估。

第三,进场(竞价)交易程序。《企业国有资产法》第 54 条第 2 款规定:"除按照国家规定可以直接协议转让的以外,国有资产转让应当在依法设立的产权交易场所公开进行。转让方应当如实披露有关信息,征集受让方;征集产生的受让方为两个以上的,转让应当采用公开竞价的交易方式。"《企业国有资产交易监督管理办法》第 13 条规定:"产权转让原则上通过产权市场公开进行。转让方可以……通过产权交易机构网站分阶段对外披露产权转让信息,公开征集受让方……"第 22 条规定:"……产生符合条件的意向受让方的,按照披露的竞价方式组织竞价……"根据以上规定,企业国有股权转让事项经批准、审计评估后,除国家规定可以直接协议转让的以外,股权转让应当在依法设立的产权交易场所公开进行;当征集产生的受让方为两个以上主体时,应竞价交易。

(二)违反国有企业股权转让程序的效力认定

对于未履行审批、审计评估、进场交易等法定程序的国有企业股权转让合同,是有效、无效还是未成立,尚存争议。主流观点认为,未履行批准程序时,合同未生效。但是,依据《民法典》第 502 条第 2 款的规定,未办理批准等手续影响合同生效的,不影响合同中履行报批等义务条款以及相关条款的效力。应当办理申请批准等手续的当事人未履行义务的,对方可以请求其承担违反该义务的责任。未履行审计评估、进场(竞价)交易程序,系违反管理性强制性规定,而非效力性强制性规定,因此,股权转让合同有效。

【案例进阶 29】未进场交易的国有企业股权转让,如何认定其效力?
案例名称:巴菲特投资有限公司诉上海自来水投资建设有限公司股权转让纠纷案
案例来源:上海市高级人民法院(2009)沪高民二(商)终字第 22 号民事判决书,载《最高人民法院公报》2010 年第 4 期
裁判要旨:
根据《企业国有资产监督管理暂行条例》第 13 条的规定,国务院国有资产监督

管理机构可以制定企业国有资产监督管理的规章、制度。根据国务院国资委、财政部制定实施的《企业国有产权转让管理暂行办法》(已失效)第4条、第5条的规定,企业国有产权转让应当在依法设立的产权交易机构中公开进行,企业国有产权转让可以采取拍卖、招投标、协议转让等方式进行。企业未按照上述规定在依法设立的产权交易机构中公开进行企业国有产权转让,而是进行场外交易的,其交易行为违反公开、公平、公正的交易原则,损害社会公共利益,应依法认定其交易行为无效。

基本案情:

被告(反诉原告)上海自来水投资建设有限公司(以下简称"自来水公司")出具董事会决议,委托第三人(反诉被告)上海水务资产经营发展有限公司(以下简称"上海水务公司")处置其拥有的光大银行国有法人股;上海水务公司委托第三人金槌拍卖公司公开拍卖该股份;原告(反诉被告)巴菲特投资有限公司(以下简称"巴菲特公司")通过竞拍取得该股份,与第三人上海水务公司签订了《光大银行法人股股权转让协议》。

自来水公司的上级主管单位认为,股权处置应由股东会决定,要求设法中止股权交易。因此,自来水公司向光大银行发出《关于中止股权变更有关事宜的函》称:"先前因公司改制需委托上海水务资产经营发展有限公司办理股权变更有关事宜,目前由于情况发生变化,我公司尚未递交转让方股权转让申请,根据我公司上级主管机构的意见,决定中止我公司光大银行股权变更手续。"自来水公司致函原告巴菲特公司称:"上海水务公司无权处分我司财产,上海水务公司与巴菲特公司签订的股权转让协议不予追认。"自来水公司同时致函第三人上海水务公司称:"立即采取补救措施,撤销与巴菲特公司签署的股权转让协议。"

巴菲特公司认为,与自来水公司签订的《光大银行法人股股权转让协议》合法有效。遂起诉至法院,要求自来水公司履行《光大银行法人股股权转让协议》。自来水公司辩称,从未授权第三人上海水务公司拍卖其持有的光大银行股权,也未与巴菲特公司订立过股权转让协议。讼争的光大银行法人股系国有资产,根据《企业国有产权转让管理暂行办法》的有关规定,转让国有产权应当履行审批、评估程序,并且按规定进入产权交易场所交易。本次股权转让的过程不符合上述有关规定,转让行为不合法。因此,自来水公司不同意巴菲特公司的诉讼请求,并提出反诉,请求法院判决确认巴菲特公司与上海水务公司签订的《光大银行法人股股权转让协议》无效。

法律关系图：

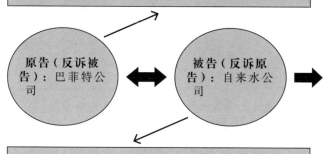

裁判过程及理由：

一审法院认为，本案的争议焦点为：1. 第三人上海水务公司是否取得被告自来水公司对讼争股权转让的授权，以及自来水公司与讼争股权转让协议的关系。2. 上海水务公司转让讼争股权是否符合法律规定的转让企业国有资产的程序和方式，上海水务公司与原告巴菲特公司的转让行为是否合法有效。

关于第一个焦点，根据《民法通则》（已失效）第65条的规定，对于民事法律行为的委托代理，既可以书面形式，也可以口头形式。本案所争议的自来水公司形成的董事会决议，虽然未标明为"授权委托书"，但其内容已体现出授权委托的意思表示，符合授权委托的基本要素。尽管自来水公司在授权时未以"授权委托书"形式出现，但自来水公司的董事会决议无论在程序还是内容方面，均无违反法律法规和公司章程的规定，依法应认定自来水公司已全权委托第三人上海水务公司办理转让讼争股权的事宜。况且，自来水公司在事后的函件中承认曾委托上海水务公司办理股权变更事宜。现自来水公司以该决议只是一份公司内部文件，董事会超越职权，以及股东会事后不予追认等理由否认其授权效力，缺乏事实依据和法律依据。上海水务公司以自己名义在自来水公司授权范围内与巴菲特公司签订的股权转让协议，已载明上海水务公司与自来水公司之间有委托代理关系，根据《合同法》（已失效）第402条（现《民法典》第925条）的规定，该协议可以直接约束自来水公司。根据原《合同法》(已失效)第403条第2款(现《民法典》第926条第2款)的规定,因自来水公司的原因对巴菲特公司不履行合同义务的,巴菲特公司有权选择自来水公司或者上海水务公司主张权利。因此,自来水公司与巴菲特公司在本案中构成股权转让关系。巴菲特公司起诉要求自来水公司履行股权转让协议,在程序上并无不当。同理,自来水公司反诉要求确认股权转让协议无效,在程序上亦无不当。

关于第二个争议焦点,第三人上海水务公司虽然取得被告自来水公司的授权,可以代理自来水公司转让讼争股权,但在实施转让行为时,应当按照国家法律法规和行政规章所规定的程序和方式进行。讼争股权的性质为国有法人股,其无疑属于企业国有资产的范畴。对于企业国有资产的转让程序和方式,国务院、省级地方政府及国有资产监管机构均有相应的规定。根据国务院国资委、财政部制定实施的《企业国有产权转让管理暂行办法》第4条、第5条的规定,企业国有产权转让应当在依法设立的产权交易机构中公开进行,企业国有产权转让可以采取拍卖、招投标、协议转让等方式进行。根据上海市政府制定实施的《上海市产权交易市场管理办法》的规定,本市所辖国有产权的交易应当在产权交易市场进行,根据产权交易标的的具体情况采取拍卖、招标或竞价方式确定受让人和受让价格。上述两个规范性文件虽然不是行政法规,但均系依据国务院的授权对《企业国有资产监督管理暂行条例》的实施所制定的细则办法。根据《企业国有资产监督管理暂行条例》第13条的规定,国务院国有资产监督管理机构可以制定企业国有资产监督管理的规章、制度。而且,规定企业国有产权转让应当进场交易的目的,在于通过严格规范的程序保证交易的公开、公平、公正,最大限度地防止国有资产流失,避免国家利益、社会公共利益受损。因此,《企业国有产权转让管理暂行办法》《上海市产权交易市场管理办法》的上述规定,符合上位法的精神,不违背上位法的具体规定,应当在企业国有资产转让过程中贯彻实施。本案中,上海水务公司在接受自来水公司委托转让讼争股权时,未依照国家的上述规定处置,擅自委托第三人金槌拍卖公司拍卖,并在拍卖后与巴菲特公司订立股权转让协议,其行为不具合法性。自来水公司认为上海水务公司违法实施讼争股权的拍卖,并依拍卖结果与巴菲特公司订立的股权转让协议无效的观点成立。

综上所述,一审法院判决:1.确认原告巴菲特公司与第三人上海水务公司于2007年2月12日签订的《光大银行法人股股权转让协议》无效;2.对原告巴菲特公司的诉讼请求不予支持。

巴菲特公司不服一审判决,向二审法院提起上诉。二审法院经审理后,判决驳回上诉,维持原判。

实务要点:

由于国有企业股权的特殊性,在国有企业股权转让时,不仅需要符合《公司法》的相关规定,还应该符合国资监管的要求,经过一系列的内部与外部程序,才能合法转让。这些程序中,是否需要依法进场交易,尚存争议。通过阅读本案,可以发现:

第一,公司法意义上的董事会决议,是董事会根据法律或者公司章程规定的权限和表决程序,就审议事项经表决形成的反映董事会商业判断和独立意志的决议文件。虽然董事会决议未标明为"授权委托书",但其内容已体现出授权委托的意思表示,符合授权委托的基本要素,授权委托关系依法成立。

第二,《企业国有产权转让管理暂行办法》《上海市产权交易市场管理办法》系授权对《企业国有资产监督管理暂行条例》的实施所制定的细则办法,符合上位法的精神,不违背上位法的具体规定,符合保护公共利益的要求,应当在企业国有资产转让过程中贯彻实施。这一论证逻辑与《九民纪要》第31条的认识一致,即违反规章一般情况下不影响合同效力,但该规章的内容涉及金融安全、市场秩序、国家宏观政策等公序良俗的,应当认定合同无效。人民法院在认定规章是否涉及公序良俗时,要在考察规范对象基础上,兼顾监管强度、交易安全保护以及社会影响等方面进行慎重考量,并在裁判文书中进行充分说理。

十一、股权转让纠纷诉讼程序操作要点

(一)股权转让纠纷的基本含义

根据最高人民法院《民事案件案由规定》,股权转让纠纷是指股东之间、股东与受让股东之间进行股权转让而产生的纠纷。股权转让纠纷的类型,主要包括:股权转让合同效力的纠纷、股权转让合同履行的纠纷、瑕疵出资股东股权转让纠纷、股权转让中的瑕疵责任。此外,股权继承、股权的分割、股权的遗赠等,也属于特殊类型的股权转让纠纷。

(二)股权转让纠纷的管辖

因股权转让引起的纠纷,根据《民事诉讼法》第27条、《民诉法司法解释》第3条的规定,原则上由公司住所地人民法院管辖。

(三)法律依据

《民法典》合同编的相关规定。

《公司法》第 71 条至第 73 条、第 137 条至第 141 条、第 145 条。

《公司法司法解释(四)》第 16 条至第 22 条。

《九民纪要》第 8 条、第 9 条。

第六讲
股权让与担保

Lecture
6

一、股权让与担保识别

(一)股权让与担保的基本含义

近年来,股权让与担保作为融资及风控措施广受欢迎,并在商事交易中得到广泛运用。股权让与担保,是以转让股权为债权债务提供担保的方式。这种担保方式是让与担保的一种,指债务人或者第三人为担保债务的履行,将其股权转移至债权人名下并完成变更登记,在债务人不履行到期债务时,债权人可以就股权拍卖、变卖、折价后的价款受偿的一种非典型担保。《民法典》第388条规定:"……担保合同包括抵押合同、质押合同和其他具有担保功能的合同……"其中,所谓"其他具有担保功能的合同"就包括让与担保。股权让与担保作为一种权利移转型担保,是以转让标的物权利的方式来达成债权担保的目的,包含让与和担保两个基本要素。股权让与担保具有以下特征:

第一,当事方存在债权债务关系。该债权可以是确定性的债权,也可以是不特定性的将来债权。作为一种非典型担保,属于从合同的范畴,因此,是否存在主合同是判断一个协议是股权转让协议,还是股权让与担保的关键。

第二,当事方存在股权变更的外观。在股权的转让人和受让人等各方当事人之间已经达成合意、符合公司法上股权转让的条件和程序,并已经公示、变更登记至受让人名下,在外观上实现了权利转移。

第三,股权虽已变更登记至债权人名下,但该转让系以担保债权实现为目的。换言之,股权让与担保的目的在于为主债务提供担保,债权人作为股权受让人通常并不为此支付对价,同时,对于受让的股权,未届债务清偿期前受让人不得行使股东权利和处分。

(二)股权让与担保与股权质押、明股实债的区别

股权让与担保的识别与股权转让高度相关,对于二者的区别,在股权转让的部分已进行分析。在本讲,补充增加股权让与担保与股权质押、明股实债的区别。

1.股权让与担保与股权质押

股权质押是法定的担保物权,而股权让与担保则是非典型担保,是否具有物权效力还要看股权是否已经转移登记。尽管已经完成公示的股权让与担保在效力上类似于股权质押,但二者仍存在以下区别:

第一,登记方式不同。股权质押办理质押登记,而股权让与担保具有转让股权的外观。第二,权利属性不同。股权质押属于质押的方式之一,在性质上属于法定

的担保物权;而股权让与担保则属非典型担保。第三,债权保障程度不同。相比股权质押,采用股权让与担保,股权过户到债权人名下,其可自由、自主对外处分股权;通过受让股权,可以通过股东会表决程序限制公司对外担保、投资等涉及股权价值的重要交易;可以根据股权价值本身的增值梯度,实现保底收益加多层次的股权价值增值收益。

2. 股权让与担保与明股实债

明股实债并非严格意义上的法律概念,而是对司法实务中通过成为目标公司名义股东的方式取得固定回报的投资方式的总称,其本质是债权债务关系,而非股权投资。股权让与担保与明股实债具有以下区别:

第一,从面临问题的角度看,股权让与担保主要涉及其性质和效力问题,而名股实债除了需要考察性质和效力问题,实践中往往也与名义股东是否构成抽逃出资密切联系在一起。

第二,从合同数量的角度看,股权让与担保作为从合同,是为了担保主合同项下的债务而订立的,因此,股权让与担保往往存在两个合同。而名股实债本身仅是一个合同,当然,如果投资人实际享有的是债权,则名义上的股权转让或增资扩股协议,可以解释为通过让与股权方式提供担保的借贷合同。此时,形式上的一个合同包含了两个实质上的合同。但如果投资人享有的是股权,则股权转让或增资扩股协议都是双方真实意思表示,股权回购条款不过是其中的一个条款而已,则仍然是一个合同。

二、股权让与担保的法律适用

从法律关系分析,在采用股权让与担保进行融资的活动中,债权人与债务人之间的融资合同、股权转让合同及股权回购合同等主要受合同法的调整;当债权人被登记为名义股东后,其与公司及公司债权人的关系主要受公司法调整,因此,股权让与担保主要涉及合同法与公司法的适用(如图6-1所示)。此外,需注意的是,尽管股权让与担保主要涉及合同法及公司法,但由于股权让与担保的交易结构比较复杂,在特定情况下,还可能涉及信托法、破产法等法律法规的适用。本讲"三"先分析股权让与担保的合同效力,"四"分析债权人(登记股东)与公司及公司债权人之间的关系。

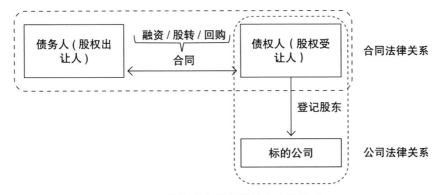

图 6-1 股权让与担保的核心法律关系

【案例进阶 30】如何认定股权让与担保及其效力？

案例名称：黑龙江闽成投资集团有限公司与西林钢铁集团有限公司、第三人刘志平民间借贷纠纷案

案例来源：最高人民法院(2019)最高法民终 133 号民事判决书,载于《最高人民法院公报》2020 年第 1 期

裁判要旨：

当事人以签订股权转让协议方式为民间借贷债权进行担保,此种非典型担保方式为让与担保。在不违反法律、行政法规效力性强制性规定的情况下,相关股权转让协议有效。

对于股权让与担保是否具有物权效力,应以是否已按照物权公示原则进行公示作为核心判断标准。在股权质押中,质权人可就已办理出质登记的股权优先受偿。在已将作为担保财产的股权变更登记到担保权人名下的股权让与担保中,担保权人形式上已经是作为担保标的物的股权的持有者,其就作为担保的股权所享有的优先受偿权利,更应受到保护,原则上享有对抗第三人的物权效力。

当借款人进入重整程序时,确认股权让与担保权人享有优先受偿的权利,不构成《破产法》第 16 条规定所指的个别清偿行为。

基本案情：

上诉人(原审被告)西林钢铁集团有限公司(以下简称"西钢公司")与第三人刘志平(代表黑龙江闽成投资集团有限公司,以下简称"闽成公司")签订多份借款协议,共向后者借款 10 亿元,同时约定将西钢公司持有的翠宏山公司 64%股权变更至刘志平名下,以保证债权的实现。后西钢公司进入破产重整程序,其持有的逊克

县翠宏山矿业有限公司(以下简称"翠宏山公司")股权成为破产财产。

上诉人(原审原告)闽成公司向一审法院起诉,请求西钢公司偿还借款本金及利息,并对刘志平持有的翠宏山公司64%股权折价或者拍卖、变卖所得价款优先受偿。

法律关系图:

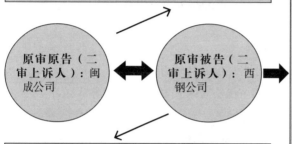

原告认为: 案涉股权让与担保属于非典型担保,合法有效。担保物已在工商部门变更登记至原告指定人名下,具有物权公示作用以及对抗第三人的效力;形式上已取得担保物的所有权,有排除第三人的优先效力。原告作为担保权利人,应对担保物享有优先于普通债权的优先受偿权。

被告认为: 案涉股权让与担保是双方在西钢公司经营严重困难时,为逃避债务而隐匿、转移财产的行为,应属无效。该让与担保违反物权法定及物权公示原则,不能对抗第三人。在西钢公司进入破产程序后,若允许原告对让与担保股权享有优先受偿权将严重损害其他债权人的利益。

争议焦点: 案涉股权的性质及效力如何认定?闽成公司是否有权就该股权优先受偿?一审适用《破产法》第16条规定,驳回闽成公司以案涉股份变价款优先受偿的诉请,适用法律是否正确?

法院认为: 当事人以签订股权转让协议方式为民间借贷债权进行担保,属于非典型担保方式中的让与担保。不违反法律、行政法规效力性强制性规定的情况下,协议有效。本案担保股权已变更登记到担保权人名下,形式上已经是股权持有者,其就作为担保的股权所享有的优先受偿权利,应受到保护。当借款人进入重整程序时,确认担保权人享有优先受偿的权利,不构成《破产法》第16条,规定所指的个别清偿行为。

裁判过程及理由:

一审法院经审理后,判决确认闽成公司对西钢公司享有债权本金10亿余元及利息,但并未支持闽成公司对翠宏山公司股权的优先受偿权,闽成公司与西钢公司均不服,提起上诉。

二审法院认为,本案争议焦点为:……3.刘志平所持翠宏山公司64%股权的性质及效力,闽成公司是否有权就该股权优先受偿;一审适用《破产法》第16条规定,驳回闽成公司以刘志平所持股份变价款优先受偿的诉请,适用法律是否正确。

第一,西钢公司将其持有的翠宏山公司股权登记在刘志平名下的法律性质如何认定?

西钢公司与刘志平签订的《协议书》约定:"双方签订的股权转让协议的目的是以股权转让的形式保证乙方债权的实现,督促甲方按本协议的约定偿还乙方的借款。""甲方应积极筹措资金偿还乙方借款,每偿还一笔借款,按还款数额相应核减乙方的持股比例。""……全部还清时,乙方应将受让的翠宏山公司的股权份额全部转回甲方或甲方指定的公司,并配合甲方办理工商变更登记手续。"《补充协议书》再次明确,该股权转让是为了"保证乙方债权的安全和实现",且双方确认"乙方也没有实质持有翠宏山公司股权的意愿"。可见,双方签订股权转让协议的目的是以股权转让形式保证刘志平债权的实现,担保西钢公司按协议约定偿还借款。上述《协议书》《补充协议书》约定将西钢公司名下翠宏山公司64%股权变更至刘志平名下,并非真正的股权转让,而是将翠宏山公司64%股权作为对刘志平债权实现的非典型担保,即让与担保。对此,各方不持异议。有关让与担保的约定内容真实、自愿、合法,不具有合同无效情形,应为有效合同。

第二,西钢公司与刘志平之间的股权让与担保是否属于虚伪意思表示?是否有效?

根据原《民法总则》第146条(现《民法典》第146条)的规定,是否为"以虚假的意思表示实施的民事法律行为",应当结合当事人在主合同即借款合同和从合同,即让与担保合同中作出的真实意思表示,统筹作出判断。约定将债务人或第三人股权转让给债权人的合同目的是设立担保,翠宏山公司64%股权转让至闽成公司代持股人刘志平名下是为西钢公司向闽成公司的巨额借款提供担保,而非设立股权转让民事关系。对此,债权人、债务人明知。从这一角度看,债权人、债务人的真实意思是以向债权人转让翠宏山公司股权的形式为债权实现提供担保,"显现的"是转让股权,"隐藏的"是为借款提供担保而非股权转让,均为让与担保既有法律特征的有机组成部分,均是债权人、债务人的真实意思,该意思表示不存在不真实或不一致的瑕疵,也未违反法律、行政法规的效力性强制性规定。对此,各方不持异议。有关让与担保的约定内容真实、自愿、合法,不具有合同无效情形,应为有效合同。

第三,西钢公司与刘志平之间的股权让与担保是否违反物权法定原则?

首先,根据物权和债权区分原则,物权法定原则并不能否定上述合同的效力,即使股权让与担保不具有物权效力,股权让与担保合同也不必然无效。其次,让与担保虽非《物权法》等法律规定的有名担保,但属在法理及司法实践中得到广泛确认的非典型担保。

第四,西钢公司与刘志平之间的股权让与担保是否违反禁止流押、流质的规定?

根据原《物权法》第186条、第211条之禁止流押、禁止流质的规定,旨在避免债权人乘债务人之危而滥用其优势地位,压低担保物价值,谋取不当利益。如约定担保权人负有清算义务,当债务人不履行债务时,担保权人并非当然取得担保物所有权时,并不存在流押、流质的问题。本案中,西钢公司与刘志平2015年8月13日签订的《补充协议书》约定,如西钢公司不能还清债务,"乙方有权对外出售翠宏山公司股权,出售价格以评估价格为基础下浮不超过10%;出售股权比例变现的额度,不得超过未清偿借款本息"。可见,西钢公司与刘志平就以翠宏山公司64%股权设定的让与担保,股权出售价格应以"评估价格为基础下浮不超过10%"的清算方式变现,上述约定不违反禁止流押、流质的法律规定。

第五,担保权人是否可以取得该股权价值优先受偿的权利?

最高人民法院《关于进一步加强金融审判工作的若干意见》第3条规定,依法认定新类型担保的法律效力,拓宽中小微企业的融资担保方式。除符合原《合同法》第52条规定的合同无效情形外,应当依法认定新类型担保合同有效;符合物权法有关担保物权规定的,还应当依法认定其物权效力。对于前述股权让与担保是否具有物权效力,应以是否已按照物权公示原则进行公示,作为核心判断标准。本案讼争让与担保中,担保标的物为翠宏山公司64%股权。根据《公司法》第32条第3款的规定,公司登记机关变更登记为公司股权变更的公示方式。根据原《物权法》第208条第1款、第226条第1款及第229条的规定,在股权质押中,质权人可就已办理出质登记的股权优先受偿。举轻以明重,在已将作为担保财产的股权变更登记到担保权人名下的股权让与担保中,担保权人形式上已经是作为担保标的物的股份的持有者,其就作为担保的股权享有优先受偿的权利,更应受到保护,原则上具有对抗第三人的物权效力。这也正是股权让与担保的核心价值所在。本案中,西钢公司与刘志平于2014年6月就签订《协议书》以翠宏山公司64%股权设定让与担保,债权人闽成公司代持股人刘志平和债务人西钢公司协调配合已依约办妥公司股东变更登记,形式上刘志平成为该股权的受让人。因此,刘志平依约享有的担保物权优于一般债权,具有对抗西钢公司其他一般债权人的物权效力,享有就翠宏山公司64%股权优先受偿的权利。

第六,刘志平对该股权享有优先受偿权,是否构成《破产法》第16条所规定的个别清偿行为?

刘志平对讼争股权享有优先受偿权,不构成《破产法》第16条规定所指的个别清偿行为。《破产法》第16条之所以规定人民法院受理破产申请后的个别清偿行为无效,一是因为此类个别清偿行为减少破产财产总额;二是因为此类个别清偿行为违反公平清偿原则。在当事人以股权设定让与担保并办理相应股权变更登记,且让与担保人进入破产程序时,认定让与担保权人就已设定让与担保的股权享有优先受偿权利,是让与担保法律制度的既有功能,是设立让与担保合同的目的。

综上所述,二审法院判决如下:1.撤销黑龙江省高级人民法院(2017)黑民初

154 号民事判决。2. 确认闽成公司对西钢公司享有债权本金 1059244471.52 元及利息。3. 闽成公司对刘志平持有的翠宏山公司 64% 股权折价或者拍卖、变卖所得价款优先受偿。4. 驳回闽成公司、西钢公司的其他上诉请求。

实务要点：

此案系《九民纪要》《民法典担保制度司法解释》出台之前，最高人民法院通过判例形式确认股权让与担保合法性的典型案例。该案并不复杂，就是借款人将持有的其他公司股权转让给出借人指定的第三人，作为将来归还借款的担保。由于本案借款金额巨大，还涉及以股抵债、公司重整等问题，因此裁判文书较长。为阅读方便，笔者对该案判决书进行了一定删减。通过阅读本案，可以发现：

第一，通过本案，最高人民法院不但确认了股权让与担保合同的合法性，而且赋予已经进行变更登记的股权让与担保，取得对抗第三人的物权效力，享有优先受偿的权利。

第二，在实际操作中，采用股权让与担保进行融资，进行交易架构设计时，可以在一个完整的合同文本中作出全部约定，也可以通过多个具体协议文本（如包括融资协议+股权转让协议+股权回购协议等在内的契约群）的模式实现。至于到底是一个还是多个，主要是形式上的差别，并没有实质的不同。本案中，交易各方就采用了契约群的方式，既有借款协议，又有股权转让协议等。此外，需要注意的是，在股权转让阶段，借款人是将持有的股权转让给了出借人指定的第三人代持，并非常见的由出借人直接持有。

三、股权让与担保的合同效力

依据意思自治的法理，《民法典担保制度司法解释》第 68 条第 1 款确认了让与担保合同的效力，即"债务人或者第三人与债权人约定将财产形式上转移至债权人名下，债务人不履行到期债务，债权人有权对财产折价或者以拍卖、变卖该财产所得价款偿还债务的，人民法院应当认定该约定有效"。股权让与担保，作为让与担保的一种，其要义是股东以将其股权转移至债权人名下的方式为债务履行提供担保。只要双方意思表示符合《民法典》第 143 条的规定，股权让与担保合同就合法有效。在理解股权让与担保合同的效力时，应注意以下几点：

第一，以虚伪意思表示为由认定股权让与担保无效缺乏法律依据。股权让与担保的当事人以真意进行股权的让与行为，尽管转让股权的意思旨在实现担保目的，但该意思系当事人真实意思表示，并非欠缺效果意思的通谋虚假表示。

第二,股权让与担保合同的效力并未违反物权法定原则。根据区分原则,物权法定原则本身并不影响合同的效力,对于股权让与担保合同的效力仍应按照《民法典》第 143 条的规定认定。

第三,关于股权让与担保是否违反流押、流质问题。依据《民法典》第 401 条、第 428 条的规定,流押、流质因债权人未经清算过程即可获得股权,有违担保的本质,因此,应否定债权人可以取得股权的事先约定的效力;同时,赋予其优先受偿的担保效果。换言之,在实务中,不应依据有关流押、流质之禁止规定认定整个股权让与担保合同无效。

四、股权让与担保的对外效力

由于股权让与担保需要办理股权过户登记,这就涉及债权人是否具有股东身份,能否依据《公司法》的规定享有股东权利,并承担相应责任的问题。因此,为了理解股权让与担保,既需要了解让与担保的一般原理,又需要关注股权作为兼具财产权和人身权属性的复合型权利的特点。

(一) 名义股东与公司之间的关系

当事人通过股权让与担保安排后,债权人依据股权转让合同的约定办理了股权变更登记手续,从而使债权人成为名义股东,其目的在于通过支配股权的交换价值,确保债权到期能够得到实现,因此,股东作为让与人并不丧失股东资格与股东权利。债权人作为名义股东,也并不因此具有股东资格,亦不得对公司行使股东权利。

(二) 名义股东与公司债权人之间的关系

在股权让与担保模式下,债权人受让股权成为名义股东,名义股东的实际地位为债权人,并不负有出资义务,因此,公司债权人以股东未履行或者未全面履行出资义务或者抽逃出资等为由,要求作为名义股东的债权人承担连带责任的,不予支持。公司债权人虽不能要求作为名义股东的债权人承担责任,但在查明案件事实的基础上,其可以要求转让人作为实际股东对于出资瑕疵承担相应的责任。

【案例进阶 31】股权让与担保中,谁有权持有公司公章、证照?

案例名称:北京博源工贸有限责任公司与崔冲等公司证照返还纠纷案

案例来源:(2019)京 0107 民初 13506 号民事判决书

裁判要旨:

在股权让与担保前提下,对公司名义股东与实际股东之间因法定代表人任免等产生的公司内部争议,应当以实际股东召开的股东会所产生的任免决议等有效决议文件为准,并在公司内部产生法定代表人变更的法律效力。债权人的相关债权已经得到实现,相关股权让与担保的目的已经得到满足,如果债权人不能证明继续持有公司公章、证照的合法性,则不应再持有公司公章、证照。

基本案情:

胡某、曹某合计持有甲公司 100% 股权。甲公司关联企业因向乙公司借款,甲公司对乙公司该债权提供抵押担保。为保证乙公司抵押权的实现,胡某、曹某将所持甲公司股权变更登记至乙公司名下,并将甲公司的证照、土地产权证书交付乙公司持有。股权让与担保期间,乙公司持甲公司证照与征收部门签订了征收补偿协议。为此,甲公司的名义股东与实际股东就双方之间的股东资格及权利行使产生分歧,并就甲公司的诉讼意志代表权及公司证照返还问题产生争讼。据此,胡某持实际股东胡某、曹某新作出的股东会决议将名义股东乙公司诉至北京市石景山区人民法院,要求返还甲公司的证照。

法律关系图:

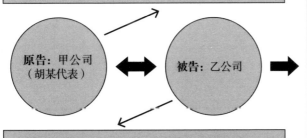

裁判过程及理由：

法院认为，本案争议焦点问题有三：一是股权让与担保行为是否导致胡某、曹某股东资格和股东权利的丧失；二是胡某是否具有代表甲公司提起本案诉讼的主体资格；三是乙公司是否应当将所持有甲公司公章、证照予以返还。

第一，关于股权让与担保行为是否导致股东资格及股东权利丧失问题。

当事人通过办理股权变更登记方式为债权提供担保的，基于担保物权的性质，股权作为担保物仅起到担保债权的作用；就双方内部关系而言，权利受让人仅在担保范围内享有优先受偿的权利，而不能直接取得股权。已生效判决认定胡某、曹某分别系持有甲公司80%、20%股权的实际股东，且胡某、曹某与乙公司就甲公司股权的处理，系股权让与担保性质。此外，甲公司的日常经营及管理等事宜亦一直由胡某掌控，乙公司并未参与。乙公司虽系在甲公司工商登记中记载的股东，但仅为名义股东。对外关系上乙公司虽取得了甲公司的股权，在外观上享有相应股东地位；但在内部关系上，乙公司仅取得相关债权中的担保权人资格。胡某、曹某将其持有的股权转让给乙公司并办工商变更登记，其目的是担保乙公司债权的实现，而非通过转让行为使得乙公司获得甲公司的股权、经营权。故在公司内部关系上，胡某、曹某与其股东身份有关的出席、表决等权利并未发生转移，案涉股权让与担保行为并未导致胡某、曹某股东资格和股东权利的丧失。

第二，关于胡某是否享有代表甲公司提起本案诉讼的主体资格问题。

对法定代表人变更事项进行登记，其意义在于向社会公示公司意志代表权的基本状态。根据商事外观主义及公示原则，工商登记的法定代表人对外具有公示效力，对涉及公司以外的善意第三人因公司代表权而产生的外部争议，应基于工商登记商事外观主义和表见代理制度处理。但在股权让与担保前提下，对公司名义股东与实际股东之间因法定代表人任免等产生的公司内部争议，应当以实际股东召开的股东会所产生的任免决议等有效决议文件为准，并在公司内部产生法定代表人变更的法律效力。本案中，应仍以由实际股东组织召开的选举新法定代表人的有效股东会决议为准，新的法定代表人是公司诉讼代表人。

公司的股东会为公司的最高权力机关，董事、董事长应当执行股东会的决议。在公司公章缺位或公司内部对意志代表权发生争议时，董事长或董事可以在股东会授权范围内代表公司意志，代表公司参与诉讼，并在起诉状中签名、签署有关授权委托手续。本案中，代表甲公司提起诉讼签署的起诉状及授权委托书等相关诉讼材料的均为胡某。鉴于胡某、曹某作为实际股东，依法享有甲公司股东资格及股东权利。且两位股东作出的股东会决议变更董事、法定代表人为胡某,对公司内部产生法律效力。胡某作为股东会新选任的法定代表人,在股东会授权范围内,针对返还公司公章、证照的问题提起本案诉讼行为,代表甲公司的意志和真实意思表示。

第三,关于乙公司是否应当返还甲公司公章、证照问题。

公司公章、证照作为公司的合法财产,对外不仅代表公司的意志和表象,更是公司日常经营所必需。公司对公章、证照的所有权,具体体现为股东大会决议、董事会决议或经理决定保管人,由保管人按照公司的规定进行保管和使用。当公司的公章、证照由他人无权控制、占有时,公司的法定代表人可以依据《物权法》(已失效)、《民法总则》(已失效)和《公司法》的相关规定,要求非法占有人返还。

公司公章、证照等作为公司财产和公司经营活动中进行意思表示的手段,公司法定代表人有权进行管理,并可代表公司要求他人返还。本案中,甲公司将公章、证照等文件交由乙公司,其目的系担保乙公司债权的顺利实现,故在股权让与担保的情况下,胡某作为甲公司的实际股东、新法定代表人,有权掌握公司相关文件。因乙公司就相关的债权已经得到实现,相关股权让与担保的目的已经得到满足,现乙公司未能进一步证实其继续持有甲公司公章、证照的其他合法情形,故其继续持有公章、证照将会导致甲公司的经营活动等无法正常开展,进而可能损害甲公司的合法权益。甲公司虽将涉案公章、证照等交付乙公司,但双方并未明确约定保管期限,甲公司可随时要求乙公司予以返还,当甲公司提出了返还请求后,乙公司应当及时归还。

综上,原告甲公司请求被告乙公司返还涉案公章、证照的主张,有事实和法律依据,法院予以支持。

实务要点:

采用股权让与担保的融资方式,债权人不仅采用股权转让方式持有公司股权,还经常变更法定代表人及公司印章、证照的保管人。这是债权人为加强公司控制,防止公司责任资产不当减少的预防性措施。但这些措施的采用也可能导致法定代表人更换,甚至公司公章、证照争夺纠纷。通过阅读本案,可以发现:

第一,关于股权让与担保中法定代表人更换问题。法院认为,刘公司名义股东与实际股东之间因法定代表人任免等产生的公司内部争议,应当以实际股东召开的股东会所产生的任免决议等有效决议文件为准,并在公司内部产生法定代表人变更的法律效力。

第二,关于股权让与担保中公章、证照的保管问题。法院认为,如果股权让与担保融资协议中有相关安排,应按相关安排执行;如果股权让与担保融资协议中没有相关安排,则在股权让与担保目的已经实现的情况下,债权人不应再持有公司印章、证照。

第三,在股权让与担保融资协议中,为避免事后发生纠纷,应对公司控制权问题进行事先安排。比如法定代表人的更换期限、条件、权限等;又如公司公章、证照的保管期限、保管人及归还条件等。

五、股权让与担保的实现

(一)让与担保实现的一般程序

1. 让与担保的物权效力

《民法典担保制度司法解释》第68条第1款规定:"债务人或者第三人与债权人约定将财产形式上转移至债权人名下,债务人不履行到期债务,债权人有权对财产折价或者以拍卖、变卖该财产所得价款偿还债务的,人民法院应当认定该约定有效。当事人已经完成财产权利变动的公示,债务人不履行到期债务,债权人请求参照民法典关于担保物权的有关规定就该财产优先受偿的,人民法院应予支持。"由此可见,让与担保具有物权效力的前提,是当事人根据合同的约定,完成了财产权利变动的公示,形式上已经将财产转让至债权人名下。具体到股权让与担保的物权效力,必须办理了股权转移登记,如未办理股权登记,让与担保不能认定已经完成,不能产生让与担保的法律效果。换言之,如果在合同中未约定债务不能清偿时的清算办法,债权人可以请求参照《民法典》关于担保物权的规定对股权折价或者拍卖、变卖该股权所得的价款优先受偿。此外,债务人履行债务后,也可以请求债权人返还股权,或者请求对股权折价或者拍卖、变卖所得的价款清偿债务。

2. 含有流押、流质条款的让与担保合同的效力

《民法典担保制度司法解释》第68条第2款规定:"债务人或者第三人与债权人约定将财产形式上转移至债权人名下,债务人不履行到期债务,财产归债权人所有的,人民法院应当认定该约定无效,但是不影响当事人有关提供担保的意思表示的效力。当事人已经完成财产权利变动的公示,债务人不履行到期债务,债权人请求对该财产享有所有权的,人民法院不予支持;债权人请求参照民法典关于担保物权的规定对财产折价或者以拍卖、变卖该财产所得的价款优先受偿的,人民法院应予支持;债务人履行债务后请求返还财产,或者请求对财产折价或者以拍卖、变卖

所得的价款清偿债务的,人民法院应予支持。"由此可见,本款对留抵、流质条款的处理与《民法典》第401条和第428条的规定一致。本款明确规定:第一,含有流押、流质条款的让与担保合同的效力。在让与担保合同中涉及流押、流质的条款无效,但总体上不影响当事人有关提供担保的意思表示的效力。第二,含有流押、流质条款的让与担保合同的物权效力。即使当事人已经进行了所有权变更登记,债权人仍不能以流押、流质条款及变更登记为由主张标的物的所有权;让与担保物经所有权变更登记虽不能发生所有权转移的效果,但可以产生担保物权的效力,债权人可请求就标的物优先受偿,未经公示的,债权人只能依据合同主张违约责任;债务人履行债务后请求返还财产,或者请求对财产折价或者以拍卖、变卖所得的价款清偿债务。

3. 让与担保合同中回购条款的效力

《民法典担保制度司法解释》第68条第3款规定:"债务人与债权人约定将财产转移至债权人名下,在一定期间后再由债务人或者其指定的第三人以交易本金加上溢价款回购,债务人到期不履行回购义务,财产归债权人所有的,人民法院应当参照第二款规定处理。回购对象自始不存在的,人民法院应当依照民法典第一百四十六条第二款的规定,按照其实际构成的法律关系处理。"由此可见,本款明确规定溢价回购具备让与担保的构成要件,在审查回购对象是否真实存在的情况下,按照不同的规则予以处理。如果回购对象真实存在,则按照《民法典担保制度司法解释》第68条第2款的规定处理;如果回购对象自始不存在,则应当依据《民法典》第146条第2款的规定处理。

(二)股权让与担保实现的特殊程序

股权让与担保属于让与担保的一种形式,因此,上述关于让与担保实现的一般程序,同样适用于股权让与担保。需要注意的是,当债权人请求实现担保物权时,如何确定担保股权的价格,应区分公司的不同性质而区别对待。

第一,如果是有限责任公司,因为不存在股权的公开市场价格,应尽量促成当事人之间就股权价格达成事后的协议,如无法就价格达成一致,则只能通过拍卖、变卖等方式确定股权价格,但此时应该考虑其他股东的优先购买权问题。第二,如果是公众公司,因其股权具有市场价格,相对容易确定,但股权价格也可能存在变动,此时,应首先确定股权清算的时间点,从而确定债权人优先受偿的范围。

【案例进阶32】"归属清算型"股权让与担保,担保权人可直接取得目标股权吗?

案例名称:修水县巨通投资控股有限公司与福建省稀有稀土(集团)有限公司、江西巨通实业有限公司合同纠纷案

案例来源:最高人民法院(2018)最高法民终119号民事判决书

裁判要旨:

让与担保作为一种权利移转型担保,是以转让标的物权利的方式来达成债权担保的目的,包含让与和担保两个基本要素,对标的物的处置有归属清算型和处分清算型两种实现方式,具体采取何种实现方式,可由当事人依意思表示一致选择。归属清算型让与担保,双方根据资产评估报告确定股权转让价款,股权受让人可直接主张取得目标股权。

基本案情:

被上诉人(原审原告)福建省稀有稀土(集团)有限公司(以下简称"稀土公司")为上诉人(原审被告)修水县巨通投资控股有限公司(以下简称"修水巨通")对外的一笔借款承担连带保证责任。同时双方签署了一份《股权转让协议》,约定修水巨通将其持有的原审第三人江西巨通实业有限公司(以下简称"江西巨通")48%的股权转让给稀土公司,并约定该股权转让为附解除条件的股权转让,如果发生稀土公司最终没有承担连带保证责任等约定情形,则《股权转让协议》解除。否则,稀土公司可以选择受让《股权转让协议》项下的部分或全部股权。而受让股权的股权转让价款将由具备相应资质的资产评估机构对目标股权价值进行评估,在比较评估价值与稀土公司承担的保证责任的基础上,以多退少补的原则进行支付。

协议签署后,稀土公司与修水巨通就股权变更办理了工商登记,目标公司江西巨通及修水巨通均对此次股权转让出具了股东会决议。修水巨通的借款到期后,由于其自身无力清偿债务,稀土公司承担了连带保证责任。此后,稀土公司诉至一审法院,请求确认《股权转让协议》及其项下股权转让交易合法有效,并取得江西巨通的股权。

法律关系图：

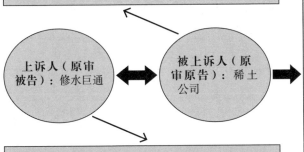

裁判过程及理由：

一审法院判决支持稀土公司的诉请。江西巨通不服，提起上诉。

二审法院认为，本案争议焦点问题为：1.关于案涉《股权转让协议》的性质和效力应如何认定的问题。2.关于稀土公司能否取得江西巨通48%的股权的问题。

第一，关于案涉《股权转让协议》的性质和效力应如何认定？

关于案涉《股权转让协议》的性质。就立法例考察，让与担保是大陆法系德、日等国经由判例、学说所形成的一种非典型的担保方式。我国经济活动和担保实务中亦多有运用。2015年9月1日施行的《最高人民法院关于审理民间借贷案件适用法律若干问题的规定》（已被修改）第24条规定，系在司法解释层面上对让与担保制度的规范和调整。

本案中，修水巨通与稀土公司之间关于《股权转让协议》是担保合同抑或股权转让的性质之争，系让与担保司法认定中的常见争议。通常所谓的让与担保，是指债务人或第三人为担保债务人的债务，将担保标的物的所有权等权利转移于担保权人，而使担保权人在不超过担保之目的范围内，于债务清偿后，担保标的物应返还于债务人或第三人，债务不履行时，担保权人得就该标的物优先受偿的非典型担保。作为一种权利移转型担保，让与担保是以转让标的物权利的方式来达成债权担保的目的,包含让与和担保两个基本要素。这两个基本要素的存在,使得司法实践中对让与担保的定性争议集中在担保抑或转让的性质之争上,存在着区分困难。案涉《股权转让协议》在性质上应认定为让与担保。理由如下:

首先,稀土公司与修水巨通之间存在债权债务关系。2013年9月5日,修水巨通与稀土公司签订《股权转让协议》,该协议第2.3.1条"背景情况"约定,中铁信托与修水巨通签订《借款合同》,向修水巨通提供8亿元的融资贷款;为担保修水巨通履行《借款合同》项下的义务和责任,稀土公司与中铁信托签订《质押合同》《保证合同》,向中铁信托提供股权质押担保和连带责任保证;同时,修水巨通、刘典平、邹蕻英与稀土公司签订《担保和反担保协议》,向稀土公司提供反担保。前述所涉协议均已签订并实际履行,稀土公司作为修水巨通所负借款债务的担保人及反担保权人,对修水巨通享有将来债权。如修水巨通将来未依约偿还借款债务,稀土公司作为担保人承担担保责任后,对修水巨通享有追偿权。需要指出的是,虽该债权系具有不特定性的将来债权,但在让与担保的设定中,被担保债权不以已经存在的现实债权为必要,将来变动中的不特定债权,亦可成为担保对象。

其次,债务人修水巨通与债权人稀土公司之间具有转让案涉股权的外观。《股权转让协议》标题中采用了"转让"的用语,并在第2条、第3条、第4条分别约定了转让安排、转让价款和变更登记等事项。2013年9月5日,修水巨通作出《股东会决议》,全体股东一致同意转让其在江西巨通48%的股权。同日,江西巨通作出《股东会决议》,全体股东一致同意修水巨通的股权对外转让,其他股东书面确认放弃优先购买权。虽修水巨通上诉主张,其股东在《股东会决议》上签字,目的系出于提供担保而非转让,但并未否定《股东会决议》上签字的真实性。2013年9月6日,目标公司江西巨通完成股权变更登记,案涉48%的股权变更登记在稀土公司名下。案涉股权转让,在转让人和受让人等各方当事人之间已经达成合意、符合公司法上有限公司股权转让的条件和程序,并已经公示、变更登记至受让人名下,在外观上实现了权利转移。

最后,案涉股权虽已变更登记至稀土公司名下,但该转让系以担保债权实现为目的,稀土公司作为名义上的股权受让人,其权利范围不同于完整意义上的股东权利,受担保目的等诸多限制。一是案涉股权转让与借款债务是否清偿、担保责任承担与否密切关联。《股权转让协议》第2.3.1条约定,该协议应与《借款合同》《质押合同》《保证合同》以及《担保与反担保协议》作整体考量。二是案涉股权转让附有解除条件,无论条件满足与否,均有目标股权恢复至修水巨通名下的可能。《股权转让协议》第2.3.2条、第2.3.3条约定,案涉股权转让附有解除条件,在修水巨通按时足额向中铁信托清偿了《借款合同》项下的债务,未发生稀土公司为修水巨通承担质押担保责任或保证责任的情况,修水巨通向稀土公司按时足额付清了《担保与反担保协议》项下的担保费,且《担保与反担保协议》及其附件所述应付款项本息已经付清时,修水巨通、稀土公司均享有合同解除权,将目标股权恢复至本协议生效之前的状态。在上述解除条件未满足时,稀土公司作为受让人仍有权要求终止或解除本协议的全部或者部分内容,其拒绝受让目标股权的,修水巨通应返还相应转让价款,并清偿所欠相应债务。三是案涉股权转让价款受合同是否解除、稀土公司是否承担保证责任代为清偿借款本息等因素影响,并未确定。《股权转让协议》第3.1.1条、第3.1.2条约定,案涉股权的转让价款在协议签订时并未确定,须待修水巨通未清偿债务、合同解除条件未满足,且稀土公司决定受让目标股权后,委托具备资质的资产评估机构对目标股权价值进行评估。且评估价值并非就是目标股权的转让价款,尚需依据评估价值是否超出10亿元、稀土公司是否代修水巨通垫付《借款合同》项下利息等情形予以确定。四是稀土公司作为受让人,其股东权利的行使受到诸多限制。《股权转让协议》第2.3.4条约定,在合同解除条件满足与否之前,目标股权对应的未分配利润不作实际分配;第4.3条约定,协议生效后,目标公司的高级管理人员中原由修水巨通委派、推荐或者选任的人士,暂时保持不变,在修水巨通未清偿债务、合同解除条件未成就且稀土公司选择受让股权后,才改由稀土公司依其持股比例选派。

综上,《股权转让协议》在转让目的、交易结构以及股东权利等方面,均具有不同于单纯的股权转让的特点,其权利义务内容及实际履行情况,符合让与担保的基本架构,系以股权转让的方式实现担保债权的目的,其性质应认定为股权让与担保。

关于《股权转让协议》的效力问题。修水巨通上诉主张,《股权转让协议》名为转让实为担保,各方当事人具有通谋的虚伪意思表示,应为无效。稀土公司辩称其真实意思表示即为股权转让,《股权转让协议》合法有效。对让与担保效力的质疑,多集中在违反物权法定原则、虚伪意思表示和回避流质契约条款之上。其中违反物权法定原则的质疑,已在物权法定原则的立法本意以及习惯法层面上得以解释,前述2015年《最高人民法院关于审理民间借贷案件适用法律若干问题的规定》第24条(现第23条)的规定,即属对让与担保的肯定和承认;而回避流质契约条款可能发生的不当后果,亦可为让与担保实现时清算条款的约定或强制清算义务的设定所避免。至于让与担保是否因当事人具有通谋的虚伪意思表示而无效,应在现行法律规定以及当事人意思表示这两个层面来检视。就现行法律规定而言,根据原《民法总则》第146条(现《民法典》第146条)的规定,如当事人之间存在通谋的虚伪意思表示,基于该虚伪意思表示实施的民事法律行为应为无效。由此,让与担保是否无效的关键,在于当事人是否具有通谋的虚伪意思表示。对此,实践中多有误解,认为让与担保中,债务人将标的物权利转移给债权人,仅仅属于外观形式,其真实意思是在于设定担保,故为双方通谋而为虚假的转移权利的意思表示,应为无效。但事实上,在让与担保中,债务人为担保其债务将担保物的权利转移给债权人,使债权人在不超过担保目的的范围内取得担保物的权利,是出于真正的效果意思而作出的意思表示。尽管其中存在法律手段超越经济目的的问题,但与前述禁止性规定中以虚假的意思表示隐藏其他法律行为的做法,明显不同,不应因此而无效。

本案中,《股权转让协议》约定了转让标的、转让价款、变更登记等事项,江西巨通、修水巨通均就股权转让事宜作出股东会决议,案涉股权亦办理了变更登记手续,具备股权转让的外在表现形式。修水巨通虽提供黄宁、叶莲花等证人证言,拟证明其同意转让案涉股权的目的在于提供担保,但此种事实恰恰符合让与担保以转移权利的手段实现担保债权目的的基本架构,不构成欠缺效果意思的通谋的虚伪意思表示,其据此主张《股权转让协议》无效,于法无据。且《股权转让协议》第3.1条约定了清算条款,不违反流质条款的禁止性规定。故,《股权转让协议》系各方当事人通过契约方式设定让与担保,形成一种受契约自由原则和担保经济目的双重规范的债权担保关系,不违反法律、行政法规的禁止性规定,应为合法有效。

第二,稀土公司能否取得江西巨通48%的股权?

修水巨通虽上诉主张稀土公司具有恶意阻却《股权转让协议》解除条件成就的行为,但并未提供充分证据予以证明,不能成立。修水巨通未能依约清偿债务,不享有解除协议、使目标股权恢复至其名下的权利。需要指出的是,虽江西巨通48%的股权已在2013年9月6日变更登记至稀土公司名下,但此时的变更登记仅具让与担保设定中的权利转移外观,无论依据《股权转让协议》的约定抑或让与担保制度的基本原理,稀土公司享有完整意义上的股权,尚待所担保债权的清偿状态以及让与担保的实现方式而确定。一般而言,让与担保有归属清算型和处分清算型两种实现方式,前者指让与担保权人将标的物予以公正估价,标的物估价如果超过担保债权数额,超过部分的价额应交还给让与担保设定人,标的物所有权由让与担保权人取得;后者指让与担保权人将标的物予以拍卖、变卖,以卖得价金用以清偿债务,如有余额则返还给债务人,具体采取何种实现方式,可由当事人依意思表示一致选择。

《股权转让协议》第2.2.2条、第2.3.3条、第3.1.1条、第3.2.2条约定,若修水巨通未依约清偿债务、解除条件未满足的,稀土公司有权选择实际受让全部或部分目标股权,并指定具备相应资质的资产评估机构对目标股权价值进行评估,从而确定股权转让价款,在比较股权转让价款和稀土公司代偿债务金额的基础上,双方本着多退少补的原则支付差额。上述约定表明,案涉让与担保的实现方式即为归属清算型。根据本案已查明事实,借款合同履行期间届满后,修水巨通无力偿还债务,稀土公司已代偿本金及利息总金额为918444444.43元。《股权转让协议》解除条件未满足,稀土公司在有权并已实际决定受让全部目标股权,并依约指定资产评估机构出具《评估报告》、对股权价值进行了评估的基础上,能够取得江西巨通48%的股权。至于《评估报告》是否依据《股权转让协议》约定确定评估基准日、是否完整考虑江西巨通及其下属公司的价值、是否客观体现所涉矿产资源储量,属评估结果及因此而确定的股权转让价款是否公平合理的问题。鉴于稀土公司在本案中的诉讼请求主要为要求确认《股权转让协议》及其项下的股权转让合法有效,其因此享有江西巨通48%的股权,修水巨通亦未就股权转让价款提出反诉,故该问题不属于本案审理范围,不足以影响稀土公司取得江西巨通48%的股权。修水巨通可就股权转让价款问题另诉处理。据此,二审法院判决:驳回上诉,维持原判。

实务要点:

设立股权让与担保的主要目的在于担保主债权的实现,在债务人无法如期履行债务的情况下,担保权人对于已转让至自己名下的股权如何处置,是股权让与担保制度的关键。通过阅读本案,可以发现:

第一,股权让与担保作为一种权利移转型担保,是以转让标的物权利的方式来达成债权担保的目的,包含让与和担保两个基本要素。

第二,股权让与担保中,被担保债权不以已经存在的现实债权为必要,将来变动中的不特定债权,例如担保法律关系中的担保债权具有不特定性的将来债权等,亦可成为担保对象。

第三,一般而言,股权让与担保有归属清算型和处分清算型两种实现方式。前者指让与担保权人将标的物予以公正估价,标的物估价如果超过担保债权数额,超过部分的价额应交还给让与担保设定人,标的物所有权由让与担保权人取得;后者指让与担保权人将标的物予以拍卖、变卖,以卖得价金用以清偿债务,如有余额则返还给债务人。具体采取何种实现方式,可由当事人依意思表示一致选择。

第四,本案指出了股权让与担保的两个基本要素及两种清算类型,并对股权让与担保与通谋的虚伪意思表示行为进行了区别,为股权让与担保条款的设计、权利实现、争议裁判等提供了指引。

第七讲
公司人格否认

Lecture
7

一、公司人格否认概述

(一) 公司人格否认的基本含义

公司制度是人类社会的一项伟大发明,它赋予公司以独立的法人人格、赋予股东以有限责任。这些制度安排刺激了投资者的积极性,极大地促进了社会经济的发展。但随着社会的发展,利用公司独立人格和股东有限责任来逃避债务的行为逐渐增多,因此,依据权利不得滥用的法理,公司人格否认制度就应运而生。在英美国家,公司人格否认制度被称为"刺破/揭开公司面纱"。公司人格否认,又称为"法人人格否认",是指公司股东滥用公司法人独立地位和股东有限责任来逃避债务,严重损害债权人利益时,债权人可以越过公司的独立资格,直接请求滥用公司人格的股东对公司债务承担连带责任。该制度是在承认公司具有法人人格的前提下,在特定的法律关系中对公司人格及股东有限责任加以否定,以制止股东滥用公司人格及有限责任,保护公司债权人的利益,确保股东与债权人之间利益的平衡。

我国《民法典》第 83 条第 2 款,《公司法》第 20 条第 3 款、第 63 条将公司人格否认制度成文化。理解此制度时,应注意以下几点:

第一,只有在股东实施了滥用公司法人独立地位及股东有限责任的行为,且该行为严重损害了公司债权人利益的情况下,才能适用。损害债权人利益,主要是指股东滥用权利使公司财产不足以清偿公司债权人的债权。第二,只有实施了滥用公司法人独立地位和股东有限责任行为的股东才对公司债务承担连带清偿责任,而其他股东不应承担此责任。第三,公司人格否认不是全面、彻底、永久地否定公司的法人资格,而只是在具体案件中依据特定的法律事实、法律关系,突破股东对公司债务不承担责任的一般规则,例外地判令其承担连带责任。在个案中否认公司人格的判决的既判力仅仅约束该诉讼的各方当事人,不当然适用于涉及该公司的其他诉讼,不影响公司独立法人资格的存续。如果其他债权人提起公司人格否认诉讼,已生效判决认定的事实可以作为证据使用。第四,《公司法》第 20 条第 3 款规定的滥用行为,实践中常见的情形有人格混同、过度支配与控制、资本显著不足等。

(二) 公司人格否认的构成要件

公司股东滥用公司法人独立地位和股东有限责任,侵犯了公司债权人的利益,因此,公司人格否认的案件性质应属于侵权纠纷案件,应当按照侵权责任的构成要件承担相应的侵权赔偿责任。公司人格否认,应具备以下构成要件:

第一,主体要件。从双方当事人来看,原告是公司的债权人,包括主动债权人和被动债权人;被告是实施了滥用公司法人独立地位和股东有限责任行为,且该行为严重损害了公司债权人利益的股东,而不是其他股东。

第二,主观要件。从被告的主观过错来看,其目的是逃避债务,主观上有明显过错,是故意为之。如果股东主观上没有过错,或者过错不明显,属于过失,也没有必要否定公司人格。换言之,公司股东的行为必须达到"滥用"公司法人独立地位和股东有限责任的程度,才有必要否认公司人格。如果没有达到"滥用"的程度,就没有必要否认公司人格,否则有违公司人格独立和股东有限责任的公司法基本原则。

第三,结果要件。从原告来看,其因股东实施的"滥用"公司法人独立地位和股东有限责任的行为,受到的损害必须达到"严重"程度,才有必要否定公司人格,让股东对公司债务承担连带责任。否则,没有必要对公司独立人格和股东有限责任进行突破。

第四,因果关系要件。债权人的债权受到"严重"损害,是股东"滥用"公司法人独立地位和股东有限责任行为造成的;股东实施"滥用"行为是"因",债权人受到"严重"损害是"果"。虽然债权人受到"严重"损害,如果不是股东"滥用"行为造成的,而是其他原因,如市场原因、公司经营管理不善等原因,那么就不能否认公司独立人格。

【案例进阶33】股东仅转移公司单笔资金,可以否定公司独立人格吗?

案例名称: 海南碧桂园房地产开发有限公司与三亚凯利投资有限公司、张伟男等确认合同效力纠纷案

案例来源: 最高人民法院(2019)最高法民终960号民事判决书,载于《最高人民法院公报》2021年第2期

裁判要旨:

公司股东仅存在单笔转移公司资金行为,尚不足以否认公司独立人格的,不应依据《公司法》第20条第3款判决公司股东对公司的债务承担连带责任。但该行为客观上转移并减少了公司资产,降低了公司的偿债能力,根据"举重以明轻"的原则,参照《公司法司法解释(三)》第14条关于股东抽逃出资情况下的责任形态之规定,判决公司股东对公司债务不能清偿的部分在其转移资金的金额及相应利息范围内承担补充赔偿责任。

基本案情：

2017年7月15日，被上诉人（一审原告）海南碧桂园房地产开发有限公司（以下简称"碧桂园公司"）作为甲方，上诉人（一审被告）三亚凯利投资有限公司（以下简称"凯利公司"）作为乙方，签订《资产转让合同》，约定：（1）乙方将用途为综合用地的×××××号地块转让给甲方，资产转让价款暂定为7亿元；（2）资产转让先决条件：乙方承诺协调政府完成规划调整及用地性质变更；（3）资产转让价款的支付：甲方通过项目公司向乙方支付诚意金3.2亿元，前述诚意金由甲方通过银行委托贷款的方式支付给乙方，上述诚意金在项目公司取得不动产权属证书之日起转为项目公司应为乙方支付的转让价款，如乙方未于2017年10月30日前完成规划调整及用地性质变更，则甲方有权单方解除本合同，乙方需在收到甲方书面通知的3日内返还甲方或项目公司支付的诚意金3.2亿元，超过3日后乙方应按应付未付款每日千分之五向甲方或项目公司给付违约金。

2017年8月7日，碧桂园公司通过其在一审第三人中国建设银行三亚分行的账户向凯利公司转账3.2亿元。2017年8月8日，凯利公司向一审被告圣芳公司（股东）转账2419.1616万元，凯利公司向上诉人（一审被告）张伟男（股东）转账2951.8384万元。后凯利公司并未依约于2017年10月30日前完成《资产转让合同》中的规划调整及用地性质变更。碧桂园公司遂向一审法院起诉，请求：确认《资产转让合同》有效；解除《资产转让合同》，凯利公司退还碧桂园公司诚意金3.2亿元，并支付违约金；张伟男对上述债务承担连带责任。

法律关系图：

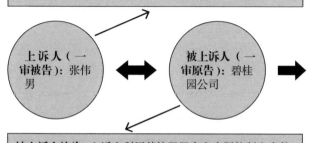

裁判过程及理由：

一审法院认为，本案的争议焦点为：……3. 张伟男、圣方公司对凯利公司的上述债务应否承担连带责任。4. 张伟男、圣方公司、梁璐应否在碧桂园公司主张的未出资的1000万元本息范围内，对凯利公司不能清偿的上述债务承担连带补充赔偿责任……

关于张伟男、圣方公司对凯利公司的上述债务应否承担连带责任的问题。根据《公司法》第20条第3款的规定，碧桂园公司依据该条法律规定请求张伟男、圣方公司对凯利公司在本案中的债务承担连带责任。圣方公司曾是凯利公司的股东，圣方公司提交了《借款协议》《借款确认函》《委托借款三方协议》《代付款函》及转账凭证等证据来证明其与凯利公司在凯利公司向其转账2419余万元之前就已存在借贷关系，该证据形成了圣方公司向凯利公司出借2000万元的证据链，可以认定圣方公司与凯利公司之间存在借贷关系，凯利公司关于其向圣方公司转账的2419余万元是归还其对圣方公司的借款本息的抗辩理由成立。故碧桂园公司关于圣方公司利用控股股东身份，虚构债务，转移凯利公司的公司财产，损害其权益，从而请求圣方公司对凯利公司的本案债务承担连带责任的诉讼主张不能成立，依法不予支持。

张伟男提交了《借款协议》《还款协议书》，以及凯利公司向河南省驻马店市中级人民法院转账3000万元的转账凭证，但未能提交其向凯利公司支付《借款协议》约定的2000万元借款的银行转账凭证，不能证明张伟男已实际向凯利公司支付了协议约定的借款，不能证明张伟男与凯利公司实际发生了借款关系。故张伟男提交的证据不能证明凯利公司于2017年8月8日向其转账支付的2951余万元是凯利公司向其归还的借款，碧桂园公司据此依据《公司法》第20条第3款的规定请求张伟男对凯利公司在本案中的债务承担连带责任，具有事实和法律依据，依法予以支持。

关于张伟男、圣方公司、梁璐应否在碧桂园公司主张的未出资的1000万元本息范围内，对凯利公司不能清偿的上述债务承担连带补充赔偿责任的问题。海南华合会计师事务所于2015年9月15日出具的海华合会验字[2015]第809002《验资报告》载明，凯利公司新增股东圣方公司认缴的1000万元出资已经实缴到位，且圣方公司提供了该1000万元出资款由圣方公司账户转入凯利公司账户的银行转账凭证。故可以认定圣方公司增资的1000万元已经实际缴纳到位。《公司法》第28条第1款、第29条及第178条第1款规定，股东以货币出资的，将相应货币存入公司银行账户，即完成出资义务，工商登记是完成实质性出资后应办理的登记备案手续,而不是认定股东出资是否到位的唯一依据。因此,碧桂园公司以凯利公司工商登记未登记圣方公司出资到位为由,请求张伟男、梁璐、圣方公司在圣方公司未出资的1000万元范围内对凯利公司的本案债务承担连带补充赔偿责任的诉讼请求,于法无据,依法不予支持。

综上所述,一审法院判决如下:1.《资产转让合同》合法有效。2.《资产转让合同》已于2017年11月12日解除。3.限凯利公司向碧桂园公司退还诚意金3.2亿元并支付违约金。4.张伟男对凯利公司依判决第三项所负的债务,承担连带清偿责任……

凯利公司、张伟男不服一审判决,提起上诉。

二审法院认为,本案的争议焦点为:……5.张伟男对凯利公司的债务应否承担连带清偿责任……

关于张伟男对凯利公司的债务应否承担连带清偿责任的问题。《公司法》第3条、第20条第3款规定,公司人格独立和股东有限责任是公司法的基本原则。否认公司独立人格,由滥用公司法人独立地位和股东有限责任的股东对公司债务承担连带责任,是股东有限责任的例外情形。否认公司法人格,须具备股东实施滥用公司法人独立地位及股东有限责任的行为以及该行为严重损害公司债权人利益的法定要件。

具体到本案,2017年8月7日,碧桂园公司向凯利公司转账3.2亿元,次日凯利公司向张伟男转账2951.8384万元。张伟男提交了《借款协议》《还款协议书》以及凯利公司向河南省驻马店市中级人民法院转账3000万元的转账凭证,但未提交其向凯利公司支付《借款协议》约定的2000万元借款的银行转账凭证,未能形成证据链证明张伟男与凯利公司之间存在真实有效的借款关系。原审判决认定,张伟男所提交证据不能证明凯利公司向张伟男转账支付的2951.8384万元是凯利公司向其归还的借款,并无不当。但是,认定公司与股东人格混同,需要综合多方面因素判断公司是否具有独立意思、公司与股东的财产是否混同且无法区分、是否存在其他混同情形等。本案中,凯利公司该单笔转账行为尚不足以证明凯利公司和张伟男构成人格混同。并且,凯利公司以《资产转让合同》目标地块为案涉债务设立了抵押,碧桂园公司亦未能举证证明凯利公司该笔转账行为严重损害了其作为债权人的利益。因此,凯利公司向张伟男转账2951.8384万元的行为,尚未达到否认凯利公司独立人格的程度。原审法院依据《公司法》第20条第3款判令张伟男对本案中凯利公司的全部债务承担连带责任不当,应予以纠正。

作为凯利公司股东的张伟男在未能证明其与凯利公司之间存在交易关系或者借贷关系等合法依据的情况下,接收凯利公司向其转账2951.8384万元,虽然不足以否定凯利公司的独立人格,但该行为在客观上转移并减少了凯利公司资产,降低了凯利公司的偿债能力,张伟男应当承担相应的责任。该笔2951.8384万元的转账超出了张伟男向凯利公司认缴的出资数额,根据举重以明轻的原则并参照《公司法司法解释(三)》第14条关于股东抽逃出资情况下的责任形态的规定,张伟男应对凯利公司的3.2亿元及其违约金债务不能清偿的部分在2951.8384万元及其利息范围内承担补充赔偿责任。

综上所述,二审法院判决如下:1.维持一审判决第一项、第二项、第三项。2.变更一审判决第四项为:张伟男对凯利公司在本判决第三项所负的3.2亿元及其违约金债务不能清偿的部分在2951.8384万元及其利息范围内承担补充赔偿责任……

实务要点:

根据《九民纪要》第10条的规定,"认定公司人格与股东人格是否存在混同,最根本的判断标准是公司是否具有独立意思和独立财产,最主要的表现是公司的财产与股东的财产是否混同且无法区分"。但是,"混同"多少才构成"人格混同"呢?是否只要出现一次股东使用公司财产的行为,就应认定为"人格混同",进而要求股东承担连带责任呢?立法及司法实践并不明确,本案为类似案件提供了裁判思路。通过阅读本案,可以发现:

第一,本案中,碧桂园公司既诉求否认公司独立人格,又以股东未履行出资义务为由,诉请股东对公司债务承担补充赔偿责任。在裁判过程中,一审法院认为,张伟男不能证明与凯利公司实际发生了借款关系,因此,依据《公司法》第20条第3款,应对凯利公司债务承担连带责任。由此可见,一审法院以股东仅转移公司单笔资金,就否认公司人格,其证据显然不充分;二审法院纠正了一审法院的认定,认为股东仅转移公司单笔资金,既未达到人格混同的程度,也未严重损害公司债权人利益,因此可以参照抽逃出资进行处理,不需要否认公司人格。

第二,关于股东是否履行了出资义务。一审法院认为,股东以货币出资的,将相应货币存入公司银行账户,即完成出资义务,工商登记是完成实质性出资后应办理的登记备案手续,而不是认定股东出资是否到位的唯一依据。因此,碧桂园公司以凯利公司工商登记未登记圣方公司出资到位为由,请求张伟男等在圣方公司未出资的1000万元范围内对凯利公司的债务承担连带补充赔偿责任的诉讼请求,不予支持。

第三,实务操作中,如果发现股东采用虚假交易从公司抽回资金,一方面,债权人可以考虑是否提起撤销之诉或公司人格否认;另一方面,也可参考本案裁判规则,在法院不倾向于作出否认公司独立人格的认定时,引导法院参照股东抽逃出资进行处理。

二、公司人格否认的常见情形

(一)人格混同

公司与股东人格混同,是公司人格否认的常见情形之一,又称公司人格的形骸化、公司与股东关系不清,意指公司成为股东的另一自我、工具、同一体,因而失去独立存在的价值,应否定其人格,股东对公司债务承担连带责任。根据《九民纪要》第 10 条的规定,人格混同主要包括以下情形:

第一,股东无偿使用公司资金、财产,不作财务记载。股东出资成立公司后,其出资的财产就成为公司的财产,所有权属于公司,与股东个人无关,公司是该财产的所有人,该财产是完全独立于股东的,因此股东无偿使用公司资金、财产,不作财务记载,恰恰可以证明公司人格不独立,已成为股东的工具、另一个自我。这时,应否定公司的人格。

第二,股东用公司的资金、财产偿还股东的债务,或者将公司的资金供关联公司无偿使用,不作财务记载。此种情形,其表现形态与上述第一种情形略有不同,即不是股东本人使用,而是偿还了股东自身的债务,或者供股东的关联公司无偿使用。虽表现形式不一,但实质是一样的。

第三,公司账簿与股东账簿不分,致使公司财产与股东财产无法区分。这既表明公司没有独立的财产,也表明公司没有独立的意思。这就表明公司已经形骸化,因此应当否定公司人格。

第四,股东自身收益与公司盈利不加区分,致使双方利益不清。这种情况也会导致使公司财产与股东财产无法区分,表明公司没有独立的意思,其财产也不独立,公司已经成为股东赚钱的工具,因此应当否定公司人格,让其对公司债务承担连带责任。

第五,公司的财产记载于股东名下,由股东占有、使用。这一情形下,实质上是混淆了公司的财产和股东的财产,严重损害了公司债权人的利益,应否定公司人格,让股东对公司承担连带责任。

第六,人格混同的其他情形。实践中,除了上述五种情形,可能还有各种各样的公司与股东人格混同的情形,因此《九民纪要》规定了一个兜底条款。

此外,需要注意的是,上述情形应当综合考虑,一般很少出现一种情形就认定人格混同。在出现人格混同时,往往同时出现以下混同:公司业务和股东业务混同;公司员工与股东员工混同,特别是财务人员混同;公司住所与股东住所混同。这时,关键要看是否构成人格混同,而不要求同时具备其他方面的混同,其他方面的混同往往只是人格混同的补强。

(二) 过度支配与控制

过度支配与控制,是指公司控制股东对公司过度支配与控制,操纵公司的决策过程,使公司完全丧失独立性,沦为控制股东的工具或躯壳。公司一旦被某一股东滥用控制权,就不再具有独立意思和独立财产,其独立人格就会沦为工具,如仍然恪守公司法人人格独立原则,就会严重损害公司债权人利益,此时应当否认公司人格。根据《九民纪要》第11条第1款的规定,具有以下情形之一,一般可以认定为滥用控制权:

第一,母、子公司之间或者子公司之间输送利益。母、子公司之间或者子公司之间相互输送利益,表明无论是母公司,还是子公司,都没有独立的意思,财产也不独立,因此应当否定母公司和子公司的人格,让滥用控制权的股东对母公司或者子公司的债务承担连带责任。

第二,母子公司或者子公司之间进行交易,收益归于一方公司,损失却由另一方公司承担。按照正常交易的规则,收益与损失应由各个公司独立承担。如果存在收益永远归于一方,损失却由另一方承担的情形,表明公司的某一股东滥用控制行为,因此应当否定母公司和子公司的人格,让滥用控制权的股东对母公司或者子公司的债务承担连带责任。

第三,先从原公司抽走资金,然后再成立经营目的相同或者类似的公司,逃避原公司债务。在这种情况下,也可能是原公司的某一控股股东在"滥用"公司控制权,因此应当否定母公司和子公司的人格,让滥用控制权的股东对母公司或者子公司的债务承担连带责任。

第四,先解散公司,再以原设备、场所、人员及相同或者相似的经营目的另设公司,从而逃避原公司债务。这种解散公司的行为往往是不规范的,没有经过清算程序,直接损害了公司债权人利益,因此公司债权人有权要求该股东对公司债务承担连带责任。

第五,股东滥用控制权的其他情形。实践中,除了上述四种情形,可能还存在其他的滥用控制权的行为,因此《九民纪要》规定了一个兜底条款。

【案例进阶34】如何认定关联公司中的"人格混同"?

案例名称:徐工集团工程机械股份有限公司诉成都川交工贸有限责任公司等买卖合同纠纷案

案例来源：江苏省高级人民法院(2011)苏商终字第0107号民事判决书；最高人民法院指导案例15号

裁判要旨：

关联公司的人员、业务、财务等方面交叉或混同，导致各自财产无法区分，丧失独立人格的，构成人格混同。关联公司人格混同，严重损害债权人利益的，关联公司相互之间对外部债务承担连带责任。

基本案情：

被上诉人(一审原告)徐工集团工程机械股份有限公司(以下简称"徐工机械公司")诉称：一审被告成都川交工贸有限责任公司(以下简称"川交工贸公司")拖欠其货款未付，而上诉人(一审被告)成都川交工程机械有限责任公司(以下简称"川交机械公司")、上诉人(一审被告)四川瑞路建设工程有限公司(以下简称"瑞路公司")与川交工贸公司人格混同，三家公司实际控制人王永礼以及川交工贸公司股东等人的个人资产与公司资产混同，均应承担连带清偿责任。请求判令：川交工贸公司支付所欠货款10916405.71元及利息；川交机械公司、瑞路公司及王永礼等个人对上述债务承担连带清偿责任。

川交工贸公司、川交机械公司、瑞路公司辩称：三个公司虽有关联，但并不混同，川交机械公司、瑞路公司不应对川交工贸公司的债务承担清偿责任。王永礼等人辩称：王永礼等人的个人财产与川交工贸公司的财产并不混同，不应为川交工贸公司的债务承担清偿责任。

法律关系图：

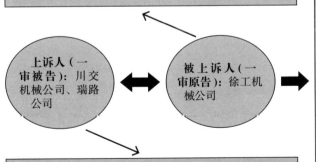

裁判过程及理由：

江苏省徐州市中级人民法院于 2011 年 4 月 10 日作出 (2009) 徐民二初字第 0065 号民事判决，判令：1.川交工贸公司于判决生效后 10 日内向徐工机械公司支付货款 10511710.71 元及逾期付款利息。2.川交机械公司、瑞路公司对川交工贸公司的上述债务承担连带清偿责任。3.驳回徐工机械公司对王永礼、吴帆、张家蓉、凌欣、过胜利、汤维明、郭印、何万庆、卢鑫的诉讼请求。宣判后，川交机械公司、瑞路公司提起上诉，认为一审判决认定三个公司人格混同，属认定事实不清；认定川交机械公司、瑞路公司对川交工贸公司的债务承担连带责任，缺乏法律依据。徐工机械公司答辩请求维持一审判决。

二审法院认为，本案争议焦点为：川交机械公司、瑞路公司与川交工贸公司是否人格混同，应否对川交工贸公司的债务承担连带清偿责任。

川交工贸公司与川交机械公司、瑞路公司人格混同。一是三个公司人员混同：三个公司的经理、财务负责人、出纳会计、工商手续经办人均相同，其他管理人员亦存在交叉任职的情形，川交工贸公司的人事任免存在由川交机械公司决定的情形。二是三个公司业务混同：三个公司实际经营中均涉及工程机械相关业务，经销过程中存在共用销售手册、经销协议的情形；对外进行宣传时信息混同。三是三个公司财务混同：三个公司使用共同账户，以王永礼的签字作为具体用款依据，对其中的资金及支配无法证明已作区分；三个公司与徐工机械公司之间的债权债务、业绩、账务及返利均计算在川交工贸公司名下。因此，三个公司之间表征人格的因素(人员、业务、财务等)高度混同，导致各自财产无法区分，已丧失独立人格，构成人格混同。

川交机械公司、瑞路公司应当对川交工贸公司的债务承担连带清偿责任。公司人格独立是其作为法人独立承担责任的前提。根据《公司法》第 3 条第 1 款的规定，公司的独立财产是公司独立承担责任的物质保证，公司的独立人格也突出地表现在财产的独立上。当关联公司的财产无法区分，丧失独立人格时，就丧失了独立承担责任的基础。《公司法》第 20 条第 3 款规定："公司股东滥用公司法人独立地位和股东有限责任，逃避债务，严重损害公司债权人利益的，应当对公司债务承担连带责任。"本案中，三个公司虽在工商登记部门登记为彼此独立的企业法人，但实际上相互之间界线模糊、人格混同，其中川交工贸公司承担所有关联公司的债务却无力清偿，又使其他关联公司逃避巨额债务，严重损害了债权人的利益。上述行为违背了法人制度设立的宗旨，违背了诚实信用原则，其行为本质和危害结果与《公司法》第 20 条第 3 款规定的情形相当，故参照《公司法》第 20 条第 3 款的规定，川交机械公司、瑞路公司对川交工贸公司的债务应当承担连带清偿责任。据此,二审法院判决:驳回上诉,维持原判。

实务要点:

从《公司法》第 20 条第 3 款的规定来看,指的是公司股东对公司债务承担连带责任,即纵向否认公司独立人格;没有谈到公司之间相互否认人格,即横向否认公司独立人格。本案作为指导性案例,为类似案例提供了参照。通过阅读本案,可以发现:

第一,我们经常谈到的人格否认,指的是纵向否认,即否定公司人格,否定股东以出资为限对公司债务承担有限责任,而判令股东对公司债务承担连带责任。横向否认则是不限于否定股东的有限责任,而是对控制股东控制下的子公司或者关联公司相互否认人格,相互承担连带责任。

第二,《九民纪要》在借鉴本案裁判观点的基础上,明确提出了公司人格否认类型中横向否认的认定标准及法律后果。《九民纪要》第 11 条第 2 款规定:"控制股东或实际控制人控制多个子公司或者关联公司,滥用控制权使多个子公司或者关联公司财产边界不清、财务混同、利益相互输送,丧失人格独立性,沦为控制股东逃避债务、非法经营,甚至违法犯罪工具的,可以综合案件事实,否认子公司或者关联公司法人人格,判令承担连带责任。"

第三,本案作为指导案例,对于关联公司"人格混同"的认定及其法律后果等问题进行了回应,有利于引导公司在经营管理的过程中保持人员、财务、业务等方面的独立,避免出现人格混同,从而遏制滥用法人人格、法人独立地位及股东有限责任的现象发生。

(三) 资本显著不足

资本显著不足,是指公司成立后在经营过程中,股东实际投入公司的资本数额与公司经营所隐含的风险相比明显不匹配。根据《九民纪要》第 12 条的规定,理解资本显著不足,需要注意以下几点:

第一,资本显著不足包括公司成立时资本显著不足和经营过程中资本显著不足两种情形。《九民纪要》没有规定公司成立时资本显著不足的情形,仅规定了经营过程中的资本显著不足。

第二,不匹配必须达到"明显"的程度。由于股东实际投入公司的资本数额与公司经营所隐含的风险相比是否相匹配,主观性很强,因此只有发展到一般人都认为是"明显"不匹配的程度,才能否定公司人格。至于何为"明显",需要进行个案判断。

第三,在判断股东实际投入公司的资本数额与公司经营所隐含的风险相比是否"明显"不匹配时,还应当有时间要求。只有"明显"不匹配持续了一定的时间,而非一时的"明显"不匹配,才能认为是公司故意为之,进而否定公司人格。

第四,公司主观过错明显。公司在经营过程中资本显著不足,表明股东利用较少资本从事力所不及的经营,没有从事公司经营的诚意,实质是恶意利用公司独立人格和股东有限责任把投资风险转嫁给债权人。由于资本显著不足的判断标准有很大的模糊性,特别是要与公司采取"以小博大"的正常经营方式相区分,因此在适用时要十分谨慎,应当与其他因素结合起来综合判断。

三、公司人格否认的举证责任

(一)一般情形下的举证责任

公司人格否认纠纷本质上属于侵权责任纠纷,根据《民诉法司法解释》第90条、第91条的规定,原告应对侵权主体、侵权行为、侵权结果与因果关系等构成要件承担举证责任。当然,《公司法》第63条规定的一人公司举证责任倒置情形除外。在以往的司法实践中,不少法院考虑到债权人难以获取公司内部资料,特别是财务资料的举证困境,适用2001年《证据规定》第7条对举证责任进行调整,即在原告已举出盖然性证据证明滥用行为和损害结果时,将没有滥用的举证责任分配给被诉股东。但2019年修正《最高人民法院关于民事诉讼证据的若干规定》(以下简称《证据规定》)删除了2001年《证据规定》第7条,结合前述《民诉法司法解释》的规定,确定了举证责任由法律分配、原则上不能由法官分配的规则,因此,除非适用《公司法》第63条的情形,原告在公司人格否认纠纷中的举证责任应严格遵循"谁主张,谁举证"的规则。

(二)一人有限责任公司人格否认的举证责任

一人有限责任公司,是指只有一个自然人股东或者一个法人股东的有限责任公司,是有限责任公司的一种特殊类型。《公司法》第63条规定:"一人有限责任公司的股东不能证明公司财产独立于股东自己的财产的,应当对公司债务承担连带责任。"该条款是对一人有限责任公司财产混同情形下举证责任倒置的规定,目的在于解决一人有限责任公司债权人举证责任困难的问题。

《公司法》第62条规定:"一人有限责任公司应当在每一会计年度终了时编制财务会计报告,并经会计师事务所审计。"该条是否为强制性规定,以及是否能以此作为《公司法》第63条规定的公司财产独立的判断标准,并无明文规定予以明确。如果公司股东提交审计报告欲证明财产相互独立,但审计报告中未能完整、客观地体现公司经营状况或者有证据显示个人财产与公司财产存在混同的现象,那么审计报告仅能证明公司财务报表制作符合规范,符合法定要求,无法证明个人财产与公司财产相互独立。

【案例进阶35】如何认定一人公司的财产与股东个人财产是否混同?
案例名称:应高峰诉嘉美德(上海)商贸有限公司、陈惠美其他合同纠纷案
案例来源:上海市第一中级人民法院(2014)沪一中民四(商)终字第S1267号民事判决书,载于《最高人民法院公报》2016年第10期
裁判要旨:
在一人公司法人人格否认之诉中,应区分作为原告的债权人起诉所基于的事由。若债权人以一人公司的股东与公司存在财产混同为由起诉要求股东对公司债务承担连带责任,应实行举证责任倒置,由被告股东对其个人财产与公司财产之间不存在混同承担举证责任。而其他情形下需遵循关于有限责任公司法人人格否认举证责任分配的一般原则,即折中的举证责任分配原则。

一人公司的财产与股东个人财产是否混同,应当审查公司是否建立了独立规范的财务制度、财务支付是否明晰、是否具有独立的经营场所等,然后进行综合考量。

基本案情:
上诉人(原审被告)嘉美德(上海)商贸有限公司(以下简称"嘉美德公司")为一人有限责任公司,其唯一股东为上诉人(原审被告)陈惠美。

2012年8月2日,被上诉人(原审原告)应高峰与嘉美德公司签订《投资合同》,约定:应高峰对嘉美德公司投资1000万元,首期投资200万元;签约后的3个月内,若应高峰对两被告在签约前和签约后所提供的财务报表、经营报表有不同意见或者两被告违约时,应高峰有权单方面书面通知终止投资协议,嘉美德公司必须无条件退还应高峰已投资资金;陈俌坚将其拥有的Amada在中国港澳地区的品牌权利完全转移给嘉美德公司,案外人上海均岱日用礼品有限公司(以下简称"均岱公司")的所有业务转移给嘉美德公司。

2012年8月6日,应高峰向嘉美德公司支付投资款2081633元。2012年9月29日,应高峰以公司财务混乱为由提出撤销合约,并要求退还汇款2081633元。陈惠美仅同意退还40万元钱款及50万元商品,剩余款项以已用于公司经营为由不同

意退还。随后,实际退还40万元钱款。此后,经应高峰多次催要,嘉美德公司及陈惠美均拒绝退还余款,应高峰遂提起诉讼,要求法院判令:嘉美德公司返还剩余投资款1681633元,陈惠美对付款义务承担连带责任。

法律关系图:

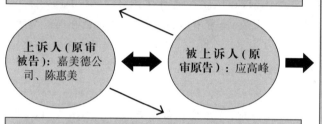

裁判过程及理由:

一审法院认为,本案争议焦点之一为:被告陈惠美是否应对嘉美德公司的还款义务承担连带清偿责任。

就此争议焦点,一审法院认为:被告嘉美德公司系被告陈惠美投资的一人有限责任公司,根据《公司法》第63条之规定,一人有限责任公司的股东不能证明公司财产独立于股东自己的财产的,应当对公司债务承担连带责任。陈惠美作为嘉美德公司的股东,代表嘉美德公司与原告应高峰就投资事宜进行磋商,签订《投资合同》,还代表嘉美德公司就应否返还投资款事宜向应高峰发送电子邮件,其与嘉美德公司之间意思表示一致,并不是相互独立的。此外,作为嘉美德公司的唯一股东,陈惠美未能向法院提供证据证明嘉美德公司的财产独立于其个人财产,又因嘉美德公司坚持不进行审计,故无法证明应高峰所交付的投资款已用于嘉美德公司经营而排除另做他用的可能性。综上,为防止一人公司的唯一股东滥用公司独立人格,增强对公司债权人的保护,应高峰要求陈惠美对嘉美德公司的债务承担连带清偿责任的诉讼请求应予以准许。

综上所述,一审法院判决:1.被告嘉美德公司应于本判决生效之日起10日内返还原告应高峰投资款1681633元。2.被告嘉美德公司应于本判决生效之日起10日内赔偿原告应高峰逾期返还投资款的利息损失。3.被告陈惠美对上述第一项、第二项判决中被告嘉美德公司的债务承担连带清偿责任。

嘉美德公司及陈惠美不服一审判决,提起上诉。

二审法院认为,本案二审争议焦点之一为:上诉人陈惠美是否应对返还投资款承担连带清偿责任。

关于上诉人陈惠美个人是否应承担连带还款责任的问题,二审法院认为,根据《公司法》第63条之规定,一人有限责任公司的股东不能证明公司财产独立于股东自己的财产的,应当对公司债务承担连带责任。上述法律规定要求一人有限责任公司的股东将公司财产与个人财务严格分离,且股东应就其个人财产是否与公司财产相分离负举证责任。本案中,陈惠美提供了上诉人嘉美德公司的相关审计报告,可以反映嘉美德公司有独立完整的财务制度,相关财务报表亦符合会计准则及国家外汇管理的规定,且未见有公司财产与股东个人财产混同的迹象,可以基本反映嘉美德公司财产与陈惠美个人财产相分离的事实。

应高峰认为上述证据不足以证明嘉美德公司财产与陈惠美个人财产没有混同,并提出如下异议:审计报告未反映本案诉讼情况;嘉美德公司一审中提供的银行收支报告反映,应高峰投资后仅一周,嘉美德公司就向均岱公司转移了96万余元,包括发放均岱公司员工工资等。二审法院认为,我国《公司法》第63条的规定,意在限制一人有限责任公司股东采用将公司财产与个人财产混同等手段,逃避债务,损害公司债权人的利益,因此股东对公司债务承担连带清偿责任的前提是该股东的个人财产与公司财产出现了混同。然而从本案目前的证据材料可以看出,嘉美德公司收到应高峰的投资款后,虽有部分用于支付均岱公司的员工工资及货款等费用,但是根据双方《投资合同》的约定,应高峰投资后,均岱公司的业务将全部转入嘉美德公司,因此均岱公司的业务支出与应高峰的投资项目直接有关;这些费用的支出均用于均岱公司的业务支出,并无款项转入陈惠美个人账户的记录,而审计报告中是否记载本案诉讼的情况也与财产混同问题无涉。因此,应高峰提出的异议并不能反映嘉美德公司财产与陈惠美个人财产有混同的迹象,不足以否定上诉人的举证。陈惠美的上诉理由成立,一审判令陈惠美对嘉美德公司的债务承担连带清偿责任不当,应依法予以纠正。据此,二审法院判决:1.维持上海市长宁区人民法院(2013)长民二(商)初字第S829号民事判决第一项、第二项。2.撤销上海市长宁区人民法院(2013)长民二(商)初字第S829号民事判决第三项。3.驳回应高峰的其余诉讼请求。

实务要点：

本案例刊载于 2016 年第 10 期的《最高人民法院公报》，该案明确了一人公司人格否认之诉中财产混同的审查因素及举证责任分配规则。通过阅读本案，可以发现：

第一，一人公司人格否认制度的举证责任需要视不同情形而定。当债权人以一人公司的股东与公司存在财产混同为由，起诉要求股东对公司债务承担连带责任时，应实行举证责任倒置，由股东对其个人财产与公司财产之间不存在混同承担举证责任。但对于财产混同外的其他情形(人员混同、业务混同、机构混同等)需遵循关于有限责任公司人格否认举证责任分配的一般原则，由债权人自己进行举证，而非本案裁判要旨中所述的"折中的举证责任分配原则"。

第二，如果股东提供审计报告，能否证明股东财产与公司财产不存在混同。对此，司法实践尚存争议。具体到本案：一审过程中当事人未提供审计报告，法院判令其股东向债权人承担连带责任；二审中公司补充提交了审计报告、财务报表等文件，法院认为审计报告足以证明公司财产的独立性，驳回了债权人要求股东承担连带责任的请求。通过对比，可以看出审计报告在法院判断股东财产与公司财产是否存在混同时，发挥着重要作用。

第三，对于一人公司的股东来讲，务必要做到自己的财产与公司的财产完全独立，切记不要和公司混用账户；建立独立规范的财务制度，划清公司支付与股东支付的界限；除了法定分红和减资，不要在公司随意支取费用；设立独立的经营场所；每年聘请会计事务所出具审计报告，严格划清个人财产和公司财产的界限。

四、公司人格否认纠纷诉讼程序操作要点

(一)公司人格否认纠纷的含义及类型

最高人民法院《民事案件案由规定》在"277 损害公司债权人利益责任纠纷"项下增设"股东损害公司债权人利益责任纠纷"作为第三级案由。股东损害公司债权人利益责任纠纷，又可称为公司人格否认纠纷，是指公司股东因滥用公司法人独立地位和股东有限责任，逃避债务，严重损害公司债权人利益，对公司债务承担责任的民事纠纷。

(二)公司人格否认纠纷的管辖

股东损害公司债权人利益责任纠纷，应根据《民事诉讼法》第 29 条、《民诉法司

法解释》第 24 条的规定,由侵权行为地或者被告住所地法院管辖。侵权行为地包括侵权行为实施地、侵权结果发生地。换言之,作为侵权行为地,原告住所地法院具有管辖权。

(三) 当事人的诉讼地位

根据《九民纪要》第 13 条的规定,人民法院在审理公司人格否认纠纷案件时,应当根据不同情形确定当事人的诉讼地位:
(1)债权人对债务人公司享有的债权已经由生效裁判确认,其另行提起公司人格否认诉讼,请求股东对公司债务承担连带责任的,列股东为被告,公司为第三人;(2)债权人对债务人公司享有的债权提起诉讼的同时,一并提起公司人格否认诉讼,请求股东对公司债务承担连带责任的,列公司和股东为共同被告;(3)债权人对债务人公司享有的债权尚未经生效裁判确认,直接提起公司人格否认诉讼,请求公司股东对公司债务承担连带责任的,人民法院应当向债权人释明,告知其追加公司为共同被告。债权人拒绝追加的,人民法院应当裁定驳回起诉。

(四) 法律依据

《民法典》第 83 条第 2 款;
《公司法》第 20 条、第 63 条;
《九民纪要》第 10 条—第 12 条。

第八讲
股东知情权
Lecture
8

一、股东知情权概述

股东知情权是指公司股东了解公司经营信息的权利。一般情况下,许多股东完成出资以后,并不直接参与公司的日常经营,而是委托董事会及经理阶层进行运作。在这种情况下,董事会及经理阶层所拥有的利益可能与股东的利益产生冲突,从而产生代理成本,特别是大股东又担任管理层的情况下,这种对小股东利益的侵害更容易发生。如何避免二者之间高昂的代理成本,公司法为保护股东,特别是小股东的利益,设计了一系列的制度。而股东享有一定程度的知情权,就是其中之一,这也是股东对管理层发挥监督作用的前提条件。因此,股东知情权设置的主要目的是解决股东与管理层之间的信息不对称问题,从而监督管理层,降低代理成本,以维护股东的合法权益。

关于股东知情权,我国《公司法》对有限责任公司与股份有限公司分别加以规定。其中第 33 条是关于有限责任公司股东知情权的规定,第 97 条是关于股份有限公司股东知情权的规定。同时,《公司法》以列举方式确定了股东行使知情权的范围和方式。需要注意的是,股东知情权系法定权利,股东只要具备法定条件,就应当获得规定范围内的信息,且公司不能通过章程等约定的方式剥夺股东的知情权。

二、知情权的主体资格

(一)股东享有知情权诉权的一般规定

根据《公司法》第 33 条、第 97 条或者公司章程的规定,股东享有知情权,且在该知情权受阻时,股东有司法救济的权利。该诉权是股东依法享有的权利,股东起诉时应当提供证据证明其为公司股东,非该公司股东不具有该诉权。一般情况下,股东身份丧失,其知情权随之丧失,也不应再具有相应诉权。当股东资格存在争议时,当事人应先提起股东资格确认之诉。

如果股东有初步证据证明在持股期间,其合法权益受到损害,对其持股期间的公司特定文件材料,仍然可以行使知情权,与之相应的诉权也应当受到保护。这里的"合法权益受到损害",一般是指其可能行使的知情权受到了损害,公司相关信息被隐瞒等。

(二)特殊情形下知情权诉权的认定

1. 隐名股东能否行使知情权

隐名股东由于缺乏具有公示效力的股东身份证明,一般只能通过名义股东行使知情权。法院原则上应当驳回隐名股东关于知情权的诉请,但隐名股东已经或正在履行相应的显名手续,且公司和其他股东均认可其股东身份的,法院可允许其行使股东知情权。

2.瑕疵出资股东能否行使知情权

瑕疵出资股东并不直接导致其丧失股东资格。如果公司仅以股东存在瑕疵出资为由拒绝其行使知情权,法院不予支持。如果有限责任公司的股东未履行出资义务或者抽逃全部出资,经公司催告缴纳或者返还,在合理期间内仍未缴纳或者返还出资的,公司可以通过股东会决议解除其股东资格。如果公司能够证明股东存在瑕疵出资,且公司股东会已经决议解除其股东资格,法院应当驳回股东行使知情权的诉请。

【案例进阶36】已转让股份的股东,还能查阅或者复制其持股期间的公司特定文件材料吗?

案例名称: 河南中汇实业集团有限公司诉中原银行股份有限公司股东知情权、公司盈余分配纠纷案

案例来源: 河南省高级人民法院(2020)豫民终126号民事判决书

裁判要旨:

原股东有初步证据证明在持股期间其合法权益受到损害的,法院不应驳回起诉,应依法予以受理,即公司原股东在特殊情况下享有有限诉权。但"诉权"不等同于"胜诉权","初步证据"不等同于"实质证据",赋予原股东诉权,并非当然地支持原股东的诉讼请求。在受理案件后,应审查原股东提交的证据是否能够证明在持股期间其合法权益受到损害。

基本案情:

2012年10月,被上诉人(原审原告)河南中汇实业集团有限公司(以下简称"中汇公司")因签订《投资入股协议书》认购持有周口银行5500万股股份,取得股东地位。2014年7月,因改革重组,中汇公司持有的周口银行股份折股为上诉人(原审被告)中原银行股份有限公司(以下简称"中原银行")股份6435万余股。2014年12月,中原银行成立。

2015年4月,中原银行2014年度股东大会审议通过,将2014年末可分配利润50132930.25元进行现金分红。2016年2月,中汇公司收到中原银行支付分红534283.59元。2015年2月10日,中汇公司将其在中原银行的股份转让给河南省豫南高速投资有限公司,约定中汇公司在中原银行股权的相应收

益计算至2014年12月31日。中原银行上市时公开发布的财务资料中显示的中原银行2014年度净利润比其《2014年度利润分配方案》中显示的净利润高出一亿多元。

中汇公司遂主张其获得的收益与中原银行的盈利严重不符,中原银行取得巨额净利润不向股东分配损害了其合法权益,向一审法院起诉请求:查阅、复制持股期间相应的公司章程、股东大会会议记录、会计账簿等特定文件材料;补足分红差额及其他收益3000万元及利息。

法律关系图:

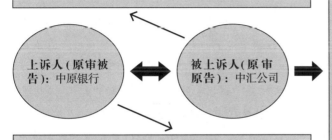

原告认为:被告上市公开公布的财务资料显示的净利润比其《2014年度利润分配方案》中的净利润高了一亿多元,被告对2014年下半年的利润没有进行分红。原告虽然已经转让股份,但该损害时间是在其持股期间发生,其仍有权要求查阅或复制被告特定文件资料。

被告认为:被告公司上市公开的财务资料与《2014年度利润分配方案》依据的财务资料计算准则等不一致,二者不具有可比性。且利润分配方案已通过股东会决议,原告已转让股份,不具有公示股东身份,其无权要求查阅或复制公示特定文件资料。

争议焦点:原股东是否有权查阅、复制其持股期间的中原银行相应的公司章程、股东大会会议记录等特定资料?

法院认为:原股东有初步证据证明在持股期间其合法权益受到损害的,法院应依法受理。但"诉权"不等同于"胜诉权"原股东是否能行使知情权,需审查其提交的证据是否能证明其持股期间权益受到侵害。

裁判过程及理由:

一审法院认为,《公司法司法解释(四)》第7条规定,股东依据《公司法》第33条、第97条或者公司章程的规定,起诉请求查阅或复制公司特有文件材料的,人民法院应当依法予以受理。公司有证据证明前款规定的原告在起诉时不具有公司股东资格的,人民法院应当驳回起诉,但原告有初步证据证明在持股期间其合法权益受到损害,请求依法查阅或者复制其持股期间的公司特定文件材料的除外。本案中,中汇公司于2015年2月将其在中原银行的股权转让给河南省豫南高速投资有限公司。虽然在本案起诉时,中汇公司已经不是中原银行的股东,但其提交的中原银行在上市时公开发布的财务资料能够初步证明在持股期间其合法权益受到损害,请求查阅或者复制其持股期间的公司特定文件材料,人民法院应予以支持。

关于公司的盈余分配问题,待中汇公司查阅完毕公司特定文件材料以确定2014年度利润分配方案后可另行主张。综上所述,一审法院判决如下:1.中原银行于判决生效之日起30日内在中原银行住所地提供2012年12月20日至2014年12月31日的原周口银行和中原银行相应的公司章程、股东大会会议记录、董事会会议决议、监事会会议决议、财务会计报告供原告河南中汇公司集团有限公司查阅、复制;2.中原银行于判决生效之日起30日内在中原银行住所地提供2012年12月20日至2014年12月31日的原周口银行和中原银行相应的会计账簿供中汇公司查阅;3.驳回中汇公司的其他诉讼请求。

中原银行不服一审判决,提起上诉。

二审法院认为,本案争议焦点为:原审判决中汇公司查询、复制其持股期间的中原银行相应的公司章程、股东大会会议记录等特定资料,查阅相应的会计账簿是否正确。

第一,《公司法司法解释(四)》第7条规定,结合诉的利益原则,明确规定了股东就《公司法》第33条、第97条规定享有的诉权,并规定了公司原股东享有的有限诉权。上述司法解释规定中的"除外"对应的应是前文的"驳回起诉",即原股东有初步证据证明在持股期间其合法权益受到损害的,法院不应驳回起诉,应依法予以受理,该条规定解决的是原股东在特殊情况下的诉权问题。但"诉权"不等同于"胜诉权","初步证据"不等同于"实质证据",赋予原股东诉权,并非当然地支持原股东的诉讼请求。在受理案件后,应审查原股东的证据是否能够证明在持股期间其合法权益受到损害;根据《公司法司法解释(四)》第8条的规定,需要审查要求查阅账簿的有限责任公司股东是否有不正当目的;审查原股东是否已经查阅过或掌握其诉请的特定文件资料等情形,以认定原股东的诉讼请求是否应该得到支持。本案中,一审法院认定中汇公司提交的中原银行在上市时公开发布的财务资料能够初步证明在其持股期间合法权益受到损害,在符合案件受理条件的情况下,对中汇公司提交的初步证据及中原银行的抗辩理由未进行实质审理,直接支持中汇公司有关知情权的诉讼请求不当。

第二,关于中汇公司要求行使知情权的诉请是否应该得到支持问题。

(1)中汇公司认为其提交的中原银行上市时公开发布的财务资料中显示的2014年度净利润比中原银行《2014年度利润分配方案》中显示的净利润高了一亿多元,中原银行对2014年下半年的利润没有进行分红,中汇公司持股期间的合法权益受到损害,因此要求查阅或复制中原银行特定文件资料。中原银行辩称《2014年度利润分配方案》依据的是其公司的年度法定审计报告《2014年度中原银行股份有限公司审计报告及备考财务报表》,该报表与上市时公开发布的财务资料的口径不同、对象不同、时期不同,二者不具有可比性,且《2014年度利润分配方案》经过股东大会决议通过,中汇公司的权益并没有遭受损害。根据中汇公司、中原银行的诉辩意见,对比两份财务报告内容显示:

首先,该两份财务报告依据的准则不同。《2014年度中原银行股份有限公司审计报告及备考财务报表》依据的是中国注册会计师审计准则执行的审计工作,准则是财政部等部门发布的国内会计准则;而中原银行上市时公开发布的财务报告是按照国际会计准则编制的。

其次,该两份财务报告审计的对象不同。《2014年度中原银行股份有限公司审计报告及备考财务报表》非合并财务报告,审计的对象不包括中原银行的子公司;中原银行上市时公布的财务报告是合并财务信息,包括中原银行及其子公司。

再次,该两份财务报告编制基础、审计的时期不同,相关资产负债会产生差异。《2014年度中原银行股份有限公司审计报告及备考财务报表》的"备考财务报表的编制方法"显示以"十三家城商行合并重组设立中原银行的架构于2013年1月1日业已存在,并按照此架构持续经营,以2013年1月1日起按照十三家城商行合并重组的中原银行财务报表作为编制范围"。假设基础进行编制,审计的时间是2014年1月1日至2014年12月31日。中原银行上市时公开公布的财务报告是以中原银行于2014年12月23日正式成立为基础编制的,包括2014年1月1日至2014年12月22日和2014年12月23日至2014年12月31日两段时期的两份财务报告。

最后,该两份财务报告编制的时间不同,编制报告时掌握的信息不同,会产生会计差异。《2014年度中原银行股份有限公司审计报告及备考财务报表》是2015年4月11日编制的,上市财务报告是2017年6月30日制作的。

综上,因两份财务报告所依据的会计准则、统计口径、编制基础、编制时间等均不同,两者存在差异有合理客观原因。因此,中原银行在上市时公开发布的财务资料与《2014年度利润分配方案》依据的年度法定审计报告《2014年度中原银行股份有限公司审计报告及备考财务报表》不同,并不能够证明中汇公司在其持股期间合法权益受到损害。

(2)根据《公司法》第37条的规定,公司的利润分配方案和弥补亏损方案由股东会审议批准。因此公司是否分配利润以及分配多少利润属公司董事会、股东会决策权范畴,属于公司自治的范围。中原银行《2014年度利润分配方案》经过该公司股东会决议通过,股东会的召集程序、表决方式及决议内容均不违反法律、行政法规或公司章程的规定,股东会决议通过的利润分配方案合法有效。因此,中汇公司主张其股权收益与中原银行的实际盈利水平不符、中原银行在取得巨额净利润的情况下却不向股东分配,损害其利益没有法律依据。故中汇公司提交的证据不能证明在其持股期间合法权益受到损害,其要求查阅、复制中原银行相关文件资料的诉讼请求不符合法律规定,不予支持。一审法院对中汇公司提交的初步证据及中原银行的抗辩理由未进行实质审理,判决支持中汇公司诉讼请求不当,应予以纠正。

第三,需要指出一审判决判项存在的如下问题:对比《公司法》第33条、第97条关于有限责任公司和股份有限公司股东知情权的法律规定,法律并未规定股份有限公司的股东有复制公司章程、股东名册、股东大会会议记录等文件资料的权利,亦未规定股份有限公司的股东有查阅公司会计账簿的权利。本案中,周口银行与中原银行均系股份有限公司,故一审判决第一项中汇公司复制公司章程等文件资料、第二项中汇公司查阅相应的会计账簿均不符合法律规定。

综上所述,中原银行的上诉请求成立,应予以支持。二审判决如下:1.撤销河南省郑州市中级人民法院(2019)豫01民初2062号民事判决;2.驳回中汇公司的诉讼请求。

实务要点:

本案作为2020年全国法院十大商事案例之一,经历了四次审理,二审法院为河南省高级人民法院。第一次一审,裁定驳回中汇公司的起诉。二审裁定指令一审法院审理。再审一审,判决中原银行提供中汇公司持股期间的周口银行和中原银行的公司章程、股东大会会议记录、财务会计报告等供中汇公司查阅、复制;中原银行提供中汇公司持股期间的周口银行和中原银行的会计账簿供中汇公司查阅。二审改判驳回中汇公司的诉讼请求。通过阅读本案,可以发现:

第一,对股东退出公司后又以公司在其股东资格存续期间对其隐瞒真实经营状况为由,诉请对公司行使知情权的,原股东是否具备提起知情权诉讼的主体资格,公司法未作出明确规定,理论界与实务界争议较大。《公司法司法解释(四)》第7条第2款明确原股东的知情权的诉权问题,即原则上应当驳回起诉,但原告有初步证据证明在持股期间其合法权益受到损害的除外。在除外情形下,法院受理后应当进行实体审理,依据证据规则,作出是否支持的判决。本案遵循此逻辑,对《公司法司法解释(四)》第7条作出了正确的理解,厘清了适用该条款所要解决的程序问题和实体问题的界限。

第二,本案中,中汇公司还诉请对2014年未分配利润进行分配。对此,法院认为,关于公司的盈余分配问题,待中汇公司查阅完毕公司特定文件材料以确定2014

年度利润分配方案后可另行主张。换言之,股东知情权与盈余分配属于不同的诉讼,不应在一个诉讼中主张,而应该分别主张。

第三,实务中,退股股东只要能初步证明自己在持股期间权益受损的,就可以提起股东知情权之诉,要求查阅公司特定文件资料。该初步证据不要求为证明其权益受损的充分证据,只要能够初步证明其权益受损或存在重大风险即可。但退股股东想要获得胜诉,还需要承担证明其权利受损的举证责任。一般而言,只有股东的股权本身受损,如放弃股东身份、低价转让股权等,才会被法院认定为股东权益受损的情形。如仅是分红问题、经营问题等,可能不会被法院认定为属于股东合法权益受损的情形。

三、股东知情权查阅范围

《公司法》第33条、第97条分别对有限责任公司和股份有限公司股东知情权的查阅范围作了明确规定。

(一)有限责任公司股东知情权的查阅范围

根据《公司法》第33条的规定,有限责任公司股东有权查阅、复制的范围包括公司章程、股东会会议记录、董事会会议决议、监事会会议决议和财务会计报告;可以要求查阅公司会计账簿但附有条件。其中,根据《会计法》及相关法律、法规的规定,有限责任公司应当于每一会计年度终了时依法编制财务会计报告。财务会计报告由会计报表、财务情况说明书及会计报表附注等有关文件组成,具体包括资产负债表、损益表、现金流量表等。

(二)股份有限公司股东知情权的查阅范围

根据《公司法》第97条的规定,股份有限公司股东有权查阅的范围包括公司章程、股东名册、公司债券存根、股东大会会议记录、董事会会议决议、监事会会议决议、财务会计报告,在行使方式上并不包括复制。

四、查阅公司会计账簿

(一)查阅会计账簿的前置程序

根据《公司法》第33条第2款的规定,股东可以要求查阅会计账簿。会计账簿包括总账、明细账、日记账和其他辅助性账簿。股东在查阅会计账簿时应先履行前置程序,即根据《公司法》第33条第2款的规定,股东要求查阅公司会计账簿的,应当向公司提出书面请求,说明目的。通常情况下,股东都不具有专业的财务会计知识,而公司会计账簿属于专业性的书面材料,且一般多而且细,因此要求查阅的股东应慎重,提出正式书面请求,说明目的。

股东只能查阅与其查阅目的相关的公司账簿,包括公司的会计凭证。《公司法》第33条第2款虽然未明确将查阅"会计凭证"写入条款,但根据目前法院的审判实践,普遍认为"公司的具体经营活动只有通过查阅原始凭证才能知晓,不查阅原始凭证,中小股东可能无法准确了解公司真正的经营状况"。因此,当会计凭证对于会计账簿的查阅具有必要性和印证作用,或者会计账簿确实存在明显问题时,法院一般会支持股东查阅会计凭证的诉请。此外,需要注意的是,股东对公司会计账簿和会计凭证只有查阅权没有复制权。

(二)股东查阅会计账簿目的

1."不正当目的"的认定

出于正当目的,是我国《公司法》对于股东行使正当会计账簿查阅权的主观要件上的规定。根据《公司法》第33条第2款的规定,认定"不正当目的"时:一是必须"可能损害公司合法利益",由于损害后果尚未发生,因此对"可能"只能通过常理判断,但应当达到较大可能性;二是必须有合理根据,由于"不正当目的"属于主观心理,因此只能借助股东的客观行为来合理认定或者进行法律推定。对此,《公司法司法解释(四)》第8条规定,有证据证明股东存在下列情形之一的,法院应当认定股东有《公司法》第33条第2款规定的"不正当目的":股东自营或者为他人经营与公司主营业务有实质性竞争关系业务的,但公司章程另有规定或者全体股东另有约定的除外;股东为了向他人通报有关信息查阅公司会计账簿,可能损害公司合法利益的;股东在向公司提出查阅请求之日前的3年内,曾通过查阅公司会计账簿,向他人通报有关信息损害公司合法利益的;股东有不正当目的的其他情形。

对于本条的理解,应注意以下两点:

第一,公司主张适用《公司法司法解释(四)》第8条第1项关于同业竞争的认定。首先,股东在投资目标公司外另对其他公司进行投资属于正常的商业行为,我国《公司法》对此并无禁止性规定。"股东自营或者为他人经营"强调股东实际参与其他公司的经营决策或者担任其他公司的相关职务,仅凭其他公司股东的身份或者与其他公司存在关联关系并不必然导致其丧失查阅权。其次,同业竞争涉及"公司主营业务和实质性竞争关系"的界定,需注意以下两点:一是主营业务是指企业为完成其经营目标而从事的日常主要活动,通常根据公司的经营范围加以确定,但并非主营业务范围相同或相似,就认定两者之间必然存在实质性竞争关系,进而认定股东行使知情权具有不正当目的。二是经营范围仅作为判断是否构成实质性竞争的考量因素之一,法院还应审查经营的时间和区域、商品和服务的可替代性、客户范围、公司市场地位和交易机会等,审查标准实质在于避免损害公司合法利益。

第二,这里的"不正当目的的其他情形"可能包含:滥用股东知情权,频繁行使知情权,可能对公司经营造成损害;股东的行为并不以损害公司利益为目的,如仅为自己或他人获取利益,但事实上可能会对公司的已存利益或潜在利益造成损害。

2."不正当目的"的举证责任

根据"谁主张,谁举证"的原则,公司应当对股东"有不正当目的"这一事实承担举证责任。

【案例进阶37】公司怀疑股东查阅会计账簿的目的,是为公司涉及的其他案件的对方当事人收集证据时,可以拒绝提供查阅吗?

案例名称: 李淑君、吴湘、孙杰、王国兴诉江苏佳德置业发展有限公司股东知情权纠纷案

案例来源: 载于《最高人民法院公报》2011年第8期

裁判要旨:

股东要求查阅公司会计账簿,但公司怀疑股东查阅会计账簿的目的是为公司涉及的其他案件的对方当事人收集证据,并以此为由拒绝提供查阅的,不属于上述规定中股东具有不正当目的、可能损害公司合法利益的情形。

基本案情:

上诉人(一审原告)李淑君(股权受让于张育林)、吴湘、孙杰、王国兴四人为被上诉人(一审被告)江苏佳德置业发展有限公司(以下简称"佳德公司")股东。因佳德公司在经营形势大好的情况下却拖欠大量债务,四人作为股东对佳德公司情况无法知悉,故依法要求行使股东知情权,请求查阅、复制佳德公司的会计账簿等所有公司资料。

2009年4月8日,四股东向佳德公司递交书面申请书,申请查阅或复制佳德公司的会计账簿等所有公司资料。2009年4月20日,佳德公司函复四股东表示收到

申请书,但因为涉及很多法律问题,委托了律师处理。

2009年4月14日,四股东诉至法院,并提出上述诉求。同日,法院受理该案。另,被告佳德公司和广厦公司(项目经理为张育林)存在仲裁纠纷。

法律关系图:

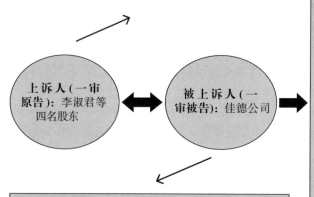

裁判过程及理由:

一审法院认为:本案争议焦点为:1.四原告行使知情权的范围是否有法律依据。2.四原告要求查阅、复制公司会计账簿是否具有不正当目的。

2005年修订《公司法》第34条(现第33条)规定:"股东有权查阅、复制公司章程、股东会会议记录、董事会会议决议、监事会会议决议和财务会计报告。股东可以要求查阅公司会计账簿。……"因此,除会计账簿及用于制作会计账簿的相关原始凭证之外,四原告的诉讼请求已超出法律规定的股东行使知情权的范围,对超出范围的部分不予审理。

2005年修订《公司法》第34条第2款(现第33条第2款)明确规定股东对公司会计账簿行使知情权的范围仅为查阅,且不能有不正当目的。但被告佳德公司原股东张育林现为"颐景华庭"工程承包人广厦公司派驻管理工程的项目经理,因佳德公司和广厦公司之间涉及巨额工程款的仲裁案件未决,与佳德公司之间存在重大利害关系。申请书和四原告的民事起诉状及授权委托书上均有张育林签字,四原告对此不能作出合理解释,证明张育林与本案知情权纠纷的发生具有直接的关联性,也证明四原告在诉讼前后与张育林之间一直保持密切交往,其提起知情权诉讼程序不能排除受人利用为公司的重大利害关系人刺探公司秘密，进而谋取自己或第三人的不正当利益的重大嫌疑。固然股东调查公司的财务状况是其正当权利，然而一方面，从被告佳德公司的工商登记材料来看，四原告声称"对公司经营现状一无所知"显然不属实；另一方面，即便四原告查阅会计账簿具有了解公司经营状况的正当目的，但同时四原告的查阅也很可能具有放任损害公司正当利益的主观故意，而目前正在审理的佳德公司的仲裁案件，标的额巨大，对比四股东的知情权，在二者发生冲突时，两害相权取其轻，应优先保护公司的权益。四原告可以在仲裁案件结案后或者在证明已经排除查阅会计账簿与张育林的关联性之后，再行主张自己对会计账簿的知情权。

此外，2005年修订《公司法》第34条第2款（现第33条第2款）还规定股东提起知情权诉讼的前置程序，即股东必须有证据证明在其提出书面请求并说明目的后，公司明确拒绝其查询会计账簿，或在法定的期间内（15日）未予答复，方能提起知情权诉讼。具体到本案而言，四原告在2009年4月8日递交公司的申请书中称"四申请人准备于2009年4月23日前"至公司行使知情权，但2009年4月14日四原告即至法院起诉，期间仅6天时间，因此四原告的起诉不符合法定的前置要件。

综上所述，四原告要求行使知情权不仅超出法定范围，且其关于查阅会计账簿的起诉违反法定前置程序，同时被告佳德公司有合理根据表明四原告行使该权利可能损害公司合法利益，故对四原告的诉讼请求不予支持。据此，一审法院判决：驳回原告李淑君、吴湘、孙杰、王国兴的诉讼请求。

李淑君、吴湘、孙杰、王国兴不服一审判决，提起上诉。

二审法院认为，本案二审争议焦点为：1. 四上诉人提起知情权诉讼是否符合法律规定的前置条件。2. 四上诉人要求行使知情权是否具有不正当目的。3. 四上诉人主张行使知情权的范围是否符合法律规定。

第一，关于四上诉人起诉要求行使知情权是否符合公司法规定的前置条件。

根据2005年修订《公司法》第34条第2款（现第33条第2款）的规定，股东提起账簿查阅权诉讼的前置条件是股东向公司提出了查阅的书面请求且公司拒绝提供查阅。这一前置条件设定的目的在于既保障股东在其查阅权受侵犯时有相应的救济途径，也防止股东滥用诉权，维护公司正常的经营。本案中，四上诉人于2009年4月8日向佳德公司提出要求查阅或复制公司的所有资料（含公司会计账簿、原始凭证、契约、通信、传票、通知等）以了解公司实际财务状况的书面请求，虽然4月14日四上诉人至一审法院起诉时佳德公司尚未作出书面回复，但佳德公司在4月20日的复函中并未对四上诉人的申请事项予以准许，且在庭审答辩中亦明确表明拒绝四上诉人查阅、复制申请书及诉状中所列明的各项资料。至此，四上诉人有理由认为其查阅权受到侵犯进而寻求相应的法律救济途径，此时不宜再以四上诉人起诉时15天答复期未满而裁定驳回其起诉，而应对本案作出实体处理，以免增加当事人不必要的讼累。

第二，关于四上诉人要求行使知情权是否具有不正当目的。

由于股东的知情权涉及股东和公司之间的利益冲突，在保护股东利益的同时也应适当照顾公司的利益，使双方利益衡平，故知情权的行使应当符合一定的条件并受到一定的限制。本案中，四上诉人向被上诉人佳德公司提出书面请求说明其行使知情权的目的是了解公司实际经营现状，显属其作为有限责任公司股东应享有的知情权。佳德公司以四上诉人具有不正当目的为由拒绝其查阅，则应对四上诉人是否具有不正当目的并可能损害其合法利益承担举证责任。

被上诉人佳德公司认为四上诉人查阅会计账簿的目的是收集并向广厦公司提供工程款纠纷仲裁一案中对佳德公司不利的证据，损害佳德公司及其他股东的合法利益，其主要证据是四上诉人提交的申请书、诉状及授权委托书中均由张育林代李淑君签名，而张育林的身份系广厦公司派驻管理佳德公司工程的项目经理，且直接参与了广厦公司与佳德公司的仲裁一案。佳德公司所举证据不足以证明四上诉人查阅公司会计账簿具有不正当的目的，且可能损害佳德公司合法利益。理由如下：

1. 因李淑君的股份系受让自张育林，故其临时委托张育林代为签名也在情理之中。其后李淑君本人在诉状及授权委托书上亲自签名，表明提起知情权诉讼系其真实意思表示。张育林之前受李淑君委托在诉状及授权委托书中代为签名，其法律效力及法律后果应由李淑君承担，张育林本身不是本案主张行使知情权的主体，并非如佳德公司所主张的系代替李淑君行使知情权。最终能够实际行使知情权的也只能是佳德公司股东李淑君，而非张育林。2. 四上诉人合计持有佳德公司54%的股权，其与佳德公司的利益从根本上是一致的。佳德公司如在与广厦公司仲裁一案中失利，客观上将对四上诉人的股东收益权造成不利影响。且提起本案诉讼的系上诉人李淑君、吴湘、孙杰、王国兴四名股东，而非李淑君一名股东，佳德公司仅以张育林代李淑君签名，而认为四上诉人提起本案诉讼的目的在于为其利益冲突方广厦公司收集仲裁一案的不利证据，显然依据不足。3. 佳德公司主张四上诉人在查阅公司会计账簿后可能会为广厦公司收集到直接导致佳德公司在仲裁一案中多支付工程款的相关证据，但未明确证据的具体指向。二审法院认为，2005年修订《公司法》第34条(现第33条)规定的公司拒绝查阅权所保护的是公司的合法利益,而不是一切利益。基于诚实信用原则,案件当事人理应对法庭或仲裁庭如实陈述,并按法庭或仲裁庭要求提供自己掌握的真实证据,以拒不出示不利于己的证据为手段而获得不当利益为法律所禁止。如佳德公司持有在仲裁一案中应当提供而未提供相关证据,则不能认定股东查阅公司账簿可能损害其合法利益。综上,股东知情权是股东固有的、法定的基础性权利,无合理根据证明股东具有不正当目的,则不应限制其行使。佳德公司拒绝四上诉人对公司会计账簿行使查阅权的理由和依据不足,不予采信。

第三,关于四上诉人主张行使知情权的范围是否符合法律规定。

四上诉人请求查阅、复制被上诉人佳德公司的会计账簿、议事录、契约书、通信、纳税申报书等(含会计原始凭证、传票、电传、书信、电话记录、电文等)所有公司资料。被上诉人佳德公司辩称其已向四上诉人提交了自公司成立起的全部工商设立、变更、年检登记文件及审计报告等资料,履行了配合股东行使知情权的法定义务。对此,二审法院认为,股东知情权是股东享有对公司经营管理等重要情况或信息真实了解和掌握的权利,是股东依法行使资产收益、参与重大决策和选择管理者等权利的基础性权利。从立法价值取向上看,其关键在于保护中小股东合法权益。2005年修订《公司法》第34条第2款(现第33条第2款)规定,"股东可以要求查阅公司会计账簿"。账簿查阅权是股东知情权的重要内容。股东对公司经营状况的知悉,最重要的内容之一就是通过查阅公司账簿了解公司财务状况。依据《会计法》第9条、第14条、第15条第1款的规定,公司的具体经营活动只有通过查阅原始凭证才能知晓,不查阅原始凭证,中小股东可能无法准确了解公司真正的经营状况。根据会计准则,相关契约等有关资料也是编制记账凭证的依据,应当作为原始凭证的附件入账备查。据此,四上诉人查阅权行使的范围应当包括会计账簿(含总账、明细账、日记账和其他辅助性账簿)和会计凭证(含记账凭证、相关原始凭证及作为原始凭证附件入账备查的有关资料)。对于四上诉人要求查阅其他公司资料的诉请,因超出了2005年修订《公司法》第34条(现第33条)规定的股东行使知情权的查阅范围,不予支持。关于查阅时间和地点,公司法赋予股东知情权的目的和价值在于保障股东权利的充分行使,但这一权利的行使也应在权利平衡的机制下进行,即对于经营效率、经营秩序等公司权益未形成不利影响。因此,四上诉人查阅的应当是和其欲知情的事项相互关联的材料,而并非对公司财务的全面审计,故查阅应当在公司正常的业务时间内且不超过十个工作日,查阅的方便地点应在佳德公司。

关于四上诉人要求复制被上诉人佳德公司会计账簿及其他公司资料的诉讼请

求。二审法院认为,公司法赋予了股东获知公司运营状况、经营信息的权利,但同时也规定了股东行使知情权的范围。2005年修订《公司法》第34条第1款(现第33条第1款)将股东有权复制的文件限定于公司章程、股东会会议记录、董事会会议决议、监事会会议决议和财务会计报告。第2款仅规定股东可以要求查阅公司财务会计账簿,但并未规定可以复制,而佳德公司章程亦无相关规定,因此四上诉人要求复制佳德公司会计账簿及其他公司资料的诉讼请求既无法律上的规定,又超出了公司章程的约定,不予支持。

综上所述,一审判决认定四上诉人行使股东知情权具有不正当目的错误,导致实体处理不当,依法应予纠正。据此,二审法院判决:1. 撤销宿迁市宿城区人民法院(2009)宿城民二初字第00448号民事判决。2. 被上诉人佳德公司于本判决生效之日起10日内提供自公司成立以来的公司会计账簿(含总账、明细账、日记账、其他辅助性账簿)和会计凭证(含记账凭证、相关原始凭证及作为原始凭证附件入账备查的有关资料)供上诉人李淑君、吴湘、孙杰、王国兴查阅。上述材料由四上诉人在佳德公司正常营业时间内查阅,查阅时间不得超过10个工作日。3. 驳回上诉人李淑君、吴湘、孙杰、王国兴的其他诉讼请求。

实务要点:

本案是一起典型的股东知情权纠纷。本案不但确立了"公司怀疑股东查阅会计账簿的目的,是为公司涉及的其他案件的对方当事人收集证据,不能以此为由拒绝提供查阅"的裁判规则,还对股东知情权的行使范围、查阅会计账簿前置程序的履行、能否查阅会计凭证等问题进行了回应。通过阅读本案,可以发现:

第一,关于股东查阅会计账簿的前置程序。一审法院认为,从原告书面要求查阅会计账簿,到起诉仅六天时间,不符合"公司明确拒绝其查询会计账簿,或在法定的期间内(十五日)未予答复"才能提起诉讼的前置要件。对此,二审法院认为,至一审法院起诉时佳德公司尚未作出书面回复,但佳德公司在后来的复函中并未对四上诉人的申请事项予以准许,且在庭审答辩中亦明确表明拒绝四上诉人查阅、复制申请书及诉状中所列明的各项资料,因此为了避免讼累,四上诉人有权起诉。

第二,股东能否查阅会计凭证?二审法院认为,公司的具体经营活动只有通过查阅原始凭证才能知晓,不查阅原始凭证,中小股东可能无法准确了解公司真正的经营状况。根据会计准则,相关契约等有关资料也是编制记账凭证的依据,应当作为原始凭证的附件入账备查,因此本案支持了原告要求查阅会计凭证(含记账凭证、相关原始凭证及作为原始凭证附件入账备查的有关资料)的请求。

第三,公司章程能否对查阅程序和范围作出规定?根据《公司法司法解释(四)》第7条的规定,股东可以依据公司章程起诉请求查阅或者复制公司特定文件材料,故公司章程对查阅程序和范围作出明确规定的,法院应当依照章程的规定进行审查。此外,股东能否复制会计账簿?二审法院认为,四上诉人要求复制佳德公司会计账簿及其他公司资料的诉讼请求既无法律上的规定,又超出了公司章程的约定,因此不予支持。换言之,如果公司章程中允许股东复制会计账簿,则应予以支持。

五、股东知情权的行使

(一)胜诉判决表述及执行

《公司法司法解释(四)》第10条规定:"人民法院审理股东请求查阅或者复制公司特定文件材料的案件,对原告诉讼请求予以支持的,应当在判决中明确查阅或者复制公司特定文件材料的时间、地点和特定文件材料的名录。股东依据人民法院生效判决查阅公司文件材料的,在该股东在场的情况下,可以由会计师、律师等依法或者依据执业行为规范负有保密义务的中介机构执业人员辅助进行。"此外,需注意的是,由于《公司法》没有规定股东可以聘请第三人辅助查阅,因此股东依据判决查阅时,股东应当同时到场。

(二)不正当行使知情权的赔偿责任

股东知情权应合法保护,但根据《公司法司法解释(四)》第11条的规定,股东滥用知情权、不当行使知情权,泄露通过查阅获得的公司商业秘密,给公司造成损失的,应当赔偿相应损失。辅助股东查阅资料的中介机构执业人员,亦负有保密义务,如其泄露通过辅助股东查阅获得的公司商业秘密,给公司造成损失的,亦应承担相应的赔偿责任。股东及辅助人泄露商业秘密的主观状态既包括故意也包括过失。辅助人系辅助股东从事事实行为,与股东并非代理关系应自行承担侵权赔偿责任。在实务操作中,应注意以下两点:

第一,《公司法司法解释(四)》第11条的相关规定,是对股东以及辅助人泄露其通过查阅得知的公司商业秘密的行为的规制,股东或中介机构专门人员泄露通过其他方式获知的公司商业秘密,应另适用相应的法律规范。第二,对于公司诉股东因行使知情权,辅助人辅助股东行使知情权从而获悉公司商业秘密后泄露,给公司造成损害的案件的举证责任分配,在现有法律框架下仍应坚持"谁主张、谁举证"的一般原则，但由于商业秘密侵权案件事实的复杂、认定难度较大，可根据案件具体事实、诉讼阶段对证据的提交、说明义务等酌情进行合理分配。

(三) 董事、高管未制作或保存公司文件材料的民事责任

实践中，若公司违反法律规定的文件置备义务，未制作和保存《公司法》第33条或第97条列举的公司文件材料，造成股东要求查阅的文件根本不存在，公司往往无法提供，也难以采取补救措施来恢复以前未制作或已灭失的文件，股东即使向人民法院起诉也无法实现查阅目的。《公司法》没有明文规定在这种情况下股东能够获得何种救济，股东就因此受到的损失提起的诉讼通常难以得到法院支持，对此，根据《公司法司法解释(四)》第12条的规定，在股东查阅权受到上述根本性侵害并给股东造成损失时，股东有权起诉请求具体负责制作和保存公司有关文件材料的董事或高级管理人员承担民事赔偿责任，以更周延地保护股东查阅权。对于责任构成及举证责任，应注意以下三点：

第一，侵权行为的主体和客体。在董事、高级管理人员与公司的侵权法律关系中，负有相应责任的董事、高级管理人员是侵权行为主体，公司利益是侵权对象。董事、高级管理人员怠于履行依法置备公司文件材料的职责，导致公司未依法履行置备义务，侵权的客体是公司经营管理秩序。

第二，侵权行为的客观方面。首先，董事、高级管理人员未依法制作和保存《公司法》第33条或者第97条规定的公司文件材料。其次，董事、高级管理人员未依法履行置备公司文件材料职责的行为给股东造成了损失。这里所称的损失，指的是经济利益损失，主要包括难以证明公司具备可分配利润并请求公司分配利润、难以证明公司具有可分配剩余财产并请求相应分配，以及因无法组织公司清算而依法承担赔偿责任等带来的损失等。最后，董事、高级管理人员的渎职行为与股东的实际损害之间有因果关系。

第三，对于公司未依法制作和保存有关公司文件材料的认定，应当合理分配证明责任。首先，由于公司是否置备有关文件材料并非股东所能证明，故股东只对公司不能提供有关文件资料，导致其无法查询、复制的事实承担举证责任。股东证明公司不能提供有关文件资料的，应当转移举证责任，由公司就建立和保存了相关文件资料承担证明责任。其次，公司有证据证明其已置备相关文件资料，但拒绝股东查询、复制的，应当驳回股东的诉讼请求。最后，董事和负责的高级管理人员证明其已经履行相应职责，公司不能提供相关文件材料供股东查询、

复制并非其责任造成的,应当不适用本规定。公司可能基于不可抗力的原因未能提供文件材料,例如意外事故导致毁损灭失、被有关部门扣押等,但公司对此类意外负有证明责任。

【案例进阶38】公司未制备和保存会计账簿,执行董事应如何承担赔偿责任?
案例名称: 叶骅与周栋损害股东利益责任纠纷案
案例来源: 上海市第一中级人民法院(2020)沪01民终3550号民事判决书
裁判要旨:

当公司股东无法行使股东知情权,提起侵权损害赔偿之诉时,股东只对公司不能提供有关文件资料,导致其无法查询、复制的事实承担举证责任。在此前提下,公司是否依法制作或保存了相关财务会计报告、会计账簿和会计凭证的举证责任应当由相关的董事、高管承担。

在股东不能证明损失金额的情况下,法院可根据公司经营现状、股东持股比例、责任人违法程度酌定赔偿金额。

基本案情:

案外人上海A有限公司(以下简称"A公司")于2015年5月18日设立,注册资本100万元,股东为上诉人(原审原告)叶骅、被上诉人(原审被告)周栋及案外人韩某,分别认缴出资35万元、55万元、10万元,出资时间均为2045年4月29日,由周栋担任执行董事及法定代表人。A公司筹备期间,叶骅于2015年5月14日向周栋个人账户汇款100万元,汇款用途为A公司投资款。

2018年7月5日,叶骅以A公司为被告提起股东知情权诉讼,法院判令A公司提供2015年5月18日至2018年8月14日期间的财务会计报告供叶骅查阅、复制,后叶骅向法院强制执行,嘉定法院于2019年6月18日出具(2019)沪0114执2132号执行情况告知书,告知叶骅:1.A公司未到庭履行义务;2.未查询到A公司名下的其他财产;3.执行中,双方当事人均称被执行人A公司已于2015年12月关门并停止营业,执行人员于2019年5月8日将A公司法定代表人予以司法拘留,并要求叶骅提供被执行人的其他可供执行的财产线索,若不能提供则依法终结本次执行程序。

随后,叶骅向法院主张周栋应承担侵害其知情权的损害赔偿责任,赔偿金额为86.8万元。

法律关系图：

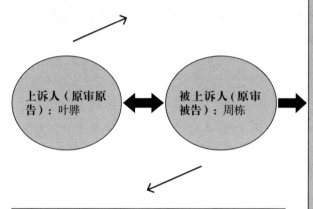

裁判过程及理由：

一审法院认为：董事、高级管理人员应当遵守法律、行政法规和公司章程，对公司负有忠实义务和勤勉义务。公司董事、高级管理人员未依法履行职责，导致公司未依法制作或者保存公司法规定的文件材料，给股东造成损失，股东可以要求负有相应责任的公司董事、高级管理人员承担民事赔偿责任。虽然叶骅有权认为公司董事、高级管理人员的行为损害其自身经济利益，依法可以提起诉讼，但叶骅需要举证证明由于公司董事、高级管理人员的行为导致其利益受损。股东因公司未依法置备文件材料遭受的损失，主要是由于公司会计账簿被故意隐匿或者销毁所导致，损失主要包括难以证明公司具备可分配利润并请求公司分配利润、难以证明公司具有可分配剩余财产并请求相应分配，以及因无法组织公司清算而依法应承担赔偿责任等带来的损失。

叶骅现主张的损失为其向周栋账户投入的70万元及相应的利息。根据叶骅在庭审中之陈述及已查明的事实，可以确认该70万元之来源为叶骅2015年5月14日转账给周栋的100万元减去周栋根据《股份资本调整协议》退还叶骅的30万元。故究其根本，叶骅现主张的70万元及相应利息仍为其向A公司的投资款。而叶骅已就返还投资款提起过诉讼,本案与(2016)沪0112民初20315号案件是基于同一事实所引起的,诉讼请求本质亦一致,而在该案中一审法院以《股份资本调整协议》约定的退款条件并未成就为由判决驳回了叶骅的全部诉讼请求。叶骅现未提供新的证据证明A公司存在可分配利润或可分配剩余财产,亦无证据证明其对A公司之债务存在赔偿责任等。故叶骅以其投入A公司投资款作为其经济利益受损的金额进行主张,于法无据。据此,一审法院判决:驳回叶骅的全部诉讼请求。

叶骅不服一审判决,提起上诉。

二审法院认为,本案争议焦点为:1.上诉人叶骅提起本案诉讼与其此前起诉的(2016)沪0112民初20315号案件是否系基于同一事实所引起,诉讼请求本质是否一致。2.关于被上诉人周栋是否履行了置备A公司相关文件材料的义务的举证责任,以及周栋若未履行前述义务致叶骅无法行使股东知情权而造成损失的举证责任应如何分配。3.如若叶骅有损失,则该损失的金额应如何确定。

第一,关于第一个争议焦点。本案系上诉人叶骅主张A公司执行董事被上诉人周栋未依法履行职责,导致公司未依法制作或保存财务会计报告、会计账簿和会计凭证,给其造成损失而提起的损害股东利益责任纠纷案件。尽管叶骅诉请损失赔偿的金额构成系其向A公司投资100万元扣除周栋依据《股份资本调整协议》向其支付的30万元股权转让款后的余款70万元及利息,与其在(2016)沪0112民初20315号股东出资纠纷案件中主张周栋返还投资款的金额构成一致,但叶骅提起本案诉讼的请求权基础为《公司法司法解释(四)》第12条,即关于公司董事和高级管理人员未依法履行职责置备公司文件材料,给股东造成损失时应如何承担赔偿责任的规定,属于侵权损害赔偿之诉;而(2016)沪0112民初20315号股东出资纠纷案件系叶骅基于《股份资本调整协议》的约定而提起的合同履行之诉,故两案的请求权基础不同,基本事实亦不相同。一审法院关于该两案基于同一事实所引起,诉讼请求本质一致的认定确有不当,应予以纠正。

第二,关于第二个争议焦点。首先,如前所述,本案系因叶骅作为A公司的股东因无法行使股东知情权而引发的侵权损害赔偿之诉。由于公司是否置备有关文件材料并非股东所能证明,故股东只对公司不能提供有关文件资料,导致其无法查询、复制的事实承担举证责任。现叶骅已提供证据证明,相关股东知情权诉讼判决生效后,因A公司未履行义务而被嘉定法院终结执行程序,且A公司的法定代表人周栋(即本案被上诉人)亦被予以司法拘留。故在此情况下,关于A公司依法制作或保存了相关财务会计报告、会计账簿和会计凭证的举证责任应当转移,周栋作为A公司的执行董事应当对此承担举证责任。其次,周栋在本案一、二审过程中均称

A公司置备有财务会计报告、会计账簿和会计凭证,因A公司欠付办公场所的租赁费而被查封,该些文件材料均被一并查封。然而,在(2018)沪0114民初11858号股东知情权纠纷案件中,作为A公司法定代表人的周栋并未就此提出抗辩。结合周栋在(2019)沪0114执2132号股东知情权案件的执行过程中关于A公司于2014年租赁办公场所的陈述,以及A公司实际成立于2015年5月18日的客观事实,有理由认为,周栋所述办公场所(即××路××号××商务楼××楼××座)实际并非A公司的租赁物业。又鉴于周栋未能提供相关租赁合同及相关文件材料被查封的证据等,故周栋关于因办公场所被查封导致财务会计报告、会计账簿和会计凭证无法获得的辩解,缺乏事实依据,难以采信。综上所述,周栋作为A公司的执行董事就A公司已建立和保存了财务会计报告、会计账簿和会计凭证未能提供证据证明,应当承担举证不能的后果,其关于A公司已建立和保存了上述文件材料的主张,不予采信。

此外,因被上诉人周栋没有建立和保存A公司的财务会计报告、会计账簿和会计凭证,该行为导致叶骅作为A公司的股东无法通过行使股东知情权查阅、复制前述文件材料,并致其遭受了包括难以证明公司具备可分配利润并请求公司分配利润、难以证明公司具有可分配剩余财产并请求相应分配,以及因无法组织公司清算而依法应承担赔偿责任等带来的损失。对于上述"难以证明"的损失,一审法院要求叶骅承担举证责任,系举证责任分配不当。二审法院认为,周栋因其未依法履行职责,应当对A公司有无可分配利润或剩余财产等承担举证证明的责任。现周栋未能对此予以举证证明,应承担举证不能的后果。

第三,关于第三个争议焦点。上诉人叶骅在本案中主张的损失赔偿金额为86.8万元,该金额系由其向A公司投资100万元扣除被上诉人周栋依据《股份资本调整协议》向其支付的30万元股权转让款后的余款70万元及利息组成,该损失组成的实质仍为返还其向A公司投资的剩余投资款,故叶骅以该剩余投资款金额为据作为其未能行使股东知情权遭受的损失金额,于法无据,难以支持。综合周栋作为A公司执行董事应当承担的职责,其在股东知情权诉讼中未反映上述公司文件材料"被查封"的情况,以及周栋在股东知情权案件执行过程中未如实陈述并最终被法院予以司法拘留的客观情况,酌定周栋应向叶骅支付10万元赔偿金。

综上所述,上诉人叶骅的上诉请求部分成立,予以支持。二审法院判决如下:1.撤销上海市闵行区人民法院(2019)沪0112民初39785号民事判决。2.被上诉人周栋应于本判决生效之日起10日内赔偿上诉人叶骅10万元。

实务要点：

根据《公司法司法解释（四）》第12条的规定，负有置备公司文件材料职责的董事、高管未依法履职，应向受损的股东承担赔偿责任。本案就是公司股东因无法行使股东知情权而提起的侵权损害赔偿之诉。股东提起的该类诉讼中，举证责任如何分配？赔偿损失金额又如何计算？《公司法》及司法解释并未明确。通过阅读本案，可以发现：

第一，关于举证责任的分配。二审法院认为，由于公司是否置备有关文件材料并非原告股东所能证明，故股东只对公司不能提供有关文件资料，导致其无法查询、复制的事实承担举证责任。在此情况下，关于公司是否依法制作或保存了相关财务会计报告、会计账簿和会计凭证的举证责任应当转移，由董事、高管对此承担举证责任。

第二，关于赔偿损失金额的计算。实践中，法院可根据实际情形确定侵权的董事、高管承担损害赔偿金额。股东的损失一般包括难以证明公司具备的可分配利润、难以证明公司具有的可分配剩余财产，以及因无法组织公司清算承担的赔偿责任等。在董事、高管未提供相应证据的情况下，由股东对这些难以证明的损失提供计算依据较为困难。据此，法院可根据公司经营现状、股东持股比例、责任人违法程度酌定赔偿金额。

第三，在实务操作上，当公司股东无法行使股东知情权，提起侵权损害赔偿之诉时，股东可以先提起知情权之诉，再申请强制执行。如果法院因公司无法提供公司文件资料而终结本次执行时，则股东可以以法院终结本次执行的裁定作为证据，向负有责任的董事、高管提起侵权损害赔偿之诉。

六、股东知情权纠纷诉讼程序操作要点

（一）股东知情权纠纷的含义

股东知情权纠纷，是指股东因其知情权受到侵害而产生的纠纷。在股东知情权法律关系中，权利主体是公司股东，义务主体是公司，因此涉及股东知情权纠纷的诉讼，应当以公司为被告。此外，需注意的是，公司不具备依法或者公司章程之规定建立相关档案材料条件，股东主张公司相关人员承担民事赔偿责任的，不属于该案由纠纷，股东应当另行提起诉讼。

（二）股东知情权纠纷的管辖

根据《民诉法司法解释》第22条的规定，因股东名册记载、请求变更公司登记、

股东知情权、公司决议、公司合并、公司分立、公司减资、公司增资等纠纷提起的诉讼,依照《民事诉讼法》第27条的规定确定管辖。根据《民事诉讼法》第27条、《民诉法司法解释》第3条的规定,因股东知情权纠纷提起的诉讼,原则上由公司住所地人民法院管辖。公司住所地是指公司主要办事机构所在地。公司办事机构不明确的,由其注册地或者登记地人民法院管辖。

(三)法律依据

《公司法》第33条、第97条;

《公司法司法解释(四)》第7—12条。

第九讲
公司决议

Lecture
9

一、公司决议概述

(一) 公司决议的法律性质

在公司生产经营过程中,公司的股东(大)会、董事会、监事会以作出决议的方式行使其权力。决议由决议机构成员按一定程序作出的意思表示构成,因此决议是公司意志的体现。其主要包括股东(大)会决议、董事会决议、监事会决议,这些决议对于公司整体运行以及相关者利益具有重要影响。学理上,公司决议的法律性质尚存争议,我国《民法典》第134条采纳了法律行为说,认为决议行为是两个或者两个以上的当事人基于共同的意思表示而意图实现一定法律效果的行为。其满足民事法律行为的所有条件,是一种民事法律行为。但是与多方民事法律行为、双方民事法律行为和单方民事法律行为相比,其又具有一定的特殊性。这种特殊性体现在三个方面:

第一,双方民事法律行为或者多方民事法律行为需要所有当事人意思表示一致才能成立,决议行为一般并不需要所有当事人意思表示一致才能成立,而是达到法定或者章定的标准即可成立。第二,双方民事法律行为或者多方民事法律行为的设立过程一般不需要遵循特定的程序,而决议行为一般需要依一定的程序才能设立。决议行为的设立应当依照法律或者章程规定的议事方式和表决程序。第三,双方民事法律行为或者多方民事法律行为适用的范围一般不受限制,而决议行为原则上仅适用于法人或者非法人组织内部的决议事项。

【案例进阶39】如何认识公司法意义上的董事会决议?

案例名称:许明宏诉泉州南明置业有限公司、林树哲与公司有关的纠纷案

案例来源:最高人民法院(2017)最高法民终18号民事裁定书,载于《最高人民法院公报》2019年第7期

裁判要旨:

人民法院应当根据《公司法》《公司法司法解释(四)》以及《民事诉讼法》的规定审查提起确认公司决议无效之诉的当事人是否为适格原告。对于在起诉时已经不具有公司股东资格和董事、监事职务的当事人提起的确认公司决议无效之诉,人民法院应当依据《民事诉讼法》第119条(现第122条)的规定审查其是否符合与案件有直接利害关系等起诉条件。

公司法意义上的董事会决议,是董事会根据法律或者公司章程规定的权限和

表决程序，就审议事项经表决形成的反映董事会商业判断和独立意志的决议文件。中外合资经营企业的董事会对于合营一方根据法律规定委派和撤换董事之事项所作的记录性文件，不构成公司法意义上的董事会决议，亦不能成为确认公司决议无效之诉的对象。

基本案情：

1995年12月29日，被上诉人（原审被告）泉州南明娱乐有限公司（以下简称"泉州南明公司"）成立。公司注册资本人民币2000万元，投资总额人民币2500万元。其中，泉州市鲤城区地产开发公司（以下简称"鲤城公司"）占股24%，泉州市北峰对外加工装配有限公司（以下简称"北峰公司"）占股6%，香港南明公司占股70%。公司章程第四章第十七条规定，合营公司设董事会，董事会是合营公司的最高权力机构。第十九条规定，董事会由八名董事组成，其中甲方（鲤城公司）委派二名，乙方（北峰公司）委派二名，丙方（香港南明公司）委派四名，董事任期为四年，可以连任。第二十一条规定，甲方、乙方、丙方在委派和更换董事人选时，应书面通知董事会。

1996年10月4日，香港南明公司召开董事会，形成《香港南明置业有限公司第一次董事会记录》。该记录载明，香港南方纺织有限公司、许明宏（原名许明良）、刘三煌、林文龙、黄朝阳、戴新民六方合作组成香港南明公司。其中，香港南方纺织有限公司占股50%，许明宏、刘三煌、林文龙、黄朝阳、戴新民各占股10%；公司集资港币2500万元，按各自股份比例出资。1997年3月14日，泉州泉联审计事务所就泉州南明公司实收资本验证事项出具《报告书》，载明：香港南明公司于1996年10月、1997年1月、1997年5月5日三次汇入港币，投入资本共计人民币12853718元。

2000年8月9日，香港南明公司解除上诉人（原审原告）许明宏董事职务内容的《委派书》到达泉州南明公司时起，许明宏即不再具有泉州南明公司董事职务。2000年8月9日《泉州南明娱乐有限公司董事会决议》载明：泉州南明公司董事会成员林树哲[被上诉人（原审被告）]、郭文强、许明宏、杨乌锡、万象新、吴群德、张招贤因工作调动或身体原因不再担任公司董事。董事会成员落款处有林树哲、杨乌锡、万象新、吴长谋、许明宏签名。许明宏主张此处"许明宏"的签名系被伪造。2003年12月2日，鲤城公司、北峰公司分别将各自名下持有的泉州南明公司股权全部转让给香港南明公司。自此，泉州南明公司变更为外商独资企业。2007年1月29日，泉州南明公司名称变更为泉州南明置业有限公司。

许明宏向一审法院提起诉讼，请求判令：1.确认泉州南明公司2000年8月9日的《泉州南明娱乐有限公司董事会决议》无效。2.判令泉州南明公司、林树哲连带赔偿许明宏经济损失暂计人民币9000万元等。

法律关系图：

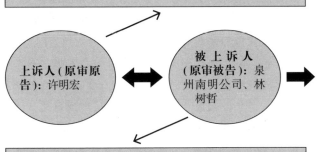

裁判过程及理由：

一审法院认为，本案许明宏的诉请第一项为请求确认董事会决议无效，第二项虽表述为请求泉州南明公司、林树哲赔偿经济损失，但实质上是基于其是公司实际投资人的主张请求按照出资比例分配公司盈余，两项诉求均属于主张股东权益，本案的案由应当确定为与公司有关的纠纷。

关于许明宏的诉讼主体资格问题，本案许明宏主张其作为实际投资人出资设立了泉州南明公司，泉州南明公司、林树哲认为许明宏的两项诉请均是股东才有资格提起的权利请求，但许明宏并非泉州南明公司的股东，因此不是本案的适格原告。

第一，从许明宏提交的《兴业银行香港分行汇款凭证》来看，并未体现该200万元款项系许明宏所支付，且许明宏主张另有50万元是现金支付，亦未能提供任何证据。香港南明公司在香港诉讼的辩护词中虽认可了先后收到200万元港币，但认为是许明棋支付的。从《香港南明置业有限公司第一次董事会记录》分析，仅体现了香港南方纺织有限公司、许明宏、刘三煌、林文龙、黄朝阳、戴新民约定共同出资港币2500万元组成香港南明公司，该份董事会记录只能说明六方投资人约定对香港南明公司的注资情况，并未体现六方投资人的实际投资情况。许明宏主张其出资250万元港币，依据不足。

第二，许明宏主张《香港南明置业有限公司第一次董事会记录》是六方投资人对泉州南明公司投资事宜的约定，泉州南明公司的港方注册资金实缴时间、款项总额与董事会记录的约定高度吻合,许明宏是泉州南明公司的实际投资人。但根据《公司法》第3条的规定,公司法人资格独立,香港南明公司作为依法设立的公司,在财产、责任方面与其发起人、董事和成员等截然分离,具有独立的法律地位,也应当以自己的名义享有民事权利和承担民事义务。即便许明宏支付了250万元港币,但其完成出资后所形成的财产应当归香港南明公司所有,香港南明公司、北峰公司、鲤城公司才是泉州南明公司的登记股东和出资方。

第三,《香港南明置业有限公司第一次董事会记录》体现的六方投资人本身均非香港南明公司的登记股东,只是通过约定向香港南明公司投资,再由香港南明公司投资设立泉州南明公司的方式,间接控制泉州南明公司权益,即便前述六方投资人按照约定实际完成了出资,也是共同作为泉州南明公司的实际控制人,而非泉州南明公司的隐名投资者,不应认定为委托投资,不属于最高人民法院《关于审理外商投资企业纠纷案件若干问题的规定(一)》第14条规定的"当事人之间约定一方实际投资、另一方作为外商投资企业名义股东"的委托他人代持股的情形。

综上所述,一审法院认为,许明宏主张其为泉州南明公司的实际投资人,依据不足,而其并非泉州南明公司的股东,不能行使泉州南明公司的股东才享有的财产及其他权益,不是本案的适格原告。据此,一审法院裁定:驳回许明宏的起诉。

许明宏不服一审裁定,提起上诉。

二审法院认为:……关于许明宏是否为本案的适格原告问题。根据《公司法司法解释(四)》第1条的规定,公司股东、董事、监事等请求确认股东会或者股东大会、董事会决议无效或者不成立的,人民法院应当依法予以受理。该规定将确认公司决议无效之诉的原告明确列举为公司股东、董事、监事等,同时要求"人民法院应当依法予以受理"。根据《民事诉讼法》第119条(现第122条)的规定,提起诉讼的原告必须"是与本案有直接利害关系的公民、法人和其他组织",人民法院在立案后发现原告的起诉不符合起诉条件的,应当裁定驳回起诉。据此,对于公司股东、董事、监事等提起的公司决议无效之诉,人民法院既要适用《公司法》及其司法解释的规定,亦应依据《民事诉讼法》及其司法解释审查原告是否"与本案有直接利害关系"。同理,提起公司盈余分配诉讼的原告,亦应当具有股东身份,或者与公司盈余分配有其他直接利害关系。因此,一审法院在本案受理后,依法审查许明宏与本案是否具有直接的利害关系,并以此判定许明宏是否具有提起本案两项诉讼请求的原告资格,适用法律正确。

关于许明宏是否为案涉董事会决议无效之诉的适格原告问题。本案中，许明宏系以2000年8月9日《泉州南明娱乐有限公司董事会决议》违法解除其董事职务为由请求确认该董事会决议无效。根据查明的事实，案涉董事会决议作出时，泉州南明公司为中外合资经营企业。《中外合资经营企业法》（已失效）第6条规定，合营企业设董事会，其人数组成由合营各方协商，在合同、章程中确定，并由合营各方委派和撤换；董事会的职权是按合营企业章程规定，讨论决定合营企业的一切重大问题。根据泉州南明公司章程第四章第19条、第21条的规定，董事会由八名董事组成，其中鲤城公司委派二名，北峰公司委派二名，香港南明公司委派四名；三方在委派和更换董事人选时，应书面通知董事会。据此，泉州南明公司的董事系由合营各方委派和撤换。作为合营方，香港南明公司可以委派许明宏为泉州南明公司的董事，也可以单方解除许明宏的董事职务。故自香港南明公司2000年8月9日包含解除许明宏董事职务内容的《委派书》到达泉州南明公司时起，许明宏即不再担任泉州南明公司董事职务。案涉董事会决议中虽然包含了许明宏不再担任董事职务的内容，但其依据是股东香港南明公司关于免除许明宏董事职务的通知，所体现的只是合营企业股东的意志，并非泉州南明公司董事会的意志。因此，该部分内容仅系泉州南明公司董事会对既有法律事实的记载。根据《公司法》的规定，董事会作为公司经营决策机构，可以根据法律或者公司章程规定的权限和表决程序，就其审议事项经表决后形成董事会决议，但该决议应当反映董事会的商业判断和独立意志。由此，《公司法司法解释（四）》第1条规定可以由公司股东、董事、监事等请求确认无效的决议，并不包括本案所涉不体现董事会意志的记录性文件。故案涉上述文件中涉及许明宏不再担任泉州南明公司董事职务的部分，虽然有董事会决议之名，但其并不能构成公司法意义上的董事会决议。

综上，案涉董事会决议并非许明宏丧失泉州南明公司董事职务的原因，无论该董事会决议上"许明良"签名是否系伪造，均不影响香港南明公司解除其董事职务的效力。许明宏关于其是案涉董事会决议无效之诉适格原告的上诉理由不能成立。一审裁定关于许明宏与案涉董事会决议间不具有直接的利害关系、并非本案适格原告的认定正确，予以维持。

……

综上所述，许明宏的上诉请求不能成立，一审裁定认定相关事实清楚、适用法律正确。二审法院裁定如下：驳回上诉，维持原裁定。

实务要点：

通过召开股东会或董事会会议，就公司经营相关事项作出决议，是公司治理的主要方式,针对公司决议效力的争议也是公司纠纷的主要类型。《公司法》第22条规定了公司决议效力瑕疵之诉,赋予了相关当事人起诉请求确认公司决议无效的权利,但由于《公司法》第22条规定的公司决议效力瑕疵之诉对于原告范围的规定较为原则性,导致实践中对公司决议效力瑕疵之诉原告范围的认定存在争议。对此,《公司法司法解释(四)》第1条进一步明确了公司决议效力瑕疵之诉的原告范围,即公司股东、董事、监事等利害关系人可以提起公司决议效力之诉。本案通过个案适用《公司法》《公司法司法解释(四)》及其他相关法律的规定,厘清董事会决议无效之诉中原告主体资格及其公司法意义上的董事会决议的审查标准。通过阅读本案,可以发现:

第一,对于公司股东、董事、监事等提起的公司决议无效之诉,法院既要适用《公司法》及其司法解释的规定,亦应依据《民事诉讼法》及其司法解释审查原告是否"与本案有直接利害关系"。值得注意的是,一审法院认为,许明宏并非泉州南明公司的股东,不能行使泉州南明公司的股东才享有的财产及其他权益,不是本案的适格原告。二审法院在确认一审法院论证逻辑的基础上,进一步论证了公司法意义上的董事会决议的认定标准。

第二,二审法院认为,公司法意义上的董事会决议,应根据法律或者公司章程规定的权限和表决程序,经董事会的商业判断和独立意志形成。案涉董事会决议体现的只是合营企业股东的意志,仅是未体现董事会意志的记录性文件。虽然有董事会决议之名,但其并不能构成公司法意义上的董事会决议,因此根本谈不上"有效"或"无效"。实践中,股东委派董事人选,再经董事会决议通过的情况比较常见,这不仅要体现委派股东的意志,还需董事会的意思表示,缺一不可,但本案却将此类董事会决议排除出公司法上的决议范围,值得探讨。

(二)公司决议的效力范围

股东(大)会、董事会属于决定公司内部事务的机构,除法律法规有特殊规定的以外,其决议仅在公司内部发生法律效力,对外不发生法律效力。对于股东(大)会、董事会的决议事项明显属于公司内部事务,其效力仅局限于内部,比较容易理解,例如选举董事、通过财务报表、决定利润分配方案等。但是,对于有些决议事项描述了公司与公司以外的他人交易的情形,似乎又涉及公司外部关系,故对这类股东(大)会、董事会决议的事项,是否对公司外部有影响,仍然存在一定的分歧。对此,本书采纳《最高人民法院公司法司法解释(四)理解与适用》一书中的观点。该书认为,《公司法》是以公司、分公司、分支机构、子公司、股东及实际控制人、董事、监事及高级管理人员等为主体,以在公司的组织行为和活动中发生的社会关系为调整对象的法律规范,这是《公司法》作为部门法律与其他法律的根本区别。《公司法》调整的社会关系范围决定股东会或者股东大会决议、董事会决议的效力范围,即其效力范围仅局限于公司内部事务及法律关系,对公司及分支机构、子公司、股东及实际控制人、董事、监事和高级管理人员等有约束力,对公司以外的民事关系及民事主体,没有约束力。

基于对公司决议效力范围的认识,我国《民法典》第85条规定:"营利法人的权力机构、执行机构作出决议的会议召集程序、表决方式违反法律、行政法规、法人章程,或者决议内容违反法人章程的,营利法人的出资人可以请求人民法院撤销该决议。但是,营利法人依据该决议与善意相对人形成的民事法律关系不受影响。"《公司法司法解释(四)》第6条规定:"股东会或者股东大会、董事会决议被人民法院判决确认无效或者撤销的,公司依据该决议与善意相对人形成的民事法律关系不受影响。"由此可见,依据上述规定,股东会或者股东大会、董事会决议无效及撤销之诉涉及的法律关系,与公司依据该决议与公司以外的他人建立的法律关系分别是两个独立的法律关系。法院对股东会或者股东大会、董事会决议无效或者撤销之诉的判决,对公司因该决议与公司以外善意相对人发生的其他法律关系没有溯及效力,公司依据该决议与善意相对人形成的民事法律关系不受影响。此外,需注意的是:

第一,《民法典》及《公司法司法解释(四)》的规定还应符合相对人是善意的要件。如果相对人是非善意的,决议被判决无效或者撤销时,则有可能影响公司与相对人形成的法律关系。第二,由于股东会或者股东大会、董事会决议无效或者撤销之诉,与公司依据该决议与相对人形成的民事法律关系分别是两个独立的法律关系,因此,如果发生争议,构成两个独立的诉,法院可以依据具体情况合并审理或分开审理。

【案例进阶40】公司内部决议瑕疵会影响公司对外法律行为的效力吗?

案例名称: 绵阳市红日实业有限公司、蒋洋诉绵阳高新区科创实业有限公司股东会决议效力及公司增资纠纷案

案例来源: 最高人民法院(2010)民提字第48号民事判决书,载于《最高人民法院公报》2011年第3期

裁判要旨:

在民商事法律关系中,公司作为行为主体实施法律行为的过程可以划分为两

个层次：一是公司内部的意思形成阶段，通常表现为股东会或董事会决议；二是公司对外作出意思表示的阶段，通常表现为公司对外签订的合同。出于保护善意第三人和维护交易安全的考虑，在公司内部意思形成过程存在瑕疵的情况下，只要对外的表示行为不存在无效的情形，公司就应受其表示行为的制约。

根据2005年修订的《公司法》第35条（现第34条）的规定，公司新增资本时，股东有权优先按照实缴的出资比例认缴出资。从权利性质上来看，股东对于新增资本的优先认缴权应属形成权。现行法律并未明确规定该项权利的行使期限，但从维护交易安全和稳定经济秩序的角度出发，结合商事行为的规则和特点，人民法院在处理相关案件时应限定该项权利行使的合理期间，对于超出合理期间行使优先认缴权的主张不予支持。

基本案情：

被申请人（一审原告、二审上诉人）蒋洋、被申请人（一审原告、二审上诉人）绵阳市红日实业有限公司（以下简称"红日公司"）均为申请再审人（一审被告、二审被上诉人）绵阳高新区科创实业有限公司（以下简称"科创公司"）股东。其中蒋洋出资67.6万元，出资比例14.22%；红日公司出资27.6万元，出资比例5.81%。

2003年12月16日，科创公司召开股东会，通过"关于吸纳陈木高为新股东"的决议（75.49%同意，20.03%反对，4.48%弃权）。蒋洋及红日公司投反对票，并要求行使股东对新增注册资本的优先认缴权。2003年12月18日，科创公司与申请再审人（一审第三人、二审被上诉人）陈木高签订《入股协议书》，约定由陈木高出资800万元，以每股1.3元认购科创公司新增的615.38万股。2003年12月22日，红日公司向科创公司递交报告，主张蒋洋和红日公司对新增资本享有优先认缴出资的权利。2003年12月25日，科创公司完成注册资本及出资比例的工商变更，蒋洋、红日公司的出资比例分别降低至6.2%及2.53%。次日，红日公司向工商局递交了《请就绵阳高新区科创实业有限公司新增资本、增加新股东作不予变更登记的报告》。

2005年12月，蒋洋和红日公司向一审法院提起诉讼，请求判令：1.确认科创公司2003年12月16日股东会通过的吸纳陈木高为新股东的决议无效；2.确认科创公司和陈木高2003年12月18日签订的《入股协议书》无效；3.确认其对800万元新增资本优先认购，科创公司承担其相应损失。

法律关系图：

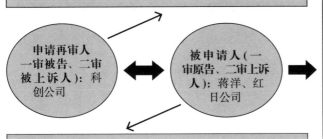

基本情况： 两原告系被告科创公司股东，合计持有20.03%的股份。2003年12月16日科创公司召开股东会决定增加注册资本并引入陈木高为新股东，两原告投反对票。12月18日，科创公司与陈某签订《入股协议》，陈木高出资800万元认购科创公司新增的615.38万股，并于12月25日完成了工商变更登记。

原告观点： 原告认为科创公司在未依法提前15天通知股东的情形下召开股东会，程序不合法，且关于增资内容通知不明确，该决议应属无效。科创公司依据该股东会决议对外签订的《入股协议》侵害了两原告对新增资本的优先认购权，也属无效。请求法院：确认股东会决议与《入股协议》无效，且两原告对800万元新增资本享有优先认购权，科创公司承担其相应损失。

争议焦点： 股东会决议和《入股协议》是否有效？两原告对新增615.38万股股份是否享有优先认缴权？

法院认为： 科创公司新增股份中20.03%的部分因侵犯两原告的优先认缴权而无效；股东会决议属于科创公司内部意思形成文件，内部决议存在瑕疵，不影响公司对外签订的《入股协议》的效力；为维护交易安全，股东优先认缴权应在合理期限内行使，超过合理期限的，法院不予支持。

裁判过程及理由：

一审法院认为，关于科创公司2003年12月16日股东会通过的吸纳陈木高为新股东的决议的效力问题。红日公司和蒋洋主张无效的理由是：科创公司只提前11日通知各股东召开股东会，违反了《公司法》（1999年修正，以下简称"1999年《公司法》"）第44条第1款"召开股东会会议，应当于会议召开十五日以前通知全体股东"的规定，且对于增资扩股的问题通知书表述得也不明确。从本案查明的事实反映，蒋洋在本案中具有多重身份，既是原告红日公司的法定代表人，又在2003年7月2日以前是科创公司的最大股东和董事长，此后至2003年12月16日期间，是科创公司的最大股东和董事。蒋洋在任科创公司董事长期间，科创公司签订了与陈木高等就石桥铺项目进行合作的合作协议，而且参加了2003年12月16日的股东会并对会议议题行使了表决权，对其中"吸纳陈木高为新股东"的议题投了反对票。根据1999年《公司法》第39条第2款关于"股东会对公司增加或者减少注册资本、分立、合并、解散或者变更公司形式作出决议，必须经代表三分之二以上表决权的股东通过"的规定，股东会决议的效力不取决于股东会议通知的时间及内容，而决定于股东是否认可并达到公司法的要求。查明的事实反映，2003年12月

16日"吸纳陈木高为新股东"的决议中涉及科创公司增资扩股800万元和该800万元增资由陈木高认缴的内容已在股东会上经科创公司75.49%表决权的股东通过。因此"吸纳陈木高为新股东"的决议符合上述规定,该决议有效。红日公司和蒋洋以通知的时间不符合法律规定,内容讨论不符合议事程序主张"吸纳陈木高为新股东"决议无效的理由不成立。

关于科创公司与陈木高于2003年12月18日签订的《入股协议书》的效力问题。

……

关于红日公司和蒋洋能否优先认缴科创公司2003年12月16日股东会通过新增的800万元资本,并由科创公司承担相应损失的问题。按照1999年《公司法》第33条关于股东按照出资比例分红,公司新增资本时,股东可以优先认缴出资的规定,蒋洋、红日公司作为科创公司的股东,对公司新增资本享有优先认缴权利。但1999年《公司法》对股东优先认缴权的期间未作规定。《公司法司法解释(一)》第2条规定:"因公司法实施前有关民事行为或者事件发生纠纷起诉到人民法院的,如当时的法律法规和司法解释没有明确规定时,可以参照适用公司法的有关规定。"2005年修订的《公司法》(以下简称"2005年《公司法》")也未对股东优先认缴权行使期间作规定,但2005年《公司法》第75条第1款规定"有下列情形之一的,对股东会该项决议投反对票的股东可以请求公司按照合理的价格收购其股权";第2款规定"自股东会会议决议通过之日起六十日内,股东与公司不能达成收购协议的,股东可以自股东会会议决议通过之日起九十日内向人民法院提起诉讼"。该条虽然针对的是异议股东的股权回购请求权,但按照民法精神从对等的关系即公司向股东回购股份与股东向公司优先认缴出资看,后者也应当有一个合理的行使期间,以保障交易的安全和公平。从本案查明的事实看,红日公司和蒋洋在2003年12月22日就向科创公司主张优先认缴新增资本800万元,于2005年12月12日才提起诉讼,这期间,陈木高又将占出资比例56.42%股份转让给固生公司,其个人又陆续与其他股东签订了股权转让协议,全部办理了变更登记,2003年12月25日至今担任科创公司董事长,科创公司的石桥铺项目前景也已明朗。因此红日公司和蒋洋在2005年12月12日才提起诉讼不合理。2003年12月16日的股东会决议、《入股协议书》合法有效,红日公司和蒋洋主张优先认缴权的合理期间已过,故其请求对800万元资本优先认缴权并赔偿其损失的请求不予支持。

综上所述,2003年12月16日股东会决议和《入股协议书》合法有效。红日公司和蒋洋在2003年12月22日向科创公司主张优先权时,上述两协议已经生效并已在履行过程中,但红日公司和蒋洋没有及时采取进一步的法律措施实现其优先权。本案起诉前,围绕科创公司和公司股权又发生了一系列新的民事、行政关系,形成了一系列新的交易关系,为保障交易安全,红日公司和蒋洋在本案中的主张不能成立。据此,一审法院判决:驳回红日公司、蒋洋的诉讼请求。

红日公司和蒋洋不服一审判决,提起上诉。

二审认为,科创公司于 2003 年 12 月 16 日召开的股东会议所通过的关于"吸纳陈木高为新股东"的决议,结合股东会讨论的《入股协议书》,其内容包括了科创公司增资 800 万元和由陈木高通过认缴该 800 万元新增出资成为科创公司新股东两个方面的内容。根据 1999 年《公司法》第 38 条第 1 款第(八)项关于"股东会行使对公司增加或者减少注册资本作出决议的职权"及第 39 条第 2 款的规定,科创公司增资 800 万元的决议获代表科创公司 75.49% 表决权的股东通过,应属合法有效。根据 1999 年《公司法》第 33 条关于"公司新增资本时,股东可以优先认缴出资"的规定以及科创公司章程中的相同约定,科创公司原股东蒋洋和红日公司享有该次增资的优先认缴出资权。在股东会议上,蒋洋和红日公司对由陈木高认缴 800 万元增资股份并成为新股东的议题投反对票并签注"要考虑原股东享有公司法规定的投资(出资)权利"的意见,是其反对陈木高认缴新增资本成为股东,并认为公司应当考虑其作为原股东所享有的优先认缴出资权,明确其不放弃优先认缴出资权的意思表示。紧接着在 2003 年 12 月 22 日和 26 日,蒋洋和红日公司又分别向科创公司递交了《关于要求作为科创公司增资扩股增资认缴人的报告》,向绵阳市高新区工商局递交了《请就绵阳高新区科创实业有限公司新增资本、增加新股东作不予变更登记的报告》,进一步明确主张优先认缴出资权。上述事实均表明红日公司和蒋洋从未放弃优先认缴出资权。但是,科创公司在没有以恰当的方式征询蒋洋和红日公司的意见以明确其是否放弃优先认缴出资权,也没有给予蒋洋和红日公司合理期限以行使优先认缴出资权的情况下,即于 2003 年 12 月 18 日与陈木高签订《入股协议书》,并于 2003 年 12 月 25 日变更工商登记,将法定代表人变更为陈木高,将公司注册资本变更为 1090.75 万元,其中新增资本 615.38 万元登记于陈木高名下。该系列行为侵犯了法律规定的蒋洋和红日公司在科创公司所享有的公司新增资本时的优先认缴出资权,根据《民法通则》(已失效)第 58 条第 1 款第(五)项关于"违反法律或者社会公共利益的民事行为无效"的规定,股东会决议中关于由陈木高认缴新增资本 800 万元并由此成为科创公司股东的内容无效,科创公司和陈木高签订的《入股协议书》也相应无效。虽然本案所涉股东会决议经代表三分之二以上表决权的股东投票通过,但公司原股东优先认缴新增出资的权利是原股东个体的法定权利,不能以股东会多数决的方式予以剥夺。故蒋洋和红日公司所提股东会议决议中关于吸收陈木高为股东的内容、《入股协议书》无效,其享有优先认缴科创公司800万元新增资本的上诉理由依法成立,二审法院予以支持。

根据《民法通则》(已失效)第61条的规定,民事行为被确认为无效或者被撤销后,当事人因该行为取得的财产,应当返还给受损失的一方,因此陈木高依据该部分无效决议和《入股协议书》所取得的股权应当返还。虽然后来陈木高将其名下的股份赠与和转让给了固生公司,但陈木高系固生公司的法定代表人,固生公司知道或者应当知道陈木高认缴出资侵犯了他人的优先认缴出资权,故该司并非善意取得,其间的赠与和转让行为也无效。固生公司应当将其所持有的科创公司615.38万股股份返还给科创公司,由红日公司和蒋洋优先认购;科创公司应当将800万元认股款及其资金占用利息返还给陈木高。

关于有限责任公司股东请求人民法院保护其认缴新增资本优先权的诉讼时效问题,现行法律无特别规定,应当适用《民法通则》(已失效)规定的两年普通诉讼时效。蒋洋和红日公司在2003年12月22日书面要求优先认缴新增资本800万元,至2005年12月19日提起诉讼,符合该法关于两年诉讼时效的规定,其所提应当优先认缴800万元新增资本的请求依法成立,二审法院予以支持。

蒋洋和红日公司所提应由科创公司承担其相应损失的请求因无相应证据证明,二审法院不予支持。原判认定事实不清,适用法律有误,应当予以纠正。据此,二审法院判决如下:1.撤销四川省绵阳市中级人民法院(2006)绵民初字第2号民事判决。2.科创公司于2003年12月16日作出的股东会决议中关于吸收陈木高为股东的内容无效。3.科创公司于2003年12月18日与陈木高签订的《入股协议书》无效。4.蒋洋和红日公司享有以800万元购买科创公司2003年12月16日股东会决定新增的615.38万股股份的优先权。5.蒋洋和红日公司于本判决生效之日起15日内将800万元购股款支付给科创公司。6.在蒋洋和红日公司履行上述第五项判决后15日内,由固生公司向科创公司返还其所持有的该司615.38万股股权,并同时由科创公司根据蒋洋和红日公司的认购意愿和支付款项情况将该部分股权登记于蒋洋和红日公司名下。7.在固生公司履行上述第六项判决后3日内,由科创公司向陈木高返还800万元及利息(从2003年12月23日至付清之日止按中国人民银行流动资金同期贷款利率计算)。8.驳回蒋洋和红日实业有限公司的其他诉讼请求。

科创公司、固生公司、陈木高不服上述二审判决,向最高人民法院申请再审,最高人民法院提审本案。

最高人民法院认为,本案的争议焦点为:1.2003年12月16日科创公司作出的股东会决议和2003年12月18日科创公司与陈木高签订的《入股协议书》是否有效。2.红日公司和蒋洋是否能够行使对科创公司2003年新增的615.38万股股份的优先认缴权。

关于第一个争议焦点。2003年12月16日科创公司作出股东会决议时,现行《公司法》尚未实施,根据《公司法司法解释(一)》第2条的规定,当时的法律和司法解释没有明确规定的,可参照适用现行《公司法》的规定。1999年《公司法》第33条规定:"公司新增资本时,股东可以优先认缴出资。"根据2005年《公司法》第35条的规定,公司新增资本时,股东的优先认缴权应限于其实缴的出资比例。2003年12月16日科创公司作出的股东会决议,在其股东红日公司、蒋洋明确表示反对的情况下,未给予红日公司和蒋洋优先认缴出资的选择权,径行以股权多数决的方式通过了由股东以外的第三人陈木高出资800万元认购科创公司全部新增股份615.38万股的决议内容,侵犯了红日公司和蒋洋按照各自的出资比例优先认缴新增资本的权利,违反了上述法律规定。2005年《公司法》第22条第1款规定:"公司股东会或者股东大会、董事会的决议内容违反法律、行政法规的无效。"根据上述规定,科创公司2003年12月16日股东会议通过的由陈木高出资800万元认购科创公司新增615.38万股股份的决议内容中,涉及新增股份中14.22%和5.81%的部分因分别侵犯了蒋洋和红日公司的优先认缴权而归于无效,涉及新增股份中79.97%的部分因其他股东以同意或弃权的方式放弃行使优先认缴权而发生法律效力。四川省绵阳市中级人民法院(2006)绵民初字第2号民事判决认定决议全部有效不妥,应予纠正。该股东会将吸纳陈木高为新股东列为一项议题,但该议题中实际包含增资800万元和由陈木高认缴新增出资两方面的内容,其中由陈木高认缴新增出资的决议内容部分无效不影响增资决议的效力,科创公司认为上述两方面的内容不可分割缺乏依据,不予支持。

2003年12月18日科创公司与陈木高签订的《入股协议书》系科创公司与该公司以外的第三人签订的合同,应适用合同法的一般原则及相关法律规定认定其效力。虽然科创公司2003年12月16日作出的股东会决议部分无效,导致科创公司达成上述协议的意思存在瑕疵,但作为合同相对方的陈木高并无审查科创公司意思形成过程的义务,科创公司对外达成协议应受其表示行为的制约。上述《入股协议书》是科创公司与陈木高作出的一致意思表示,不违反国家禁止性法律规范,且陈木高按照协议约定支付了相应对价,没有证据证明双方恶意串通损害他人利益,因此该协议不存在《合同法》(已失效)第52条所规定的合同无效的情形,应属有效。《入股协议书》对科创公司新一届董事会的组成及董事长、总经理人选等公司内部事务作出了约定,但上述约定并未排除科创公司内部按照法律和章程规定的表决程序作出决定,不导致合同无效。二审法院根据《民法通则》(已失效)第58条第1款第(五)项的规定认定该《入股协议书》无效属适用法律错误,应予以纠正。

关于第二个争议焦点,虽然科创公司2003年12月16日股东会决议因侵犯了红日公司和蒋洋按照各自的出资比例优先认缴新增资本的权利而部分无效,但红日公司和蒋洋是否能够行使上述新增资本的优先认缴权还需要考虑其是否恰当地主张了权利。股东优先认缴公司新增资本的权利属形成权,虽然现行法律没有明确规定该项权利的行使期限,但为维护交易安全和稳定经济秩序,该权利应当在一定合理期间内行使,并且由于这一权利的行使属于典型的商事行为,对于合理期间的认定应当比通常的民事行为更加严格。本案红日公司和蒋洋在科创公司2003年12月16日召开股东会时已经知道其优先认缴权受到侵害,且作出了要求行使优先认缴权的意思表示,但并未及时采取诉讼等方式积极主张权利。在此后科创公司召开股东会、决议通过陈木高将部分股权赠与固生公司的提案时,红日公司和蒋洋参加了会议,且未表示反对。红日公司和蒋洋在股权变动近两年后又提起诉讼,争议的股权价值已经发生了较大变化,此时允许其行使优先认缴出资的权利将导致已趋稳定的法律关系遭到破坏,并极易产生显失公平的后果,故四川省绵阳市中级人民法院(2006)绵民初字第2号民事判决认定红日公司和蒋洋主张优先认缴权的合理期间已过并无不妥。故对红日公司和蒋洋行使对科创公司新增资本优先认缴权的请求不予支持。

红日公司和蒋洋在一审诉讼请求中要求科创公司承担其相应损失,但未明确请求赔偿的损失数额,也未提交证据予以证明,对此不予审理。综上,红日公司、蒋洋的诉讼请求部分成立,但四川省高级人民法院(2006)川民终字第515号民事判决认定红日公司和蒋洋可以行使优先认缴科创公司2003年新增615.38万股股份的权利,事实根据不足,适用法律不当,应予撤销。据此,再审法院判决如下:1.撤销四川省高级人民法院(2006)川民终字第515号民事判决,撤销四川省绵阳市中级人民法院(2006)绵民初字第2号民事判决;2.科创公司2003年12月16日作出的股东会决议中由陈木高出资800万元认购科创公司新增615.38万股股份的决议内容中,涉及新增股份20.03%的部分无效,涉及新增股份79.97%的部分及决议的其他内容有效;3.驳回红日公司、蒋洋的其他诉讼请求。

实务要点:

本案虽发生在十几年前,判决形成时间也较早,但该案对于厘清公司意思表示的形成、公司决议的效力范围、侵犯股东优先认缴权合同的效力、股东优先认缴权的行使期间、新旧《公司法》的适用等问题，均具有一定的借鉴意义。通过阅读本案，可以发现：

第一，公司意思表示的形成，需要经过两个阶段：第一，公司内部的意思形成阶段，通常表现为股东会或董事会决议；第二，公司对外作出意思表示的阶段，通常表现为公司对外签订的合同。

第二，再审法院认为，科创公司作出的"吸纳陈木高为新股东"的股东会决议，实际包含增资800万元和由陈木高认缴新增出资两方面的内容，由陈木高认缴新增出资的内容又可以进一步划分为涉及新增股份20.03%的部分（增资前蒋洋及红日公司出资比例总计为20.03%）及涉及新增股份79.97%的部分。其中，涉及新增股份20.03%的部分因侵犯股东优先认缴权而归于无效。对于涉及新增股份中79.97%的部分，因其他股东以同意或弃权的方式放弃行使优先认缴权而发生法律效力，因此由陈木高认缴新增出资的决议内容部分无效并不影响增资800万元决议的效力。从上述裁判逻辑可以看出，公司决议内容如实质上可拆分，应分别判断效力。

第三，股东优先认缴权在性质上属于形成权，虽然现行法律没有明确规定该项权利的行使期限，但为维护交易安全和稳定经济秩序，该权利应当在一定合理期间内行使，并且由于这一权利的行使属于典型的商事行为，对于合理期间的认定应当比通常的民事行为更加严格。

(三) 公司决议瑕疵类型及审查顺序

1. 公司决议瑕疵类型

公司决议作为公司的意思表示，其本质是通过会议的形式根据多数决的规则作出。因此，只有公司决议的程序公正和内容合法才能发生法律效力。如果公司决议的程序或者内容违反法律法规和公司章程的规定，则因存在瑕疵不能被认定为是团体意思，应对其效力作出否定性评价。我国《公司法》第22条规定了确认决议无效和撤销决议之诉，均系针对已经成立的决议，未涵盖决议不成立的情形。《公司法司法解释（四）》确立了决议不成立之诉，即公司决议存在程序瑕疵明显重大，就连决议的存在本身也无法认可时，可以提起公司决议不成立或不存在的确认之诉。至此，公司决议瑕疵分为三种类型，即不成立、可撤销和无效。

2. 公司决议瑕疵的审查顺序

公司决议瑕疵分为不成立的决议、无效的决议和可撤销的决议三种类型，提起公司决议诉讼之前首要分析判断案涉瑕疵决议应归入哪种情形,并且审查顺序在逻辑上具有一定的递进关系,即第一步审查是否属于不成立的决议;第二步审查是否属于无效的决议;第三步审查是否属于可撤销的决议。

决议无效集中在实体权利被侵害的问题上,需要对决议内容是否出现违反法律、行政法规的无效事由进行实体性审查;决议可撤销和不成立主要集中在程序性问题上,而二者在程序性问题上的差别体现在违反程序的严重性,概括而言决议不成立情形下程序的瑕疵问题更严重,而决议可撤销在程序上的瑕疵相比决议不成立较小,但又达到了会对决议产生实质影响的程度,其瑕疵程度介于决议不成立与对决议无实质影响的轻微瑕疵之间。同时,决议可撤销的情形还包括决议内容出现违反章程的实体性审查事由。

二、公司决议不成立之诉

(一)原告资格

《公司法》第 22 条仅规定了决议无效及可撤销之诉,并未规定决议不成立之诉。决议不成立之诉系《公司法司法解释(四)》所确立。根据《公司法司法解释(四)》第 1 条的规定,公司股东、董事、监事等可以以原告身份请求确认股东会或者股东大会、董事会决议不成立。认定公司决议不成立之诉的适格原告,应注意以下两点:

第一,"公司股东、董事、监事等"中的"等"字包括与股东会或者股东大会、董事会决议内容有直接利害关系的高级管理人员、公司员工及公司的债权人。这些人员的合法权益如果受到股东会决议、董事会决议的侵害,则可以作为原告提起公司决议不成立之诉。第二,一般情况下,在起诉时具有股东、董事、监事资格的人,才是公司决议不成立之诉的适格原告,但公司通过决议剥夺股东资格或解除董事、监事职务时,基于诉的利益原则,即使起诉时不具有股东、董事、监事资格,也应该享有对上述决议提起诉讼的权利。

(二)不成立事由

《公司法》第 22 条规定的决议无效及可撤销之诉,均系针对已经成立的决议,未涵盖决议不成立情形,为此,《公司法司法解释(四)》第 5 条规定了公司决议不成立的典型情形。其中,前两项为公司根本未开会、未表决,理论上称为决议不存在;第三项、第四项包括虽然开会,但出席会议的人数或者股东所持表决权不符合《公司法》或者公司章程的规定,或者会议的结果未达到法律或者公司章程规定的通过比例,理论上称为未形成有效决议;第五项规定了公司决议不成立的其他情形,作为兜底条款。

1. 未召开股东会或者股东大会、董事会,虚构决议

公司没有召开股东会或者股东大会、董事会会议,没有公司决议的存在,不具备决议基本成立的要件,是严重的程序违法,该类决议因欠缺成立的要件而不成立。此外,需注意的是,根据《公司法》第37条第2款的规定,有限责任公司股东以书面形式一致表示同意的,可以不召开股东会会议,直接作出决定,并由全体股东在决定文件上签名、盖章;因此根据《公司法》第37条第2款或者公司章程规定形成的决议,应排除在没有召开股东会形成的决议之外。

2. 会议未对决议事项进行表决

虽然召开了股东会或者股东大会、董事会但没有形成决议,而行为人伪造他人签名形成决议的书面文件,该类虚构的决议不是公司股东或者董事意思表示的结果,仅反映了个别虚构者的内心意愿,实际上是以个人意思代替公司意思,不能产生法律约束力,因此该类决议应认定为不成立。

3. 出席会议的人数或者股东所持表决权不符合《公司法》或者公司章程规定

因我国《公司法》并未对股东最低出席数作出规定,实践中主要通过公司章程加以规定。对于股东会未达最低出席数的情形,应当视为未召开股东会,既然没有股东会存在的事实,便无股东会决议成立的余地。同理,不满足出席法定人数,将导致会议不能被认定为董事会。这属于严重程序瑕疵,应视为决议不存在。

4. 会议的表决结果未达到《公司法》或者公司章程规定的通过比例

根据《公司法》第43条、第103条第2款及第111条的规定,无论是股东(大)会决议,还是董事会决议,多数决是决议存在的意思合意要件。决议在表决时没有达到法定或者章定多数决,则表明决议的意思表示没有形成,未形成团体意思,相当于股东会或者股东大会、董事会未作出任何意思表示,决议不成立。

5. 导致决议不成立的其他情形

依据法律行为理论,股东会、股东大会或者董事会决议的成立,类推适用民事法律行为成立的法理。公司决议作为民事法律行为的一种,需满足民事法律行为的成立要件,即决议须为股东会、股东大会或者董事会作出;股东会、股东大会或者董事会决议须以发生一定的法律效果为目的而作出;股东会、股东大会或者董事会决议须形成意思表示方能成立。只要足以认定未能形成意思表示或者不具备意思表示这一要件的,也应认定为决议不成立。

(三) 起诉时限

《公司法司法解释（四）》没有对决议不成立纠纷的起诉时效作出限制性规定，原告提起决议不成立之诉的，不受起诉时限的限制。

【案例进阶 41】股东未收到开会通知，股东会决议成立吗？

案例名称： 上海康浦码头装卸有限公司与上海福集建筑材料有限公司公司决议效力确认纠纷案

案例来源： 上海市第一中级人民法院（2019）沪 01 民终 10925 号民事判决书

裁判要旨：

股东会决议瑕疵之诉中，法院应从程序正义、实质影响与制度价值三个方面衡量股东会会议程序瑕疵对股东会决议效力的影响。如公司未向全体股东发出股东会会议召集通知，导致未被召集的股东完全丧失了公平参与多数意思表示形成的可能，即使该股东持股比例较低，仍应认定相关股东会决议不成立。

基本案情：

上诉人（原审被告）上海康浦码头装卸有限公司（以下简称"康浦公司"）为有限责任公司，注册资本 600 万元，成立于 2007 年 10 月 8 日，公司章程上登记股东共四位，分别为：A 公司、B 公司、C 公司及被上诉人（原审原告）上海福集建筑材料有限公司（以下简称"福集公司"）。

康浦公司的公司章程规定，股东会会议分为定期会议和临时会议，并应当于会议召开十五日以前通知全体股东；股东会应对所议事项的决定作出会议记录，出席会议的股东应当在会议记录上签名。

2018 年 6 月，康浦公司向福集公司寄送快递，相关快递面单上内件品名项手书"关于按时交还码头的通知函"。康浦公司提供的通知函中并未记载召开股东会会议事宜。

2018 年 8 月 3 日下午，康浦公司于其公司会议室召开股东会会议，应出席股东四人，实际出席股东三人（占股份 85%），并作出决议：出席会议的全体股东一致同意康浦公司以每年 1380 万元的价格承包给某农林科技发展（集团）有限公司经营。

2019 年 3 月 18 日，福集公司以未通知其参与上述股东会，其出席会议发言及表决权被剥夺为由，诉至法院，请求确认上述股东会决议不成立。

法律关系图：

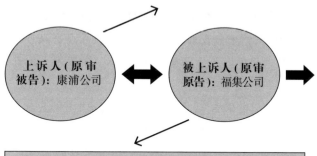

裁判过程及理由：

一审法院认为，从目前证据看，召集程序确实违反公司章程第10条的规定，未能通知全体股东。虽然福集公司仅为小股东，但目前无证据证实向福集公司送达过会议通知，直接导致福集公司无法出席股东会，剥夺了福集公司行使正当发表自己意见及表决权的基本权利。而其他股东在未听取福集公司对决议意见的情况下形成决议，并不能代表全体股东按照公司章程和法律程序所形成的拟制意志。如果福集公司参加股东会会议并对相关决议事项发表自己意见，决议事项不一定能够通过，故该决议不一定能代表公司的真实意思表示。由于系争股东会的意志缺失，系争股东会会议并未实际召开，对于福集公司请求确认系争股东会决议不成立的诉请，予以支持。

综上，系争股东会决议的召集程序违反公司章程及我国《公司法》规定的股东会召集程序，福集公司诉讼请求于法有据，予以支持。据此，一审法院判决：确认系争股东会决议不成立。

康浦公司不服一审判决，提起上诉。

二审法院认为，本案的争议焦点为：2018年8月3日康浦公司股东会会议是否存在召集程序瑕疵，以及该瑕疵是否影响系争股东会决议的成立。

第一，2018年8月3日康浦公司股东会会议的召集程序存在瑕疵。根据《公司法》第41条第1款的规定，召开股东会会议，应当于会议召开十五日前通知全体股东。康浦公司的公司章程第10条亦规定，股东会会议应当于会议召开十五日以前通知全体股东。但本案中，康浦公司仅提供 2018 年 6 月其向福集公司寄送快递的面单，上载"关于按时交还码头的通知函"，该通知函上亦未记载召开股东会会议的事宜。因此，现有证据不足以证明康浦公司曾向福集公司发出将于 2018 年 8 月 3 日召开股东会会议的通知，即康浦公司上述股东会会议未召集全体股东，存在召集对象上的瑕疵。

第二，根据《公司法》第 22 条和《公司法司法解释（四）》第 5 条的规定，股东会会议召集及表决中的程序瑕疵依其严重程度的不同可能导致股东会决议可撤销或不成立的法律后果。召集对象上的瑕疵属于严重的程序瑕疵，对股东会决议的成立有根本性影响，理由有三：

首先，股东会决议的成立须经正当程序，召集对象上的瑕疵直接导致会议无法形成有约束力的决议。决议行为与单方或多方民事法律行为不同，决议行为一般不需要所有当事人意思表示一致才能成立，而是多数人意思表示一致就可以成立。这种"多数决"的正当性就在于程序正义，即决议必须依一定的程序作出。根据《民法总则》（已失效，现《民法典》第 134 条第 2 款）第 134 条第 2 款的规定，法人、非法人组织依照法律或者章程规定的议事方式和表决程序作出决议的，该决议行为成立。其中，股东会召集程序体现了股东会会议发起的正当性和合法性，提供了使股东意思归属于公司的前提基础。不存在召集就不存在股东的集会和表决，也就不存在决议行为。而召集对象上的瑕疵直接导致部分或者全部股东无法获知股东会会议的召开信息，对该部分股东而言即不存在股东会会议的召集，故也不可能形成能够约束全体股东的股东会决议。

其次，未通知股东参会的行为与诸如提前通知不足法定期间、表决方式未按章程约定等股东会召集、表决过程中的一般程序瑕疵明显不同，其后果并非影响股东表决权的行使，而是从根本上剥夺了股东行使表决权的机会和可能。特别对于小股东而言，虽然其所持表决权占比低，不足以实质性改变股东会决议结果，但其依然可能通过在股东会会议上的陈述等影响其他股东的表决行为，不能因为其表决权占比低就忽视其行使表决权的权利。

最后，未通知股东也使得相关股东因不知晓股东会决议的存在而无法及时主张权利救济。在未向全体股东发出股东会会议的召开通知时，如认为股东会决议依然成立，则未获通知的股东只能基于《公司法》第 22 条第 2 款的规定，自决议作出之日起六十日内，请求人民法院撤销该决议。但上述六十日的期间并无中止或中断之可能，且既然有股东未获股东会会议召开的通知，则其很可能亦无渠道及时获知已有股东会决议作出，难以苛求其能够在六十日内提起相应诉讼。故而，如此时仍认为股东会决议成立会不合理地限制未获通知的股东寻求救济的权利。

综上所述，2018 年 8 月 3 日康浦公司的股东会会议因存在召集程序上的严重瑕疵,根据《公司法司法解释(四)》第 5 条第(五)项的规定,系争股东会决议不成立。康浦公司的上诉请求不能成立,应予驳回;一审判决认定事实清楚,适用法律正确,应予维持。据此,二审法院判决:驳回上诉,维持原判。

实务要点:

《公司法司法解释(四)》第 5 条明确了公司决议不成立的典型情形,但召集程序瑕疵是否属于严重程序瑕疵,是否导致决议不成立,《公司法司法解释(四)》第 5 条的规定并不明确。通过阅读本案,可以发现:

第一,《公司法》及公司章程均规定了召集程序,如果召开股东会时,没有严格按照召集程序通知全体股东参会,属于召集程序存在瑕疵。

第二,召集程序的瑕疵剥夺了股东行使表决权的机会和可能,影响公司意思表示的形成,且影响股东救济权利的行使,属于严重的程序瑕疵,属于《公司法司法解释(四)》第 5 条第(五)项规定的兜底情形,应认定为股东会决议不成立。

第三,公司在召开股东会时,应当严格按照《公司法》及公司章程规定的召集程序,将开会时间、地点及议题通知全体股东,并注意留存履行了召集程序的相关证据。

三、公司决议无效之诉

(一) 原告资格

《公司法司法解释(四)》第 1 条规定:"公司股东、董事、监事等请求确认股东会或者股东大会、董事会决议无效或者不成立的,人民法院应当依法予以受理。"由此可见,提起公司决议无效之诉的适格原告与提起公司决议不成立之诉的适格原告具有相同条件,因此可以参考本讲第二部分的相关论述。

(二) 无效事由

依据民事法律行为理论,只有已经成立的民事法律行为,才会涉及是否有效的问题。公司决议作为民事法律行为,如果不存在不成立的事由,则进入是否有效的判断。《公司法》第 22 条 1 款规定:"公司股东会或者股东大会、董事会的决议内容违反法律、行政法规的无效。"由此可见,有限责任公司的股东会或者股份有限公司的股东大会,是公司的权力机构,应当依法行使职权。股东会或者股东大会行使职权的形式,就是对相关事项作出决议,并由公司业务执行机关执行。股东会或者股东大会作出的决议,内容上必须符合法律、行政法规的规定,不得违反。否则,即为无效决议。股东会或者股东大会作出内容违反法律、行政法规的决议,自始无效。

同时,董事会是公司的业务执行机关,享有特定的职权,董事会应当依法行使职权,作出的决议必须符合法律、行政法规的规定。董事会作出内容违反法律、行政法规的决议,为无效决议,自始无效。

司法实务中,导致公司决议无效的事由主要包括:股东滥用股东权利通过决议损害公司或者其他股东的利益;决议过度分配利润、进行重大不当关联交易等导致公司债权人的利益受损;决议内容违反法律、行政法规强制性规定的其他情形。此外,需注意的是,《公司法》第22条第1款仅提及了"法律、行政法规",但根据《民法典》第153第1款的规定,只有违反法律、行政法规的强制性规定的民事法律行为才无效。因此,应当对《公司法》第22条第1款规定的"法律、行政法规"进行限缩解释,即公司决议内容违反法律、行政法规的强制性规定的才可以认定为无效。

(三) 起诉时限

《公司法》没有对决议无效纠纷的起诉时效作出限制性规定,原告提起决议无效纠纷的,不受起诉时限的限制。

【案例进阶42】股东是否有权提起股东会决议有效之诉?

案例名称: 全华、周则康与深圳市梧桐会投资发展有限公司、苗科学公司决议效力确认纠纷案

案例来源: 深圳市中级人民法院(2018)粤03民终11880号民事裁定书

裁判要旨:

公司法上的确认公司决议无效或者不成立之诉是民事诉讼法上一般确认之诉的特别类型,其并未排除当事人在符合条件时提起民事诉讼法上的一般确认之诉,不能因《公司法》及《公司法司法解释(四)》仅规定了确认公司决议无效或者不成立之诉及公司决议撤销之诉就当然否定当事人提起的确认公司决议有效之诉。

考察司法是否有必要介入公司治理,应主要考量个案中股东确认股东会决议有效的请求是否具有可诉性,是否有必要以司法裁判的形式给当事人以救济,即股东对此是否具有诉的利益。

基本案情:

被上诉人(原审被告)深圳市梧桐会投资发展有限公司(以下简称"梧桐会公司")系成立于2003年11月10日的有限责任公司,注册资本50万元,其股东由苗科学及上诉人(原审原告)全华、周则康组成,3人依据出资额确定的出资比例分别为:全华33.75%、周则康25%、苗科学41.25%。被上诉人(原审被告)苗科学任梧

桐会公司法定代表人、执行董事。

2017年1月19日,全华向苗科学发出《关于召开梧桐会公司2017年第一次临时股东会会议的通知》,载明根据《公司法》及章程规定,股东全华提议于2017年2月16日11:00—12:00在深圳软件产业基地4栋D座创新谷2楼VIP2室召开临时股东会会议,会议议题为:讨论、商议变更梧桐会公司执行董事的事项;其他事项。该通知由全华签字,通过快递邮寄,周则康、苗科学均于2017年1月20日签收。

2017年2月16日,梧桐会公司形成《梧桐会公司关于变更执行董事的股东会决议》,载明会议于2017年2月16日召开完毕,应到股东3人,实到股东2人,全华、周则康代表梧桐会公司股权额58.75%。出席上述会议的股东一致通过以下决议:1.决定解除股东苗科学梧桐会公司执行董事职务。2.决定由股东全华担任梧桐会公司执行董事职务,并根据公司章程由其担任法定代表人,任期按照公司章程确定。3.本决议经出席会议股东签字后生效。

因苗科学担任梧桐会公司执行董事,其未在法定期限内就涉案决议提起瑕疵决议之诉,又不予配合履行涉案决议,故全华、周则康起诉请求:1.确认2017年2月16日的《梧桐会公司关于变更执行董事的股东会决议》有效。2.判令梧桐会公司、苗科学根据股东会决议内容协助办理工商变更登记。

法律关系图:

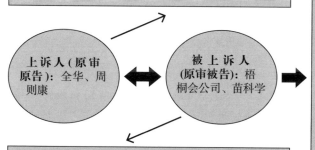

裁判过程及理由：

一审法院认为，本案系公司股东作出股东会决议，通过诉讼请求法院确认该决议有效的诉讼。公司是股东自治的产物，公司的管理与运营是公司自治的范畴，法院以公权力的司法介入只是对公司自治机制的补充和救济，法院对于公司内部各有关主体之间的纠纷处理，必须根据《公司法》的规定，坚持受理公司纠纷的法定条件为前提。《公司法》第22条明确了与公司股东会或者股东大会、董事会的决议内容有利害关系的公司股东，提起无效之诉和撤销之诉的法律依据，是公司法赋予的可能受瑕疵决议损害的股东行使的法定救济权，若公司股东未依上述规定提起诉讼，法院则不应通过国家公权力直接干预公司自治范畴内的事物，且在利害股东未起诉无效或撤销的情况下，应视为当事人对涉案股东会决议的效力在法律上没有争议，该诉缺乏要求法院裁判的必要性和实效性，不具有诉的利益。同时，法律、法规及相关司法解释均未规定股东有权提起确认股东会决议有效之诉，以由公权力来确定公司决议的有效性，故本案中全华、周则康的起诉无法律依据，不属于法院受案范围。关于全华、周则康新增诉讼请求，在第一项诉讼不能受理的情况下，新增诉讼请求无法得到审查，全华、周则康应正确行使诉权。据此，一审法院裁定：驳回全华、周则康的起诉。

全华、周则康不服一审裁定，提起上诉。

二审法院认为，本案争议焦点为：全华、周则康请求确认股东会决议有效是否属于人民法院受理案件范围。

根据《公司法》第22条及《公司法司法解释（四）》第1条的规定，公司股东、董事、监事等可以提起确认公司决议无效或者不成立之诉，公司股东可以提起公司决议撤销之诉，但公司股东能否提起确认公司决议有效之诉，《公司法》及《公司法司法解释（四）》未予明确。公司法上的确认公司决议无效或者不成立之诉是民事诉讼法上一般确认之诉的特别类型，其并未排除当事人在符合条件时提起民事诉讼法上的一般确认之诉，不能因《公司法》及《公司法司法解释（四）》仅规定了确认公司决议无效或者不成立之诉及公司决议撤销之诉就当然否定当事人提起的确认公司决议有效之诉。股东会决议属于公司自治范畴事项，通常情况下，股东会作出的决议，对全体股东均具有拘束力，其有效性无须通过司法确认加以确定。考察司法是否有必要介入公司治理，应主要考量个案中股东确认股东会决议有效的请求是否具有可诉性，是否有必要以司法裁判的形式给当事人以救济，即股东对此是否具有诉的利益。

本案中，2017年2月16日形成的《梧桐会公司关于变更执行董事的股东会决议》载明：解除苗科学的梧桐会公司执行董事职务；由全华担任梧桐会公司执行董事，并根据公司章程由其担任法定代表人。因全华、周则康与苗科学对该股东会决议的效力存在争议，致无法变更公司执行董事和法定代表人的登记，该股东会决议作出后实际未得到及时、有效履行。故认可 2017 年 2 月 16 日股东会决议的全华、周则康要求梧桐会公司及苗科学按照该股东会决议协助履行办理工商变更登记手续的义务，需以请求确认该股东会决议有效为前提。鉴此，全华、周则康对确认 2017 年 2 月 16 日股东会决议有效的请求具有诉的利益，其提起确认股东会决议有效之诉，属于人民法院受理案件范围。

一审法院以全华、周则康的诉请无法律依据及不具有诉的利益为由认定本案不属于人民法院受理案件范围不当，应予以纠正。据此，二审法院裁定：1. 撤销深圳市南山区人民法院（2017）粤 0305 民初 5972 号民事裁定。2. 本案指令深圳市南山区人民法院审理。

实务要点：

《公司法》及《公司法司法解释（四）》仅规定了决议无效之诉、撤销决议之诉和决议不成立之诉。而"确认公司决议有效之诉"应否被受理，无明确规定。司法实践中，存在肯定和否定两种截然不同的观点。通过阅读本案，可以发现：

第一，一般情况下，我国现行《公司法》及《公司法司法解释（四）》只规定了无效、撤销、不成立三种，并未规定确认有效之诉。若股东未提起确认公司决议无效、撤销、不成立之诉，应视为该决议无争议，缺乏要求法院裁判的必要性和实效性，不具有诉的利益，通常法院裁定不予受理。

第二，当股东对股东会决议具有诉的利益时，股东提出确认股东会决议有效之诉，也存在被法院受理的可能。在考虑是否具备诉的利益时，应注意以下三点：首先，有充分证据证明股东会决议的效力未明确，股东之间因此存在纠纷；其次，因股东会决议的效力不明确导致原告的权利或法律地位处于现实的危险或不安中；最后，选择作为解决手段的确认之诉具有妥当性，即股东提起确认之诉的利益无法为其他的给付之诉所涵盖。

四、公司决议可撤销之诉

（一）原告资格

根据《公司法》第 22 条第 2 款的规定，公司决议撤销之诉的原告仅限于股东，而不包括董事、监事及其他主体。根据《公司法司法解释（四）》第 2 条的规定,公司决议撤销之诉不以决议时是否具有股东资格为适格原告要件,只要起诉时具备股东资格即可,且不受表决权有无、会议出席情况、表决情况、持股数量差异的限制。此外,需要注意的是,根据《公司法》第22条第3款的规定,股东提起决议撤销之诉的,人民法院可以应公司请求要求股东提供担保。

(二)可撤销事由

《公司法》第22条第2款规定:"股东会或者股东大会、董事会的会议召集程序、表决方式违反法律、行政法规或者公司章程,或者决议内容违反公司章程的,股东可以自决议作出之日起六十日内,请求人民法院撤销。"由此可见,可撤销的公司决议范围包括:

第一,关于会议召集程序。法律、行政法规以及公司章程对股东会或者股东大会、董事会会议的召集和主持作了规定,公司应当严格执行。如果是股东会或者股东大会、董事会的会议召集程序违反法律、行政法规或者公司章程规定,该次会议所通过的决议,即为可撤销的决议。

第二,关于会议表决方式。股东会或者股东大会、董事会会议的表决方式,应当严格按照法律、行政法规或者公司章程的规定执行。如果是采用违反法律、行政法规或者公司章程规定的表决方式通过的决议,即为可撤销的决议。

第三,关于决议内容。股东会或者股东大会、董事会决议的内容,应当符合法律、行政法规和公司章程的规定,违反公司章程规定的,即为可撤销的决议;如果违反法律、行政法规规定的,则属于无效决议。

【案例进阶43】董事会决议没有载明解聘总经理的原因,应予以撤销吗?
案例名称: 李建军诉上海佳动力环保科技有限公司公司决议撤销纠纷案
案例来源: 上海市第二中级人民法院(2010)沪二中民四(商)终字第436号判决书;最高人民法院指导案例10号

裁判要旨:

人民法院在审理公司决议撤销纠纷案件中应当审查:会议召集程序、表决方式是否违反法律、行政法规或者公司章程,以及决议内容是否违反公司章程。在未违反上述规定的前提下,解聘总经理职务的决议所依据的事实是否属实,理由是否成立,不属于司法审查范围。

基本案情:

被上诉人(原审原告)李建军系上诉人(原审被告)上海佳动力环保科技有限公

司(以下简称"佳动力公司")的股东,并担任总经理。佳动力公司股权结构为:葛永乐持股40%,李建军持股46%,王泰胜持股14%。三位股东共同组成董事会,由葛永乐担任董事长,另两人为董事。公司章程规定:董事会行使包括聘任或者解聘公司经理等职权;董事会须由三分之二以上的董事出席方才有效;董事会对所议事项作出的决定应由占全体董事三分之二以上的董事表决通过方才有效。

2009年7月18日,佳动力公司董事长葛永乐召集并主持董事会,三位董事均出席,会议形成了"鉴于总经理李建军不经董事会同意私自动用公司资金在二级市场炒股,造成巨大损失,现免去其总经理职务,即日生效"等内容的决议。该决议由葛永乐、王泰胜及监事签名,李建军未在该决议上签名。

李建军向一审法院提起诉讼,诉称:佳动力公司免除其总经理职务的决议所依据的事实和理由不成立,且董事会的召集程序、表决方式及决议内容均违反了公司法的规定,请求法院依法撤销该董事会决议。

法律关系图:

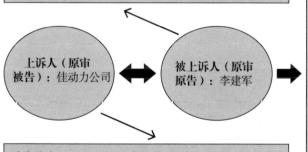

裁判过程及理由:

一审法院经审理后,判决:撤销佳动力公司于2009年7月18日形成的董事会决议。宣判后,佳动力公司提出上诉。

二审法院认为,根据《公司法》第22条第2款的规定,董事会决议可撤销的事由包括:召集程序违反法律、行政法规或公司章程;表决方式违反法律、行政法规或公司章程;决议内容违反公司章程。从召集程序上看,佳动力公司于2009年7月18日召开的董事会由董事长葛永乐召集,三位董事均出席董事会,该次董事会的召集程序未违反法律、行政法规或公司章程的规定。从表决方式上看,根据佳动力公司章程规定,对所议事项作出的决定应由占全体董事三分之二以上的董事表决通过方才有效,上述董事会决议由三位股东(兼董事)中的两名表决通过,故在表决方式上未违反法律、行政法规或公司章程的规定。从决议内容上看,佳动力公司章程规定董事会有权解聘公司经理,董事会决议内容中"总经理李建军不经董事会同意私自动用公司资金在二级市场炒股,造成巨大损失"的陈述,仅是董事会解聘李建军总经理职务的原因,而解聘李建军总经理职务的决议内容本身并不违反公司章程。

董事会决议解聘李建军总经理职务的原因如果不存在,并不导致董事会决议可撤销。首先,公司法尊重公司自治,公司内部法律关系原则上由公司自治机制调整,司法机关原则上不介入公司内部事务;其次,佳动力公司的公司章程中未对董事会解聘公司经理的职权作出限制,并未规定董事会解聘公司经理必须要有一定原因,该章程内容未违反公司法的强制性规定,应认定有效,因此佳动力公司董事会可以行使公司章程赋予的权力作出解聘公司经理的决定。故法院应当尊重公司自治,无须审查佳动力公司董事会解聘公司经理的原因是否存在,即无须审查决议所依据的事实是否属实,理由是否成立。

综上所述,李建军请求撤销董事会决议的诉讼请求不成立。据此,二审法院判决:1.撤销上海市黄浦区人民法院(2009)黄民二(商)初字第4569号民事判决;2.驳回李建军的诉讼请求。

实务要点:

本案作为最高人民法院发布的指导性案例,明确了公司决议撤销之诉的司法审查范围。通过阅读本案,可以发现:

第一,根据《公司法》第22条第2款的规定,在审理公司决议撤销纠纷案件时,应当审查以下事项:会议召集程序、表决方式是否违反法律、行政法规或者公司章程,以及决议内容是否违反公司章程。在未违反上述规定的前提下,解聘总经理职务的决议所依据的事实是否属实,理由是否成立,不属于司法审查的范围。

第二,《公司法司法解释(五)》第3条第1款规定:"董事任期届满前被股东会或者股东大会有效决议解除职务,其主张解除不发生法律效力的,人民法院不予支持。"该款明确了董事职务解除的无因性。对董事会解聘经理具有参照意义,董事会解聘经理是否需要理由,也应由公司在章程中自主选择规定。如果章程中没有规定,法院不必审查解聘事由。

第三,根据《民法典》第933条的规定,董事会无正当理由在聘任期限未届满之时解聘经理,并给经理造成损失的,被解聘的经理可以向公司请求赔偿损失。但该请求与公司决议撤销之诉是不同的法律关系,被解聘的经理可以另行主张。

(三)可撤销决议的裁量驳回

考虑到撤销公司决议的成本以及公司决议被否定后可能给公司正常经营带来的挑战,《公司法司法解释(四)》第 4 条后半部分特别规定,会议召集程序或者表决方式仅有轻微瑕疵,且对决议未产生实质影响的,法院会驳回股东撤销公司决议的诉求,继续维持公司决议的效力。认定公司决议"裁量驳回",应符合以下要件:

第一,可裁量驳回仅针对"会议召集程序或者表决方式"方面的程序瑕疵。当决议内容违反公司章程规定时,对其并不存在适用裁量驳回的空间。

第二,上述程序方面"仅有轻微瑕疵",可以以程序瑕疵是否会导致各个股东无法公平地参与多数意思的形成以及获取对此所需的必要信息为判定标准。比如,《公司法》第 41 条要求股东会应提前 15 日通知全体股东,但召集人可能仅提前 14 日通知股东;又或者按照公司章程的规定,召集通知应当以书面形式发出,而实际情况是以电话或网络通信的形式发给了所有股东等情况。这些情况虽然属于程序瑕疵,但如果没有妨碍股东公平地参与多数意思的形成和获取对此所需的必要信息,应当认定为法院可以"裁量驳回"的"轻微瑕疵"。

第三,"对决议未产生实质影响",这需要对个案的具体情况进行判断。一般来说,是指程序瑕疵不具有影响决议结果的可能性,即该程序瑕疵的存在不改变公司决议的原定结果。

此外,需注意的是,"仅有轻微瑕疵"与"对决议未产生实质影响"两项要件属于叠加条件,应当同时具备。换言之,程序上的瑕疵即便完全不影响决议的结果,但只要这项程序瑕疵属于对股东程序权利的重大损害,法院也不得驳回原告的诉讼请求。

(四)公司决议不成立与可撤销的联系与区别

股东会、股东大会或者董事会决议不成立的原因是决议欠缺成立要件,属于程序上的瑕疵。由于公司决议撤销的原因在很大程度上也包含程序上的瑕疵,因此,区别撤销原因与决议不成立原因所涉及的程序瑕疵时,应注意以下三点:

第一,公司决议可撤销和不成立的根本区别在于制度价值不同。民事法律行为成立与否是事实判断问题,民事法律行为的效力是法律价值判断问题。如果一项决议缺乏基本的成立要件,自然无所谓效力评价的问题。

第二,从瑕疵程度上看,总体来讲,可撤销决议的程序瑕疵严重程度相较而言要弱于不成立的决议,后者的程序瑕疵非常严重,以至于决议不能成立。

第三,从瑕疵原因上看,决议可撤销的事由除了程序瑕疵,还包括决议内容违反公司章程,后者的事由仅限于程序瑕疵。

此外,需要注意的是,同样的程序瑕疵,可能因程度的区别形成不同类型的决议瑕疵。决议可撤销的事由,可能因为瑕疵的严重程度而转化为决议不成立的事由。例如,纯粹的表决计算错误属于决议可撤销的事由之一,但如果因为表决权计算错误,使本无法达到法定或公司章程约定的表决权比例的公司决议得以通过,则构成决议不成立的情形。

(五)公司决议撤销之诉与决议无效之诉、决议不成立之诉的转化与释明

实践中,同样的公司决议程序瑕疵可能会因为程度的不同,导致公司决议属于可撤销的决议或不成立的决议。甚至因为程序瑕疵导致决议内容可能违反《公司法》,这时,决议属于可撤销还是无效也难以区分。股东可能因为对公司决议及法律理解得不专业,在本应提起决议撤销之诉的情况下提起决议无效之诉或决议不成立之诉,而导致其后续重新提起决议撤销之诉时除斥期间已经经过。在这种情况下,法院应对当事人进行释明,征询当事人是否变更诉讼请求,以保护股东权利和诉讼当事人的处分权。

(六)起诉时限

股东提起撤销公司决议之诉,属于形成之诉,应当在除斥期间内行使。对此,《公司法》第22条明确规定,股东诉请撤销公司决议,应当在决议作出之日起60日内行使,该期间不得中止、中断与延长。根据《公司法司法解释(一)》第3条的规定,超过上述规定期限的,法院不予受理。实践中,小股东可能不知道相关公司决议,待小股东得知公司决议时,已经超过了《公司法》规定的提起决议撤销之诉的期间。一般来说,股东不知道相关决议的存在,都是因为会议在召集、通知时蓄意遗漏了股东。这种情况属于公司决议在程序上的重大瑕疵,可以通过决议不成立之诉予以解决。

五、公司决议纠纷诉讼程序操作要点

(一)公司决议纠纷的含义

公司决议纠纷,是指公司股东会或者股东大会、董事会决议的内容违反法律、行政法规的;股东会或者股东大会、董事会的会议召集程序、表决方式违反法律、行

政法规或者公司章程的,或者决议内容违反公司章程的,股东向人民法院提起诉讼,要求确认股东会或者股东大会、董事会决议的效力而引发的纠纷。我国《公司法》规定了公司机关的决议无效、不成立和撤销制度。因此,《民事案件案由规定》将公司决议纠纷列为第三级案由。根据《公司法》第 22 条的规定,股东会或者股东大会、董事会决议的瑕疵分为内容瑕疵和程序瑕疵。相应地,在公司决议纠纷案由下,又有公司决议效力确认纠纷与公司决议撤销纠纷两个第四级案由。

(二) 公司决议纠纷的管辖

《民诉法司法解释》第 22 条规定,因股东名册记载、请求变更公司登记、股东知情权、公司决议、公司合并、公司分立、公司减资、公司增资等纠纷提起的诉讼,依照《民事诉讼法》第 27 条的规定确定管辖。根据《民事诉讼法》第 27 条、《民诉法司法解释》第 3 条的规定,因公司决议纠纷提起的诉讼,原则上由公司住所地人民法院管辖。公司住所地是指公司主要办事机构所在地。公司办事机构不明确的,由其注册地或者登记地人民法院管辖。

(三) 当事人的诉讼地位

在公司决议不成立、无效或者撤销决议的案件中,除了原告应适格,《公司法司法解释(四)》第 3 条亦对被告、第三人等问题进行了明确,即原告请求确认股东会或者股东大会、董事会决议不成立、无效或者撤销决议的案件,应当列公司为被告;对决议涉及的其他利害关系人,可以依法列为第三人。一审法庭辩论终结前,其他有原告资格的人以相同的诉讼请求申请参加前款规定诉讼的,可以列为共同原告。

(四) 公司决议纠纷中的行为保全

《公司法司法解释(四)》(征求意见稿) 第 10 条规定:"股东会或者股东大会、董事会决议存在实施后不能恢复原状或者使当事人、利害关系人的合法权益受到难以弥补的损害等情形的,可以依据原告的申请禁止实施有关决议。人民法院采取前款规定的行为保全措施,可以根据公司的申请或者依职权责令原告提供相应担保。原告提供相应担保的,应当禁止实施有关决议。人民法院经审查认为,原告的申请存在恶意干扰或拖延决议实施情形的,应当驳回申请。"该条规定了公司决议纠纷中的行为保全制度,但基于法院有限介入公司内部事务的原则,该规定在正式颁布时被删除。

根据《民事诉讼法》第 103 条、第 104 条的规定,行为保全是指为避免判决难以执行或对当事人造成损害,人民法院责令相关主体作出一定行为或禁止其作出一定行为所采取的强制措施。财产保全侧重于避免判决难以执行,而行为保全侧重于避免发生难以挽回的损失/难以弥补的损害。在公司决议之诉中,如果公司决议的执行符合《民事诉讼法》中行为保全的要件,可以考虑申请行为保全,阻止公司决议的执行。司法实践中,由于公司决议之诉中的行为保全问题,《公司法》及司法解释没有明确规定,加之法官较少遇到这类的行为保全申请、缺乏处理经验等原因,能够获得法院支持的可能性并不高,但这并不意味着不能进行尝试。在申请行为保全时,建议与法官进行充分沟通,说明事态的紧迫性及执行公司决议的不利后果。

(五) 法律依据

《民法典》第 85 条;
《公司法》第 22 条;
《公司法司法解释(一)》第 3 条;
《公司法司法解释(四)》第 1—6 条。

第十讲
法定代表人与公司印章

Lecture
10

一、法定代表人

(一) 法定代表人的基本含义

依据法人实在说,公司内部治理机构可依法律或公司章程的规定形成"法人的意思",但公司将这种意思表达于外部,缔结民事法律行为时,需要借助于自然人进行。代表公司对外作出意思表示的自然人,被称为公司代表人。

公司代表人可分为法定代表人和约定代表人两种。根据《民法典》第61条的规定,依照法律或者法人章程的规定,代表法人从事民事活动的负责人,为法人的法定代表人。公司作为营利性法人,其法定代表人是指依公司法规定,在公司登记机关登记的公司常任代表人。根据《公司法》第13条的规定,法定代表人具有如下含义:第一,公司必须设立常任代表人,这是法律的强制性规定。第二,该代表依据公司章程规定,只能由董事长、执行董事或者经理担任。第三,该代表人须于公司登记机关登记。日后有变更的,应当办理变更登记。除了法定代表人之外,对于特定事项,公司也可以授权法定代表人以外的人代表公司。该代表人被称为约定代表人。公司法对约定代表人未设规定,公司应依照公司章程及《民法典》进行处理,本讲对此不做探讨。

(二) 法定代表人的产生与变更

根据《市场主体登记管理条例》第8条的规定,法定代表人及其变更属于登记事项。关于法定代表人的资格及要求,应注意以下几点:首先,法定代表人由董事长、执行董事或者经理担任。具体由谁担任,需要在公司章程中明确。其次,担任法定代表人的自然人,需要满足《公司法》第146条对董事、高管的要求及《市场主体登记管理条例》第12条对法定代表人规定。最后,公司章程通常不记载法定代表人的姓名,仅对选举或选任程序作出规定。

根据《市场主体登记管理条例》第24条第1款、第25条的规定,公司发生变更登记事项,应当自作出变更决议、决定或者法定变更事项发生之日起30日内向登记机关申请变更登记。同时,公司法定代表人在任职期间发生《市场主体登记管理条例》第12条所列情形之一的,应当向登记机关申请变更登记。

【案例进阶44】如何涤除"挂名法定代表人"?
案例名称: 沈伟民与上海蜜意食品贸易有限公司请求变更公司登记纠纷案

案例来源： 上海市第一中级人民法院（2017）沪01民终14399号民事判决书

裁判要旨：

公司与法定代表人之间形成委托合同关系，法定代表人有权解除该委托合同关系。在法定代表人既非公司股东，亦非公司员工，长时间不参与公司实质性管理的情况下，公司应涤除其在登记机关登记的法定代表人事项。

基本案情：

上诉人（原审被告）上海蜜意食品贸易有限公司（以下简称"蜜意公司"）成立于2015年8月25日，注册资本1000万元，当时登记的股东为程某，法定代表人亦为程某。2015年8月27日，蜜意公司的股东程某作出《股东决定》，内容为免去程某担任的公司执行董事、法定代表人、经理职务，委派被上诉人（原审原告）沈伟民为蜜意公司的执行董事、经理、法定代表人，并于当日向工商登记机关提交了《公司登记（备案）申请书》，申请将蜜意公司的法定代表人由程某变更登记为沈伟民，沈伟民在该申请书的"法定代表人签字"栏目签字。2015年9月2日，上海市长宁区市场监督管理局出具了《准予变更登记通知书》。

2015年10月12日，蜜意公司向上海市长宁区市场监督管理局申请将其股东由程某变更登记为程某和徐某，将公司类型由一人有限公司（自然人独资）变更登记为有限公司（国内合资），沈伟民在申请书的"法定代表人签字"栏目签字。2015年10月20日，上海市长宁区市场监督管理局出具了《准予变更登记通知书》。沈伟民非蜜意公司的员工，也未参与蜜意公司的实际经营和管理，亦未从蜜意公司处领取过任何报酬。蜜意公司的公章由股东程某掌握。

2016年11月29日，沈伟民曾向蜜意公司及其股东发出《告知函》，要求辞去蜜意公司的法定代表人、执行董事、经理等与实际身份不符的职务，并要求蜜意公司到工商登记机关办理法定代表人变更登记手续，但蜜意公司未办理相应的变更登记。随后，沈伟民向一审法院起诉，请求判令：蜜意公司向上海市长宁区市场监督管理局涤除沈伟民作为蜜意公司法定代表人的登记事项，将蜜意公司的法定代表人由沈伟民变更登记为程某。

法律关系图：

原告认为： 蜜意公司登记的其为法定代表人、执行董事、经理的职务与其实际身份不符，其有权辞去法定代表人职务，蜜意公司应配合办理工商变更登记。

上诉人（原审被告）： 蜜意公司 ↔ **被上诉人（原审原告）：** 沈伟民

被告认为： 本案争议并非民事诉讼管辖范围。原告要求涤除将其登记为公司法定代表人的登记事项，没有法律依据。

争议焦点： 原告是否有权要求被告涤除其作为法定代表人的登记事项？

法院认为： 公司与法定代表人之间形成委托合同关系，法定代表人有权解除该委托合同关系。在法定代表人既非公司股东，亦非公司员工，长时间不参与公司实质性管理的情况下，公司应涤除其在登记机关登记的法定代表人事项。

裁判过程及理由：

一审法院认为，法人性质上属于法律拟制人格，其对外开展民事活动主要是通过其法定代表人进行，这就要求法定代表人与其所代表的法人之间存在实质关联性。就公司法人来说，其法定代表人与公司之间的实质关联性，就在于法定代表人要参与公司的经营管理，正如我国《公司法》第13条的规定，公司法定代表人依照公司章程的规定，由董事长、执行董事或者经理担任。一个不参与公司经营管理的人，不可能也不应成为公司的法定代表人，因其根本就不具备对外代表法人的基本条件和能力。沈伟民2013年12月至2016年9月间在上海××有限公司工作，没有参与过蜜意公司的日常经营管理，且蜜意公司实际由股东程某控制，因此这种情况下由沈伟民担任蜜意公司名义上的法定代表人，显然背离了我国《公司法》第13条的立法宗旨。同时，民事主体从事民事活动，应当遵循公平原则，合理确定各方的权利和义务。

本案沈伟民既非蜜意公司的股东，亦非蜜意公司的员工，且除了在《公司登记（备案）申请书》的"法定代表人签字"栏目签过字外，蜜意公司没有任何证据能够证明沈伟民实际参与过蜜意公司的经营管理，沈伟民亦未从蜜意公司处领取任何报酬，但是，沈伟民作为蜜意公司名义上的法定代表人，却要依法承担其作为法定代表人的相应责任，显然有失公允。

从法律关系上分析，沈伟民与蜜意公司之间构成委托合同关系，内容为沈伟民受蜜意公司的委托担任蜜意公司的法定代表人。沈伟民在起诉前曾发函蜜意公司,要求辞去蜜意公司的法定代表人、执行董事、经理等与实际身份不符的职务,并要求蜜意公司到工商登记机关办理法定代表人变更登记手续,故依据原《合同法》第410条(现《民法典》第933条)之规定,沈伟民有权要求解除其与蜜意公司之间的委托合同关系。合同既然解除,蜜意公司理应涤除其在登记机关登记的法定代表人事项。但是,关于沈伟民要求将蜜意公司的法定代表人由沈伟民变更登记为程某的诉请事项,鉴于蜜意公司股东之间尚未就是否应由程某担任法定代表人形成决议,法院则不予支持,因为具体由谁担任蜜意公司的法定代表人属于蜜意公司的内部治理事项。

需要指出的是,审理期间,法院曾当庭向蜜意公司释明法律风险:一旦法院判决由其涤除沈伟民作为蜜意公司的法定代表人的登记事项,而蜜意公司却不明确由谁作为继沈伟民之后的法定代表人,并配合办理变更登记手续,则可能引起的风险是蜜意公司的登记事项将不符合《公司登记条例》规定的登记事项,存在工商行政管理部门依法吊销蜜意公司营业执照的可能性。法院希望蜜意公司现两名股东认真对待本案可能对蜜意公司产生的不利后果,并要求蜜意公司在两周内由现两名股东开会协商蜜意公司的法定代表人变更登记至何人名下,并在将来配合办理相应的变更登记事项。但蜜意公司未予答复。蜜意公司应对其行为承担相应后果。据此,一审法院判决:1.蜜意公司应于判决生效之日起三十日内到上海市长宁区市场监督管理局涤除沈伟民作为蜜意公司法定代表人的登记事项。2.驳回沈伟民的其他诉讼请求。

蜜意公司不服一审判决,提起上诉。二审法院经审理后,判决:驳回上诉,维持原判。

实务要点:

法定代表人依照公司章程的规定,由董事长、执行董事或者经理担任,因此,要辞去法定代表人职务,首先要辞去其基础职务,即董事长、执行董事或者经理职务。实践中,即使辞去了上述职务,但如果没有股东会决议也无法办理工商变更登记,因此,引发了不少涤除法定代表人登记纠纷。本案就是"挂名法定代表人"辞任引发的纠纷。通过阅读本案,可以发现:

第一,能否通过诉讼形式涤除法定代表人?目前,关于此类纠纷的规则设置并不完善,司法实务中的裁判标准尚未完全统一,甚至有的法院要求穷尽内部救济。在涤除法定代表人登记纠纷中,主要存在以下难点:涤除法定代表人登记纠纷是否属于法院审理范围(程序受理难点);若属于法院受理范围,原告诉请得到法院支持的法律依据及必要条件(实体处理难点);若法院支持原告诉请,强制执行过程中的难点和障碍(强制执行难点)。

第二,在法定代表人没有变更之前,可考虑采取如下措施:1.在当地或有影响力的报纸(具体应根据该公司的业务范围进行选择)或网站上发表公开声明,要求辞去法定代表人职务,并表示此后公司的相关经营管理活动,自己将不再承担任何责任,如公司其他股东及管理人员冒用法定代表人代行签署相关法律文件的,应当自行承担一切法律责任。2.可以以快递形式发函给公司、股东或董事,提出辞去公司法定代表人职务,并要求限期变更法定代表人,并保留公司签收的证据、收回个人印章等;发函到工商、银行、税务等相关部门说明其本人已要求辞去公司法定代表人职务,并备案法定代表人签名,提醒相关部门工作人员防止冒签。此外,需要注意的是,通过非正常渠道辞去法定代表人职务,或将对公司正常经营管理造成影响,存在一定风险,因此,应注意方式方法和保护自身权益。

(三)法定代表人的代表权

公司与法定代表人之间的关系,基于对法人本质的不同认识,存在着代理说和代表说两种学说。本书采代表说,认为法定代表人是公司的代表机关,法定代表人没有独立的人格,法定代表人的人格被公司所吸收,法定代表人的行为即公司的行为。对法定代表人的代表权及责任承担,《民法典》第61条、第62条规定如下:

第一,法定代表人以公司名义从事的民事活动,其法律后果由公司承受。

法定代表人对外以公司名义进行民事活动时,其与公司之间属于代表与被代表的关系,且这种代表与被代表的关系无须公司的授权,而是来自法律的规定。因此,法定代表人对外的职务行为即为公司行为,其后果由公司承担。不但法定代表人的正常权限范围内的代表行为后果由公司承担,即使法定代表人的越权行为后果,也可由公司承担。比如,根据《民法典》第504条的规定,法定代表人超越权限订立的合同,除相对人知道或者应当知道其超越权限外,该代表行为有效,订立的合同对公司发生效力。

第二,公司章程或者股东会决议对法定代表人代表权的限制,不得对抗善意相对人。

公司章程或者股东会决议对法定代表人代表权的限制,不得对抗善意相对人,旨在保护交易中无过错一方的权利,维护交易安全。所谓"善意相对人",是指对公司章程或者股东会决议对法定代表人代表权的限制,不知情或者不应当知情的权利人。公司章程或者股东会决议对法定代表人的对外代表权限进行了限制,但该法定代表人超越了自己的权限与相对人签订了合同,或者实施了其他法律行为的,如果相对人不知道或者不应当知道该限制规定的,则公司不得以法定代表人的行为超越了其权限而主张不承担或免除其应承担的法律责任。此外,需要注意的是,判断相对方是否为善意,不仅要考量其事实上是否知道公司章程或者股东会决议对法定代表人代表权的限制这一情况,还要考量其是否应当知道这一情况。"知道"是对一种事实状况的判定,而"应当知道"则是对当事人是否存在过错的判定。

第三,法定代表人因执行职务造成他人损害的,由公司承担民事责任。

法定代表人因执行职务造成他人损害的,属于职务侵权,等同于公司造成他人损害,等同于公司侵权。既然法定代表人以公司名义从事民事活动的法律后果由公司承受,那么法定代表人的职务侵权行为,也就是公司的侵权行为后果自然也应由公司承担民事责任。当然,公司承担民事责任后,可以依照法律或者公司章程的规定向有过错的法定代表人追偿。

(四)诉讼中公司意志代表权

根据《民事诉讼法》第51条第2款的规定,法人由其法定代表人进行诉讼。根据《民诉法司法解释》第50条、第51条的规定,法人的法定代表人以依法登记的为准,但法律另有规定的除外。法定代表人已经变更,但未完成登记,变更后的法定代表人要求代表法人参加诉讼的,人民法院可以准许。在诉讼中,法人的法定代表人变更的,由新的法定代表人继续进行诉讼,并应向人民法院提交新的法定代表人身份证明书。原法定代表人进行的诉讼行为有效。

依据上述规定,在民事诉讼中,公司意志代表权由法定代表人行使,且除法律另有规定外,以登记为准。法定代表人已经变更,但未完成登记的,变更后的法定代表人要求代表法人参加诉讼的,法院可以准许。实践中,由于《民诉法司法解释》没有明确法院"可以准许"的判断标准,加之公司控制权争夺原因,登记机关登记的法定代表人与股东会选任的法定代表人同时存在时,由谁代表公司容易产生争议。对此,本书认为,由于法定代表人的变更属于公司内部法律关系变化,应遵循公司内部自治原则,股东会是公司的权力机关,由其选任的法定代表人应是公司意志代表人,登记未变更,不影响公司新选任法定代表人的资格和职权,因此,当发生"人人冲突"的情况下,股东会决议新产生的法定代表人是公司诉讼意志代表人。但是,在涉及第三方的外部纠纷中,当双方对诉讼中公司意志代表权发生争议时,应以登记机关登记的法定代表人为准。

【案例进阶 45】股东会决议任命的法定代表人与登记的不一致,谁能代表公司进行诉讼?

案例名称: 大拇指环保科技集团(福建)有限公司与中华环保科技集团有限公司股东出资纠纷案

案例来源: 最高人民法院(2014)民四终字第 20 号民事裁定书,载于《最高人民法院公报》2014 年第 8 期

裁判要旨:

《公司法》第 13 条规定,公司法定代表人变更应当办理变更登记。对法定代表人变更事项进行登记,其意义在于向社会公示公司意志代表权的基本状态。工商登记的法定代表人对外具有公示效力,如果涉及公司以外的第三人因公司代表权而产生的外部争议,应以工商登记为准。而对于公司与股东之间因法定代表人任免产生的内部争议,则应以有效的股东会任免决议为准,并在公司内部产生法定代表人变更的法律效果。

基本案情:

被上诉人(原审原告)大拇指环保科技集团(福建)有限公司(以下简称"大拇指公司")是由上诉人(原审被告)中华环保科技集团有限公司(以下简称"环保科技公司")在中国设立的外商独资企业,原法定代表人为田恒。2008 年大拇指公司决定增资,环保科技公司仅履行了部分增资义务。

2012 年 3 月,环保科技公司作出决定,将大拇指公司的法定代表人变更为保国武,但未办理工商登记。上述股东决定作出后,大拇指公司的董事会未予执行,而是在 2012 年 12 月将大拇指公司工商登记的法定代表人由田恒变更为洪臻。大拇指公司工商登记的法定代表人洪臻以大拇指公司名义提起诉讼,请求判令:环保科技公司履行出资义务,缴纳增资款 4500 万。

在案件审理过程中,环保科技公司任命的法定代表人保国武向法院提交撤诉申请。

法律关系图：

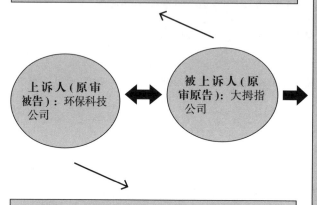

裁判过程及理由：

一审法院认为，第一，关于大拇指公司起诉的意思表示是否真实的问题。

大拇指公司系中国法人，其起诉状及其委托律师参加诉讼的授权委托书均加盖了该公司的公章，环保科技公司对大拇指公司公章的真实性没有提出异议，仅以环保科技公司作为唯一股东已经就大拇指公司包括法定代表人、董事在内的管理层进行更换，新任的大拇指公司"法定代表人"向法庭作出撤诉的意思表示，因大拇指公司实际控制人拒不交出公章，导致新"法定代表人"无法就撤诉申请盖章等为由，否定大拇指公司提起本案诉讼的意思表示。

在适用中国法律的前提下，工商登记的信息具有公示公信的效力。认定大拇指公司的法定代表人仍应以工商登记为准，在无证据证明保国武被登记为大拇指公司的法定代表人前，其代表大拇指公司作出撤诉的意思表示不具有法律效力，故不予认可。大拇指公司提起诉讼的目的在于请求其唯一股东履行增资所确定的出资义务，环保科技公司不予主动履行，反而向有关部门提出减资申请，以抵销大拇指公司的请求，环保科技公司与大拇指公司显然存在利益冲突。在此情况下，大拇指公司起诉主张权利，起诉状及授权委托书盖有公司公章，并不违反中国法律规定，亦不能就此否认大拇指公司提起本案诉讼系真实意思。因此，环保科技公司关于大拇指公司起诉没有法律效力的抗辩主张不成立,不予采纳。

第二,关于本案是否违反"一事不再理"原则的问题。

2008年6月30日,福建省对外贸易经济合作厅闽外经贸资[2008]251号批复对大拇指公司增资的申请予以核准后,增资财产权利归属于大拇指公司。在没有证据显示大拇指公司未就增资款项全额、一次性提出请求将损害该公司及其债权人利益的情况下,大拇指公司作为独立法人,有独立的民事权利能力,有权在可增资范围内合法、善意地主张民事权利,自主决定诉讼金额。大拇指公司虽于2010年8月18日起诉提出4900万元的出资请求,且经生效的民事判决支持该诉讼请求,但其在本案另行提起的4500万元的出资请求,据以起诉的事实基础即未到位的增资款数额已经改变,并且4900万元的诉讼请求与本案4500万元的诉讼请求,分属于上述批复项下的增资款的不同组成部分,前者不能替代或涵盖后者。因此,本案大拇指公司的起诉不违反"一事不再理"原则。

……

第四,关于本案的出资责任问题。

环保科技公司系新加坡法人,在中国境内设立外商独资企业大拇指公司,其作为股东对大拇指公司的出资应适用中国法律。大拇指公司于2008年经报外商投资企业审批机关福建省对外贸易经济合作厅批准增资,增资的程序合法有效,环保科技公司应遵守中国法律按时、足额履行对大拇指公司的出资义务。根据查明的事实,环保科技公司对大拇指公司尚有145383568.60元的出资款未到位。环保科技公司未履行股东足额缴纳出资的法定义务,侵害了大拇指公司的法人财产权,大拇指公司有权要求环保科技公司履行出资义务,补足出资。就环保科技公司出资不足金额,大拇指公司在本案中仅主张环保科技公司缴纳4500万元,并不违反法律规定,应予支持。据此,一审法院判决:环保科技公司应于判决生效之日起十日内向大拇指公司缴纳出资款4500万元。

环保科技公司不服一审判决,提起上诉。

二审法院认为,本案的争议焦点为:1.双方当事人的诉讼代表权以及代理人的代理资格是否有效。2.本案是否应当中止审理。3.大拇指公司提起本案诉讼的意思表示是否真实,即工商登记的法定代表人与股东任命的法定代表人谁能代表大拇指公司的意志。4.本案是否违反"一事不再理"原则。5.环保科技公司是否应当履行出资义务。

关于大拇指公司提起本案诉讼的意思表示是否真实的问题。

大拇指公司是环保科技公司在中国境内设立的外商独资企业,按照2005年修订的《公司法》和《外资企业法》及其实施细则的有关规定,大拇指公司属于一人公司,其内部组织机构包括董事和法定代表人的任免权均由其唯一股东环保科技公司享有。

环保科技公司进入司法管理程序后,司法管理人作出了变更大拇指公司董事及法定代表人的任免决议。根据新加坡公司法227G的相关规定,在司法管理期间,公司董事基于公司法及公司章程而获得的权力及职责均由司法管理人行使及履行。因此,本案中应当对环保科技公司的司法管理人作出的上述决议予以认可。

根据《公司法》(2005年)第47条第2项(现第46条第2项)的规定,公司董事会作为股东会的执行机关,有义务执行股东会或公司唯一股东的决议。大拇指公司董事会应当根据其唯一股东环保科技公司的决议,办理董事及法定代表人的变更登记。由于大拇指公司董事会未执行股东决议,造成了工商登记的法定代表人与股东任命的法定代表人不一致的情形,进而引发了争议。《公司法》第13条规定,公司法定代表人变更应当办理变更登记。本院认为,法律规定对法定代表人变更事项进行登记,其意义在于向社会公示公司意志代表权的基本状态。工商登记的法定代表人对外具有公示效力,如果涉及公司以外的第三人因公司代表权而产生的外部争议,应以工商登记为准。而对于公司与股东之间因法定代表人任免产生的内部争议,则应以有效的股东会任免决议为准,并在公司内部产生法定代表人变更的法律效果。因此,环保科技公司作为大拇指公司的唯一股东,其作出的任命大拇指公司法定代表人的决议对大拇指公司具有拘束力。

本案起诉时,环保科技公司已经对大拇指公司的法定代表人进行了更换,其新任命的大拇指公司法定代表人明确表示反对大拇指公司提起本案诉讼。因此,本案诉讼的提起不能代表大拇指公司的真实意思,应予驳回。环保科技公司关于本案诉讼的提起并非大拇指公司真实意思的上诉理由成立。

鉴于大拇指公司的起诉应予驳回,对于保国武代表大拇指公司申请撤诉是否应予准许、本案是否违反"一事不再理"原则以及环保科技公司是否应当履行出资义务等问题,均无须再行审理。环保科技公司的上诉理由成立,对其上诉请求本院予以支持。据此,二审法院裁定:1.撤销福建省高级人民法院(2013)闽民初字第43号民事判决。2.驳回大拇指环保科技集团(福建)有限公司的起诉。

实务要点:

本案本是一起股东出资纠纷,因为环保科技公司不履行增资的出资义务,大拇指公司请求法院判令环保科技公司履行出资义务将未缴清的增资款缴清,但二审法院从诉讼中公司意志代表权角度,认为大拇指公司起诉不能代表公司真实意

思,因此,驳回大拇指公司的诉求。通过阅读本案,可以发现:

第一,如何理解本案的裁判要旨,涉及诉讼中公司意志代表权内外纠纷区分原则的正确适用问题。首先,正常情况下,诉讼中公司意志代表权应该由公司法定代表人以公司的名义行使。其次,在公司内部纠纷中,如公司证照返还纠纷、股东损害公司利益责任纠纷、公司解散纠纷等,股东会决议新产生的法定代表人是公司诉讼意志代表人。最后,在公司外部纠纷中,如买卖合同纠纷、借款合同纠纷等,如果第三人没有对公司意志代表权提出异议,则应尊重公司意思自治,以股东会决议新产生的法定代表人为公司诉讼意志代表人;当第三人对公司意志代表权提出异议时,应保护善意第三人的利益,以登记机关登记的法定代表人作为公司诉讼意志代表人。

第二,尽管二审法院没有对环保科技公司是否应该履行出资义务进行实体审理。但一审法院认为,大拇指公司作为独立法人,有独立的民事权利能力,有权在可增资范围内合法、善意地主张民事权利,自主决定诉讼金额。换言之,当股东出资期限已届至,而股东没有履行出资义务时,公司可以依据经营情况,要求股东分期、分次履行出资义务,而不受"一事不再理"原则的限制。

二、公司印章

(一) 公司印章的基本含义及法律意义

1. 公司印章的基本含义

印章是印在义件上表示鉴定或签署的文具,包括公章与私章两种。公司常用的印章包括公章、财务专用章、合同专用章、法定代表人章等类别。我国的印章制度源于封建社会的官印文化,印章从产生之日起就具有表征效力,在进入公司组织后,印章的表征效力存在于公司行为的方方面面,并衍生出印章的公信力、证明力与约束力。

2. 公司印章的法律意义

《民法典》第490条第1款规定:"当事人采用合同书形式订立合同的,自当事人均签名、盖章或者按指印时合同成立。"由此可见,盖章与签字具有同等效力,都是对书面形式的意思表示的确认。在"真人假章"(有代表权或者代理权的人加盖假公章)或者"假人真章"(无代表权或者代理权的人加盖真公章)等"人章不一致"的情况下,究竟如何认定合同效力?《九民纪要》确立了"看人不看章"的裁判思路。

《九民纪要》第41条规定:"司法实践中,有些公司有意刻制两套甚至多套公章,有的法定代表人或者代理人甚至私刻公章,订立合同时恶意加盖非备案的公章或者假公章,发生纠纷后法人以加盖的是假公章为由否定合同效力的情形并不鲜见。人民法院在审理案件时,应当主要审查签约人于盖章之时有无代表权或者代理权,从而根据代表或者代理的相关规则来确定合同的效力。法定代表人或者其授权之人在合同上加盖法人公章的行为,表明其是以法人名义签订合同,除《公司法》第16条等法律对其职权有特别规定的情形外,应当由法人承担相应的法律后果。法人以法定代表人事后已无代表权、加盖的是假章、所盖之章与备案公章不一致等为由否定合同效力的,人民法院不予支持。代理人以被代理人名义签订合同,要取得合法授权。代理人取得合法授权后,以被代理人名义签订的合同,应当由被代理人承担责任。被代理人以代理人事后已无代理权、加盖的是假章、所盖之章与备案公章不一致等为由否定合同效力的,人民法院不予支持。"

(二)返还公司印章之诉

1.返还公司印章之诉概述

实践中,公司印章由不同的公司机关及其人员实际占有、控制。当实际占有人失去控制公司印章的权利而不予返还时,容易产生纠纷。因公司印章返还引发的纠纷,往往涉及公司内部治理中对公司控制权的争夺。

《民法典》第3条规定:"民事主体的人身权利、财产权利以及其他合法权益受法律保护,任何组织或者个人不得侵犯。"《民法典》第235条规定:"无权占有不动产或者动产的,权利人可以请求返还原物。"《民法典》第459条规定:"占有人因使用占有的不动产或者动产,致使该不动产或者动产受到损害的,恶意占有人应当承担赔偿责任。"《民法典》第460条规定:"不动产或者动产被占有人占有的,权利人可以请求返还原物及其孳息;但是,应当支付善意占有人因维护该不动产或者动产支出的必要费用。"《公司法》第147条规定:"董事、监事、高级管理人员应当遵守法律、行政法规和公司章程,对公司负有忠实义务和勤勉义务。董事、监事、高级管理人员不得利用职权收受贿赂或者其他非法收入,不得侵占公司的财产。"依据上述规定,公司印章作为公司的一种特别财产,公司拥有印章的所有权。当他人无权控制、占有时,公司有权要求其返还。

2.公司印章返还之诉中的裁判观点

司法实务中,关于公司印章返还之诉,存在如下裁判观点:第一,公司作为法人,尽管拥有证照及财务资料的所有权,但这些物品须由具体的自然人予以保管,因此,法定代表人有权代表公司向无权占有人要求返还公司印章。第二,在争夺公司印章的诉讼中,前法定代表人持有印章,新任法定代表人没有印章,在公司公章缺位时,新任的法定代表人的签字可以代表公司意志。此时印章的意思表示不能代表公司的意志。应以新任的法定代表人意思确定公司的意志。第三,公司章程明确赋予了董事会"制定公司的基本管理制度",如果公司可以通过董事会制定《公司印章管理办法》,其对公司、股东均具有约束力,可以确定谁有权持有公司印章。第四,可以通过股东会决议的方式确定公司印章的掌管者,例如股东会决议规定"公司营业执照、公章、合同章由公司法定代表人保管"。第五,公司已经召开了股东会,并就"同意公司营业执照、公章、合同章由公司法定代表人保管"进行了表决,且已达到公司章程约定的表决标准,此决议在公司层面已发生效力。

【案例进阶46】开发商欠施工方工程款,施工方可以"抵押"开发商公司证照吗?

案例名称: 漳州悦华浦头房地产开发有限公司诉恒晟集团有限公司公司证照返还纠纷案

案例来源: 福建省厦门市中级人民法院(2018)闽02民终3241号民事判决书

裁判要旨:

在拖欠工程款的情况下,将公司公章、财务章、营业执照"抵押"交付给施工方,该行为系双方真实意思表示,且从目的、内容、手段、对象等方面来看也不违反法律、行政法规的强制性规定,合法有效,因此,开发商诉求返还公司证照,不应予以支持。

基本案情:

"漳州万嘉现代城"工程项目于2009年6月8日开工建设,开发商为上诉人(原审原告)漳州悦华浦头房地产开发有限公司(以下简称"浦头公司"),施工单位为被上诉人(原审被告)恒晟集团有限公司(以下简称"恒晟集团")。

2015年4月1日,漳州市人民政府周某华秘书长主持召开会议,协调万嘉现代城项目建设有关问题,漳州市住建局等单位、万嘉现代城项目建设施工方代表林某平等人参加会议。案涉《关于万嘉现代城项目建设有关问题协调情况的备忘录》载明:因拖欠投资方工程款等问题,项目开发商把公司公章、财务章、营业执照正副本证件抵押给施工单位;鉴于开发商公章、财务章、营业执照等证件掌握在施工单位手中已成为客观事实,市工商局在开发商申请营业执照变更等问题上暂时不予办理,市公安局在开发商申请公章变更问题上严格审查、不予办理;施工单位应消除后续投资疑虑,继续推进后续工程建设,力争早日竣工交房,维护社会安定稳定。

浦头公司向一审法院起诉,请求判令:恒晟集团立即归还浦头公司的公章、财务章、企业法人营业执照正副本。

法律关系图:

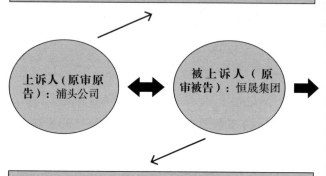

裁判过程及理由:

一审法院认为,本案争议焦点为:浦头公司将其公章、财务章、营业执照"抵押"给恒晟集团的性质和效力。

《关于万嘉现代城项目建设有关问题协调情况的备忘录》载明的"鉴于开发商公章、财务章、营业执照等证件掌握在施工单位手中已成为客观事实",系对事实的描述,并非行政机关以行政手段要求浦头公司将公章等章证交付恒晟集团的行政行为,故恒晟集团关于该备忘录属于行政行为、浦头公司应先行提起行政诉讼的相关主张,缺乏依据,不予支持。从在案的《关于万嘉现代城项目建设有关问题协调情况的备忘录》等证据来看,浦头公司系因拖欠投资方工程款而将其公章、财务章、营业执照正副本交付给恒晟集团,以此消除恒晟集团的后续投资疑虑,继续推进后续工程建设。上述行为从目的、内容、手段、对象等方面看,并未违反法律、行政法规的强制性规定,且系双方当事人的真实意思表示。因此,在双方仍就案涉项目工程款存在争议,恒晟集团投资疑虑未消除的情况下,浦头公司要求恒晟集团返还公章、财务章、营业执照正副本,依据不足,不予支持。浦头公司的上述行为并非以其公章、财务章、营业执照正副本作为抵押物或质物以担保债权实现的抵押或质押行为,不属于《担保法》的调整范围,浦头公司以公章、财务章、营业执照正副本不能作为抵押物、质物为由,要求恒晟集团予以返还,缺乏依据,不予支持。据此,一审法院判决:驳回浦头公司的诉讼请求。

浦头公司不服一审判决,提起上诉。

二审法院认为,本案讼争合同系双方当事人的真实意思表示,内容形式合法,未违反法律、行政法规的禁止性规定,合法有效。依法成立的合同,对当事人具有法律约束力。合同明确约定浦头公司将公章、财务章、营业执照交给恒晟集团直至清偿全部拖欠的工程款为止,在未清偿工程款的情况下,浦头公司要求返还公章、财务章、营业执照没有事实和法律依据。综上,浦头公司的上诉理由不能成立,应予驳回;一审判决认定事实清楚,适用法律正确,应予维持。据此,二审法院判决:驳回上诉,维持原判。

实务要点:

本案因开发商未及时支付工程款,在当地政府协调下,为继续推进项目建设,开发商把公司公章、财务章、营业执照正副本证件"抵押"给施工单位,开发商诉求施工单位返还证照。通过阅读本案,可以发现:

第一,关于浦头公司将其公章、财务章、营业执照"抵押"给恒晟集团的性质。法院认为,抵押属于物的担保,且系以物的财产价值作为债权的担保。财产价值是抵押物在债务人不能履行债务时,确保债权人通过处分抵押物实现债权的基础。公司公章、财务章、营业执照虽然符合法律关于"物"的定义,但其系以公司身份证明和资信凭据为依据体现价值的物,而非以财产数额大小体现其价值。浦头公司将其公章、财务章、营业执照"抵押"给恒晟集团,恒晟集团亦予以接受,但恒晟集团并不据此在不能实现债权时通过处分该公章、财务章、营业执照实现债权。因此,本案"抵押"公章、财务章、营业执照的行为并非《担保法》规定的抵押行为,不属于该法的调整范围。

第二,关于浦头公司将其公章、财务章、营业执照"抵押"给恒晟集团的效力。法院认为,法律、行政法规并未禁止公司将其证照交付他人保管管理。在拖欠工程款的情况下,浦头公司为取信于恒晟集团及相关施工班组而将公章、财务章、营业执照"抵押"交付给恒晟集团,该行为系双方真实意思表示,且从目的、内容、手段、对象等方面来看也不违反法律、行政法规的强制性规定,应为合法有效,双方当事人均应依约履行。

(三) 公司印章返还纠纷诉讼程序操作要点

1. 公司印章返还纠纷的基本含义

公司印章返还纠纷,属于公司证照返还纠纷的一种形式。一般情况下,公司不仅会诉求返还公司印章,还同时要求返还公司营业执照、公司文件、资料等。形成此类纠纷的主要原因有:第一,决议免除职务,但离职者不返还证照;第二,非正常离职时,证照保管者不返还证照;第三,公司陷入僵局,持有人拒不返还;第四,公司人员以外第三者侵占公司证照。

2. 公司印章返还纠纷的管辖

依照《民事诉讼法》第 27 条的规定确定管辖。根据《民事诉讼法》第 27 条、《民诉法司法解释》第 3 条的规定,因公司证照返还纠纷提起的诉讼,原则上由公司住所地人民法院管辖。公司住所地是指公司主要办事机构所在地。公司办事机构不明确的,由其注册地或者登记地人民法院管辖。

3. 法律依据

《民法典》第 179 条、第 235 条、第 459 条等;

《公司法》第 147 条、第 149 条。

第十一讲
关联交易

Lecture
11

一、关联交易概述

关联交易是一种特殊的自我交易,实质上也是一种利益冲突交易。历来各国的公司法都将其作为忠实义务制度最为重要的内容加以规制。由于正常的关联交易,可以稳定公司业务,分散经营风险,有利于公司发展,因此,我国《公司法》并未简单地禁止关联交易。但关联交易犹如双刃剑,一些公司大股东、实际控制人和管理层,违反忠实义务,利用与公司的关联关系和控制地位,迫使公司与自己或者其他关联方从事不正当的交易,以达到挪用公司资金、转移利润的目的,严重损害公司、少数股东和债权人利益。为此,我国《公司法》多个条文对关联交易进行了规范。《公司法》第 21 条明确了关联方利用关联关系损害公司利益应当承担损失赔偿责任。《民法典》第 84 条又在《公司法》规定的基础上,将适用范围扩展到全部营利法人。《公司法司法解释(五)》第 1 条、第 2 条进一步对关联交易的内部赔偿责任及相关合同的效力进行了规范。

二、关联关系的认定

从文字上理解,关联交易即与有关联关系的关联方进行的交易,因此,关联关系是认定关联交易的基础与前提。根据《公司法》第 216 条的规定,关联关系,主要是指可能导致公司利益转移的各种关系,包括公司控股股东、实际控制人、董事、监事、高级管理人员与其直接或者间接控制的企业之间的关系,以及可能导致公司利益转移的其他关系。

从公司法视角分析,关联关系的主要形式有:公司控股股东与其直接或者间接控制的企业之间的关系;公司实际控制人与其直接或者间接控制的企业之间的关系;公司董事、监事、高级管理人员与其直接或者间接控制的企业之间的关系;可能导致公司利益转移的其他关系,如同一控股股东或者实际控制人控制下的公司之间的关系,合营企业之间的关系,联营企业之间的关系,主要投资者个人、关键管理人员或与其关系密切的家庭成员和公司之间的关系,受主要投资者个人、关键管理人员或与其关系密切的家庭成员直接控制的其他企业和公司之间的关系等。此外,考虑到我国国有企业的实际情况,《公司法》第 216 条还特别规定"国家控股的企业之间不仅因为同受国家控股而具有关联关系"。

【案例进阶 47】实际履行高管职责的非高管人员可构成关联方吗？

案例名称： 周旭与甘肃中集华骏车辆有限公司、高迎迎、毛增光关联交易损害赔偿纠纷案

案例来源： 甘肃省高级人民法院(2018)甘民终590号民事判决书

裁判要旨：

《公司法》或公司章程没有明确规定为公司高级管理人员的其他相关人员，只要有权选择交易对象以及对是否签订合同具有决策权，对以什么方式进行资金回收亦有决定权，其实际上行使的是公司高级管理人员的职权，可以认定为关联交易中的关联方。

基本案情：

2007年7月30日，上诉人(原审被告)周旭担任被上诉人(原审原告)甘肃中集华骏车辆有限公司(以下简称"甘肃中集华骏公司")营销部经理，全面主持公司销售和采购供应工作；2009年7月31日之后，周旭担任该公司分管销售的副总经理；2010年7月，周旭从甘肃中集华骏公司调离至陕西中集华骏销售服务有限公司(以下简称"陕西中集华骏公司")工作。

周旭与原审被告高迎迎于2006年确立恋爱关系，2008年5月7日登记结婚；原审被告毛增光系周旭亲戚。2007年9月29日，高迎迎与毛增光作为发起人设立登记兰州同海达公司，法定代表人为高迎迎。2007年11月20日，兰州同海达公司名称变更为青海同海达公司。2008年8月6日，青海同海达公司法定代表人变更为高迎迎的母亲卫盈利；同年8月18日，高迎迎将其所持有的全部公司股份转让给卫盈利。

2008年2月29日至2009年7月31日期间，甘肃中集华骏公司与青海同海达公司签订共计38份加工承揽合同。青海同海达公司拖欠甘肃中集华骏公司车款未按时支付。2011年9月19日，甘肃中集华骏公司与青海同海达公司就拖欠车款达成协议，并由白银市中级人民法院作出民事调解书，确定青海同海达公司拖欠甘肃中集华骏公司车款5967970元。白银市中级人民法院在执行该民事调解书期间，发现青海同海达公司无营业场所、无银行存款、无车辆登记，其时任法定代表人申强下落不明，于2016年4月9日裁定终结对上述民事调解书的执行程序。

甘肃中集华骏公司向一审法院起诉，请求判令：依法判决周旭、高迎迎、毛增光共同赔偿甘肃中集华骏公司经济损失本金4352320元及利息1877038元，共计6229358元。

法律关系图：

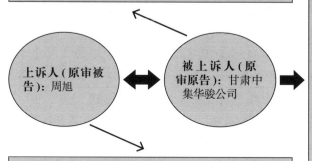

裁判过程及理由：

一审法院认为,本案的争议焦点为:1.2008年2月29日至2009年7月31日期间,甘肃中集华骏公司与青海同海达公司签订的承揽合同是否属于关联交易;该交易是否给甘肃中集华骏公司造成损失,如造成损失,数额如何确定;周旭、高迎迎、毛增光应否连带承担责任。2.本案诉讼是否超过诉讼时效期间。

关于争议焦点一:2008年2月29日至2009年7月31日期间,甘肃中集华骏公司与青海同海达公司签订的承揽合同是否属于关联交易。经审理查明,2007年7月30日,经甘肃中集华骏公司任免,周旭担任该公司营销部经理(正科级),全面主持公司销售和采购供应工作。2009年7月31日之后,周旭担任该公司分管销售的副总经理,直至2010年7月周旭从甘肃中集华骏公司调离至陕西中集华骏公司工作。甘肃中集华骏公司、陕西中集华骏公司均系中集集团的下属公司。周旭担任甘肃中集华骏公司的营销部经理期间,该公司未设立副总经理,各部门经理直接向董事长负责,对周旭担任营销部经理是否属于该公司高管的范围,甘肃中集华骏公司董事会依据《甘肃中集华骏车辆有限公司章程》作出的说明能够证明周旭是该公司的高级管理人员。

周旭自认2005年与高迎迎认识,2006年确定恋爱关系,2008年5月7日和高迎迎登记结婚,毛增光系其远房舅舅的儿子。2007年9月29日,由高迎迎与毛增光作为发起人,以货币出资方式,在兰州市工商局设立登记了兰州同海达公司,注册资本200万元,法定代表人为高迎迎。该200万元注册资金,2007年9月20日由高迎迎转入完成注册,2007年9月21日全部转入高迎迎个人账户,公司股东高迎迎、毛增光存在抽逃出资的违法行为。2007年11月20日,同海达公司以业务需要为由,迁入西宁市工商行政管理局城北分局。迁入后的公司股东、注册资本与法定代表人均未变更,公司名称变更为青海同海达公司。2008年8月6日,青海同海达公司将其法定代表人变更为高迎迎的母亲卫盈利。2008年2月29日至2009年7月31日期间,甘肃中集华骏公司与青海同海达公司签订了共计38份加工承揽合同。青海同海达公司拖欠甘肃中集华骏公司车款未按时支付。2011年9月19日,甘肃中集华骏公司与青海同海达公司就拖欠车款达成协议,并由白银市中级人民法院作出(2011)白中民确字第1号民事调解书,确定青海同海达公司拖欠甘肃中集华骏公司车款5967970元。白银市中级人民法院在执行该民事调解书期间,发现青海同海达公司无营业场所、无银行存款、无车辆登记,其时任法定代表人申强下落不明,并于2016年4月9日作出(2012)白中执字第19-4号执行裁定书,裁定终结了对上述民事调解书的执行程序。

周旭作为甘肃中集华骏公司的高管隐瞒青海同海达公司控股股东、股东系其妻子、岳母和远房表弟的事实,在担任甘肃中集华骏公司营销部经理和销售副总期间,对青海同海达公司与甘肃中集华骏公司2008年2月29日至2009年7月31日期间共计38份《加工承揽合同》的履行、货款回收、交易方的财务状况、交易风险不闻不问;周旭在庭审中认可在甘肃中集华骏公司任职期间,其负责市场研发、产品配件和原材料的采购、车辆销售和货款回收等日常决策工作,期间,公司的整个交易都比较规范,货款回收比较及时,唯独与青海同海达公司的交易给甘肃中集华骏公司造成了巨大的损失。这实际上造成了青海同海达公司占用甘肃中集华骏公司巨额车款八年有余,且因该公司最终无力偿还导致执行不能,利益输送之目标明确、路径清晰;其消极、不作为的行为符合《公司法》第216条第1款的规定,构成关联交易。

根据《公司法》(2013年修正)第21条、第147条1款及第149条的规定,周旭利用其关联关系进行关联交易,该关联交易完成后,因青海同海达公司无营业场所、无银行存款、无车辆登记,其时任法定代表人申强下落不明等原因,造成青海同海达公司拖欠甘肃中集华骏公司的车辆款不能及时实现和人民法院执行不能,故其应承担相应的赔偿责任。

高迎迎、毛增光作为关联交易的关系人,系关联公司青海同海达公司的出资人,出资后又抽逃全部出资,亦应在其抽逃出资的范围内(2000000元)承担赔偿责任,但本案系公司关联交易损害责任纠纷,与甘肃中集华骏公司和青海同海达公司之间的合同纠纷系两个法律关系,高迎迎、毛增光不是必要的共同诉讼的当事人,且该纠纷已经(2011)白中民确字第1号民事调解书予以裁决,本案保全的高迎迎、毛增光的财产已移交一审法院执行部门处理,甘肃中集华骏公司可申请恢复执行程序,对其抽逃出资的行为进行追究。对甘肃中集华骏公司请求高迎迎、毛增光承担连带责任,本案不予处理。因此,周旭应当承担的赔偿责任为6229358元-2000000元=4229358元。

关于争议焦点二:甘肃中集华骏公司的主张是否超过诉讼时效期间。《民法通则》第137条规定"诉讼时效期间从知道或者应当知道权利被侵害时起计算";《民法总则》第188条第1款规定:"向人民法院请求保护民事权利的诉讼时效期间为三年。法律另有规定的,依照其规定。"就本案而言,甘肃中集华骏公司是在与青海同海达公司的合同纠纷的诉讼过程中才发现周旭存在关联交易的行为,该案于2016年4月9日裁定终结执行程序,甘肃中集华骏公司决定追究周旭关联交易损害赔偿责任,并于2017年6月16日起诉,符合法律规定,不存在超过诉讼时效的情形。

综上所述,一审法院判决:1.周旭赔偿甘肃中集华骏公司经济损失4229358元,于判决生效后10日内付清。如果未按判决指定的期间履行给付义务,加倍支付迟延履行期间的债务利息;2.驳回甘肃中集华骏公司的其他诉讼请求。

周旭不服一审判决,提起上诉。

二审法院认为,本案的主要争议焦点为:1.周旭在甘肃中集华骏公司任职期间,甘肃中集华骏公司与青海同海达公司2008年2月29日至2009年7月31日签订的承揽合同是否属于关联交易。2.甘肃中集华骏公司的起诉是否超过诉讼时效。

关于争议焦点一:周旭在甘肃中集华骏公司任职期间,甘肃中集华骏公司与青海同海达公司2008年2月29日至2009年7月31日签订的承揽合同是否属于关联交易的问题。《公司法》第216条第1款规定:"高级管理人员,是指公司的经理、副经理、财务负责人,上市公司董事会秘书和公司章程规定的其他人员。"判断公司相关人员是否为高级管理人员,应从该人员是否担任《公司法》规定的职务,或者公司的章程是否将担任其他职务的人员规定为公司的高级管理人员进行分析。公司的高级管理人员应是执行公司出资人的决策,拥有执行权或一定程度的决策权,掌握着公司内部管理或外部业务的核心信息,并决定公司的决策及发展方向的特定人群。《甘肃中集华骏车辆有限公司章程》第28条规定,"公司设总经理一人,副总经理若干人,正副总经理由董事会聘请";第29条规定,"总经理直接对董事会负责,执行董事会的各项决定,组织领导公司的日常生产、技术和经营管理工作。副总经理协助总经理工作,当总经理缺席或不能工作时,代理行使总经理的职责"。

本案中,周旭的身份是作为甘肃中集华骏公司营销部经理全面负责销售工作,在此期间甘肃中集华骏公司并没有设立副总经理,周旭对选择交易对象以及是否签订合同具有决策权,对以什么方式进行资金回收亦有决定权,周旭实际上行使的是公司高级管理人员的职权。其妻子和亲戚成立青海同海达公司及转让公司股权的行为,与周旭任营销部经理及离任具有同步性,事实上就是为了和甘肃中集华骏公司进行交易,周旭亦未如实向公司报告该事项,在和青海同海达公司交易之后周旭利用其职权,不及时回收资金,唯独与青海同海达公司的交易给甘肃中集华骏公司造成了巨大的损失。且周旭在青海同海达公司未向甘肃中集华骏公司支付货款的情况下,利用职权继续与青海同海达公司签订合同和供货,周旭的行为客观上给甘肃中集华骏公司造成了经济损失,应当承担赔偿责任。一审法院认定周旭在甘肃中集华骏公司任职期间,甘肃中集华骏公司与青海同海达公司2008年2月29日至2009年7月31日期间签订的承揽合同属于关联交易并无不当,周旭的上诉理由不能成立。

关于争议焦点二:甘肃中集华骏公司的起诉是否超过诉讼时效的问题。本案系甘肃中集华骏公司请求追究周旭关联交易损害赔偿责任提起的诉讼,甘肃中集华骏公司是在与青海同海达公司的合同纠纷的诉讼过程中才发现周旭存在关联交易的行为,该案于2016年4月9日裁定终结执行程序,周旭并未提供证据证明甘肃中集华骏公司在此之前已知晓周旭存在关联交易的行为,故周旭提出甘肃中集华骏公司的起诉已超过诉讼时效的上诉理由不能成立,不予采信。

综上所述,周旭的上诉理由不能成立,应予驳回。据此,二审法院判决:驳回上诉,维持原判。

实务要点:

《公司法》第216条第1款规定的高级管理人员范围为"经理、副经理、财务负责人,上市公司董事会秘书和公司章程规定的其他人员",可见,法律关于高级管理人员的范围规定给予公司章程一定的自治空间。实践中,有部分公司在管理结构上存在混乱,存在能够行使高管职责的人员并不属于法定的高级管理人员范围、也未被公司章程明确规定为公司高管的情况,对此类人员是否属于高级管理人员及关联方,尚存争议。通过阅读本案,可以发现:

第一,本案中,周旭作为公司营销部经理,不属于法定的高级管理人员范围,该公司章程也未将其规定为公司高管,因此,其是否属于高管,是否是关联方,对于其是否构成关联交易至为关键。在司法实践中,对于高级管理人员的典型表现形式,一般采取形式审查的标准,即按照特定人员在公司所任职务与法律规定是否相符作出判断。然而,由于实践情况的复杂和多样性,形式审查亦有失范的风险存在。因此,在不排除形式审查有限作用的同时,更应注意对公司高级管理人员的身份采取实质审查。关于实质审查的角度,可以从如下几个方面考虑:一是审查对象的岗位职责与公司主营业务之间的关联关系;二是审查对象的薪酬待遇与其岗位职责的因果关系;三是审查对象对岗位职责的履行情况对公司主营业务状况的影响程度。综合考虑以上三方面情况,可以酌情对审查对象是否具备高级管理人员的身份进行认定。

第二,尽管本案属于关联交易赔偿纠纷,法院没有支持原告要求高迎迎、毛增光承担连带责任的请求,但由于高迎迎、毛增光存在抽逃出资的情况,在原告已经追究其抽逃出资责任的情况下,赔偿额应当扣减抽逃出资的数额。此外,本案对关联交易损害赔偿纠纷中,诉讼时效的起算问题进行了认定。

第三,重视董事、高管的任命和管理,明确高管范围。在其他涉此类型纠纷案件中,被告抗辩较多的理由是其并非公司的董事、高管,因该类案件主体特定,因此公司应重视对相关董事、高管的任命和管理,注意职位明确化。同时,通过公司章程明确高管范围。

三、关联交易是否损害公司利益的审查

对于关联交易行为是否损害公司利益,应着重从实体和程序两个方面进行审查。

(一)审查关联交易对价是否公允

交易价格是否公允是判断关联交易是否给公司造成损失的核心要件。关于公允价格的判断可参照《上市公司治理准则》第76条规定。关联交易应当具有商业实质,价格应当公允,原则上不偏离市场独立第三方的价格或收费标准等交易条件。法院应结合原被告双方的举证,综合判定交易价格是否偏离正常市场价格,并认定是否对公司造成损失。

(二)审查关联交易的程序是否合规

在程序审查方面,法院应审查关联交易是否已向公司披露,是否符合法律法规

或公司章程的规定。在审查是否符合《公司法》的规定时，上市公司董事与董事会决议事项所涉及的企业有关联关系的，不得对该项决议行使表决权，也不得代理其他董事行使表决权；是否符合公司章程对关联交易的程序性规定，需经股东会、股东大会或董事会的同意等。此外，需要注意的是，《公司法司法解释（五）》第1条第1款明确规定了关联交易损害公司利益的，履行法定程序不能豁免关联交易赔偿责任。实践中，法院审理公司关联交易损害责任纠纷案件时，相关行为人往往会以其行为已经履行了合法程序而进行抗辩，最主要的是经过了公司股东会或董事会决议批准，且行为人按照规定回避表决等。由于关联交易的核心是公平，《公司法司法解释（五）》第1条第1款的规定强调尽管交易已经履行了相应的程序，但如果违反公平原则，损害公司利益，公司依然可以主张行为人承担损害赔偿责任。

除审查交易价格的公允性、审批程序的合法性之外，法院还可能针对具体个案案情，结合交易内容是否具有商业必要性、是否属于公司经营需要、是否具有真实的交易动机等其他因素，综合判定是否属于关联交易。

四、关联交易损害公司利益的赔偿范围

第一，关于非正当关联交易的赔偿范围。通常是非正当关联交易价格与已查明公允交易价格之间的差额。该部分差额即为非正当关联交易对公司造成的损失，应由侵权人向公司进行赔偿。

第二，关于自我交易的赔偿范围。《公司法》第148条第1款第（四）项规定的自我交易归入权诉讼与第21条规定的关联交易损害赔偿诉讼，均为涉及损害公司利益的责任纠纷，均具备侵权责任的一般构成要件。两者区别在于，在行为主体上，自我交易的行为主体是负有忠实义务的董事、高级管理人员本人，而关联交易的行为主体可涵盖与公司具有关联关系的所有主体；在行为和结果要件上，自我交易强调董事、高级管理人员违反章程规定或未经股东会同意与本公司进行交易，且其因自我交易而获得的收入应当归公司所有；关联交易则强调关联人利用关联关系使公司利益受损，关联人应当对公司所受损失承担赔偿责任。

【案例进阶48】如何认定关联交易损害公司利益？
　　案例名称：西安陕鼓汽轮机有限公司与高少华、程勤公司关联交易损害责任纠纷案
　　案例来源：最高人民法院（2021）最高法民再181号民事判决书

裁判要旨：

关联交易是否损害公司利益，需要从是否履行了披露义务，是否符合市场公允价格，是否与公司损害结果有因果关系等方面进行形式与实质审查。

基本案情：

2009年5月，再审申请人（一审原告、二审上诉人）西安陕鼓汽轮机有限公司（以下简称"陕鼓汽轮机公司"）成立，为国有参股企业，被申请人（一审被告、二审被上诉人）高少华、程勤任公司董事。2011年到2012年期间，陕鼓汽轮机公司聘任高少华为副董事长、总经理，并聘任程勤先后兼任总装试车车间代主任、销售部部长。2009年5月12日，杭州钱塘机电有限公司（以下简称"钱塘公司"）成立，高少华及程勤为钱塘公司合计控股60%的股东。2016年11月18日，钱塘公司经清算后注销。

2010年至2015年5月期间，陕鼓汽轮机公司与钱塘公司共签订采购合同近2100份，总额约为2.5亿元。2015年6月至2017年4月，陕鼓汽轮机公司作出了《陕鼓汽轮机向钱塘公司采购业务核查报告》及《陕鼓汽轮机公司部分高管进行关联交易损害公司利益的调查报告》，通过调查发现：（1）2010年至2015年5月期间，陕鼓汽轮机公司与钱塘公司共签订采购合同近2100份，总额约为2.5亿元，占其总采购量的60%以上，并且采购的是汽缸、冷凝器等汽轮机主要大型部件，其采购价格对产品成本影响较大，经比较，采购价格高于市场询价；（2）钱塘公司不具备协作和加工能力，实质上为贸易公司，陕鼓汽轮机公司转给钱塘公司所有采购件，钱塘公司全部转包外部协作单位完成；（3）陕鼓汽轮机公司与钱塘公司的关联交易，未经陕鼓汽轮机公司内部及股东会审批决议，高少华、程勤与钱塘公司的关联关系未向陕鼓汽轮机公司披露、审批或报批；同时，通过对钱塘公司的调查发现，钱塘公司除了陕鼓汽轮机公司外，无其他任何客户。

因陕鼓汽轮机公司股东方之一为国有上市公司，上级单位均有纪委部门，在2015年初通过工商系统查询高少华、程勤与钱塘公司的股权关联关系后，陕鼓汽轮机公司纪委成立调查组展开调查，并作出上述调查报告，随后即免除了高少华、程勤的职务。

陕鼓汽轮机公司以董事、高管关联交易损害赔偿责任纠纷提起诉讼，向一审法院起诉，请求判令：由高少华、程勤向陕鼓汽轮机公司连带赔偿33310000元。

法律关系图:

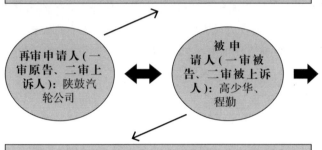

裁判过程及理由:

一审法院认为,本案争议焦点是:陕鼓汽轮机公司与钱塘公司之间的采购行为是否属于关联交易;若属于关联交易,则案涉关联交易是否损害了陕鼓汽轮机公司的利益。

对于高少华、程勤同时担任陕鼓汽轮机公司董事、高级管理人员和钱塘公司的股东以及陕鼓汽轮机公司与钱塘公司之间存在采购合同关系的事实,陕鼓汽轮机公司与高少华、程勤均无异议。根据《公司法》第216条第4款的规定,本案中2010年至2015年5月期间,高少华、程勤同时任职的陕鼓汽轮机公司与钱塘公司之间签订了大量采购合同。鉴于高少华、程勤的双重身份和陕鼓汽轮机公司和钱塘公司之间的交易行为,陕鼓汽轮机公司和钱塘公司之间构成关联关系,其交易构成关联交易。

根据《民法总则》第84条、《公司法》第21条的规定,我国法律并不禁止关联交易,禁止的是利用关联关系损害公司利益。关联交易是否合法有效应当从交易信息是否充分披露、交易程序是否合法、交易对价是否公允等多个方面综合判断。结合本案查明的案件事实分析:

首先,陕鼓汽轮机公司与钱塘公司之间从2010年至2015年5月期间签订了约2100份采购合同,涉及金额高达2.5亿元,双方不仅交易时间长而且交易金额高。此种情况下,即使高少华、程勤未提供直接证据证明向陕鼓汽轮机公司披露担任钱塘公司股东的相关事实,陕鼓汽轮机公司作为交易的一方对于钱塘公司的相关股权情况应当是可以通过查询工商档案知晓的。本案中陕鼓汽轮机公司仅以高少华、程勤未披露相关任职情况而否认关联交易的合法性不具有合理性。

其次,尽管庭审中高少华已自认陕鼓汽轮机公司与钱塘公司之间的交易未经股东会决议批准,但是应当注意到高少华、程勤仅为陕鼓汽轮机公司的董事,高少华还兼任副董事长,二人既不是公司控股股东也不是实际控制人或法定代表人。高少华、程勤对陕鼓汽轮机公司对外采购合同的订立是否具有决定权缺乏证据支持。陕鼓汽轮机公司在本案中也未提供证据证明陕鼓汽轮机公司与钱塘公司之间的交易是高少华、程勤直接订立或者授意他人订立。高少华、程勤是否利用其特殊身份促成关联交易尚难以确认。

最后,陕鼓汽轮机公司提供的《陕鼓汽轮机向钱塘公司采购业务核查报告》《西安陕鼓汽轮机有限公司部分高管进行关联交易损害公司利益的调查报告》是其单方制作,并且在内容上虽然认定采购配件价格过高,但是其依据的是初步询价而得出价格过高的结论。陕鼓汽轮机公司与钱塘公司之间的采购合同涉及的相关配件并无统一市场定价。基于各个生产厂生产成本、产品自身质量等多方面因素,产品价格有高低差异,而这种价格差异是否必然导致陕鼓汽轮机公司利益受损尚缺乏依据。陕鼓汽轮机公司的财务报表显示,在整个关联交易的 2011 年至 2015 年期间,陕鼓汽轮机公司始终处于盈利状态,该事实也可以在一定程度反映关联交易未对公司利益造成损害。综合上述分析,本案中陕鼓汽轮机公司提供的证据均无法证明高少华、程勤作为陕鼓汽轮机公司的董事、高级管理人员违反了忠诚的义务,在陕鼓汽轮机公司与钱塘公司之间的关联交易中损害了陕鼓汽轮机公司的利益。

综上所述,陕鼓汽轮机公司的诉讼请求,不予支持。据此,一审法院判决:驳回陕鼓汽轮机公司的全部诉讼请求。

陕鼓汽轮机公司不服一审判决,提起上诉。

二审法院认为,本案中,高少华、程勤在担任陕鼓汽轮机公司董事、高级管理人员的同时又为钱塘公司合计持股 60% 的股东,高少华、程勤与钱塘公司之间具有关联关系,钱塘公司与陕鼓汽轮机公司之间的交易系关联交易,对此双方当事人均无异议。

本案的争议焦点在于,钱塘公司与陕鼓汽轮机公司之间的关联交易行为是否损害陕鼓汽轮机公司的利益。公司法对不损害公司利益的关联交易并不禁止,判断关联交易是否有损公司利益的实质要件是看交易对价是否公平公允,应当从合同约定、合同履行是否符合正常的商业交易原则以及交易价格是否合理等进行审查。

本案中,陕鼓汽轮机公司主张其利益受损的理由是认为,钱塘公司在与陕鼓汽轮机公司的关联交易中约定的采购价格均明显高于同期市场价格,使其产品成本增加造成利润减少,该减少的利润即是其遭受损害的表现。但其提供的《陕鼓汽轮机向钱塘公司采购业务核查报告》《西安陕鼓汽轮机有限公司部分高管进行关联交易损害公司利益的调查报告》均为其单方制作,且案涉采购配件均非标准件,无统一市场定价,不同厂家生产的产品之间价格差别较大,其通过初步询价进行比对得出价格过高的结论显然缺乏科学依据。因此,仅从该两份调查报告不足以说明案涉关联交易价格不合理。同时,钱塘公司与陕鼓汽轮机公司之间关联交易的期间为2009年至2015年6月,涉及约2100份采购合同,采购金额总计高达2.5亿元,而从钱塘公司存续期间的资产负债表来看,其经营利润符合正常的商业规律,通过其历年的资产负债表亦不能判断案涉关联交易有失公允,因此陕鼓汽轮机公司主张钱塘公司所获利润是其多支出的采购成本,属于其损失的理由无事实及法律依据,其上诉理由不能成立。

综上,一审判决认定事实清楚,证据充分,适用法律正确,应予维持。据此,二审判决:驳回上诉,维持原判。

陕鼓汽轮机公司不服二审判决,申请再审。最高人民法院裁定提审本案。

最高人民法院再审认为,第一,关于陕鼓汽轮机公司与钱塘公司之间的交易是否构成关联交易的问题。

鉴于本案双方当事人对陕鼓汽轮机公司与钱塘公司之间的交易系关联交易均无异议,根据《公司法》第216条第4项的规定,陕鼓汽轮机公司和钱塘公司之间的交易构成关联交易。原审判决关于案涉交易性质的认定并无不当,应予以确认。

第二,关于案涉关联交易是否损害陕鼓汽轮机公司利益的问题。

首先,高少华、程勤是否履行了披露义务。披露关联交易有赖于董事、高级管理人员积极履行忠诚及勤勉义务,将其所进行的关联交易情况向公司进行披露及报告。根据陕鼓汽轮机公司《公司章程》第36条关于"董事及公司经营层人员不得自营或者为他人经营与本公司同类的业务或者从事损害本公司利益的活动。从事上述业务或者活动的,所有收入应当归公司所有。董事及公司经营层人员除公司章程规定或者股东会同意外,不得同本公司订立合同或者进行交易。董事及公司经营层人员执行公司职务时违反法律、行政法规或者公司章程的规定,给公司造成损害的,应当依法承担赔偿责任"的规定,本案高少华、程勤作为董事及高级管理人员,未履行披露义务,违反了董事、高级管理人员的忠诚义务。根据《公司法》第21条的规定,高少华、程勤的行为不仅违反陕鼓汽轮机公司《公司章程》的约定,亦违反上述法律规定。

其次,案涉关联交易价格是否符合市场公允价格。公司法保护合法有效的关联交易,并未禁止关联交易,合法有效关联交易的实质要件是交易对价公允。参照《公司法司法解释(五)》第1条的精神,应当从交易的实质内容,即合同约定、合同履行是否符合正常的商业交易规则以及交易价格是否合理等进行审查。①高少华、程勤设立钱塘公司后,高少华、程勤利用关联交易关系和实际控制陕鼓汽轮机公司经营管理的便利条件,主导陕鼓汽轮机公司与钱塘公司签订若干采购合同。案涉诉讼双方均认可交易模式为钱塘公司在市场上采购加工定制产品后,转售给钱塘公司的唯一客户陕鼓汽轮机公司。在这种交易模式中,陕鼓汽轮机公司本可以在市场上采购相关产品,而通过钱塘公司采购产品则增设不必要的环节和增加了采购成本,由钱塘公司享有增设环节的利益。②关于高少华、程勤所提交的黄平和仁友公司出具的《情况说明》。鉴于黄平系钱塘公司的前股东和前法定代表人,故黄平与本案具有利害关系,且黄平作为证人未出庭作证。此外,虽然仁友公司出具《情况说明》,但仁友公司的股东包新明亦为钱塘公司股东,与本案仍有利害关系。依据《最高人民法院关于民事诉讼证据的若干规定》第90条第(三)项关于"下列证据不能单独作为认定案件事实的根据:……(三)与一方当事人或者其代理人有利害关系的证人陈述的证言……"的规定,仅凭两份《情况说明》无法认定本案存在大型汽轮机公司对外协加工单位限制的情形。故上述两份证据不足以证明高少华、程勤所称设立钱塘公司是为了避开同业公司对外协厂家限制的主张。此外,在取消与钱塘公司关联交易后,陕鼓汽轮机公司亦通过市场直接采购的方式购买了相关产品,高少华、程勤未能对此作出合理解释。③高少华、程勤亦未能进一步提供证据证明其主张降低陕鼓汽轮机公司采购成本的抗辩事实成立。综上,陕鼓汽轮机公司关于高少华、程勤将本可以通过市场采购的方式购买相关产品转由向钱塘公司进行采购而增加购买成本,陕鼓汽轮机公司所多付出的成本,损害了陕鼓汽轮机公司权益的主张,有事实和法律依据。陕鼓汽轮机公司关于案涉交易对价高于市场价且不具备公允性的上诉主张,应予以采信。

最后,高少华、程勤的行为与陕鼓汽轮机公司损害结果的发生有因果关系。关联交易发生在高少华、程勤任职董事期间,高少华于2011年7月8日任副董事长、总经理。《公司章程》中明确约定了总经理职责为主持生产经营工作,陕鼓汽轮机公司办提交了审批单等证据证明高少华实际履行了总经理的职权。而程勤作为董事,并兼任其他公司职务,参与并影响陕鼓汽轮机公司的运营。在高少华任总经理主持生产经营工作期间,关联交易额所占陕鼓汽轮机公司采购总额的比例大幅上升,并在高少华、程勤被解除相应职务后,关联交易急速减少并消失。关联交易的发生及变化与高少华、程勤任职期间及职务变化存在同步性。根据《公司法》第21

条的规定,高少华、程勤共同实施的关联交易行为,损害了陕鼓汽轮机公司利益。

第三,关于本案是否已过诉讼时效的问题。

根据《民法通则》第135条关于"向人民法院请求保护民事权利的诉讼时效期间为两年,法律另有规定的除外"及第137条关于"诉讼时效期间从知道或者应当知道权利被侵害时起计算。但是,从权利被侵害之日起超过二十年的,人民法院不予保护。有特殊情况的,人民法院可以延长诉讼时效期间"的规定,关联交易损害公司利益为侵权责任纠纷,应从知道或应当知道公司利益受损之日起两年行使诉讼权利。陕鼓汽轮机公司再审中提交的第二组证据能够证明专项调查工作组发现存在关联交易损害公司利益情形并得出结论,出具《核查报告》的时间为2015年6月30日,对此予以采信。故应自2015年6月30日开始计算诉讼时效期间。陕鼓汽轮机公司起诉时间为2017年4月25日,并未超出两年诉讼时效期间,因此,对高少华、程勤的该项抗辩不予采信。

第四,关于陕鼓汽轮机公司的损失数额的问题。

一审法院查明钱塘公司存续期间合计利润为7578851.41元。……高少华、程勤作为钱塘公司合计控股60%的股东以及清算组成员,拒不提供钱塘公司财务报告等证据,未能提供足以反驳的证据。结合陕鼓汽轮机公司提交的第四组证据,陕鼓汽轮机公司认为因钱塘公司遭受损失数额为7064480.35元的主张,应予以采信。故高少华、程勤应连带赔偿陕鼓汽轮机公司损失共计7064480.35元。

综上所述,陕鼓汽轮机公司的再审请求成立。据此,再审法院判决:1.撤销陕西省高级人民法院(2020)陕民终777号民事判决及陕西省西安市中级人民法院(2017)陕01民初469号民事判决;2.高少华、程勤于本判决生效之日起15日内向陕鼓汽轮机公司赔偿损失7064480.35元;3.驳回陕鼓汽轮机公司的其他诉讼请求。

实务要点:

本案经过一审、二审及最高人民法院提审。本案中,双方当事人对于是否构成关联交易没有争议,而是对是否损害公司利益、赔偿额计算及诉讼时效均存在争议。通过阅读本案,可以发现:

第一,在司法实务中,关联交易损害责任纠纷需要从主体、行为、损害结果、因果关系四个因素考量:一是主体上,依据不同的行为,需要满足《公司法》规定的不同行为,关联方可能是公司的控股股东、实际控制人、董事、监事或者高级管理人员;二是关联方要有实际开展关联交易的行为;三是损害的表现形式是直接经济损失与本应得的间接的合法经济利益损失两种;四是关联方的关联交易与公司的受损具有因果关系。上述四点考量因素均需要受损公司承担举证责任。实践中对于证明关联关系、关联交易相对容易,但要证明关联交易损害了公司的利益,损失的具体金额,以及关联交易与公司的受损之间的因果关系,却相对较难,如公司无法充分举证,则要承担举证不能的后果。

第二,本案中,针对一审、二审举证不能的败诉结果,受损公司在再审时提交了补充证据。在此情形下,再审法院从董事、高管应承担的忠实义务出发,论证高少华、程勤是否主动履行了披露关联关系和关联交易的义务。同时,以《公司法司法解释(五)》为参照,对相关交易结构进行了实质审查。在高少华、程勤的操控下,陕鼓汽轮机公司本可以在市场上采购相关产品,而通过钱塘公司采购产品则增设不必要的环节和增加了采购成本,由钱塘公司享有增设环节的利益,实质上就是高少华、程勤利用职务便利谋取的不正当利益,即钱塘公司经营期间所获得的利润。

第三,关于诉讼时效及除斥期间。关联交易损害公司利益纠纷本质上是侵权责任纠纷,根据《民法典》第188条的规定,应从知道或应当知道公司利益受损之日起3年行使诉讼权利;如主张撤销关联交易合同,则应注意1年的除斥期间。

五、关联交易合同存在效力瑕疵时,股东的救济方式

根据《公司法司法解释(五)》第1条第2款的规定,关联交易损害公司利益的,如果公司没有提起诉讼,符合《公司法》第151条第1款规定条件的股东,可以依据《公司法》第151条第2款、第3款的规定向人民法院提起诉讼。同时,《公司法司法解释(五)》第2条规定了在关联交易合同存在效力瑕疵时,股东的救济方式。以公司名义订立的关联交易合同,其确认效力瑕疵的途径有两种:一是公司自己请求;二是股东通过股东代表诉讼进行请求。

第一,在我国目前的法律体系下,如果关联交易本身符合无效情形,或者构成了显失公平等可撤销情形,公司本身是有权请求确认无效或者撤销交易的。《民法典》继承了《民法总则》相关规定,在第146条第1款、第147条、第148条、第149条等条款,规定了民事法律行为无效与可撤销的相关情形。根据这些规定,当事人达成的关联交易如具备无效或者可撤销的情形,公司可以直接根据上述规定作为一方当事人请求确认无效或撤销该交易。

第二,考虑到上述情形下,行为人往往控制公司,公司本身很难主动撤销合同或请求确认合同无效。故为保护中小投资者利益,还应当给受到侵害的其他股东以救济的权利,因此,在公司不主动确认合同无效或撤销合同,损害公司利益的情形下,其他股东可提起股东代表诉讼,以维护公司和自身利益。

第三,我国股东代表诉讼适用的范围一直存在争议:股东代表诉讼是只针对侵权行为还是包括合同行为。司法实践中,考虑到合同相对性的问题,对以股东代表诉讼请求确认合同无效一般都予以认可,但以股东代表诉讼请求撤销合同则有很大争议。《公司法司法解释(五)》第 2 条扩展了股东代表诉讼的适用范围,将之扩大到关联交易中以公司名义订立的损害公司利益合同的确认无效和撤销纠纷中。

第四,规制公司法定代表人越权行为也是股东代表诉讼的一项重要功能。《民法典》第 504 条规定:"法人的法定代表人或者非法人组织的负责人超越权限订立的合同,除相对人知道或者应当知道其超越权限外,该代表行为有效,订立的合同对法人或者非法人组织发生效力。"该条明确了公司法定代表人超越权限订立的合同的法律效果归属问题,即合同权利义务是否由公司承受。关联交易中,如果合同相对人知道或者应当知道法定代表人越权订立合同的,根据该条规定,《民法典》中将法律后果确定为对公司不发生效力。因此,为保护中小股东利益,关联交易合同对公司不发生法律效力的,也属于股东代表诉讼范围。

六、关联交易损害责任纠纷诉讼程序操作要点

(一)关联交易损害责任纠纷的含义

关联交易损害公司利益纠纷,是指公司控股股东、实际控制人、董事、监事、高级管理人员等关联方利用其关联关系损害公司利益引发的纠纷。值得注意的是,如果该等关联方虽然损害了公司利益,但并非利用关联交易的形式,则不属于关联交易损害责任纠纷。

(二)关联交易损害责任纠纷的管辖

因关联交易损害公司利益纠纷提起诉讼,原则上以《民事诉讼法》中管辖的相关规定为基础,但需要结合公司所在地等因素来确定管辖法院。

(三)法律依据

《民法典》第 84 条;

《公司法》第 21 条、第 16 条、第 124 条、第 115 条、第 148 条第 1 款第(四)项、第 216 条第(四)项;

《公司法司法解释(三)》第 12 条第(三)项;

《公司法司法解释(五)》第 1 条、第 2 条。

第十二讲
董监高责任

Lecture
12

一、董监高责任概述

(一) 董监高等管理者与公司的关系

股东是被动的投资者,往往不参与公司经营,经营活动由董事、监事、高管等公司管理者进行,因此,这种"所有与控制分离"造成股东与管理者之间的利益不一致,进而引发利益冲突。为了约束管理者的活动,防止其损害公司利益,降低代理成本,管理者义务规范作为公司治理体系的一部分应运而生。

对于董事、监事、高管等管理者与公司之间究竟是什么关系,理论上有委托、信托等观点。本书采纳主流观点,即委托合同关系说,认为公司与公司管理者之间有委派和接受委派、聘任和接受聘任的合意,应适用《民法典》合同编中的委托合同规范,双方权利义务应依据二者之间的协议、公司章程、法律规范予以确定。具体理由如下:第一,对于管理者与公司之间的关系,我国《公司法》虽没有明确规定,但在第146条第2款使用了"公司……选举、委派董事、监事或者聘任高级管理人员"的表述。委派和聘任均有委任、委托之意,这侧面表明了二者的关系。第二,信托受托人应当为了受益人的利益,保持和维护其管理的资产。他们是保守的,如果他们将信托资产投资于冒险活动,可能会因此承担责任。相反,公司管理者应当将股东收益最大化,这就要求他们有魄力、胆大及敢于冒险,因此,将管理者与公司的关系界定为信托关系也是不恰当的。

管理者掌握着公司权力,必须同时肩负与权力相对应的责任。在学理上,这种责任被称为信义义务,即当事人之间基于信义关系而产生的义务。现代公司法一般将信义义务明确规定为董监高等管理者的法定义务。信义义务的核心内容是忠实义务和注意义务(勤勉义务),忠实义务要求管理者不得以权谋私,注意义务要求管理者在知情的基础上做有利的决策。我国《公司法》没有对信义义务进行定义,但《公司法》第147条规定,管理者应对公司负有忠实义务和勤勉义务。违反信义义务会损害公司利益,公司有权向违反信义义务的管理者提起诉讼,并向其主张赔偿责任。

【案例进阶49】董事与公司之间构成劳动关系吗?
案例名称: 孙起祥与吉林麦达斯轻合金有限公司劳动争议纠纷案
案例来源: 最高人民法院(2020)最高法民再50号民事判决书
裁判要旨:
公司依据章程规定及股东会决议聘任董事行使法定职权,董事同意任职并依法开展委托事项,公司与董事之间即形成委任关系,从双方法律行为角度看实为委托合同关系。公司与董事之间形成委任关系并不排斥劳动合同关系的存在,二者在符合特定条件时可同时构成劳动法上的劳动合同关系。

公司与董事之间虽然没有签订书面劳动合同,但公司董事同时担任法定代表人,从事公司经营管理等董事职权以外的其他具体业务,以公司所付工资为主要生活来源,符合劳动关系的构成要素,董事主张与公司同时形成事实劳动关系的,人民法院应予支持。当公司解除董事职务且一并免除其法定代表人职务,亦未再安排董事从事公司其他工作时,该事实劳动关系因形成基础丧失应随委任关系一并解除。

基本案情:

麦达斯控股有限公司(以下简称"麦达斯控股")与吉林麦达斯铝业有限公司(以下简称"吉林麦达斯铝业")、洛阳麦达斯铝业有限公司(以下简称"洛阳麦达斯铝业")及被申请人(一审被告、二审上诉人)吉林麦达斯轻合金有限公司(以下简称"麦达斯轻合金")系关联公司。麦达斯控股独资设立麦达斯轻合金,吉林麦达斯铝业独资设立洛阳麦达斯铝业。

2001年3月至2017年7月,吉林麦达斯铝业先后聘任再审申请人(一审原告、二审被上诉人)孙起祥为财务总监、副总经理。其间,孙起祥被派往洛阳麦达斯铝业兼任总经理。孙起祥任职期间,吉林麦达斯铝业、洛阳麦达斯铝业未与其签订劳动合同,工资由吉林麦达斯铝业支付,自2016年1月起,外服公司代扣代缴社会保险。

2017年7月20日,麦达斯控股任命孙起祥为麦达斯轻合金董事长、法定代表人,月薪税后7万元,由麦达斯轻合金按月支付工资并扣缴个税,"五险一金"仍委托外服公司代扣代缴。工作期间,孙起祥除履行董事长职责外,还因担任法定代表人而从事公司融资、财务管理及政府协调相关工作,但麦达斯控股、麦达斯轻合金均未与孙起祥签订劳动合同。

2018年2月7日,麦达斯控股免去孙起祥的麦达斯轻合金董事长及法定代表人职务,解聘原因为企业内部正常职务调整,此后未再安排孙起祥从事其他工作。自2018年3月起,麦达斯轻合金未向孙起祥发放工资及支付"五险一金"费用,外服公司代扣代缴的"五险一金"费用由孙起祥实际支付。2018年2月至10月,孙起祥共计垫付"五险一金"费用92327.49元(其中单位承担部分60975.81元)。

2018年4月24日,一审法院裁定受理麦达斯轻合金重整申请。孙起祥因职务安排、工资及"五险一金"等问题申请仲裁,仲裁裁决不予受理,孙起祥遂提起本案诉讼。2019年1月18日，一审法院作出(2018)吉04民破4-2号民事裁定书，裁定：终止麦达斯轻合金重整程序，宣告麦达斯轻合金破产。

孙起祥向一审法院起诉请求：1.麦达斯轻合金补发拖欠的2018年3月至9月税后工资49万元。2.依据《劳动合同法》第85条判令麦达斯轻合金加付赔偿金49万元。3.麦达斯轻合金返还2018年2月至孙起祥起诉时孙起祥垫付的"五险一金"费用共计72920.97元。4.确认麦达斯轻合金与孙起祥存在无固定期限劳动合同。

法律关系图：

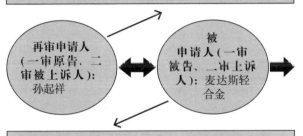

原告认为： 董事长职务与劳动者身份属于不同法律范畴，二者可以同时存在。其除担任公司董事长及法定代表人外，还负担公司管理事务、决策等，公司按时为其支付工资并委托外服公司为其缴纳社保，其与公司构成劳动关系。

被告认为： 原告系由被告股东任免，被告对原告不享有人事任免权。被告系根据控股股东指示向原告支付报酬，且支付工资及购买社会保险并非确认劳动关系的判断标准，被告没有与原告建立劳动关系的合意，双方不存在劳动关系。

争议焦点： 麦达斯轻合金与孙起祥之间是否存在劳动关系？

法院认为： 董事与公司之间形成的委任关系并不排斥同时存在劳动关系。孙起祥被委派至麦达斯轻合金担任董事，其与公司之间形成委任关系；但其因担任法定代表人而从事除董事职权以外的公司其他具体业务，并以公司发放的工资为主要生活来源，符合劳动关系的构成要素，应认定其同时与公司构成事实劳动关系。

裁判过程及理由：

一审法院认为，孙起祥与麦达斯轻合金存在劳动关系。我国尚未建立独立于劳动关系之外的职业经理人制度，作为企业高级管理人员的董事长，除了作为企业法定代表人的身份之外，还具有与企业形成劳动关系的职工身份。2017年7月20日，经麦达斯控股董事会决定任命孙起祥为麦达斯轻合金董事长、法定代表人，自该日起孙起祥与麦达斯轻合金建立了劳动关系。2018年2月7日，麦达斯控股董事会决定免去孙起祥麦达斯轻合金董事长、法定代表人职务，未对孙起祥任命其他职务，也未解除与孙起祥的劳动关系。麦达斯控股免去孙起祥董事长职务只是对其岗位的变更，不必然导致劳动关系解除。同时，麦达斯控股并未在本公司对孙起祥有过职务任命，孙起祥与麦达斯控股之间并不存在劳动关系。

有关孙起祥诉讼请求是否成立的问题。第一，工资问题。孙起祥与麦达斯轻合金之间的劳动关系不因免去孙起祥职务而解除，麦达斯控股及麦达斯轻合金均未任命孙起祥新的职务，孙起祥一直积极协助办理交接手续，故原劳动合同的工资报酬约定仍然有效，工资按原定税后 7 万元标准支付至孙起祥被任命新的职务之前。第二，加付赔偿金的问题。孙起祥被免职后未被安排其他职务，麦达斯轻合金对孙起祥职务及工资变动情况无法确定，从 2018 年 3 月起未支付孙起祥工资，不构成《劳动合同法》第 85 条规定的情况，故对加付赔偿金的请求不予支持。第三，孙起祥垫付"五险一金"费用的返还问题。麦达斯轻合金与外服公司签订的人事服务合同尚在有效期内（合同期限为 2018 年 2 月 1 日至 2019 年 1 月 31 日），至今没有变更。依照《劳动法》第 72 条规定，孙起祥与麦达斯轻合金之间劳动关系仍然存续，孙起祥垫付的应由单位承担的保险费用，麦达斯轻合金应予返还。第四，签订无固定期限劳动合同的问题。根据《最高人民法院关于审理劳动争议案件适用法律若干问题的解释（四）》第 5 条的规定，吉林麦达斯铝业、洛阳麦达斯铝业和麦达斯轻合金均为麦达斯控股的子公司，系关联企业。孙起祥自 2001 年 3 月起经麦达斯控股委派或任命在三关联公司任高级管理职务，均系工作调动，故其任职年限应合并计算。从 2001 年 3 月至今，孙起祥的工作年限达 17 年，孙起祥现年 55 周岁，距法定退休年龄只差 5 年，符合《劳动合同法》第 14 条第 2 款第 2 项的规定，孙起祥请求签订无固定期限劳动合同的主张，依法应予支持，但仅限于对其新的职务任命开始时签订。综上，一审法院判决：1. 麦达斯轻合金向孙起祥补发 2018 年 3 月至 2018 年 9 月税后工资 490000 元。2. 麦达斯轻合金向孙起祥返还 2018 年 2 月至 2018 年 10 月（共 9 个月）孙起祥垫付的应由单位承担的"五险一金"费用 60975.81 元。3. 麦达斯轻合金与孙起祥签订无固定期限劳动合同（自新的任职时开始）。4. 驳回孙起祥的其他诉讼请求。

麦达斯轻合金不服一审判决，提起上诉。

二审法院认为，根据《劳动和社会保障部关于确立劳动关系有关事项的通知》第 1 条的规定，孙起祥的职务系由麦达斯轻合金的出资人麦达斯控股任命及免除，其并非麦达斯轻合金招用的劳动者，其间没有建立劳动关系的合意。根据麦达斯轻合金章程，结合麦达斯控股任免决定，孙起祥由股东委派行使董事职权，其法律关系性质是由股东雇佣或委托管理公司。除此之外，孙起祥无其他职务，其工作性质是履行麦达斯控股委托指派的行为，不符合劳动关系应当具备的"由用人单位招用、受用人单位各项规章制度管理、从事用人单位安排的有报酬的劳动"的特征。在自然人与法人之间，除劳动关系外，法律并不禁止雇佣及委托等法律关系的存在，故一审判决以"我国目前并无职业经理人制度"为由，认定孙起祥与麦达斯轻合金形成事实劳动关系的法律依据不充分。因此,对其请求麦达斯轻合金支付免职后工资的主张亦不予支持。

由于麦达斯控股并非本案当事人,本案中并未对孙起祥与麦达斯控股之间的法律关系进行审理,故一审判决认定"孙起祥与麦达斯控股不存在劳动关系"超出诉讼请求及本案审理范围。孙起祥与麦达斯控股之间的法律关系问题,孙起祥可以另行主张权利。

根据《社会保险法》第 57 条第 1 款、第 58 条第 1 款的规定,为劳动者办理社会保险的义务主体是用人单位。根据孙起祥提供的参保人员缴费情况统计表,自 2016 年 1 月至今,为孙起祥办理社会保险登记的用人单位是外服公司,而孙起祥被任命为麦达斯轻合金董事长的时间为 2017 年 7 月至 2018 年 2 月,人事服务合同的签订时间是 2018 年 3 月 6 日。在没有形成劳动派遣关系的情况下,委托其他单位为劳动者办理社会保险的行为不符合上述法律规定,二审法院无法根据孙起祥办理社会保险情况判断与其建立劳动关系的用人单位。在不能认定孙起祥与麦达斯轻合金存在劳动关系的前提下,人事服务合同不足以证明麦达斯轻合金具有为孙起祥办理社会保险的法定义务,对孙起祥关于麦达斯轻合金返还垫付"五险一金"费用的主张,亦无法予以支持。

综上所述,二审法院判决:1. 撤销一审法院(2018)吉 04 民初 193 号民事判决。2. 驳回孙起祥的诉讼请求。

孙起祥不服二审判决,申请再审。最高人民法院裁定提审本案。

最高人民法院再审认为,本案的焦点问题为:1. 麦达斯轻合金与孙起祥之间是否存在无固定期限劳动合同关系。2. 麦达斯轻合金应否支付孙起祥解聘后的工资、赔偿金及垫付的"五险一金"费用。

第一,关于麦达斯轻合金与孙起祥之间是否存在无固定期限劳动合同关系。

首先,麦达斯轻合金与孙起祥之间存在事实上的劳动合同关系。2017 年 7 月 20 日,孙起祥被麦达斯控股调任其全资子公司麦达斯轻合金任董事长兼法定代表人,月薪税后 7 万元。自此,孙起祥既作为麦达斯轻合金的董事、董事长参加董事会行使公司法赋予的职权,同时还作为麦达斯轻合金的法定代表人参与公司日常经营管理。从公司法的角度看,公司依据章程规定及股东会决议聘任董事行使法定职权,董事同意任职并依法开展委托事项,公司与董事之间即形成委任关系,从双方法律行为的角度看,实为委托合同关系。但公司与董事之间的委任关系并不排斥劳动合同关系的存在,即二者之间在符合特定条件时还可以同时构成劳动法上的劳动合同关系。《公司法》第 44 条第 2 款以法律形式明确肯定了董事与公司之间可以形成劳动关系,委任关系与劳动关系并非绝对排斥、不能兼容。本案中,孙起祥于2017年7月被任命为麦达斯轻合金董事长,与公司形成委任关系。孙起祥虽未与麦达斯轻合金签订书面劳动合同,但其被任命为董事长的同时,还担任公司法定代表人,负责公司融资、对外协调及财务管理等大量具体经营管理事务,受公司规章制度管理和约束,麦达斯轻合金按月向其支付工资并委托外服公司代缴"五险一金"费用。故孙起祥因担任法定代表人而从事除董事职权以外的公司其他具体业务,并以工资为主要生活来源等事实,符合劳动关系的构成要素,足以认定麦达斯轻合金与孙起祥同时形成委任关系和事实上的劳动合同关系。因此,孙起祥关于与麦达斯轻合金存在劳动合同关系的主张,应予以支持。

其次,麦达斯轻合金与孙起祥之间事实上的劳动合同关系随着孙起祥职务被免除而解除,双方之间不存在无固定期限劳动合同关系。孙起祥为麦达斯轻合金法定代表人,并非公司普通员工,本有条件与公司签订劳动合同,但其在任职期间并未与公司订立书面劳动合同,二者之间的劳动关系是基于孙起祥担任公司法定代表人,从事公司经营管理事务、从公司领取固定报酬等事实而形成的。2018年2月,麦达斯轻合金在被裁定破产重整前夕,免除了孙起祥董事长、法定代表人职务,且未再安排孙起祥从事其他工作,孙起祥与麦达斯轻合金形成事实劳动关系的基础已经丧失,事实劳动关系应相应解除。2019年1月18日,麦达斯轻合金被裁定宣告破产,其与所有员工的劳动关系均应依法终止。故在孙起祥被解聘后形成事实劳动关系的基础已经丧失,且麦达斯轻合金亦先后进入破产重整、破产清算的情况下,孙起祥诉请确认与麦达斯轻合金存在无固定期限劳动合同关系,缺乏事实基础和法律依据,应予支持。如此处理,既可以对公司董事和高管利益予以必要的保护,又可以防止公司因经营发展需要而无因解除董事、法定代表人职务的同时,却不得不背负沉重的、难以摆脱的劳动合同负担。

第二,关于麦达斯轻合金应否支付孙起祥解聘后的工资、赔偿金及垫付的"五险一金"费用。

如前所述,案涉委任关系及劳动关系一并解除后,麦达斯轻合金不再具有向孙起祥支付工资及缴纳社会福利费用的法定义务,亦不符合《劳动合同法》第85条规定的因未依法支付劳动报酬而支付赔偿金的法定情形,故对孙起祥关于补发解聘后工资、支付赔偿金及返还垫付的"五险一金"费用的主张,不予支持。

但公司行使任意解除权解聘董事后,为平衡双方利益,应综合考虑解聘原因、董事薪酬、剩余任期等因素,确定是否补偿及补偿的合理数额。本案中,孙起祥长期在麦达斯系公司工作,受麦达斯控股调任而赴麦达斯轻合金任职,被解聘也并非因自身过错而导致,现其已接近退休年龄,综合考虑上述情形,酌定麦达斯轻合金应参照孙起祥任职时的薪酬对其给予合理补偿。但因麦达斯轻合金在诉讼期间已经被宣告破产,根据《企业破产法》第113条第3款的规定,酌定麦达斯轻合金按被宣告破产时职工月平均工资向孙起祥支付6个月的补偿金,该补偿金债权应按照职工债权顺序在破产程序中进行清偿。

综上,再审法院认为二审判决适用法律错误,应予以纠正;孙起祥的再审请求部分成立,应予以支持。据此,再审法院判决:1.撤销吉林省高级人民法院(2019)吉民终19号民事判决、吉林省辽源市中级人民法院(2018)吉04民初193号民事判决。2.确认孙起祥对麦达斯轻合金享有补偿金债权,债权金额以麦达斯轻合金被裁定宣告破产时的职工月平均工资为标准计算6个月。3.驳回孙起祥的其他诉讼请求。

实务要点:

本案经过一审、二审及最高人民法院提审。本案争议焦点在于原告被母公司委派到子公司担任董事长及法定代表人,在未签订书面劳动合同的情况下,是否与子公司构成事实劳动关系。通过阅读本案,可以发现:

第一,一审法院认为,孙起祥被任命为麦达斯轻合金董事长、法定代表人之日起,即与麦达斯轻合金建立了劳动关系,该劳动关系不因免去孙起祥职务而解除。换言之,一审法院的立论基础是只要担任董事长就建立劳动关系。二审法院认为,自然人与法人之间除劳动关系外,法律并不禁止雇佣及委托等法律关系的存在,一审判决以"我国目前并无职业经理人制度"为由,认定孙某祥与麦达斯轻合金形成事实劳动关系的法律依据不充分。再审法院从担任公司法上的职务与劳动关系的区分出发,认为公司依据章程规定及股东会决议聘任董事行使法定职权,董事同意任职并依法开展委托事项,公司与董事之间即形成委任关系,从双方法律行为的角度看实为委托合同关系。公司与董事之间的委任关系并不排斥劳动合同关系的存在,二者之间在符合特定条件时还可以同时构成劳动法上的劳动合同关系。

第二,董事与公司之间是否构成劳动关系,应根据不同的情况具体分析。首先,董事与公司签署劳动合同的,则建立劳动关系。如果双方就工资、劳动合同的履行与解除发生争议,则应该按劳动争议处理。如果双方就董事职务的履行与解除、董事津贴等发生争议,则应该依据《公司法》,直接向人民法院提起诉讼,无须经过劳动争议仲裁程序。其次,董事与公司未签署劳动合同,仅担任该职务的,比如独立董事,则未形成劳动关系。双方就董事职务的履行与解除等发生争议,则应直接向人民法院提起诉讼,无须经过劳动争议仲裁程序。再次,董事与公司未签署劳动合同，但在公司全日制工作，且从事其他岗位工作，按月领取报酬，由公司缴纳社保，依据本案裁判规则，构成事实劳动关系。最后，A 公司的董事，可能是 B 公司的员工。例如，上级公司的员工被指派到所参股的关联公司担任董事，则该员工与上级建立劳动关系。同时，他还是关联公司的董事，与下级公司不建立劳动关系。

(二) 董监高职务的解除

《公司法司法解释(五)》第 3 条规定："董事任期届满前被股东会或者股东大会有效决议解除职务，其主张解除不发生法律效力的，人民法院不予支持。董事职务被解除后，因补偿与公司发生纠纷提起诉讼的，人民法院应当依据法律、行政法规、公司章程的规定或者合同的约定，综合考虑解除的原因、剩余任期、董事薪酬等因素，确定是否补偿以及补偿的合理数额。"由此可见，本条明确了董事职务的无因解除与相对应的离职补偿，从而厘清公司与董事的法律关系。对此，应注意以下几点：

第一，公司与董事的关系，明确了公司可以随时解除董事职务。我国《公司法》中仅规定了董事任期由公司章程规定，每届任期不得超过三年，任期届满连选可以连任。依据上述管理者与公司关系的主流观点，公司与董事之间实为委托关系，依股东会的选任决议和董事同意任职而成立合同法上的委托合同。既然为委托合同，则合同双方均有任意解除权，即公司可以随时解除董事职务，无论任期是否届满，董事也可以随时辞职。

第二，无因解除不能损害董事的合法权益。为平衡双方利益，公司解除董事职务应合理补偿，以保护董事的合法权益，并防止公司无故任意解除董事职务。从本质上说，离职补偿是董事与公司的一种自我交易，其有效的核心要件应当是公平，所以本条强调给付的是合理补偿。我国《民法典》明确规定了委托人因解除合同给受托人造成损失的，除不可归责于该当事人的事由以外，应当赔偿损失。

第三，关于职工董事、监事、高管能否参照适用本条。因职工董事由职工代表大会、职工大会或其他形式民主选举产生，不由股东决议任免，因此，不存在股东会或股东大会决议解除其职务的情形。基于监事、高管仍然与公司构成委托关系，因此，对其职务的解除可参照适用本条的规定。此外，李建军诉上海佳动力环保科技有限公司公司决议撤销纠纷案（最高人民法院指导案例 10 号）也体现了高管职务解除无因性的观点。

【案例进阶50】股东会不作为,已辞任或离任的董事可以诉请公司变更登记吗?

案例名称: 郁卫霞与南通爱网特实业有限公司、南通市综合电子商务产业园有限公司、上海爱网特网络科技有限公司请求变更公司登记纠纷案

案例来源: 南通市中级人民法院(2020)苏06民终192号民事判决书

裁判要旨:

《公司法》第45条第2款规定,辞职、离任的董事应继续履行董事职务直至改选的董事就任。该条款的立法初衷是保障公司正常的经营管理,避免公司运营因董事缺额而陷入停滞,以维护股东利益乃至不特定债权人的合法权益。法律要求董事继续履职以维护公司的存续,但未虑及可能出现的公司股东消极不作为而长期无法选出继任董事的情形。因此,为衡平公司、股东利益与辞任、离任董事权益,要求辞任、离任董事继续履行职务并非绝对,应以股东会能及时进行选举并选出新的董事为前提。如有可归责于股东会的原因导致不能及时选出继任董事,则辞任或离任董事已无继续履行董事职务的必要,法律应当保护其辞任或离任的权利。

基本案情:

被上诉人(原审被告)南通爱网特实业有限公司(以下简称"南通爱网特公司")系由两名法人股东被上诉人(原审被告)南通市综合电子商务产业园有限公司(以下简称"南通电商产业园公司")、被上诉人(原审被告)上海爱网特网络科技有限公司(以下简称"上海爱网特公司")共同投资设立的有限责任公司。公司章程规定,公司设董事会,成员3人,由股东会选举产生;董事会设董事长一人,为法定代表人。

上诉人(原审原告)郁卫霞经公司股东选举为董事,并被任命为董事长,即法定代表人。公司成立后不久,两股东之间就因出资款问题纠纷不断并引发诉讼,致使公司不能正常开展经营活动,股东之一为了索要房屋租金还将该公司告上了法庭。因南通爱网特公司涉及多起诉讼,郁卫霞作为法定代表人,不得不代表公司应诉。南通爱网特公司所涉败诉案件在强制执行过程中,法院还对郁卫霞下达了限制高消费令。郁卫霞在董事任期内数次申请辞去董事长(法定代表人)职务,任期届满后又要求召开股东会,改选董事、变更法定代表人。但无论在其任期内还是在任期届满后,南通爱网特公司及其股东对郁卫霞的请求均未予置理。

郁卫霞向一审法院提起诉讼,请求判令:南通爱网特公司办理公司法定代表人工商变更登记,并由南通电商产业园公司、上海爱网特公司予以配合。

法律关系图:

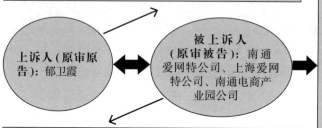

裁判过程及理由:

一审法院认为,公司法定代表人依照公司章程的规定,由董事长、执行董事或者经理担任,并依法登记;股东会行使修改公司章程的职权。根据南通爱网特公司章程,公司董事会设董事长一人,由股东会选举产生;董事长为公司的法定代表人,并依法登记。郁卫霞起诉要求办理公司法定代表人变更登记,但未向法院提交南通爱网特公司章程、股东会关于变更法定代表人的决议或决定等证据,以证明南通爱网特公司曾作出决议或决定变更公司法定代表人,故郁卫霞该主张缺乏事实依据。郁卫霞主张与南通爱网特公司间为委托关系,因公司董事、董事长和法定代表人系根据《公司法》设立的公司内部治理机构,应当适用《公司法》的有关规定,而非适用有关委托合同的法律规定。根据《公司法》第45条第2款的规定,郁卫霞董事任期届满,并不当然可以不再履行董事职务,郁卫霞据此认为自己不再是公司董事长,不具备担任公司法定代表人条件的主张,亦不能成立。

综上,郁卫霞要求办理公司法定代表人变更登记,但未能提供南通爱网特公司法定代表人已发生变更的证据,郁卫霞的其他理由亦不能成立,郁卫霞的诉讼请求没有事实和法律依据,故不予支持。据此,一审法院判决:驳回郁卫霞的诉讼请求。

郁卫霞不服一审判决,提起上诉。

二审法院认为,本案争议焦点为:郁卫霞要求进行法定代表人变更登记的主张有无依据。

郁卫霞虽然诉请判令南通爱网特公司办理法定代表人变更登记,并未请求法院确认其董事职务何时终止,但南通爱网特公司章程规定,董事长系由董事选举产生,董事长为公司法定代表人,郁卫霞原为公司董事,后被选举为董事长并担任法定代表人。受公司章程约束,董事长与法定代表人二者不能割裂,只有董事长才能担任法定代表人,故郁卫霞请求变更法定代表人的实质就是辞去董事职务。郁卫霞的董事任期为三年,在任期内,郁卫霞曾口头及两次书面向南通爱网特公司及其股东请求辞去董事长(法定代表人)职务。任期届满后,又两次要求召开股东会,改选董事、变更法定代表人。但无论在任期内还是在任期届满后,南通爱网特公司及其股东对郁卫霞的请求均未予置理。

虽然《公司法》第45条第2款规定,董事任期届满未及时改选,或者董事在任期内辞职导致董事会成员低于法定人数的,在改选出的董事就任前,原董事仍应当依照法律、行政法规和公司章程的规定,履行董事职务。即董事辞任和离任应受上述条款之约束,但该约束应当有必要的限制。因南通爱网特公司的股东南通电商产业园公司、上海爱网特公司怠于履行改选董事之义务,致郁卫霞长期处于无法离任的状态,其作为董事的权利义务严重失衡,前条规定已成为南通爱网特公司及股东"绑定"郁卫霞董事身份之借口,故在本案中已无适用之必要,对郁卫霞请求判令南通爱网特公司办理法定代表人变更登记,并由股东南通电商产业园公司、上海爱网特公司予以配合的诉讼请求应予支持。

第一,董事辞任及期满后离任属于董事个人可以决定之事项,但须受法律规制。

根据《公司法》第37条、第99条的规定,公司股东会或股东大会选举和更换非由职工代表担任的董事,且没有任何法律规定公司可以强迫任何人担任董事,故公司与董事之间实为委托关系,依股东会的选任决议和董事答应任职而成立合同法上的委托合同。根据《合同法》第410条(现《民法典》第933条)的规定,委托人或者受托人可以随时解除委托合同,《公司法》第45条第2款亦规定有董事在任期内辞职之内容。南通爱网特公司章程对董事辞任未作限制性规定,故郁卫霞在其董事任期内提出辞职,符合法律规定,符合公司章程。董事辞职虽系单方民事法律行为,但辞任的效果,以是否满足其他董事会成员达到法定人数而有所不同,达到法定人数的,辞职通知书到达委托人时生效;低于法定人数的,辞职的董事应继续履行董事职务，直至改选的董事就任。后一种情形下，公司股东会应及时进行改选，以使董事会组成人员符合法律规定。本案中，南通爱网特公司董事会成员为三人，郁卫霞提出辞职，董事会成员将低于法定人数，依照《公司法》第45条第2款的规定，郁卫霞应当继续履行董事职务直至改选董事就任。董事任期届满连选可以连任，但是否还作为下一任董事候选人，须符合其个人意愿。郁卫霞在其董事任期届满后，以其明确的意思表示不再谋求董事长职位，系其正当权利，但至股东会选出的董事就任前，郁卫霞依法亦应当履行董事职务。

第二，要求辞任或离任董事继续履行董事职务并非不受限制，须以股东会及时进行选举并选出新的董事为前提。

《公司法》第45条第2款关于辞任或离任董事继续履行董事职务的规定，目的是保障公司正常的经营管理，避免公司运营因董事的缺额而陷入停滞，以维护股东利益乃至不特定债权人的合法权益。但《公司法》仅规定在改选董事就任前辞任或离任董事需要履行董事职务，并未对公司股东会改选的期限以及不能完成改选的后果作出规定。这是建立在认为造成缺额董事原因是暂时的，一旦阻碍股东会形成决议的情形消失，股东就会为了公司利益、保障公司正常运营而把改选董事作为公司重大事项及时加以完成的基础之上。但此种认识并不周延，未虑及可能出现的公司股东意见不一甚至矛盾不可调和而长期无法选出继任董事的情形。法律要求董事继续履职以维护公司的存续，但作为法律所保护利益获得者的公司股东却消极不作为，置公司无法正常运营于不顾，系对公司存续原则的自我损害。此种情形下，若机械遵循《公司法》第45条第2款的规定，则辞任或离任董事履行董事职务将遥遥无期，无法达到辞任或离任的目的，董事的权利和义务将严重失衡。因此，准确理解和适用这一规定，必须在保护公司、股东利益与辞任或离任董事权益之间寻求平衡，恰当的方式是为辞任或离任董事继续履行董事职务明确一个前提条件，即公司股东会能够在合理期限内选举并能够选出继任董事。如有可归责于股东会的原因导致不能及时选出继任董事，辞任或离任董事则已无继续履行董事职务之必要，法律应当保护其辞任或离任的权利。毋庸回避，侧重维护董事辞任或离任的权利与维护公司存续原则存在一定冲突。因为根据公司章程规定董事长为法定代表人，而公司法定代表人属于公司登记绝对必要事项，在法定代表人欠缺的情形下，构成设立瑕疵。公司在存续期间，原则上亦不应当允许法定代表人任意辞职并辞任生效。但这一冲突是暂时的，可弥补的，法院一旦判令南通爱网特公司办理法定代表人变更登记义务，南通爱网特公司如拒不履行，则郁卫霞在规定期限届满后不再履行法定代表人职务，此时南通爱网特公司登记即存在瑕疵，登记部门作为行政管理机关有权对该登记瑕疵依法作出行政处理。

第三,董事辞任、离任不能因股东会不作为而受限制。

现有证据显示,郁卫霞在任职期内曾口头并两次书面提出辞去董事长和法定代表人职务,但未获理睬,南通爱网特公司股东会怠于履行选任董事义务是显而易见的。尤其任期届满后在本案诉讼中,郁卫霞又两次要求召开股东会改选董事和变更法定代表人,但南通爱网特公司及股东对郁卫霞的请求仍未予置理。考虑到南通爱网特公司长期未正常开展经营活动,公司实际处于僵局之中,股东会显无改选董事的意愿。郁卫霞辞任、离任不能,不仅仅是其作为受托人的任意解除权不能行使,还因为作为股东的南通电商产业园公司向南通爱网特公司主张债权被法院发出限制消费令,其实体权利显已受到损害。郁卫霞请求辞任、离任不获准许,请求召开股东会进行改选未获理睬,又因并非南通爱网特公司股东,即便公司可能已陷入僵局,也无权请求解散公司,郁卫霞不愿再担任董事的诉求已无其他救济途径。

综上,法律要求辞任、离任董事继续履行职务并非绝对,应以能够选出继任者为前提,南通爱网特公司股东会经催告截至二审诉讼期间仍未选出继任董事,具有明显过错,要求郁卫霞继续履行董事职务,有违公平。郁卫霞的诉讼请求应予支持,但鉴于起诉时,郁卫霞董事任期尚未届满,故应认定郁卫霞董事任期届满后继续履行董事职务之义务自本案生效判决作出之日终止。

一审法院认为,郁卫霞未提供南通爱网特公司章程、股东会关于变更法定代表人的决议或决定,不能证明南通爱网特公司曾作出决议或决定变更公司法定代表人,进而认为郁卫霞的主张缺乏事实依据,此项认定有失偏颇。本案争议的关键是在股东会没有决议、没有选出继任者的情况下,董事能否辞任或离任而无须继续履行董事职务问题,郁卫霞未提供相关证据不影响法院对此作出判断。

综上,郁卫霞的上诉理由成立,予以支持。据此,二审法院判决:1.撤销江苏省南通市崇川区人民法院(2019)苏0602民初1585号民事判决;2.南通爱网特公司于本判决生效之日起三十日内办理法定代表人变更登记,南通电商产业园公司、上海爱网特公司予以配合。如南通爱网特公司未按期变更,则郁卫霞自上述期限届满后不再具有南通爱网特公司法定代表人身份,不再履行法定代表人职务。

实务要点:

在本书【案例进阶44】中,阐述了挂名法定代表人如何涤除登记。本案也是涤除法定代表人登记纠纷,但法官的论证视角与【案例进阶44】不一样。在【案例进阶44】中,法官主要论证挂名代表人与公司无实质性联系,因此,应涤除登记,但本案

法官却从担任法定代表人的基础关系入手,论证董事的辞任、离任问题。通过阅读本案,可以发现:

第一,董事辞职虽系单方民事法律行为,但辞任的效果,以是否满足其他董事会成员达到法定人数而有所不同,达到法定人数的,辞职通知书到达委托人时生效;低于法定人数的,辞职的董事应继续履行董事职务,直至改选的董事就任。后一种情形下,公司股东会应及时进行改选,以使董事会组成人员符合法律规定。

第二,准确理解和适用《公司法》第45条第2款的规定,必须在保护公司、股东利益与辞任或离任董事权益之间寻求平衡,恰当的方式是为辞任或离任董事继续履行董事职务明确一个前提条件,即公司股东会能够在合理期限内选举并能够选出继任董事。如有可归责于股东会的原因导致不能及时选出继任董事,辞任或离任董事则已无继续履行董事职务之必要,法律应当保护其辞任或离任的权利。换言之,法律要求辞任、离任董事继续履行职务并非绝对,应以能够选出继任者为前提。

第三,当公司陷入僵局,无法形成有效决议,且担任法定代表人的董事实体权利受损的情况下,应支持董事变更登记的诉求。此外,在涤除法定代表人登记纠纷中,判决生效后,能否顺利执行?在司法机关与行政机关的认知中也存在不少争议。为顺利执行生效判决,本案对裁判结果的表述值得借鉴。

二、勤勉义务

(一)勤勉义务的含义

勤勉义务又称注意义务或善管注意义务,是指董事、监事、高级管理人员履行职责时,应当为公司的最佳利益,具有一个善良管理人的细心,尽一个普通谨慎之人的合理注意。勤勉义务的范围包括两方面:一是决策勤勉;二是监督勤勉。决策勤勉是指董事、监事、高管人员进行决策时应知道相关信息并谨慎决策;而监督勤勉是指董事、监事、高管人员应主动对其他董事、经理层以及员工等人的行为实施监督。尽管我国《公司法》第147条明确规定公司的董事、监事、高级管理人员对公司负有勤勉义务,第149条规定董事、监事、高管人员违反勤勉义务应向公司承担赔偿责任,但现行立法并未对勤勉义务的含义进行定义,亦未列举出任何违反勤勉义务的具体行为。

(二)勤勉义务的判断标准

目前,对于董监高勤勉义务的判断标准,我国《公司法》没有明确规定。在司法实践中,法院一般会参照英美法系国家所确立的标准:

第一,善意。董监高的行为必须是善意的。善意是对行为人诚信状态的一种心理或者道德评价,是一种主观标准。主要针对行为人对客观事物的认知能力,需要分析行为人对自己行为及其后果的认知、理解、判断和控制等情况。如果行为人对其行为及其后果尽到了适当的注意义务,即可满足善意的要求;如果行为人明知其行为将会对公司或者他人产生不利后果而故意放任,或者因为疏忽没有引起足够的重视而使得后果发生,则不能满足善意的要求。

第二,注意。董监高应当像处于类似位置的普通的谨慎人那样在类似的情况下尽到应尽的注意义务,即理性人标准。根据这一标准,只有董监高履行了一个普通的谨慎人在同样情况下处理同类事情所应尽的勤勉、注意和技能,才能免责。这种勤勉、注意和技能要求,是以具有合理的知识和能力的普通人为基础的。如果董监高具有或者应当具有有关方面的知识和能力,而没有运用这种知识和能力,则不能认为其满足了勤勉义务的要求。原则上董事、监事和高管人员只要尽到一个普通人在同样情形下可以注意到的事项即可。但是对于具有专业能力的董事、监事和高管人员在处理、决策本专业事项时,如具有会计师资格的监事在检查公司财务时,则应当要求其尽特别注意义务,即一个专业人员可以注意到的事项,该监事必须注意到。否则,就是怠于行使职权,应当追究其相应的法律责任。

第三,合理地相信其行为符合公司的最佳利益。董监高在进行商业决策时,应当合理地相信其行为符合公司的最佳利益。董监高勤勉义务的判断标准,即要求董事以一个合理的谨慎的人在相似情形下所应表现的谨慎、注意和技能来履行其义务。董监高违反勤勉义务的一个最低标准是,在管理公司事务进行经营时,不得违反法律法规的强制性和禁止性规定。比如,董事行使职权的主要方式就是参加董事会会议并参与决议。因此,关于董事勤勉义务的要求主要体现在董事会会议方面。根据勤勉义务的要求,董事应当亲自出席董事会会议,熟悉公司的财务会计报表和律师提供的法律意见,及时了解公司业务经营管理状况;应当在法律法规、公司章程规定的公司目的范围之内和其应有的权限之内作出决议;对董事会决议的事项有异议时,应当将其异议记入董事会会议记录;董事应当对董事会的决议承担责任;发现董事会聘任的经营管理人员不能胜任时,应当及时建议董事会将其解聘；接受监事会对其履行职责的合法监督和合理建议；当其不能履行勤勉义务时，应当及时提出辞职等。

【案例进阶51】在证券虚假陈述案中，上市公司董事应如何担责？

案例名称：李淑芬与上海中毅达股份有限公司、林旭楠等证券虚假陈述责任纠纷案

案例来源：上海市高级人民法院(2020)沪民终550号民事判决书

裁判要旨：

董事对于上市公司证券虚假陈述给投资者造成的损失承担侵权责任，该责任的承担采过错推定原则，董事可以基于勤勉尽责而提出免责抗辩。我国法律及司法解释并未明确董事勤勉义务的具体标准，司法实践中宜根据不同情形下董事负有注意义务程度的不同而确定勤勉义务认定的类型化标准，并在个案中重点考量董事任职情况、信息来源以及董事参与信息披露文件的程度及其具体行为等因素，合理认定董事民事责任。

基本案情：

本案系投资者诉一审被告上海中毅达股份有限公司(以下简称"中毅达公司")虚假陈述责任纠纷案的平行案件，该系列案件的示范案件判决已生效。根据生效判决，中毅达公司在2015年第三季度报告中虚增营业收入和利润的行为，构成证券市场虚假陈述。中毅达公司对虚假陈述导致的投资者损失应当赔偿。

截至2016年4月16日，被上诉人(一审原告)李淑芬持有中毅达股票78800股，并一直持有至2016年4月28日。因在虚假陈述实施日至虚假陈述揭露日期间购买了中毅达公司股票产生损失，李淑芬遂提起诉讼，请求：1.判令中毅达公司赔偿投资差额损失、佣金及印花税损失、利息损失合计人民币1208812.01元(以下币种同)；2.判令林旭楠、任鸿虎、吴邦兴、秦健智、陈国中对中毅达公司前述赔偿义务承担连带清偿责任。

此外，法院查明，在中毅达公司虚假报告披露期间，上诉人(一审被告)林旭楠、任鸿虎、吴邦兴、秦健智、一审被告陈国中分别担任中毅达公司的董事、监事。

法律关系图：

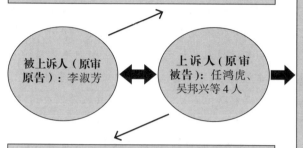

裁判过程及理由：

一审法院认为，根据上海交通大学中国金融研究院出具的《损失核定意见书》，中毅达公司应赔偿李淑芬投资差额损失93486.74元，对此各方当事人均未提出异议，一审法院对该核定结果予以采纳。

本案的争议焦点在于：任鸿虎、林旭楠、陈国中、秦健智以及吴邦兴是否应当对李淑芬的损失承担连带赔偿责任。《最高人民法院关于审理证券市场因虚假陈述引发的民事赔偿案件的若干规定》（已于2022年1月22日废止，以下简称《虚假陈述赔偿若干规定》）第21条规定，"上市公司对其虚假陈述给投资人造成的损失承担民事赔偿责任。……上市公司负有责任的董事、监事和经理等高级管理人员对前款的损失承担连带赔偿责任。但有证据证明无过错的，应予免责"。第28条规定，"上市公司……负有责任的董事、监事和经理等高级管理人员有下列情形之一的，应当认定为共同虚假陈述，分别与……上市公司……对投资人的损失承担连带责任：（一）参与虚假陈述的；（二）知道或者应当知道虚假陈述而未明确表示反对的；（三）其他应当负有责任的情形"。据此，对于各自然人应否承担连带赔偿责任，分述如下：

第一，根据生效刑事判决书，中毅达公司在2015年第三季度报告中虚增营业收入和利润的行为,系由任鸿虎决策,由林旭楠等人具体实施。据此,任鸿虎、林旭楠直接策划或实施了案涉财务造假行为,属于《虚假陈述赔偿若干规定》第28条所述"参与虚假陈述"情形,其过错明显,应当对投资者损失承担连带赔偿责任。

第二,陈国中、秦健智虽未参与虚假陈述,但作为中毅达公司时任董事和监事,负有保证上市公司所披露的信息真实、准确、完整的法定义务。根据《虚假陈述赔偿若干规定》第21条,董事、监事对虚假陈述承担民事赔偿责任的归责原则为过错推定原则,若董事、监事不能证明其对虚假陈述无过错,则应承担连带赔偿责任。秦健智辩称,案涉虚假陈述是由中毅达公司子公司厦门中毅达公司财务造假导致,若不进行现场考察,其难以知晓存在将他人已完工的工程收入计入公司收入的情形,其已尽到对相关合同和财务数据的审核义务,不存在过错。陈国中辩称,其自2015年4月起已失去对厦门中毅达公司的控制权,对于财务造假事项不知情,其具有积极履职的主观意愿,但面临履职障碍,故亦不存在过错。一审法院认为,陈国中作为中毅达公司董事、秦健智作为公司监事,对于公司负有勤勉尽责义务,陈国中与秦健智若主张对案涉虚假陈述无过错,应举证证明已经勤勉尽责地履行了对信息披露真实性的审核和监督义务。就勤勉尽责的具体标准而言,因中毅达公司2015年第三季度报告未经会计师事务所审计,陈国中、秦健智履职对其进行审计时,应尽到合理调查义务从而对其产生合理、真实信赖。中毅达公司2015年第三季度报告显示,公司三季度营业总收入为72991435元,占1月至9月营业收入144634070.98元的一半有余,较之公司2014年1至9月营业收入69401112.92元增长亦非常明显,对此,作为应持续关注公司经营情况的董事、监事,陈国中、秦健智应当对财务报表中的业务异常增长情况保持合理注意,并通过询问、调查等方式进一步核实信息披露文件中的异常之处,从而发现并阻止信息披露违法行为的发生。本案审理过程中,陈国中、秦健智均未举证证明其在审议中毅达公司2015年第三季度报告时曾就异常数据提出异议并进一步核实,在此情况下,陈国中、秦健智辩称已尽到勤勉尽责义务,不存在过错,缺乏依据。陈国中另称其存在履职障碍,但其所提供的证据均不能证明其在审议2015年第三季度报告时存在不能正常履职情形,故对其该抗辩一审法院亦不予采信。据此,陈国中、秦健智属于《虚假陈述赔偿若干规定》第28条所述"应当知道虚假陈述而未明确表示反对"情形,亦应当对投资者损失承担连带赔偿责任。

第三,关于吴邦兴是否应承担连带赔偿责任,吴邦兴提出,其在董事会审议2015年第三季度报告时已辞职,故不应承担相应责任。对此,一审法院不予认同,理由如下:首先,虽然吴邦兴于2015年10月26日辞去中毅达公司董事、董事长职务,故未参与 2015 年 10 月 27 日董事会,但在涉及财务数据造假的 2015 年第三季度,吴邦兴一直担任中毅达公司的董事长,且中毅达公司发表 2015 年第三季度报告时,吴邦兴仍为公司工商登记的法定代表人。在此情况下,吴邦兴在中毅达公司涉虚假陈述的《资产负债表》《利润表》《现金流量表》等材料上签字时,仍应负有勤勉及谨慎注意义务。其次,中毅达公司 2015 年第三季度报告中,吴邦兴作为公司负责人承诺保证季度报告中财务报表的真实、准确、完整。基于前述吴邦兴的特殊身份,投资者有理由对其承诺产生信赖,吴邦兴亦应对违反承诺行为承担相应的侵权责任。故一审法院参照适用《虚假陈述赔偿若干规定》第 28 条,认定吴邦兴应当对投资者损失承担连带赔偿责任。

综上,一审法院判决:1. 中毅达公司于本判决生效之日起十日内赔偿李淑芬投资差额损失 93486.74 元,佣金以及印花税损失 186.98 元,以及相应的利息损失。2. 任鸿虎、林旭楠、陈国中、秦健智、吴邦兴对于中毅达公司依本判决第(一)项所负的义务承担连带清偿责任。

任鸿虎、林旭楠、秦健智、吴邦兴不服一审判决,提起上诉。

二审法院认为,本案争议焦点为:任鸿虎、林旭楠、秦健智、吴邦兴是否应当对李淑芬的投资损失承担连带赔偿责任。

第一,关于任鸿虎、林旭楠是否应当承担连带赔偿责任的问题。生效刑事判决书明确载明,中毅达公司在 2015 年第三季度报告中虚增营业收入和利润的行为,系由任鸿虎决策,由林旭楠等人具体实施,任鸿虎、林旭楠的行为已经涉及刑事犯罪并被判处刑罚,其行为已具有严重的社会危害性,具有明显过错。一审法院认定任鸿虎、林旭楠的行为属于《虚假陈述赔偿若干规定》第 28 条所述"参与虚假陈述"情形,应当对投资者损失承担连带赔偿责任,并无不当。任鸿虎关于其主观无恶意、林旭楠关于其自身无过错,故不应承担赔偿责任的上诉主张于法无据,不予支持。

第二,关于秦健智是否应当承担连带赔偿责任的问题。秦健智作为公司监事,对于公司负有勤勉尽责义务,对于中毅达公司 2015 年第三季度报告数据,应当对财务报表中的业务异常增长情况保持合理注意,但其却未就异常数据提出异议并进一步核实,故未尽到勤勉尽责义务。一审法院认定秦健智的行为属于《虚假陈述赔偿若干规定》第 28 条所述"应当知道虚假陈述而未明确表示反对"的情形,应当对投资者损失承担连带赔偿责任,具有事实和法律依据。秦健智关于其已尽到审慎注意义务的上诉主张,与事实不符,不予支持。

第三,关于吴邦兴是否应承担连带赔偿责任的问题。虽然吴邦兴于 2015 年 10 月 26 日辞去中毅达公司董事、董事长职务,未参与 2015 年 10 月 27 日董事会,但在涉及财务数据造假的2015年第三季度,吴邦兴一直担任中毅达公司的董事长,且中毅达公司发表2015年第三季度报告时,吴邦兴仍为公司工商登记的法定代表人。在中毅达公司2015年第三季度报告中,其作为公司负责人亦承诺保证季度报告中财务报表的真实、准确、完整,现第三季度报告存在财务数据造假的问题,其理应承担相应的责任。一审法院参照适用《虚假陈述赔偿若干规定》第28条,认定吴邦兴应当对投资者损失承担连带赔偿责任并无不当。

综上所述,任鸿虎、林旭楠、秦健智、吴邦兴的上诉请求不能成立,应予驳回。据此,二审法院判决:驳回上诉,维持原判。

实务要点:

根据《公司法》第148条、第149条的规定,董事、监事、高级管理人员违反忠实、勤勉义务,给公司造成损失的,应当承担赔偿责任。由此可见,现行立法规定董事、监事、高级管理人员应向公司履行忠实、勤勉义务,给公司造成损失的,应当向公司承担赔偿责任。本案中,涉诉董事、监事并没有向公司承担赔偿责任,而是向第三人承担连带清偿责任。在理论上,董事、监事、高级管理人员因违反忠实、勤勉义务,是否应向第三人承担赔偿责任,尚存争议。在我国立法及司法解释中,为维护第三人利益或市场秩序,往往存在一些特别规定,让违反忠实、勤勉义务的董事、监事、高级管理人员直接向第三人承担赔偿责任。本案即属于此种情形。通过阅读本案,可以发现:

第一,根据《虚假陈述赔偿若干规定》第21条的规定,董事、监事、高级管理人员对于上市公司证券虚假陈述给投资者造成的损失承担侵权责任,该责任的承担采过错推定原则,董事可基于已尽到勤勉义务而提出免责抗辩。

第二,根据《虚假陈述赔偿若干规定》第28条的规定,上市公司负有责任的董事、监事和经理等高级管理人员有下列情形之一的,应当认定为共同虚假陈述,分别与上市公司对投资人的损失承担连带责任:(1)参与虚假陈述的;(2)知道或者应当知道虚假陈述而未明确表示反对的;(3)其他应当负有责任的情形。在本案中,法院基于上述不同情形,对董事、监事是否构成共同虚假陈述进行了论证,比如任鸿虎、林旭楠直接策划或实施了案涉财务造假行为,属于"参与虚假陈述"情形;秦健智作为公司监事,应当对财务报表中的业务异常增长情况保持合理注意,但其却未就异常数据提出异议并进一步核实,故未尽到勤勉尽责义务,属于"应当知道虚假陈述而未明确表示反对"情形。

(三) 商业判断规则

商业判断规则(Business Judgment Rule)起源于普通法,从判例法发展而来。该规则的设置目的在于保护董事不因其决策被股东追责。商业判断规则的意思是,只要商业决策是基于合理的信息,并且决策并非不合理,那么,即便后来发现这些决策对公司来讲是灾难性的,作出决策的董监高也不会被追究责任。由于存在商业判断规则,法院在判断是否违反董监高勤勉义务时,将注意力集中于决策程序而非决策的实体内容。商业判断规则的广泛采用,也表明了法院通常不认为自己是事后判断董监高决策正确与否的恰当角色。目前,美国法学会编撰的《公司治理的原则:分析与建议》一书中,对商业判断规则的定义是影响最大的,即"如果符合下列条件,则认为董事的决策行为符合商业判断规则:1. 与所从事的交易无利害关系;2. 该决策是在充分收集信息和了解情况的基础上作出的;3. 合理地相信该决策对公司是最有利的。"[①]

在我国司法实践中,对于董监高提出的抗辩,存在两种司法审查路径:第一,直接参考商业判断规则审查董监高是否违反勤勉义务。法院在参考商业判断规则进行裁判时,可能对该规则具体内涵的阐述不尽相同。第二,一些法院认为,董监高损害公司利益责任纠纷,实质系一种侵权责任,因此,应适用侵权责任的一般理论进行审查,而不采用商业判断的路径。这些案例一般认为在认定董监高的主观过错时,需要达到故意或者重大过失方可追责。由于商业判断规则的适用也包含着原告必须证明董监高存在故意或者重大过失,上述两种路径的实质效果是一致的,因此,为贴近商业实践,更加符合商业主体的预期,本书认为应参考商业判断规则处理董监高提出的抗辩。

根据"谁主张谁举证"的原则,原告对董监高滥用职权的行为本就需要举证。商业判断规则进一步要求法官在特定条件下推定董事及高级管理人员的决策合理,从而使原告需要承担更高的举证责任以推翻这种推定。如果原告不能完成举证,司法审查将止步于此,法院将直接适用商业判断规则保护案涉董监高,尊重董监高作出的决策,不再对其决策进行二次审查。

[①] 美国法律研究院:《公司治理原则:分析与建议(上卷)》,楼建波等译,法律出版社2006年版,第160页。

【案例进阶 52】如何认定董事损害公司利益中的过错要件？

案例名称：上海泰琪房地产有限公司与迈克·默里·皮尔斯、兴业银行股份有限公司上海市西支行损害公司利益责任纠纷案

案例来源：上海市第二中级人民法院（2019）沪02民终11661号民事判决书

裁判要旨：

损害公司利益责任，实质系一种商事侵权责任，当事人首先应证明行为人存在侵害公司利益的主观过错，其次应审查行为人是否存在违反《公司法》第149条规定的违反法律、行政法规或公司章程规定，给公司造成损失的情形。

基本案情：

上诉人（原审原告）上海泰琪房地产有限公司（以下简称"泰琪公司"）系中外合资公司，该公司董事会由五名董事组成，其中中方股东委派两名，外方股东委派三名。被上诉人（原审被告）迈克·默里·皮尔斯（以下简称"迈克"）在泰琪公司担任法定代表人及董事长。

根据泰琪公司章程规定，董事会是合资公司最高权力机构，决定合资公司的一切重大事宜。除下列重大问题应一致表决通过外，其他事宜由参加董事会的董事或代表的半数以上表决通过：(1)合资公司章程的修改；(2)合资公司的清算、终止或解散；(3)合资公司注册资本的增加与转让；(4)合资公司与其他经济组织的合并；(5)年度利润分配方案。

从2017年下半年开始，泰琪公司总经理成志勇通过电子邮件征得迈克、外方股东代表Benny、Jennifer同意后，将泰琪公司在原审第三人兴业银行股份有限公司上海市西支行（以下简称"兴业银行"）开立的账户内资金办理结构性存款。每次存款到期后，对是否办理结构性存款续期及存款的天数，成志勇均会通过电子邮件征询Benny、Jennifer的指示。自2018年下半年，就案涉泰琪公司账户的资金使用，五名董事之间存在较大争议。最后一次结构性存款期限为2018年7月12日至8月10日，存款金额为人民币2亿元。2018年8月1日，成志勇通过电子邮件征询Benny、Jennifer是否办理结构性存款续期。8月8日，Jennifer回复成志勇：不续了，预备分红。8月10日，Benny回复成志勇：董事会并没有就公司分红通过任何决议，请跟银行安排结构性存款续期。

2018年8月7日，泰琪公司向兴业银行申请预留签章由财务专用章和郑德俊、Benny的签字变更为财务专用章和财务总监刘寅的私章。8月10日，变更完成。8月13日，迈克发函兴业银行称，泰琪公司账户的指定签字人未经泰琪公司董事会批准被更改，是严重且未经授权的行为，截至发函日，泰琪公司未通过任何决议将账

户内的资金提出、对外划转,董事会亦未通过任何决议同意授权变更账户印鉴、指定签字人,请兴业银行于次日确认账户内的当前余额等信息,泰琪公司保留一切因未经授权从泰琪公司账户提出资金而要求赔偿的权利。8月13、14日,兴业银行与泰琪公司、迈克商谈后暂停了泰琪公司账户的对外结算支付功能。8月10日之后,泰琪公司账户内的人民币2亿元办理了"7天智能存款"至今。

2018年8月29日及9月7日,成志勇两次向迈克发送电子邮件建议尽快安排购买结构性存款事项,迈克均未予回复。2018年9月17日,迈克向上海市静安区人民法院提起诉讼,请求确认泰琪公司、兴业银行、郑德俊变更账户预留签章的行为无效,恢复原先预留签章,并对账户申请了财产保全。其在诉状上称:案涉银行账户系泰琪公司中外方股东共管账户,任何划转指令需要同时取得中外方股东代表签字。自2018年5月开始,中方董事郑德俊企图实施由合资公司对其关联公司上海永生房产开发经营有限公司进行投资的提案。在外方董事明确反对、董事会未经决议的情况下,郑德俊向兴业银行出具公章、法定代表人章和营业执照,将预留签章从中外双方代表共同签字变更为中方刘寅单独签字,意图通过变更预留签章实现擅自对外划款转移资金的目的。迈克故提起诉讼,并同时申请将该账户冻结。

上海市静安区法院于2018年9月17日裁定泰琪公司、兴业银行、郑德俊暂停依照预留签章对泰琪公司账户内的任何资金办理划转或其他付款结算操作,并于2018年11月30日以迈克不是储蓄存款合同当事人、不具有诉讼主体资格为由,裁定驳回了迈克的诉请。迈克不服提起上诉,上海金融法院于2019年3月22日裁定驳回上诉,维持原裁定。2019年3月27日,迈克向兴业银行发出律师函,要求兴业银行恢复原先预留签章或暂停依照预留签章对泰琪公司账户内的任何资金办理划转或其他付款结算操作。

2018年12月10日,泰琪公司中方股东上海凯时赢投资管理有限公司向公司监事王波发送书面函件,请求其以公司名义对迈克干涉公司经营管理、违反董事勤勉义务的行为提起诉讼。2019年2月1日,泰琪公司监事王波遂以公司名义提起诉讼,请求判令:迈克赔偿泰琪公司自2018年8月13日起至案涉账户冻结解除之日止的利息损失(以人民币2亿元为本金,按年利率2.5%计算至泰琪公司可实际操作账户之日止)。

法律关系图：

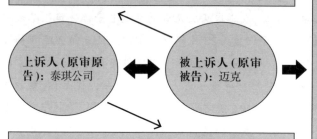

裁判过程及理由：

一审法院认为，本案系董事损害公司利益责任纠纷。根据我国《公司法》的相关规定，董事对公司负有忠实义务和勤勉义务，执行公司职务时违反法律、行政法规或者公司章程的规定，给公司造成损失的，应当承担赔偿责任。本案中，双方的争议焦点是迈克向兴业银行发函通知账户暂停对外结算支付功能，及不配合办理结构性存款行为是否违反忠实和勤勉义务，是否应承担公司利息损失的赔偿责任。

首先，根据泰琪公司章程，董事会是公司的最高权力机构，五名董事由中方股东委派二名，外方股东委派三名，总经理在董事会授权下管理公司事务。可见，泰琪公司系中方股东和外方股东共同经营管理的合资公司，涉及公司经营管理的较为重大的事项，除法律、行政法规和章程另有规定外，原则上应由董事会决议通过，或董事会已授权的总经理决定，或中、外方股东达成一致决定。

其次，根据已查明的事实，迈克向兴业银行发函的原因在于泰琪公司账户的预留签章变更，由财务专用章和中方委派董事郑德俊、外方股东代表 Benny 的签字变更为财务专用章和财务总监刘寅的私章，预留签章变更意味着账户控制权变动，关系到账户内人民币 2 亿元资金的支出和转移，无疑属于公司的重大事项，在该变更并无董事会决议通过，或董事会明确授权总经理决定，或中、外方股东达成一致决定的情况下，迈克作为外方委派董事和公司法定代表人，发函通知兴业银行暂停账户的对外结算支付功能,并无明显不当。

最后,是否为账户内的人民币 2 亿元资金办理结构性存款,显然属于公司的商业决策范畴,且因涉及大额资金的管理、使用,亦构成公司的重大事项,如前所述,应由董事会决议通过,或董事会已授权的总经理决定,或中、外方股东达成一致决定。迈克提供的电子邮件证据亦证实,历次结构性存款的办理均是由总经理和外方股东代表、迈克达成一致后办理,并非由总经理单方决定。泰琪公司主张办理结构性存款系总经理决策事项,缺乏事实和章程依据,不能成立。现就办理结构性存款事宜,泰琪公司并无董事会决议,或董事会授权总经理决定,或中、外方股东达成一致决定的情形,公司内部就资金的使用亦存在较大争议,迈克在此情况下根据自己的判断决定不办理结构性存款,未违反法律、行政法规或者公司章程的规定,亦不足以认定迈克违反了董事的忠实和勤勉义务。

综上,泰琪公司请求判令迈克赔偿泰琪公司利息损失的诉讼请求,缺乏事实和法律依据,一审法院不予支持。据此,一审法院判决:驳回泰琪公司的诉讼请求。

泰琪公司不服一审判决,提起上诉。

二审法院认为,本案的争议在于迈克作为泰琪公司董事有无违反高管忠实勤勉义务、有无损害泰琪公司利益。对此,分析如下:

首先,董事损害公司利益责任纠纷,实质系一种侵权责任,当事人首先应证明行为人存在主观过错。根据本案查明的事实,迈克向兴业银行发函要求暂停账户对外支付功能的行为,是在泰琪公司中外方股东就账户控制权发生争议、账户预留印鉴发生变更的背景下实施的;迈克向法院提起诉讼的原因亦是基于泰琪公司目前的股东争议,希望通过诉讼恢复账户的联合控制。因此,不论是向兴业银行发函还是提起诉讼,迈克的两项行为,主要的目的均是为了防止账户发生单方变动,保持账户和资金现状并等待进一步协商处理。况且,诚如迈克所述,其所代表的外方股东在泰琪公司持股95%,除非为获取个人利益,否则其作为外方股东委派的董事,缺乏侵害泰琪公司利益的主观动机。故从本案目前情况来看,迈克并不具有侵权过错。

其次,就行为本身来讲,根据《公司法》第 149 条的规定,董事执行公司职务时违反法律、行政法规或公司章程规定,给公司造成损失的,应当承担赔偿责任。本案中,迈克被诉两项行为,并没有违反法律、行政法规规定,且鉴于泰琪公司章程并未对办理存款及账户控制问题进行规定,故亦不能认定为违反公司章程,行为违法性不能成立。从行为的合理性来看,根据前述分析,迈克向兴业银行发函、提起诉讼要求恢复预留印鉴和保全账户属于特定情形下采取的救济措施,该从措施的目的和实际效果来看,并未超过合理的限度和范围,也没有违反正常的商业道德和职业伦理,既不属于故意实施侵权行为以侵害公司利益的行为,也未违反我国法律规定的董事应尽的忠实义务和勤勉义务。

最后,关于泰琪公司上诉提出的有关迈克拒不召开董事会等意见,一则其未提供证据加以证实,二则该事项与本案所争议的办理结构性存款及发生利息损失等事实并无直接关联,不能佐证其诉请成立。泰琪公司在二审中提交的2019年12月18日董事会决议,因迈克及其代表的外方股东对该董事会决议的效力持有异议,且该董事会决议形成于本案所诉两项行为之后,故不影响本案处理结果。泰琪公司该项上诉意见,亦不能成立。

此外,泰琪公司作为中外合资经营企业,其中方、外方股东本应按照公司章程,本着真诚合作、互惠互利的原则共同经营合资公司。即便在经营过程中发生矛盾和争议,也应在相互尊重和信任的前提下进行友好协商,或者采取合法、正当手段主张权利,防止因单方不当行为破坏合营双方之间的信赖基础,并最终对合资公司及股东利益造成损害。

综上所述,泰琪公司的上诉请求不能成立,应予驳回。据此,二审法院判决:驳回上诉,维持原判。

实务要点:

当公司追究董事、监事、高级管理人员违反勤勉义务的赔偿责任时,董监高一般会以商业判断规则进行抗辩。目前,由于我国公司法没有明确规定商业判断规则,因此,一些法院从侵权责任的构成要件出发,论证董监高是否应向公司承担赔偿责任,达到了与适用商业判断规则同样的效果。本案即属于此类案例。阅读本案,可以发现:

第一,损害公司权益属侵权行为,应适用侵权责任的一般理论,即需同时具备违法行为、损害后果、因果关系及主观过错四个要件,尤其在认定董监高的主观过错时,需要达到故意或者重大过失的标准。就此而论,这与商业判断规则在适用中,要求原告必须证明董监高存在故意或者重大过失,其实质效果是一致的。

第二,应注意忠实义务与勤勉义务的区分,以明确其请求权基础。忠实义务要求董监高基于诚实、善良的信念不得从事不公平的利益冲突行为,而使公司利益受损。而勤勉义务要求董监高勤奋、谨慎地管理与决策,对于公司经营事项尽到合理注意义务。由此看来,忠实义务更加倾向于基于信赖利益从道德层面提出要求,而勤勉义务更加倾向于基于董监高的经营管理地位从职业层面提出要求。

第三,各国司法实践中,对于董事责任豁免主要依据三种方式:公司决议豁免、公司章程豁免及司法豁免,司法豁免主要是司法审判过程中由法院对董事行为通过生效裁判而免责。除了《公司法》第112条针对股份有限公司董事"在表决时曾表明异议并记载于会议记录的,该董事可以免除责任"以外,我国立法中并未就董事责任免除作出更多规定,而美、英、日国家在立法中均对董事违反信义义务赔偿责任的限制与免除制定了相应规则,并将违反勤勉义务的赔偿责任范围界定为任意性规则,公司可在章程中予以规定。我国《公司法》并未授权公司决议或章程可以免除董事损害公司利益赔偿责任,为此,为鼓励董事大胆创新,积极投身于公司的经营管理活动,对于董事违反勤勉义务的认定及免除,可参考适用商业判断规则,以到达董事责任司法豁免的适法统一。

三、忠实义务

(一)忠实义务概述

我国《公司法》未规定忠实义务的含义。在学理上,一般认为,忠实义务,又称为忠诚义务,是指董事、监事及高级管理人员经营管理公司时,应为公司利益最大化而努力工作,当自身利益与公司整体利益发生冲突时,应以公司利益优先。对董事、监事及高级管理人员的行为适用注意义务标准有一个前提条件,就是董事、监事及高级管理人员在决策时没有个人利益。如果有个人利益牵涉其中,也即与公司存在利益冲突,则注意义务标准不适用,商业判断规则也不适用,而改用忠实义务标准,要求董事、监事及高级管理人员证明交易对公司公平。

我国《公司法》第147条第2款、第148条列举的各种违反忠实义务的行为,均构成董事、监事及高级管理人员与公司间不同程度的利益冲突。这些行为包括:董事、监事、高级管理人员不得利用职权收受贿赂或者其他非法收入,不得侵占公司的财产。同时,董事、高级管理人员不得有下列行为:挪用公司资金;将公司资金以其个人名义或者以其他个人名义开立账户存储;违反公司章程的规定,未经股东会、股东大会或者董事会同意,将公司资金借贷给他人或者以公司财产为他人提供担保;违反公司章程的规定或者未经股东会、股东大会同意,与本公司订立合同或者进行交易;未经股东会或者股东大会同意,利用职务便利为自己或者他人谋取属于公司的商业机会,自营或者为他人经营与所任职公司同类的业务;接受他人与公司交易的佣金归为己有;擅自披露公司秘密;违反对公司忠实义务的其他行为。董事、高级管理人员违反前款规定所得的收入应当归公司所有。

根据《公司法》第148条的规定,公司针对违反忠实义务的董事、高级管理人员行使归入权时,应注意以下几点:

第一,公司归入权的行使范围。归入权的范围应是董事、高管因违反忠实义务而取得的个人收入。这主要有两方面的含义:(1)归入的董事、高管的个人收入应是其违反忠实义务所得,即该个人所得和其违反忠实义务之间存在因果关系,非因违反忠实义务所得的收入不属于归入权的范围;(2)董事、高管违反忠实义务,他人因此受益的,董事、高管的个人所得属于归入权的范围,但他人因此获得的利益不属于归入权的范围。

第二,公司归入权的行使主体。违反忠实义务行为,侵害公司利益,这本质上是一种侵权行为,受害方为公司,因此,公司常常成为归入权行使的主体。在司法实践中,常见由公司监事或者公司的股东作为原告,公司作为第三人的诉讼。

第三,行使公司归入权与损害赔偿请求权的区别。前者依据《公司法》第148条,不以给公司造成损害为构成要件。后者依据《公司法》第149条和《民法典》侵权责任编的相关规定,因此,归入权和赔偿请求权属于两种不同的请求权,可以同时提起。前者在于没收被告的违法所得,后者在于赔偿原告的经济损失。另外,从《民事案件案由规定》来看,两者案由均为"损害公司利益责任纠纷",属于同一案由,不涉及案由不同需要另案起诉的问题。因此,如果公司通过行使归入权不足以弥补公司受到的损失,可以在同一案件中提起损害赔偿请求。

第四,归入收益数额的认定。实务中,关于归入数额的证明是归入权行使的重要问题。由于归入权的范围是违背忠实义务的董事、高管的个人所得,而在董事、高管违背特定忠实义务(如为他人窃取公司商业机会)的情况下,公司往往很难获知董事、高管的个人所得,取证存在相当困难。那么,公司对董事、高管违背忠实义务的所得举证不能的,应如何处理?实践中,如原告能证明公司利益因董事、高管违背忠实义务受损的,法院一般并不因此免除董事、高管的赔偿责任,而是结合其他因素酌情推定董事、高管所得的收入。

(二)违反忠实义务主要表现形式

董事、监事及高级管理人员违反忠实义务的情形有很多种,根据我国《公司法》第148条规定,主要包括窃取公司商业机会、违反竞业禁止、自我交易等。

1.窃取公司商业机会、违反竞业禁止

董事、高级管理人员利用职务之便,窃取公司商业机会或者从事与公司有竞争的营业活动,显然会引发与公司的利益冲突。为此,我国《公司法》第148条第1款第(五)项规定,董事、高级管理人员不得"未经股东会或者股东大会同意,利用职务便利为自己或者他人谋取属于公司的商业机会,自营或者为他人经营与所任职公司同类的业务"。此处规范的是一种行为(窃取公司商业机会并经营同类业务),还是两种行为(窃取公司商业机会和经营同类业务),理论上尚存争议。尽管两种行为确有交叉重叠之处,但由于董事、高级管理人员违反竞业禁止义务并不必然同时利用公司商业机会,因此,本书认为此处规范的是两种行为。

(1)窃取公司商业机会

根据《公司法》第148条第1款第(五)项的规定,董事、高级管理人员的行为符合以下三个条件,则构成窃取公司商业机会:首先,未经股东会或者股东大会同意;其次,利用职务的便利;最后,窃取属于公司的商业机会。在这三个必要条件中,尤为关键的是公司商业机会的认定。学理上,公司商业机会是指董事、高级管理人员在执行公司事务过程中获得的,并且有义务向公司披露的与公司经营活动密切相关的各种机会。公司商业机会对于公司来说等同于公司的财产,由于董事及高级管理人员基于其地位,可以接触到大量的商业信息,因此,在董事及高级管理人员的地位和诚信原则的要求下,其不能为了非公司的利益而窃取公司机会,否则将构成忠实义务的违反。但是何谓"公司商业机会",同样在司法实践中存在认定的问题。董事、高级管理人员在执行公司职务过程中获得的信息和机会很多,但并不等于说这些机会都是公司商业机会,公司商业机会必须是与公司经营活动密切相关,并且董事、高级管理人员有义务披露的机会。在衡量某一机会是否与公司经营活动密切相关时,要综合考虑各种相关因素:如某一商业机会是否为公司所需要或者追寻,公司是否曾经就该机会进行过谈判,公司是否为该机会之追寻而投入人力、物力和财力等。此外,在决定某件事是否属于公司商业机会上,理查德·D.弗里尔《美国公司法》一书中罗列的要素也可作为参照:它是否在公司的业务范围内,这不仅包含公司目前在做的业务,也包括公司未来可能从事的业务;它是否是受托人在公司时间或公司资源发现的;公司对它是否有"利益或期待";综合所有的因素考虑受托人利用"它"是否公平;公司在多大程度上需要"它"。①

【案例进阶53】如何认定公司商业机会?

案例名称:林承恩与李江山等损害公司利益纠纷案

案例来源:最高人民法院(2012)民四终字第15号民事判决书,载于《最高人民法院公报》2014年第11期

---

① 参见〔美〕理查德·D.弗里尔:《美国公司法(第七版)》,崔焕鹏、施汉博译,法律出版社2021年版,第165页。

裁判要旨：

本案系香港股东代表香港公司向另一香港股东及他人提起的损害公司利益之诉。原告提起诉讼的基点是认为另一香港股东利用实际控制香港公司及该公司在内地设立的全资子公司等机会，伙同他人采取非正当手段，剥夺了本属于香港公司的商业机会，从而损害了香港公司及其作为股东的合法权益。但原告所称的商业机会并非当然地专属于香港公司，实际上能够满足投资要求及法定程序的任何公司均可获取该商业机会。原告在内地子公司经营效益欠佳时明确要求撤回其全部投资，其与另一香港股东也达成了撤资协议。鉴于另一香港股东及他人未采取任何欺骗、隐瞒或者其他非正当手段，且商业机会的最终获取系另一股东及他人共同投资及努力的结果，终审判决最终驳回了原告的诉讼请求。

基本案情：

上诉人（一审原告）林承恩与上诉人（一审被告）李江山均系一审第三人新纶高科技集团股份有限公司（以下简称"香港新纶公司"）的股东，均持有该公司50%的股权。2004年3月11日，香港新纶公司与江西省南昌县小蓝工业园管理委员会签订《合同书》，约定在管委会辖区兴办一审第三人新纶高科技皮业（江西）有限公司（以下简称"江西新纶公司"），投资规模为8亿港币，管委会以挂牌方式出让700亩商住用地给香港新纶公司。2004年5月9日，香港新纶公司在管委会辖区设立独资公司江西新纶公司。江西新纶公司董事长为李江山，董事为林承恩、李林海。

一审第三人力高集团（香港）有限公司（以下简称"力高公司"）与一审第三人华通地产投资有限公司（以下简称"华通公司"）均系依照我国香港特区《公司条例》在香港注册设立的公司。李江山与被上诉人（一审被告）涂雅雅分别持有华通公司62%和38%的股权。2004年9月24日，华通公司在管委会辖区设立一审第三人江西万和房地产有限公司（以下简称"万和公司"），李江山担任万和公司董事长，涂雅雅担任万和公司董事。

2005年4月，华通公司将其所持有的万和公司85%的股权转让给力高公司，5月23日，又将其在万和公司中剩余15%的股权无偿转让给力高公司。至此，力高公司取代华通公司的地位，成为万和公司的唯一法人股东。

2005年9月22日，万和公司向南昌县土地管理局缴纳6000万元土地出让款。2006年4月7日，万和公司以每亩17.5元竞得NCX2006006号700亩国有土地使用权。

另查明，林承恩在投资设立香港新纶公司和江西新纶公司后，因李江山与林承恩发生矛盾,在 2015 年 1 月林承恩多次函告要求保本撤资,此后对于在江西的投资项目便不再过问,也没有进行后续的投资。

林承恩以李江山、涂雅雅、华通公司共同侵权侵犯香港新纶公司的商业机会等为由,向一审法院提起诉讼,请求判令:1. 李江山赔偿因其谋取第三人香港新纶公司商业机会造成的约人民币 5800 万元(按照 2005 年的汇率计算,以法院实际核实的数额为准)的经济损失。2. 李江山谋取的上述收入归香港新纶公司所有。3. 涂雅雅、华通公司因共同侵权承担连带赔偿责任。

法律关系图:

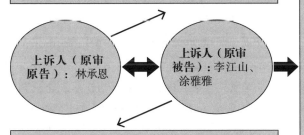

裁判过程及理由:

一审法院认为,原告林承恩、被告李江山、涂雅雅均系我国香港特区居民,林承恩以李江山违背股东董事的忠实义务,损害公司利益提起股东代表诉讼,本案为涉港侵权纠纷。根据最高人民法院(2011)民四终字第 12 号民事裁定书的认定,江西省南昌县作为侵权行为地,江西省高级人民法院对本案享有管辖权。同时,按照《民法通则》第 146 的规定,侵权行为的损害赔偿,适用侵权行为地法律,因此,处理本案争议的准据法应适用中华人民共和国的法律。

本案的争议焦点为:1. 林承恩能否提起本案股东代表诉讼。2. 被告李江山是否利用职务便利谋取属于香港新纶公司的商业机会。3. 如谋取商业机会成立,应承担何种法律责任及责任主体。

关于第一个争议焦点。林承恩能否依据《公司法》在我国境内提起股东代表诉讼，涉及原告林承恩的诉权问题，而诉权问题属程序范畴，根据法律适用的一般原则，对程序问题的处理应适用法院地法，即适用中华人民共和国内地程序法。林承恩依据《公司法》向法院提起股东代表诉讼，并未违反法律的禁止性规定，应予准许。被告以《公司法》第2条抗辩，认为林承恩不能代表境外的香港新纶公司提起股东代表诉讼，不能成立。林承恩的诉权应予保护。

关于第二个争议焦点。从本案来看，首先，2004年3月11日南昌县小蓝工业园管理委员会即与香港新纶公司签订了《合同书》，双方约定由香港新纶公司在该管理委员会的辖区设立相应规模的企业，作为回报出让给香港新纶公司投资的项目或设立的公司700亩商住用地的土地使用权。700亩商住用地的土地使用权具有较大的商业价值，南昌县小蓝工业园管理委员会有给予香港新纶公司700亩土地使用权这一商业机会的意愿，且香港新纶公司签订了《合同书》，愿意接受受让土地的机会，因此，该700亩商住用地的使用权构成《公司法》上的商业机会。其次，香港新纶公司于2004年5月9日在南昌县小蓝工业园设立了江西新纶公司，江西新纶公司的出资也达到了700亩土地使用权受让的条件。由此可见，香港新纶公司在积极履行《合同书》约定的设立企业的义务，并最终符合受让700亩土地使用权设立的条件，应该认定受让700亩土地使用权的商业机会属于香港新纶公司。

但在实际运作中，李江山以设立的江西新纶公司为获得受让700亩土地使用权的引资企业，同时以华通公司为股东在南昌县另外设立万和公司，作为受让700亩土地使用权的主体。未经香港新纶公司董事会或股东会的同意，李江山于2005年12月7日，以香港新纶公司名义与南昌县国土资源局、万和公司签订《补充协议书》，将受让700亩土地使用权的商业机会直接给了万和公司。在处置700亩土地使用权商业机会的过程中，李江山既是江西新纶公司的法定代表人，又是万和公司的法定代表人，同时作为香港新纶公司的股东，还代表香港新纶公司。因此，应认定李江山谋取了属于香港新纶公司的商业机会，给香港新纶公司造成了损失。

李江山、华通公司均提出700亩土地使用权是通过挂牌方式出让的，符合条件的主体都可以竞争，不是商业机会，该辩称不能成立。尽管土地使用权的取得应通过挂牌方式出让，但是香港新纶公司与南昌县小蓝工业园管理委员会于2004年3月即签订了设立企业获得700亩土地使用权的《合同书》，后香港新纶公司一直在运作设立符合引进企业条件的江西新纶公司，至2006年3月3日江西新纶公司验资到账的前期注册资本金达到1511.4392万美元，符合挂牌前进资1450万美元的竞拍条件。而700亩土地使用权出让公告的时间是2006年3月7日，挂牌交易时间是2006年3月27日，在短短的20天时间内不可能新设立符合竞拍条件的企业。即使原来在该辖区内已经有企业达到设定的进资规模，但要在这20天内缴纳人民币6000万元履约保证金，很难实现，因一个正常经营的企业不会将人民币6000万元的资金闲置在账户上。所以，名义上是向社会公开挂牌竞拍700亩土地使用权，实际上只有引进了江西新纶公司的主体才能报名竞拍。在700亩土地使用权竞拍过程中，只有万和公司一家企业以引进江西新纶公司报名，系唯一的报名竞拍者，不存在价高者受让的竞争问题。另外，早在2005年9月22日万和公司就已经提前向南昌县国土资源局缴纳了将于2006年3月7日开始竞拍报名的人民币6000万元履约保证金，这也可以印证只要江西新纶公司按照约定进资，不存在700亩土地使用权的公开竞争。

关于第三个争议焦点。根据《公司法》第149条（现第148条）的规定，董事、高级管理人员不得有该条款记载的八种行为，如董事、高级管理人员违反前款规定所得的收入应当归公司所有。第150条（现第149条）规定，董事、监事、高级管理人员执行公司职务时违反法律、行政法规或者公司章程的规定，给公司造成损失的，应当承担赔偿责任。

本案中，原告林承恩认为被告李江山在担任香港新纶公司董事、股东期间，未经香港新纶公司股东会同意，将本属于该公司所有的700亩土地使用权的商业机会，利用职务便利为万和公司谋取。故林承恩既可以依据《公司法》第149条的规定，要求李江山将其从该商业机会的所得归入香港新纶公司；也可以根据该法第150条的规定要求李江山向香港新纶公司承担赔偿损失的民事责任。当行使归入权后仍不能弥补损失时，对超出归入权的损失部分，仍可以主张赔偿。原告林承恩在诉状中写明的第一个诉讼请求是要求承担人民币5800万元的赔偿责任，第二个诉讼请求是要求行使归入权，要求李江山将违反忠实义务的收入、报酬归入香港新纶公司。但诉讼中，林承恩对赔偿的诉请未举证，更未举证证明其损失大于行使归入权的收入，且其诉状依据的法律亦是《公司法》第149条第1款第5项的规定。因此，对林承恩要求李江山赔偿的诉请不予支持。

关于李江山在谋取该商业机会中的经济收入。在万和公司未开展任何经营行为，也未购置资产的情形下，力高公司之所以购买该公司股权，正是基于万和公司将获得700亩土地使用权。因此，李江山在该商业机会中的获利主要体现在万和公司的股权转让所得。力高公司、万和公司均出具证据，证明万和公司的股权转让金额为5040万元人民币，虽李江山、华通公司予以否认，但因李江山、华通公司未提交股权转让获利的证据,也未将实际交易的股权转让合同提交法庭,在法庭提问华通公司股权转让的金额时,该公司以与本案无关不予回答。根据最高人民法院《关于民事诉讼证据的若干规定》第75条的规定,有证据证明一方当事人持有证据无正当理由拒不提供,如果对方当事人主张该证据的内容不利于证据持有人,可以推定该主张成立。依据上述规定,推定万和公司股权转让的金额为人民币5040万元。

至于承担责任的主体,因原万和公司的股东系李江山、涂雅雅夫妇设立的华通公司,该公司是万和公司股权转让款的获利主体,故对李江山向香港新纶公司返还人民币5040万元股权转让款应承担连带责任。

综上,原告林承恩要求李江山将因谋取公司商业机会的所得返还香港新纶公司,华通公司对该还款承担连带责任的诉请,应予支持;对原告林承恩要求被告涂雅雅承担连带责任以及要求李江山向香港新纶公司赔偿人民币5800万元损失的诉请,不予支持。据此,一审法院判决:1.由被告李江山向第三人香港新纶公司返还款项5040万元人民币;2.被告华通公司对上述还款承担连带责任;3.驳回原告林承恩的其他诉讼请求。

林承恩、李江山不服一审判决,提起上诉。

二审法院认为,本案争议焦点为:李江山、涂雅雅、华通公司在本案中的行为是否构成单独或者共同侵权,从而剥夺了香港新纶公司的商业机会,进而损害了香港新纶公司的合法权益,以及在李江山、涂雅雅或者华通公司构成侵权的情况下如何认定香港新纶公司的损失。

第一,关于李江山、涂雅雅、华通公司的行为是否构成单独或者共同侵权,从而剥夺了香港新纶公司的商业机会,进而损害了香港新纶公司的合法权益。

这一问题,首先,取决于案涉700亩土地使用权是否应当认定专属于香港新纶公司的商业机会。根据香港新纶公司与南昌县小蓝工业园管理委员会于2003年3月11日签订的《合同书》,该700亩土地使用权当初确实是要给予香港新纶公司的。但是,香港新纶公司要获得这一商业机会并不是无条件的。相反,上述《合同书》明确约定了香港新纶公司必须满足的相关条件,这些条件包括:投资江西新纶公司注册资金3亿港币,投资总额达8亿港币;在县城南路隔堤象湖新区投资"香港华通花园"房地产项目,开发建设投资为人民币3亿元;注册一家注册资本为1亿港币的外资房地产企业等。双方在《合同书》中还约定了香港新纶公司或其投资的房地产企业需在合同签订一个月内向小蓝工业园管理委员会支付定金人民币200万元;土地出让挂牌时,支付4800万元人民币挂牌保证金等。因此,该700亩土地使用权并非当然属于香港新纶公司的商业机会,香港新纶公司要获得该商业机会必须满足其与南昌县小蓝工业园管理委员会所订合同中的相关条件。本案中,没有证据证明香港新纶公司(或者通过林承恩的行为)满足了上述约定条件。此外,香港新纶公司与南昌县小蓝工业园管理委员会在上述《合同书》中还明确约定该700亩土地使用权通过挂牌出让方式获得,而本案南昌县国土资源局、南昌县土地储备交易中心发布的(2006)第5号国有土地使用权出让公告明确要求竞买人必须具备房地产开发资质且要缴纳人民币6000万元保证金等多项条件,因此,香港新纶公司要获得该商业机会尚需要满足挂牌交易条件。但本案中,香港新纶公司显然不具备在内地从事房地产开发的资质,其也没有按照约定在内地设立房地产开发企业并按公告要求缴纳人民币6000万元保证金。实际上,根据上述公告的要求,任何满足公告要求条件的房地产企业,均可作为竞买人购买该700亩土地使用权,故竞买人并非仅限于香港新纶公司。综上,无论是从香港新纶公司与南昌县小蓝工业园管理委员会约定的合同条件看,还是从南昌县国土资源局作为国有土地管理部门确定的挂牌出让方式、资质及交易条件看,案涉700亩土地使用权并非当然地专属于香港新纶公司的商业机会。

其次,要审查香港新纶公司或者林承恩为获取该商业机会是否做出了实质性的努力。根据本案一、二审查明的事实,林承恩、李江山分别占有香港新纶公司50%的股份,该公司成立之目的即是在江西成立江西新纶公司及设立房地产企业运营房地产项目。但林承恩、李江山在设立江西新纶公司之后,双方的合作并不融洽,甚至为香港新纶公司投入江西新纶公司的投资款去向问题产生了严重分歧和矛盾。由于无法达成一致,林承恩于2005年1月15日向李江山发传真明确表示放弃在江西的项目并要求李江山退还其投入香港新纶公司的335万港币投资款。正常情形下,香港新纶公司、江西新纶公司均在经营之中,林承恩作为香港新纶公司的股东之一,理应积极配合上述两个公司进行投资和经营,而非在未经清算的情况下要求保本撤资。但既然林承恩坚持撤资,作为另一股东的李江山对于内地投资项目只能面临两种选择,即要么放弃内地投资项目,对中方违约;要么设法自己单独或者与其他投资者共同合作继续经营内地投资项目。显然,李江山在本案中选择了后者。二审期间,李江山称自从林承恩于2005年1月15日以书面通知方式要求退出香港新纶公司、不再履行对香港新纶公司的出资义务以及不再对江西的投资项目承担任何经济和法律责任之后,林承恩在长达五年的时间里对香港新纶公司及江西新纶公司不闻不问、不管不顾,也从未承担过任何法律义务和责任。对于李江山的上述主张,林承恩没有举证予以否定。林承恩也未能举证证明其通过自身的努力为香港新纶公司获取700亩土地使用权做出过任何实质性的工作。事实上，在林承恩明确要求保本撤资的情况下，香港新纶公司已不可能如约履行投资及在江西设立房地产企业等义务，更无可能为获得本属于其的700亩土地使用权这一商业机会而做出任何实质性的努力。因此，应当认定林承恩在本案中没有积极履行股东、董事义务，香港新纶公司也未能积极履行投资、设立房地产企业等义务。本案最终满足700亩土地使用权的合同约定条件及挂牌交易条件，是李江山、涂雅雅、华通公司及一审第三人共同合作和努力的结果，不仅与林承恩没有关联，而且与香港新纶公司无关。尽管李江山等在报送相关材料过程中借用了香港新纶公司的名义，但显然不能将李江山、涂雅雅、华通公司以及一审第三人为满足700亩土地使用权的约定交易条件和挂牌交易条件所进行的一系列行为，简单地等同于香港新纶公司的行为，更不应认定林承恩有权享有这些行为所带来的任何利益。

最后，要审查李江山、涂雅雅、华通公司在本案中是否采取了剥夺或者谋取行为。本案中，要构成剥夺或者谋取香港新纶公司的商业机会，李江山、涂雅雅或者华通公司应当单独或者共同采取欺骗、隐瞒或者威胁等不正当手段，使林承恩或者香港新纶公司在不知情的情况下放弃该商业机会，或者在知情的情况下不得不放弃该商业机会。但综观本案查明之事实，林承恩对香港新纶公司可能获得700亩土地使用权的商业机会是明知的，李江山、涂雅雅、华通公司没有隐瞒这一商业机会，也没有采取欺骗手段骗取林承恩放弃该商业机会。林承恩是在获知该商业机会之后不仅没有采取积极行为为香港新纶公司获取该商业机会创造条件，反而要求李江山退还其已投入香港新纶公司并通过香港新纶公司转投江西新纶公司注册资金的投资款，林承恩的保本撤资行为必然使香港新纶公司面临对中方违约的境地，李江山为避免违约并继续经营内地投资项目，也必然要寻找其他投资者或者合作者。因此，李江山、涂雅雅、华通公司在本案中的行为，不应被认定为侵权行为，而应当定性为为避免香港新纶公司违约而采取的合法补救行为，是各方为维护其自身权益而采取的正当经营或者交易行为。林承恩无权在自己拒绝继续投资、放弃投资项目且拒绝承担任何经济和法律责任的情况下，要求李江山停止继续经营内地投资项目。林承恩没有提供充分证据证明李江山、涂雅雅、华通公司单独或者共同采取了欺骗、隐瞒或者威胁等不正当手段剥夺或者谋取了本属于香港新纶公司的商业机会，故其有关李江山、涂雅雅、华通公司构成共同侵权、损害香港新纶公司合法权益的诉讼请求依法不能成立，应不予支持。

第二，关于香港新纶公司的损失。

既然李江山、涂雅雅或者华通公司在本案中的行为不构成对香港新纶公司的单独或者共同侵权,则香港新纶公司即便存在任何损失,也无须李江山、涂雅雅或者华通公司承担。但一审判决根据力高公司出具的"付款确认函"等推定万和公司的股权转让金额为人民币 5040 万元依据明显不足;在未查明李江山声称的万和公司在股权转让后补偿江西新纶公司人民币 3053.24 万元是否属实以及李江山实际获得股权转让款额的情况下,一审判决判令李江山返还香港新纶公司人民币 5040 万元有失公允。林承恩虽主张实际股权转让数额远高于一审判决认定的人民币 5040 万元,但并无相应证据予以证明。由于李江山、涂雅雅以及华通公司在本案中不构成侵权,因此,万和公司的实际股权转让金额已与林承恩的诉请无关,林承恩要求李江山、涂雅雅、华通公司承担至少 8500 万港币损失的上诉请求无理,不予支持。

综上,一审判决遗漏部分事实,认定李江山、华通公司侵权不当,适用法律错误,应依法予以纠正。据此,二审判决:1. 撤销江西省高级人民法院(2010)赣民四初字第 4 号民事判决。2. 驳回林承恩的全部诉讼请求。

实务要点:

本案案情可谓一波三折,先是一审支持了原告的大部分诉讼请求,后来最高院二审改判驳回原告的诉讼请求,因此,无论是程序问题,还是公司商业机会的认定,本案均具有一定的借鉴意义。阅读本案,可以发现:

第一,在司法实践中,股东因公司的全资子公司利益受到损害,母公司股东能否提起股东代表诉讼,即双重代表诉讼,尚存争议。本案中,700 亩土地使用权如果构成商业机会,也应当是直接属于江西新纶公司的商业机会,将直接属于江西新纶公司的商业机会解释成属于母公司香港新纶公司的商业机会,从而到达实体审理本案的目的,从某种意义上来说,本案间接承认了双重代表诉讼。

第二,关于什么是公司商业机会?本案认为,应当从该商业机会是否为专属于公司的商业机会、公司或其他股东是否为获得该商业机会做出了实质性的努力、被指侵权人员是否实施了欺骗、隐瞒、威胁等剥夺或者谋取商业机会的行为等方面进行综合考察。

第三,本案一审厘清了归入权与损害赔偿请求权之间的关系。当公司依据《公司法》第 148 条第 2 款的规定行使归入权,仍不能弥补损失时,对超出归入权的损失部分,仍可以在同案中依据《公司法》第 149 条规定主张赔偿损失。此外,本案一审法院从董事违反忠实义务,谋取公司商业机会出发进行论证,但从本案事实查明部分可以看出,被告之一李江山并非香港新纶公司的董事,而仅是其全资子公司江西新纶公司的董事,李江山仅对江西新纶公司负有忠实义务,不对香港新纶公司承担忠实义务,二审法院认为采用此种论证思路不太妥当,于是,采用侵权思路进行论证,认为李江山、华通公司不构成侵权。

(2)违反竞业禁止

学理上,竞业禁止义务是指董事、高级管理人员不得经营与其所任职公司具有竞争性质的业务。竞业禁止是法定义务,是对公司董事、高级管理人员的忠实义务在法律上进一步的细化。

公司法上的竞业禁止与劳动法上的竞业限制,均属于广义上的竞业限制义务范畴,因此,公司法上的竞业禁止义务又称为法定竞业限制,而劳动法上的竞业限制又称为约定竞业限制。法定竞业限制与约定竞业限制在适用对象、适用期间、法律后果及救济手段上均存在差异。首先,从适用对象上来看,法定竞业限制义务仅适用于法律法规明确规定的主体,如《公司法》第148条规定的"董事和高级管理人员",而约定竞业限制义务适用对象范围更广,适用于所有订立过竞业限制条款的人员。其次,在适用期间方面,法定竞业限制是在职期间需要遵守的义务,而约定竞业限制的适用期间可包括在职期间以及离职后的期间(虽然《劳动合同法》项下的竞业限制义务仅涉及离职后,仍并未排除约定竞业限制义务可同时覆盖在职期间)。最后,就违反义务的法律后果和救济手段而言,董事、高级管理人员违反法定竞业限制义务的,用人单位可依法主张归入权和要求其承担赔偿责任,而针对违反约定竞业限制义务的人员,用人单位应依据双方之间的约定,要求其承担违约责任。

在公司法语境下,适用竞业禁止义务需要注意以下几点:第一,审查案涉公司的性质。如果涉及的是国有独资公司,根据《公司法》第69条的规定,其竞业禁止的人员范围为董事长、副董事长、董事及高级管理人员;如果涉及的是非国有独资公司,则其仅对董事、高级管理人员予以规制。第二,应当审查是否具备前提条件。具体而言,上述人员的竞业禁止并非绝对,只要国有独资公司经过国有资产监督管理机构的同意,或者其他公司经过股东会、股东大会的同意,则不存在违反竞业禁止义务的问题。第三,从任职时间上进行考察。公司法中的竞业禁止义务应当在其担任相应职务之时开始,但何时终止尚存争议。本书认为,为避免竞业禁止义务的扩张,董事、高级管理人员承担竞业禁止义务的期间,应从任职之时开始,在离职之时结束。

【案例进阶 54】高级管理人员违反竞业禁止义务,离职后应在同类业务领域终身禁业吗?

案例名称: 王健伟等与北京志远数存科技有限公司损害公司利益责任纠纷案

案例来源: 北京市第一中级人民法院(2018)京01民终8010号民事判决书

裁判要旨:

如果高级管理人员在外成立的公司,在其授意下实施相关经营行为,作为其违反竞业禁止义务的载体,应视为共同侵权人,共同向董事、高级管理人员所在公司返还相应所得并承担相应赔偿责任。

综合考虑保护高级管理人员的劳动权与人才资源,可间接推动整个社会的技术创新与进步,因此,在没有特别约定且《公司法》也未禁止离职后的高级管理人员从事同类业务领域的情况下,不应判令高级管理人员立即停止经营同类业务。

基本案情:

被上诉人(原审原告)北京志远数存科技有限公司(以下简称"志远数存公司")成立于2004年3月9日,主要经营范围为数据磁带、磁带机、条形码的销售、磁带检测、磁带销毁消磁。股东为赵双京、上诉人(原审被告)王健伟、张宏及杨韬,各持股25%。由王健伟担任经理职务,负责国外大客户的交往、国内磁带销售和检测业务,后王健伟于2015年7月离职。

上诉人(原审被告)北京智存融远科技有限公司(以下简称"智存融远公司")成立于2013年9月5日,王健伟持股60%,周瑾(系王健伟妻子)持股40%,法定代表人现变更为王淑贤(系王健伟母亲)。

在智存融远公司成立后,王健伟利用其担任志远数存公司经理的职务便利,已通过其邮箱向其负责的客户发送了公司业务变更的说明,公开向其负责的客户告知部分业务转至智存融远公司等多种手段,将志远数存公司部分业务转入智存融远公司。

志远数存公司以王健伟违反竞业禁止义务、智存融远公司共同侵权为由,向一审法院提起诉讼,请求判令:1.王健伟、智存融远公司立即停止经营与志远数存公司经营业务同类的业务。2.王健伟、智存融远公司立即将损害志远数存公司利益的全部收入所得2013年至2016年底共计2570678.77元返还给志远数存公司。

法律关系图:

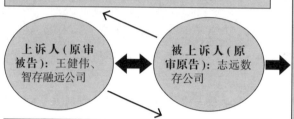

原告认为: 被告王健伟在担任原告经理期间,利用职务便利将本属于原告的客户转移至其自身设立的智存融远公司,违反了高管的竞业禁止义务,其与智存融远公司属于共同侵权,侵犯了原告合法权益,应立即停止侵权行为,其所得收入应全部归属原告。

被告认为: 王健伟并未与原告签订竞业禁止合同,智存融远公司亦不应承担任何责任,王健伟并未从智存融远公司处分配利益,亦不应该向志远数存公司承担任何责任。且王健伟已从原告公司离职,要求其停止同类经营业务,实则剥夺了其劳动和选择职业的权利,不应予以支持。

争议焦点: 王健伟、智存融远公司是否应当承担立即停止经营同类业务的责任?

法院认为: 公司法及侵权责任法均未禁止高管离职后从事同类业务领域的工作。志远数存公司也并未与王健伟签订离职后禁业的协议。在没有合同和法律依据的前提下,若判决王健伟立即停止同类业务经营,实则判令其永远不得与其任职在先的公司竞争,将导致社会管理资源的严重浪费,阻碍人才发挥所长,原告该项请求不应予以支持。

裁判过程及理由:

一审法院认为,王健伟系志远数存公司股东并曾长期任公司经理,负责公司大客户往来及部分业务,通过志远数存公司提供的公证邮件内容,应认定王健伟利用职务便利将志远数存公司部分客户及业务揽入其另行成立的智存融远公司,其上述行为严重违反了股东、公司高级管理人员对公司应尽的勤勉、忠诚义务,其上述行为系以损害公司利益为代价而谋取股东个人私利,违反了相关法律规定,侵害了公司的合法权益,智存融远公司作为王健伟实施上述行为的载体,应视为共同侵权人,其在王健伟授意下所实施的相关经营行为,亦侵犯了志远数存公司的合法权益,应与王健伟立即停止上述损害志远数存公司的行为,共同向志远数存公司返还相应所得并承担相应赔偿责任。

根据中兴华会计师事务所出具的审计报告,可认定在与志远数存公司相关的经营范围内,其自2013年9月至今的主营业务利润为1220167.64元,现智存融远公司未能举证证明该部分利润与志远数存公司无关,应承担举证不能的法律后果,故认定智存融远公司该部分所得应系王健伟利用其在志远数存公司单位经理的职务便利而取得的应属于志远数存公司的收入,应向志远数存公司予以返还。对于审计报告中所列的原因不明的23700元收入及672500元支出,中兴华会计师事务所确认未列入其审计结论中,一审法院认定,智存融远公司作为财务账簿提供者,其未将公司全部收入及支出列入财务账簿的行为,违反了我国相关财务管理制度,其亦未能当庭作出合理解释,应对其公司支出及收入不明承担不利的法律后果,故该两部分款项应计入智存融远公司上述所得中,一并向志远数存公司返还。综上,王健伟及智存融远公司应共同返还因损害志远数存公司权益所得收入1916367.64元,故对志远数存公司主张的应返还所得款中合理部分,应予以支持。

……

关于王健伟及智存融远公司辩称的王健伟并未与志远数存公司签订竞业禁止合同,智存融远公司亦不应承担任何责任,且王健伟未从智存融远公司处分配利益,亦不应该向志远数存公司承担任何责任,一审法院认为,王健伟作为志远数存公司的股东、高级管理人员,依法应履行忠诚义务,其对外将公司客户变相转至智存融远公司,为智存融远公司谋取相应商机,而智存融远公司系其个人出资设立并完全控制的公司,其上述行为应视为未尽忠诚义务,亦违反了《公司法》第148条第5款的相关禁止性规定,且王健伟从智存融远公司处是否分配利益与该案无关,关于王健伟及智存融远公司应共同承担相应法律责任的依据已经论述,不再赘述,故对其上述辩称,于法无据,不予采信。

关于王健伟及智存融远公司辩称的计算返还款项应以净利润为准,应扣除其公司管理费用。一审法院认为,按照公司法相关规定,利用职务便利所得的收入应当归公司所有,而非净利润,不应扣除其公司管理费等,管理费用系企业可自行控制部分,无法认定其合理性。故对其该项辩称,于法无据,不予采信。

综上所述,一审法院判决:1.王健伟、智存融远公司立即停止经营数据磁带、磁带机、条形码的销售,磁带检测,磁带销毁消磁业务。2.王健伟、智存融远公司于判决生效之日起十日内共同向志远数存公司返还收入所得1916367.64元及利息;3.驳回志远数存公司其他诉讼请求。

王健伟及智存融远公司不服一审判决,提起上诉。

二审法院认为,本案争议焦点为:1.王健伟、智存融远公司是否应当承担立即停止经营同类业务的责任。2.王健伟、智存融远公司应予返还款项的具体数额。

关于第一个争议焦点。王健伟、智存融远公司上诉主张,王健伟已不再担任志远数存公司的经理职务,一审判决其立即停止经营同类业务,实际上等同于令王健伟终身禁止在该领域执业,有悖于《宪法》赋予公民的劳动的权利和选择职业的权利。志远数存公司辩称,王健伟仍然是志远数存公司的股东,其与智存融远公司实施了侵权行为,且该行为处于持续状态,就应当立即停止。结合各方当事人的诉辩主张,二审法院认为,本案该项焦点应当围绕竞业禁止的合同依据与法律适用展开。

第一,竞业禁止的合同依据。据已查明的事实可知,志远数存公司并未在公司章程、股东会决议等文件中,对竞业禁止义务进行约定,王健伟个人亦未与该公司签订任何竞业禁止协议。也就是说,王健伟与志远数存公司之间并无合同约定的竞业禁止义务。第二,竞业禁止的法律适用。根据《公司法》第148条第1款的规定,我国《公司法》将竞业禁止义务的行为主体明确界定为董事、高级管理人员;行为表现为利用职务便利、篡夺本应属于公司的商业机会;行为后果是将违反竞业禁止义务所得的收入归公司所有。

本案中,王健伟在担任志远数存公司经理一职期间,作为公司的高级管理人员,理应遵守竞业禁止义务。2015年7月王健伟离职以后,亦无权利用原公司无形资产滞后控制力的特点为自己谋取利益。但是,纵观公司法,并未禁止离职后的王健伟从事同类业务领域的工作。从股东的忠实义务出发,公司法确定了损害赔偿的解决路径,亦无禁止开展同类业务的法律规定。而从一般侵权行为条款出发,侵权人应当立即停止侵权行为,而非在相同业务领域终身禁业。一审法院判决离职的高级管理人员立即停止同类业务经营,实则判令其永远不得与其任职在先的公司竞争,如此,势必导致社会管理资源的严重浪费,阻碍人才发挥所长。因此,在没有合同与法律依据的前提下,志远数存公司关于判令王健伟、智存融远公司立即停止经营同类业务的诉讼请求,应当予以驳回;一审法院判决王健伟、智存融远公司立即停止经营数据磁带、磁带机、条形码的销售、磁带检测、磁带销毁消磁业务有误,应予以纠正。

关于第二个争议焦点。王健伟、智存融远公司上诉主张,在计算其利用职务便利所得的收入时,错将67.25万元支出计入收入,且审计出来的主营业务利润并不等同于实际收入,所以,一审判决确定的返还数额有误。鉴于王健伟、智存融远公司在一审程序中已经提出上述答辩意见,一审判决亦已予以回应,故简述如下。第一,本案《专项审计报告书》显示,67.25万元为银行已付企业未作账部分,原因不明。审计人员未将其计入审计结论确认的主营业务收入中,亦未在主营业务利润中予以扣除。根据《民事诉讼法》"谁主张谁举证"原则,王健伟、智存融远公司应就该笔款项的来源、性质等方面予以说明,在无法合理解释时承担举证不能的不利后果。第二,按照公司法相关规定,归入权是指,利用职务便利所得的收入应当归公司所有,而非王健伟的共同侵权人智存融远公司在扣除公司管理费等之后的公司净利润。

因此,一审判决依据主营业务利润、原因不明未做账部分两项确定王健伟、智存融远公司应当共同返还的资金数额,并无不当。王健伟、智存融远公司的该项上诉理由不能成立,对其上诉请求不予支持。

综上所述,王健伟、智存融远公司的第一项上诉理由于法有据,应予以支持。一审判决认定事实清楚,适用法律不当,应予改判。据此,二审法院判决:1.维持北京市海淀区人民法院(2015)海民(商)初字第40941号民事判决第二项。2.撤销北京市海淀区人民法院(2015)海民(商)初字第40941号民事判决第一、三项。3.驳回志远数存公司其他诉讼请求。

实务要点:

我国《公司法》要求董事、高级管理人员对公司负有竞业禁止义务,但如何认定违反竞业禁止义务,违反后公司行使归入权的对象及范围等均没有明确规定。本案对竞业禁止义务的承担对象、时间,停止侵权及共同侵权的适用,损失赔偿范围等进行了论述,具有积极的借鉴意义。阅读本案,可以发现:

第一,理论上,《公司法》规定归入权行使对象仅为侵权董事、高级管理人员。司法实践中,能否对董事、高管成立的公司一并行使归入权,尚存争议。本案中,法院引入"共同侵权"理论,将王健伟、智存融远公司作为一个整体予以审查,认为二者构成共同侵权人,应共同返还侵权所得收益。此种裁判思路,是否有违归入权的立法本意及是否扩大行使归入权的对象,值得思考。

第二,一审法院认为,王健伟、智存融远公司系共同侵权人,存在共同侵权行为,因此,判令停止侵权。二审法院认为,在王健伟与志远数存公司没有特别约定的情况下,《公司法》并未禁止离职后的王健伟从事同类业务领域的工作。一审法院判决离职的高级管理人员立即停止同类业务经营,实则判令其永远不得与其任职在先的公司竞争,如此,势必导致社会管理资源的严重浪费,阻碍人才发挥所长。因此,志远数存公司关于判令王健伟、智存融远公司立即停止经营同类业务的诉讼请求,应当予以驳回。

第三,对于赔偿数额的确定,本案采用了专项审计报告中的结论。此外,返还收入的数额,不应当是扣除成本后的净利润。

2.自我交易

自我交易是公司中利益冲突交易的一种典型形式,是指董事、高级管理人员与公司之间发生的交易。自我交易内涵主要包括:第一,交易既包括直接自我交易又包括间接自我交易。其中,间接自我交易包括董事和高管的关联人与公司的交易、关联公司之间的自我交易、同时担任双方董事和高管的自我交易、董事和高管的合伙人与委托人及雇主与公司之间的自我交易。第二,董事和高管直接与间接地与该交易存在经济利益关系。第三，自我交易将导致利益冲突。第四，自我交易须具有重要性。换言之，某一交易即使可能存在利益冲突，但是如果其尚未达到重要到需要获得批准的程度，也不能构成自我交易。此外，需要注意的是，自我交易与关联交易的联系与区别，对此，在本书第十一讲已作说明。

公司法并未一概禁止自我交易，根据《公司法》第148条第1款第4项的规定，按照公司章程的规定或者经过股东会、股东大会同意，董事、高级管理人员可以与公司订立合同，进行交易。这不构成董事、高级管理人员对忠实义务的违反。此外，司法实践中，对自我交易效力的判定尚存争议，本书认为，自我交易系董事、高级管理人员违反忠实义务所为，参与人往往具有主观恶意，为达到惩戒违反忠实义务的董事、高级管理人员，维护公司利益的目的，宜将《公司法》第148条第1款第4项视为效力性强制规定，自我交易行为当然无效。

【案例进阶55】董事将资金借给公司使用，构成自我交易吗？

案例名称：冷佳峰与谢虎与公司有关的纠纷案

案例来源：重庆市高级人民法院(2020)渝民终543号民事判决书

裁判要旨：

若公司章程中没有允许董事、高级管理人员同本公司订立合同或者进行交易的明确规定，而董事(高管)假借他人的名义与本公司订立借款合同，出借资金给公司，并未经股东会同意。该董事(高管)的前述行为已经违反了公司法的规定，其出借资金给公司并获得的利息收入应当归公司所有。

基本案情：

原审第三人重庆云创置业发展有限公司(以下简称"云创公司")于2015年1月4日注册成立，注册资本为2000万元，股东为被上诉人(原审原告)谢虎(持股50%)、上诉人(原审被告)冷佳峰(持股50%)。冷佳峰为云创公司的法定代表人，任执行董事兼总经理，谢虎任云创公司的监事。

2016年1月至3月，云创公司因资金困难需要对外贷款，冷佳峰将自有资金假借"夏小平""陶俊"(两人不存在)、李正容的名义借给云创公司使用。其中，"夏小平"名下540万元，"陶俊"、李正容名下700万元，合计1240万元。后云创公司按照约定日利率5‰至6‰的利息，共向冷佳峰支付利息合计883.2万元。2017年4月26日，冷佳峰接受公安机关讯问时陈述："2016年初，云创公司急需资金，我想把钱借给云创公司用。但那段时间，谢虎曾经向我借钱，我谎称自己没有钱，没有借给他，我怕他知道我有钱不借伤感情，就虚构了夏小平、陶俊、李正容三个名字，以这三个人的名义把钱借给云创公司。夏小平有两笔,一笔110万元,一笔430万元,陶俊和李正容一笔700万元。利率是日息5‰、6‰不等。云创公司陆续偿还本金和利息,但到现在还没有还完。"

谢虎以云创公司监事身份,以冷佳峰侵占公司财产,进行自我交易为由,向一审法院提起诉讼,请求判令:1.冷佳峰将非法侵占云创公司利益以及给云创公司造成的损失共计30787836元支付给云创公司;2.冷佳峰向云创公司支付非法利息收入13583386元的资金占用损失(以13583386元为基数,自判决生效之日起至付清时止,按照中国人民银行公布的同期同类贷款利率计算)。

法律关系图:

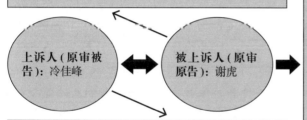

裁判过程及理由:

一审法院认为,本案争议焦点为:冷佳峰是否侵占云创公司利益或对云创公司造成损失,以及冷佳峰应当返还给云创公司的款项金额。评述如下:

根据《公司法》第148条、第149条、第151条的规定,冷佳峰任云创公司执行董事兼总经理,属于公司高级管理人员。谢虎任云创公司监事,有权就公司高级管理人员违反忠实和勤勉义务给公司造成损失提起诉讼。

第一,关于谢虎主张冷佳峰利用职务之便,以虚增工程量侵占公司1500万元工程款及税费的问题。《刑事申诉复查决定书》认定,"根据现有证据,难以认定冷佳峰具有非法占有的故意"。一审审理中,冷佳峰和云创公司均认可,冷佳峰不会就该款项向云创公司主张权利,足以证明冷佳峰没有非法占有该款项的实际行为以及主观故意。《刑事申诉复查决定书》同时认定有3名证人证实谢虎参与协商此事,该认定表明两位股东协商决定云创公司实施上述行为具有高度可能性。加之款项已实际转回云创公司,未给云创公司造成实际损失。因此,现有证据尚不足以证明冷佳峰在执行公司职务时,未履行忠实和勤勉的义务,违反法律、行政法规或公司章程的规定,给云创公司造成损失。谢虎主张冷佳峰非法侵占公司1500万元工程款及税费,应当赔偿给云创公司,依法不予支持。

第二,关于谢虎主张冷佳峰利用职务之便,以虚增工程量侵占公司160万元装修样板房工程款的问题。根据查明的案件事实,春景公司仅是多开具了160万元发票,云创公司并未实际支付160万元工程款。谢虎未举证证明冷佳峰非法侵占云创公司160万元工程款的事实,对其主张,亦不予支持。

第三,关于谢虎主张冷佳峰未经股东会同意,与本公司订立合同或者进行交易,非法获取高额利息的问题。冷佳峰虚构"夏小平、陶俊、李正容"三个名字,以这三个人的名义把钱借给云创公司。谢虎虽然在借条上签字,但对出借人实际是冷佳峰并不知情。冷佳峰未经股东谢虎同意,以虚构"夏小平、陶俊、李正容"名字的方式,实际与云创公司订立合同进行交易,其获得的收入,即利息收入应当归公司所有。云创公司举示的证据足以证明支付利息共计14840435元,但谢虎起诉仅主张13583386元,应当予以支持。关于谢虎主张冷佳峰应支付利息的资金占用损失,缺乏事实和法律依据,不予支持。

综上,谢虎的诉讼理由部分成立。一审法院判决:1.冷佳峰于判决生效之日起十日内支付云创公司13583386元。2.驳回谢虎的其他诉讼请求。

冷佳峰不服一审判决,提起上诉。

二审法院认为,本案争议焦点为:冷佳峰应当向云创公司返还的利息金额是多少。根据《公司法》第148条的规定,董事、高级管理人员除公司章程规定或者股东会同意外,不得与本公司订立合同或者进行交易。该规定是为了保障董事、高级管理人员对公司的忠实义务的有效履行,必须严格遵守。本案中,冷佳峰作为云创公司的执行董事兼总经理,属于该条规定的高级管理人员,理应履行对公司的忠实义务。由于云创公司章程中没有允许董事、高级管理人员同本公司订立合同或者进行交易的明确规定,且冷佳峰假借他人的名义与云创公司订立借款合同,出借资金给云创公司,并未经股东会同意或得到另一股东谢虎的同意。冷佳峰的前述行为已经违反了该条规定第1款第(四)项。冷佳峰出借资金给云创公司并收取了高额利息,根据前述规定,冷佳峰从云创公司所获得的利息收入应当归公司所有。故冷佳峰关于其应当收取《最高人民法院关于审理民间借贷案件适用法律若干问题的规定》允许范围内的利息的上诉意见,于法无据,不予支持。

综上所述,冷佳峰的上诉请求不成立,一审判决认定事实清楚,适用法律正确,应予维持。据此,二审法院判决:驳回上诉,维持原判。

实务要点:

自我交易是董事、高级管理人员违反忠实义务的典型表现。我国《公司法》第148条1款第(四)项对公司章程没有规定或者未经股东会、股东大会同意的自我交易予以禁止。本案实质上就涉及对《公司法》第148条1款第(四)项的理解与适用问题,即自我交易及其之下的归入权行使问题。通过阅读本案,可以发现:

第一,理论上,公司与董事、高管之间的自我交易,只要董事能够证明该交易符合"公平标准",即取得非利害关系董事同意,股东会同意且是公平的,则该交易就是有效的。而我国《公司法》第148条第1款第(四)项采取的办法是按照程序性规定进行评判,即公司章程是否规定或者股东会、股东大会是否同意。如果既没有在公司章程中规定,也没有取得股东会、股东大会的同意,该交易就不具有合法性,从而排除了自我交易人证明该交易的公平性问题。

第二,本案中,原告认为被告有三种行为违反了忠实义务:虚增工程量侵占公司1500万元工程款及税费;虚增工程量侵占公司160万元装修样板房工程款;与本公司订立借款合同,非法获取高额利息。其中前两项属于《公司法》第147条2款禁止的行为,最后一项才属于自我交易。在认定被告是否侵占公司财产时,法院从是否具有占有公司财产的主观故意、是否实际占有公司财产、是否造成公司实际损失等方面进行论证,认为被告不构成侵占公司财产。

四、董事、高管责任的特别规定

基本的信义义务要求董事、高管应对公司负有忠实、勤勉义务,但随着公司权力结构从"股东会中心主义"向"董事会中心主义"的转变,董事、高管的权力越来越大,不可避免地出现董事、高管滥用权利,损害股东、债权人等公司外利害关系人利益的现象。为了防止董事、高管滥用职权,保障第三人的合法权益,各国立法普遍规定了董事、高管对第三人的责任制度。对于董事、高管对第三人责任的法律性质,目前,存在侵权行为说与特别法定责任说之争议。本书认为,董事、高管对第三人责任既属于公司法上的特别规定,又符合侵权责任的构成要件,只是看待问题的角度不同而已。我国《公司法》《证券法》《破产法》对董事、高管对第三人承担民事责任均有所涉及,比如【案例进阶51】就是董事对投资者损失承担连带清偿责任的典型案例。《证券法》《破产法》规定的董事、高管对第三人责任,本书暂不作探讨。本书仅在公司法语境下,将董事、高管对第三人的民事责任,梳理如下:

(一) 增资时,董事、高管未尽勤勉义务使股东出资未缴足,应对公司或债权人承担相应责任

《公司法司法解释(三)》第 13 条 4 款规定:"股东在公司增资时未履行或者未全面履行出资义务,依照本条第一款或者第二款提起诉讼的原告,请求未尽公司法第一百四十七条第一款规定的义务而使出资未缴足的董事、高级管理人员承担相应责任的,人民法院应予支持;董事、高级管理人员承担责任后,可以向被告股东追偿。"由此可见,由于公司董事、高管对公司负有勤勉义务,公司增资时,向股东催收资本属于公司董事、高管勤勉义务的范围,其未履行该义务会对公司及债权人的利益产生影响,因此,应对公司及公司债权人承担相应的责任。值得注意的是,在斯曼特微显示科技(深圳)有限公司与胡秋生等损害公司利益责任纠纷案[(2018)最高法民再 366 号]中,最高人民法院认为:董事负有向未履行或未全面履行出资义务的股东催缴出资的义务,这是由董事的职能定位和公司资本的重要作用决定的。在公司注册资本认缴制下,公司设立时认缴出资的股东负有的出资义务与公司增资时是相同的,董事、高级管理人员负有的督促股东出资的义务也不应有所差别,因此,参照《公司法司法解释(三)》第 13 条 4 款的规定,在公司注册资本认缴制下,股东未履行或未全面履行出资义务,董事、高级管理人员负有向股东催缴出资的义务。胡秋生等六名董事未履行向股东催缴出资的勤勉义务,违反了《公司法》第 147 条第 1 款规定,对深圳斯曼特公司遭受的股东出资未到位的损失,应承担相应的赔偿责任。

(二) 董事、高管协助股东抽逃出资,应对股东的出资义务承担连带责任

《公司法司法解释(三)》第 14 条规定:"股东抽逃出资,公司或者其他股东请求其向公司返还出资本息、协助抽逃出资的其他股东、董事、高级管理人员或者实际控制人对此承担连带责任的,人民法院应予支持。公司债权人请求抽逃出资的股东在抽逃出资本息范围内对公司债务不能清偿的部分承担补充赔偿责任、协助抽逃出资的其他股东、董事、高级管理人员或者实际控制人对此承担连带责任的,人民法院应予支持;抽逃出资的股东已经承担上述责任,其他债权人提出相同请求的,人民法院不予支持。"由此可见,董事、高管协助股东抽逃出资,共同侵犯了公司财产权,其应与该股东一起承担连带责任。这里的"协助"在语义上有帮助、辅助的

意思,协助抽逃出资行为应为积极的作为,而非消极的不作为。如果债权人未能提供证据证明董事、高管存在协助抽逃出资的行为,应承担举证不能的不利后果。此外,需注意的是,为了促进董事、高管规范履职,惩戒其故意违反信义义务的行为,本条并没有规定董事、高管承担连带责任后,可以向抽逃出资的股东进行追偿。

(三)董事、高管未制作或保存公司文件材料的赔偿责任

《公司法司法解释(四)》第12条规定:"公司董事、高级管理人员等未依法履行职责,导致公司未依法制作或者保存公司法第三十三条、第九十七条规定的公司文件材料,给股东造成损失,股东依法请求负有相应责任的公司董事、高级管理人员承担民事赔偿责任的,人民法院应当予以支持。"对于此条的理解与适用,请参阅本书第八讲"股东知情权"中的论述。

(四)因未及时办理股东变更登记造成受让股东损失,有过错的董事、高管应承担相应的赔偿责任

《公司法司法解释(三)》第27条第2款规定:"原股东处分股权造成受让股东损失,受让股东请求原股东承担赔偿责任、对于未及时办理变更登记有过错的董事、高级管理人员或者实际控制人承担相应责任的,人民法院应予支持;受让股东对于未及时办理变更登记也有过错的,可以适当减轻上述董事、高级管理人员或者实际控制人的责任。"由此可见,当董事、高管未及时履行其职责,代表公司向登记机关申请办理变更登记且提供相应材料时,其对股权受让方负有过错,对于由此而给受让方带来的损害,应当承担相应的赔偿责任。

(五)在清算过程中,董事未尽到忠实勤勉义务的,应承担相应的责任

《公司法司法解释(二)》第18条第1款、第2款规定:"有限责任公司的股东、股份有限公司的董事和控股股东未在法定期限内成立清算组开始清算,导致公司财产贬值、流失、毁损或者灭失,债权人主张其在造成损失范围内对公司债务承担赔偿责任的,人民法院应依法予以支持。有限责任公司的股东、股份有限公司的董事和控股股东因怠于履行义务,导致公司主要财产、账册、重要文件等灭失,无法进行清算,债权人主张其对公司债务承担连带清偿责任的,人民法院应依法予以支持。"第19条规定:"有限责任公司的股东、股份有限公司的董事和控股股东,以及公司的实际控制人在公司解散后,恶意处置公司财产给债权人造成损失,或者未经依法清算,以虚假的清算报告骗取公司登记机关办理法人注销登记,债权人主张其对公司

债务承担相应赔偿责任的,人民法院应依法予以支持。"第20条第1款规定:"公司解散应当在依法清算完毕后,申请办理注销登记。公司未经清算即办理注销登记,导致公司无法进行清算,债权人主张有限责任公司的股东、股份有限公司的董事和控股股东,以及公司的实际控制人对公司债务承担清偿责任的,人民法院应依法予以支持。"对于上述条文的理解与适用,请参阅本书第十八讲"清算责任"中的相关论述。

五、董监高责任纠纷诉讼程序操作要点

(一)董监高责任纠纷的含义

董监高责任纠纷在案由上属于损害公司利益责任纠纷。此类纠纷是指董事、监事、高级管理人员执行公司职务时违反法律、行政法规或者公司章程的规定,给公司造成损失而发生的纠纷。第三人由于侵权行为或违约行为损害公司利益的,不属于此类纠纷范畴。

(二)董监高责任纠纷的管辖

目前,对于董监高责任纠纷的管辖尚存争议。司法实践中,一般以侵权行为地、结果发生地或被告住所地所在的法院管辖。

(三)当事人的诉讼地位

董监高责任纠纷可以由公司直接提起,此时,公司为原告,相应的董监高为被告;若公司不提起,则可由监事、董事以公司名义提起或股东以自己名义代表公司提起,这时当事人的诉讼地位依据不同提起的主体而定。

(四)法律依据

《民法典》第70条第2—3款;

《公司法》第147条、第148条、第149条、第152条第1款第(四)项;

《公司法司法解释(二)》第18条第1—2款、第19条、第20条第1款;

《公司法司法解释(三)》第14条、第13条4款、第27条;

《公司法司法解释(四)》第12条。

第十三讲
公司盈余分配
Lecture
13

一、公司盈余分配概述

(一) 公司盈余分配权的基本含义

一般说来,股东财产权包括盈余分配权、股份转让权、剩余财产分配权等权利,而盈余分配权是这些权利中最为重要的。所谓公司盈余分配权,又称利润(红利)分配权,是指股东基于其公司股东的资格和地位享有的,请求公司向自己分红的权利。此外,在本书中,"盈余"与"利润""红利"具有同义性,因此,本书会基于表达的需要,交错使用前述词语。

一方面,从营利性出发,股东投资公司,从事各种经营活动,其最终目的是获取投资回报。另一方面,从风险承担出发,股东投资公司,尽管享有有限责任制度的保护,但当公司产生营业收入时,用其偿付员工工资、债务等之后,如果还有剩余,才能用于股东的分配,换言之,股东享有的是剩余索取权。在现实中,这种剩余索取权能否转化为现实的盈余分配,在实体上受到资本维持原则的约束,程序上应由股东会或股东大会决定。如果股东会或股东大会基于公司长期发展的考虑或其滥用权利,即使公司有可分配盈余,也不会给股东分配红利。如果考虑公司长远发展而不分配股利,还情有可原,但如果股东滥用权利,有盈余而不分配,这就违背股东投资公司的初衷,因此,在此种情形下,应给予股东一定的司法救济,以确保公司盈余分配权的实现。

(二) 公司盈余分配权的分类

在学理上,股东的盈余分配权分为抽象的盈余分配权和具体的盈余分配权。所谓抽象的盈余分配权,是指公司在每个会计年度进行决算后,股东依据公司的决定获取相应红利的权利。由于公司是否有盈余可分配和是否分配盈余具有不确定性,因此抽象的盈余分配权属于期待权,但同时又是股东所享有的一种固有权,公司章程或公司机关不得剥夺或限制。所谓具体的盈余分配权,是指公司股东会或股东大会对有关盈余分配事项作出决议后,股东所享有的分配请求权。因此,请求公司分配盈余是股东的固有权利,但是否以及如何进行盈余分配,属于公司发展谋略和商业判断的范畴,更取决于公司是否具备可分配盈余等现实情况,具有不确定性。因此,通常情况下,司法审判不宜亦难以介入公司盈余分配。当公司作出盈余分配决议之后,股东抽象的请求分配盈余的资格转化为具体的请求盈余分配的权利,该权利性质等同于普通债权。公司没有按照股东会形成的盈余分配决议向股东分配红利的,股东可以直接向法院提起诉讼,要求公司按照股东会形成的盈余分配决议给付红利。此外,需注意的是,具体的盈余分配权性质上与普通债权无异,因此,股东在不转让股权的情况下,可以将公司盈余分配决议已经确定的红利转让给他人。但由于抽象的盈余分配权性质上属于期待权及股东成员资格的重要内容,能否单独转让,尚存争议。

(三)盈余分配与股权转让

盈余分配权属于股权的重要内容,原则上,股东转让股权,其盈余分配权应一并转让,但这并不绝对,应区分抽象盈余分配权和具体盈余分配权。公司未作出盈余分配决议,股东享有的是抽象盈余分配权,该权利是股东基于成员资格享有的固有权利,属于股权的组成部分。股东转让股权时,包括抽象盈余分配权的所有权利一并转让。公司作出盈余分配决议,股东享有的是具体盈余分配权,该权利已经独立于股东成员资格而单独存在,因此,股东在转让股权时,如果没有特别约定,原股东仍可基于公司盈余分配决议向公司主张权利。

二、公司盈余分配的财务条件、比例及支付时间

(一)公司盈余分配的财务条件

公司盈余分配属于股东获取资本报偿的形式之一,将导致公司资产流向股东,这势必会引发股东和各种债权人之间的利益冲突。为调和与控制二者之间的利益冲突,规制包括公司盈余分配在内的资本报偿,当今世界主要经济体形成了资本维持原则与实际清偿能力检测法。传统上,对于资本报偿规则,理论界认为,我国公司法确立了资本维持原则。

根据《公司法》第166条的规定,公司盈余分配的财务条件是:将公司支付给股东的股利总额限制在"税后利润"弥补亏损并提列法定公积金与任意公积金后的余额范围内。这是一种按一定标准维持资产数额而不控制资产构成及实际偿付能力的规制方法。此外,需要注意的是,如未按照《公司法》第166条规定进行利润分配,是否应当认定为无效,尚存争议。本书认为,根据《公司法》第166条的规定,股东会、股东大会或者董事会违反前款规定,在公司弥补亏损和提取法定公积金之前向股东分配利润的,股东必须将违反规定分配的利润退还公司。由此可见,如公司违反上述法律规定分配利润,法律后果为股东必须将违反规定分配的利润退还公司,并非当然导致盈余分配决议无效。

(二) 公司盈余分配的比例确定

公司应当依据何种比例向股东分配盈余？根据《公司法》第 34 条、第 166 条第 4 款的规定，股东按照实缴的出资比例分取红利，但全体股东约定不按照出资比例分取红利的除外。股份有限公司按照股东持有的股份比例分配，但股份有限公司章程规定不按持股比例分配的除外。此外，根据《公司法司法解释(三)》第 16 条的规定，股东未履行或者未全面履行出资义务或者抽逃出资，公司根据公司章程或者股东会决议对其盈余分配权作出相应的合理限制。

【案例进阶 56】股东未尽出资义务，其分红权应当被限制吗？
案例名称：厦门华龙兴业房地产开发有限公司与叶思源、简月琴公司盈余分配纠纷案
案例来源：厦门市中级人民法院(2018)闽 02 民终 166 号民事判决书
裁判要旨：
股东未履行出资义务，其依法请求分配利润的股东自益权将受到相应限制。根据《公司法》第 34 条的规定，已实际出资的股东可以放弃对未出资股东请求分配利润权利的限制，只要全体股东对公司利润分配作出有效决定，则应当按照该决定予以执行。
基本案情：
1999 年，陈雅辉与被上诉人(原审被告)叶思源为合作开发"明月园"项目而设立上诉人(原审原告)厦门华龙兴业房地产开发有限公司(以下简称"华龙公司")，双方订立《股东合作协议》，约定共同出资 800 万元，其中叶思源出资 416 万元，占 52%，陈雅辉出资 384 万元，占 48%；陈雅辉在合同签订后 3 天内，存入华龙公司 300 万元，验资后作为项目的履约保证金；叶思源在取得市房地产公司合作关系后，在 20 天内取得市计委立项资格批文，计委立项变更后，陈雅辉的 300 万元保证金归叶思源使用。《股东合作协议》签订后，第一期注册资金 300 万元由陈雅辉注入，验资后作为保证金由叶思源使用，第二期 500 万元由叶思源借入，验资后偿还了叶思源。同年，华龙公司登记设立。2009 年 4 月 20 日，福建省高级人民法院终审判决认定，叶思源未履行向华龙公司出资的义务，应当向华龙公司履行 416 万元的出资义务。

2006 年 2 月 14 日，叶思源与陈雅辉签订《补充协议五》，约定：双方合作的项目，叶思源可得店面为 B 幢 101、102、109、110 单元，C 幢 102、104 单元。2 月 18

日,叶思源与陈雅辉签订《股东决议》,决定将"明月园"项目中的房产,以成本价按售楼合同给叶思源、陈雅辉,并办理股东合同及产权登记。华龙公司在该《股东决议》上签章。2006年3月2日,华龙公司作为出卖人、叶思源作为买受人向厦门市土房局备案了5份《商品房买卖合同》,标的物即讼争5套店面,合同价格共计601650元。2006年4月19日,叶思源与陈雅辉签订《补充协议六》,约定:叶思源所得"明月园"项目实物财产已大部分进行合同备案登记,具体为B幢101、102、109、110单元 C幢102单元,叶思源欲办理产权,需华龙公司开具售房发票,每单元金额以叶思源的合同价开取。同日,华龙公司向叶思源开具了与讼争5套店面对应的发票。讼争5套店面于同年登记至叶思源名下,叶思源未另行向华龙公司支付相应款项。2008年9月23日,厦门市地方税务局认定叶思源取得的讼争5套店面,属于分红行为,应按股息红利扣缴个税。2010年3月18日,法院作出行政判决,确认了厦门市地方税务局认定的上述事实。

华龙公司以叶思源未履行出资义务为由,向一审法院提起诉讼,请求判令:叶思源、简月琴(系叶思源之妻)共同返还分红1212万元(5套店面的价值)及相应利息。

法律关系图:

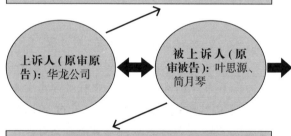

裁判过程及理由:

一审法院认为,华龙公司是其股东陈雅辉与叶思源达成设立公司契约的成果。华龙公司登记设立后,其全体股东经一致同意可以对公司章程修改、年度财务决算方案、利润分配方案等直接作出决定,这是股东行使股东权利、直接参与公司重大决策的具体体现。决定的内容如不存在违反法律、行政法规有关效力性强制性规定等无效事由,则对全体股东具有当然的约束力。叶思源虽因未履行出资义务,经华龙公司以股东会决议于2014年5月26日解除其股东资格,但该解除股东资格的行为并无溯及力,不能以此否定叶思源自华龙公司成立至其股东资格被解除期间是华龙公司股东的事实,股东资格的解除仅能向后发生效力。叶思源于2006年从华龙公司取得的讼争5套店面,经厦门市地方税务局稽查局认定构成分红,即属于从华龙公司获得的利润,叶思源不服厦门市地方税务局稽查局作出的该事实认定及相应处罚决定,后经厦门市思明区人民法院作出行政判决,确认了叶思源的分红行为,叶思源在本案中提出的讼争5套店面是其向华龙公司购买而非分红的抗辩意见,与事实不符,不予采信。叶思源在作为华龙公司股东期间,其依法享有的股东权利应当得到保障。虽然,叶思源在作为华龙公司股东期间未履行出资义务,依法其请求分配利润的股东自益权将受到相应限制。但是,法律对未履行出资义务股东自益权的限制,是为了维护已依约履行出资义务的其他股东的权益和保障公司资本充足,通过该手段促使未履行出资义务的股东按照股东之间的契约及时向公司缴交资本。

从《公司法》第34条规定中"股东按照实缴的出资比例分取红利;公司新增资本时,股东有权优先按照实缴的出资比例认缴出资。但是,全体股东约定不按照出资比例分取红利或者不按照出资比例优先认缴出资的除外"的内容来看,已实际出资的股东可以放弃对未出资股东请求分配利润权利的限制,只要全体股东对公司利润分配作出有效决定,则应当按照该决定予以执行。本案中,叶思源是依照其与陈雅辉于2006年订立的《股东决议[思豪99(001)补充协议之五]》《股东决议》及《诚信约定[思豪99(001)补充协议之六]》而取得讼争5套店面,取得依据是华龙公司的意思机关即全体股东对利润不按出资比例或不按是否实际出资到位予以分配而形成的新的约定,并无证据表明该约定存在效力瑕疵,对陈雅辉、叶思源及华龙公司均具有拘束力。华龙公司以叶思源的股东资格已经(2014)湖民初字第2748号民事判决确认解除、叶思源无权以股东身份分得讼争5套店面为由,要求叶思源返还讼争5套店面,于法无据,不予支持。华龙公司主张简月琴作为叶思源的配偶,应承担共同返还责任,亦不予支持。据此,一审法院判决:驳回华龙公司的诉讼请求。

华龙公司不服一审判决,提起上诉。

二审法院认为,第一,根据《公司法》第34条的规定,叶思源取得讼争5套店面符合《股东决议[思豪99(001)补充协议之五]》《股东决议》及《诚信约定[思豪99(001)补充协议之六]》的分配约定。华龙公司抗辩前述决议并非其真实意思表示的理由不成立,不予采信。

第二，厦门和裕税务师事务所有限公司的审核结果与厦东友会审字(2009)第J003号《司法审计报告》均体现华龙公司在2006年度有利润可供分配，华龙公司未能举证证明2006年在弥补亏损和提取公积金之后，公司已经无利润可供分配，应承担举证不能的法律后果。

第三，虽然华龙公司于2014年5月26日作出《股东会决议》，确定解除叶思源在华龙公司的股东资格，前述决议也已经生效判决确认。但是，该份决议内容并不具溯及力，华龙公司据此要求叶思源返还分红的理由也不能成立。

综上，华龙公司要求叶思源、简月琴返还分红款1212万元及利息的上诉理由不能成立，应予以驳回。据此，二审法院判决：驳回上诉，维持原判。

实务要点：

根据《公司法》第34条的规定，除非全体股东约定不按照出资比例分取红利，否则，应当按照实缴的出资比例分取红利。《公司法司法解释(三)》第16条规定，股东未履行或者未全面履行出资义务或者抽逃出资，公司可以根据公司章程或者股东会决议对其利润分配请求权进行合理限制。本案涉及能否限制未尽出资义务股东的分红权问题。通过阅读本案，可以发现：

第一，本案中，叶思源在作为华龙公司股东期间未履行出资义务，其请求分配利润的股东自益权将受到相应限制，但叶思源是依照其与陈雅辉于2006年订立《股东决议[思豪99(001)补充协议之五]》《股东决议》及《诚信约定[思豪99(001)补充协议之六]》而取得讼争5套店面，取得依据是华龙公司的意思机关即全体股东对利润不按出资比例或不按是否实际出资到位予以分配而形成的新的约定，并无证据表明该约定存在效力瑕疵，对陈雅辉、叶思源及华龙公司均具有拘束力。

第二，叶思源虽因未履行出资义务，经华龙公司以股东会决议于2014年5月26日解除其股东资格，但该解除股东资格的行为并无溯及力，不能以此否定叶思源自华龙公司成立至其股东资格被解除期间是华龙公司股东的事实，股东资格的解除仅能向后发生效力。此外，税务局认定叶思源取得的5套店面属于公司分红，是因为叶思源取得5套店面时，虽然形式上采用的是购买，但其没有向公司支付对价。

(三) 公司盈余分配的支付时间

《公司法司法解释(五)》第4条规定："分配利润的股东会或者股东大会决议作出后，公司应当在决议载明的时间内完成利润分配。决议没有载明时间的，以公司章程规定的为准。决议、章程中均未规定时间或者时间超过一年的，公司应当自决议作出之日起一年内完成利润分配。决议中载明的利润分配完成时间超过公司章程规定时间的,股东可以依据民法典第八十五条、公司法第二十二条第二款规定请求人民法院撤销决议中关于该时间的规定。"

三、公司盈余分配的决策程序

(一)公司盈余分配的决策规则概述

公司盈余分配的决策规则事关公司内部作出盈余分配决议时的权力配置。根据《公司法》第37条、第99条的规定,对盈余分配具有最终决定权的是公司的股东会或股东大会。公司董事会只有权就利润分配制订方案,并提交股东会或股东大会决议。一旦公司股东会或股东大会作出分配决议,股东的抽象盈余分配权就转化为具体的盈余分配权。如果公司不履行股东会或股东大会作出的分配决议,股东可以向法院寻求救济。同时,为了防止司法对公司"自治"的过度干预,法院一般不支持股东提出的强制公司分配盈余的诉讼请求,但违反法律规定滥用股东权利导致公司不分配利润,给其他股东造成损失的除外。

(二)股东诉请公司执行具体盈余分配决议的条件

根据《公司法司法解释(四)》第14条的规定,股东可以依据股东会或者股东大会作出的载明具体分配方案的有效决议,请求公司给付红利。在适用此条时,应符合以下条件:

第一,请求盈余分配的主体是股东会或股东大会决议作出盈余分配决议时的股东。任何股东均可以依据载有具体分配方案的有效决议,请求公司分配红利,没有持股数量或持股时间的限制。如果股东资格确实存在争议,可以在争议解决后,再确定向谁支付红利。

第二,请求分配红利的依据是股东会或者股东大会表决通过的载明具体分配方案的有效决议。该条件不仅要求股东会或者股东大会通过盈余分配决议,而且要求盈余分配方案的内容具体。原则上,分配方案应当包括分配盈余数额、分配政策、分配范围及分配时间等具体分配事项内容。当然,确定盈余分配方案是否具体,不能一概而论,应当结合具体情况具体认定。

第三,请求分配盈余得到支持的前提是公司关于无法执行决议的抗辩理由不成立。股东诉请公司执行具体盈余分配决议时,公司可能会提出股东会或者股东大会决议不成立、无效及可撤销等事由进行抗辩,此时,法院可中止诉讼,待有权主体另行提出公司决议之诉,再依据公司决议效力判决作出不同的判决。此外,由于股东会或股东大会决议作出盈余分配决议后,抽象的盈余分配权转化为普通债权,因此,如果公司决议不存在效力上的瑕疵,原则上,公司不能以财务状况恶化为由,不予执行具体盈余分配决议。

(三)未提交决议请求分配盈余

《公司法司法解释(四)》第 15 条规定:"股东未提交载明具体分配方案的股东会或者股东大会决议,请求公司分配利润的,人民法院应当驳回其诉讼请求,但违反法律规定滥用股东权利导致公司不分配利润,给其他股东造成损失的除外。"由此可见,在股东未提交载明具体分配方案的有效决议的情况下,股东诉请分配盈余的,原则上应当不予支持。鉴于大股东排挤、压榨小股东,公司控制权争夺等情形时有发生,为防止股东滥用股东权利,当出现如下情形时,股东可以诉请公司分配盈余:

第一,给公司任职的股东或者指派的人发放与公司规模、营业利润、同行报酬水平明显不符的过高薪酬,变相给该股东分配盈余。第二,购买或经营不相关的服务或者财产供股东消费或者使用,变相分配盈余。第三,为了不分配盈余隐瞒或者转移公司利润。第四,滥用股东权利不分配盈余的其他行为。

【案例进阶 57】大股东转移公司利润,小股东可要求强制分红吗?

案例名称:甘肃居立门业有限责任公司与庆阳市太一热力有限公司、李昕军公司盈余分配纠纷案

案例来源:最高人民法院(2016)最高法民终 528 号民事判决书,载于《最高人民法院公报》2018 年第 8 期

裁判要旨:

在公司盈余分配纠纷中,虽请求分配利润的股东未提交载明具体分配方案的股东会或股东大会决议,但当有证据证明公司有盈余且存在部分股东变相分配利润、隐瞒或转移公司利润等滥用股东权利情形的,诉讼中可强制盈余分配,且不以股权回购、代位诉讼等其他救济措施为前提。

在确定盈余分配数额时,要严格公司举证责任以保护弱势小股东的利益,但还要注意优先保护公司外部关系中债权人、债务人等的利益,对于有争议的款项因涉及案外人实体权利而不应在公司盈余分配纠纷中作出认定和处理。

基本案情:

上诉人(一审被告)庆阳市太一热力有限公司(以下简称"太一热力公司")由

上诉人(一审被告)李昕军和张海龙二人于2006年3月设立,李昕军持股65%,张海龙持股35%。经过股权转让,太一热力公司股东变更为甘肃太一工贸有限公司(以下简称"太一工贸公司")和被上诉人(一审原告)甘肃居立门业有限责任公司(以下简称"居立门业公司"),太一工贸公司持股比例60%,居立门业公司持股比例40%。

后太一热力公司资产被整体性收购,资产评估价款为9126.48万元。收到款项后,太一热力公司将5600万余元公司资产转让款转入兴盛建安公司账户。居立门业公司认为该款项构成公司盈余,应当依法进行分配,李昕军利用其太一热力公司法定代表人身份和控制地位,滥用职权,应当承担连带责任。

居立门业公司向一审法院提起诉讼,请求判令:1.太一热力公司对盈余的7000余万元现金和盈余的32.7亩土地(从政府受让取得时的地价款为330万元)按照《公司法》第35条(现第34条)和太一热力公司章程第27条之规定向居立门业公司进行分配。2.李昕军对居立门业公司的第1项诉讼请求承担连带责任。

法律关系图:

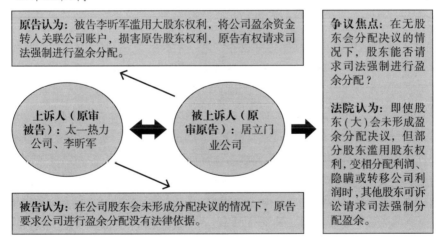

裁判过程及理由:

一审法院认为,太一热力公司章程及工商登记资料记载,该公司注册资本1000万元。居立门业公司2007年受让张海龙持有35%、李昕军持有5%太一热力公司股份后,认缴公司出资额400万元,持有公司40%股份,成为太一热力公司股东。根据《公司法》规定及太一热力公司章程,居立门业公司享有按照其在太一热力公司的出资比例分取红利的权利。太一热力公司应当依法向股东居立门业公司分配利润。

第一,关于太一热力公司应当分配的利润数额。太一热力公司的资产,除32.7亩土地庆阳市政府允许该公司开发,土地性质依法依规转换之外,公司其他全部资产被庆阳市人民政府整体收购,已经办理移交手续。太一热力公司被庆阳市人民政府收购后未开展经营活动、未进行财务清算,太一热力公司认可公司存在盈余,但不能提供具体盈余数额。本案诉讼中太一热力公司及其股东太一工贸公司、居立门业公司之间又因32.7亩土地分割、公司股东出资、公司解散发生诉讼,公司股东未能召开股东会,无法就公司盈余分配形成决议,太一热力公司的经营盈余数额成为需要专业机构鉴定的事项。经居立门业公司申请,一审法院委托的甘肃茂源会计师事务有限公司出具了甘茂会审字[2015]第52号《审计报告》,结论为:截至2014年10月31日,太一热力公司清算净收益75973413.08元。根据该《审计报告》所附说明、太一热力公司和居立门业公司对《审计报告》的质证意见,太一热力公司截至2014年10月31日可分配利润为51165691.87元(75973413.08元-34446241.21元+10382100元-743580元)。

第二,关于太一热力公司应向居立门业公司分配利润的比例。根据《公司法》第37条第1款的规定,公司股利分配属于公司股东会决策事项。根据本案事实,居立门业公司2007年受让取得股权成为太一热力公司股东,2009年太一热力公司全部资产被庆阳市人民政府整体收购,至本案诉讼前,太一热力公司两股东未形成任何公司股利分配方案或者作出决定。太一热力公司存在可供分配的利润,但长期不向股东分配,严重损害股东合法权益。根据《公司法》第34条、第166条第4款的规定,太一热力公司章程约定,应当按照股东的出资比例向股东分配红利。太一热力公司章程约定、工商登记记载居立门业公司的出资比例为40%,故太一热力公司应向居立门业公司分配的盈余数额为20466276.4元(51165691.87元×40%)。太一热力公司长期占用居立门业公司应分配利润,应当按中国人民银行同期贷款利率支付资金占用期间的利息。根据查明的事实,2010年7月10日,太一热力公司收到庆阳市经济发展投资有限公司支付的资产转让余款57616003.25元,故太一热力公司应从2010年7月11日起对应分配居立门业公司的利润支付利息。

第三,居立门业公司要求李昕军承担连带责任的诉讼请求。居立门业公司起诉认为,李昕军利用其太一热力公司法定代表人身份和控制地位,滥用职权,不但拒绝利润分配,而且在项目管理运营中,将政府给予的部分补贴资金和部分入网"接口费"收入挪为己用、对自己房地产项目应交的近1000万元"接口费"拖欠不交、将政府支付的收购现金转为己用、背着居立门业公司将太一热力公司盈余的32.7亩土地变更登记在自己的房地产公司名下,不断严重损害公司和股东利益,应当对太一热力公司向居立门业公司分配的利润承担连带清偿责任。

依据《公司法》第21条、第152条的规定，李昕军系太一热力公司执行董事、法定代表人，在庆阳市人民政府整体收购太一热力公司全部资产后，违反《公司法》及太一热力公司章程规定，未经公司股东会决策同意，将资产转让所得款项中5600万余元转入兴盛建安公司，由该公司长期占用，形成太一热力公司账面巨额应收款项，严重损害公司股东利益，给公司造成损失，应当对太一热力公司支付居立门业公司的盈余分配款承担赔偿责任。居立门业公司要求李昕军承担赔偿责任的诉讼请求成立，应予支持。

综上，一审法院判决：1. 太一热力公司于判决生效后10日内支付居立门业公司盈余分配款20466276.4元。2. 太一热力公司按中国人民银行同期贷款利率向居立门业公司支付20466276.4元自2010年7月11日起至实际付清之日的利息。3. 如太一热力公司到期不能履行上述1、2项给付，由李昕军承担赔偿责任。

太一热力公司、李昕军不服一审判决，提起上诉。

二审法院认为，本案争议焦点为：第一，太一热力公司是否应向居立门业公司进行盈余分配；第二，如何确定居立门业公司应分得的盈余数额；第三，太一热力公司是否应向居立门业公司支付盈余分配款的利息；第四，李昕军是否应对太一热力公司的盈余分配给付不能承担赔偿责任。根据本案审理查明的事实和相关法律规定，分析评判如下：

第一，关于太一热力公司是否应向居立门业公司进行盈余分配的问题。

公司在经营中存在可分配的税后利润时，有的股东希望将盈余留作公司经营以期待获取更多收益，有的股东则希望及时分配利润实现投资利益，一般而言，即使股东会或股东大会未形成盈余分配的决议，对希望分配利润股东的利益不会发生根本损害，因此，原则上这种冲突的解决属于公司自治范畴，是否进行公司盈余分配及分配多少，应当由股东会作出公司盈余分配的具体方案。但是，当部分股东变相分配利润、隐瞒或转移公司利润时，则会损害其他股东的实体利益，已非公司自治所能解决，此时若司法不加以适度干预则不能制止权利滥用，亦有违司法正义。虽目前有股权回购、公司解散、代位诉讼等法定救济路径，但不同的救济路径对股东的权利保护有实质区别，故需司法解释对股东的盈余分配请求权进一步予以明确。为此，《公司法司法解释（四）》第15条规定："股东未提交载明具体分配方案的股东会或者股东大会决议，请求公司分配利润的，人民法院应当驳回其诉讼请求，但违反法律规定滥用股东权利导致公司不分配利润，给其他股东造成损失的除外。"

在本案中，首先，太一热力公司的全部资产被整体收购后没有其他经营活动，一审法院委托司法审计的结论显示，太一热力公司清算净收益为75973413.08元，即使扣除双方有争议的款项，太一热力公司也有巨额的可分配利润，具备公司进行盈余分配的前提条件；其次，李昕军同为太一热力公司及其控股股东太一工贸公司法定代表人，未经公司另一股东居立门业公司同意，没有合理事由将5600万余元公司资产转让款转入兴盛建安公司账户，转移公司利润，给居立门业公司造成损失，属于太一工贸公司滥用股东权利，符合《公司法司法解释（四）》第15条但书条款规定应进行强制盈余分配的实质要件。最后，前述司法解释规定的股东盈余分配的救济权利，并未规定需以采取股权回购、公司解散、代位诉讼等其他救济措施为前置程序，居立门业公司对不同的救济路径有自由选择的权利。因此，一审判决关于太一热力公司应当进行盈余分配的认定有事实和法律依据，太一热力公司、李昕军关于没有股东会决议不应进行公司盈余分配的上诉主张不能成立。

第二，关于如何确定居立门业公司分得的盈余数额问题。

在未对盈余分配方案形成股东会或股东大会决议情况下司法介入盈余分配纠纷，系因控制公司的股东滥用权利损害其他股东利益，在确定盈余分配数额时，要严格公司举证责任以保护弱势小股东的利益，但还要注意优先保护公司外部关系中债权人、债务人等的利益。

本案中，首先，一审卷宗材料显示，一审法院组织双方对公司账目进行了核查和询问，对《审计报告》的异议，一审庭审中也进行了调查和双方当事人的质证辩论。太一热力公司、李昕军虽上诉主张审计材料存在未质证问题，但并未明确指出哪些材料未经质证，故对该上诉理由不予支持。其次，对于太一热力公司能否收取诉争的1038.21万元入网"接口费"，双方当事人各执一词，因该款项涉及案外人的实体权益，应当依法另寻救济路径解决，而不应在本案公司盈余分配纠纷中作出认定和处理，故该款项不应在本案中纳入太一热力公司的可分配利润，一审判决未予扣减不当，应予以纠正。最后，太一热力公司、李昕军上诉主张的《审计报告》其他5项具体问题，均属事实问题，其在二审中并未提交充分证据证明一审判决的相关认定有误，故不予调整。因此，居立门业公司应分得的盈余数额，以一审判决认定的太一热力公司截至2014年10月31日可分配利润51165691.80元为基数，扣减存在争议的入网"接口费"1038.21万元，再按居立门业公司40%的股权比例计算，即为16313436.72元。

第三，关于太一热力公司是否应向居立门业公司支付盈余分配款利息的问题。

公司经营利润款产生的利息属于公司收入的一部分，在未进行盈余分配前相关款项均归属于公司;在公司盈余分配前产生的利息应当计入本次盈余分配款项范围,如本次盈余分配存在遗漏,仍属公司盈余分配后的资产。公司股东会或股东大会作出盈余分配决议时,在公司与股东之间即形成债权债务关系,若未按照决议及时给付则应计付利息,而司法干预的强制盈余分配则不然,在盈余分配判决未生效之前,公司不负有法定给付义务,故不应计付利息。

本案中,首先,居立门业公司通过诉讼应分得的盈余款项系根据本案司法审计的净利润数额确定,此前太一热力公司对居立门业公司不负有法定给付义务,若《审计报告》未将公司资产转让款此前产生的利息计入净利润,则计入本次盈余分配后的公司资产,而不存在太一热力公司占用居立门业公司资金及应给付利息的问题。其次,李昕军挪用太一热力公司款项到关联公司放贷牟利,系太一热力公司与关联公司之间如何给付利息的问题,居立门业公司据此向太一热力公司主张分配盈余款利息,不能成立。最后,居立门业公司一审诉讼请求中并未明确要求太一热力公司给付本判决生效之后的盈余分配款利息。因此,一审判决判令太一热力公司给付自2010年7月11日起至实际付清之日的利息,既缺乏事实和法律依据,也超出当事人的诉讼请求,应予以纠正。

第四,关于李昕军是否应对太一热力公司的盈余分配给付不能承担赔偿责任的问题。

根据《公司法》第20条第2款、第21条、第149条、第152条的规定,盈余分配是用公司的利润进行给付,公司本身是给付义务的主体,若公司的应分配资金因被部分股东变相分配利润、隐瞒或转移公司利润而不足以现实支付时,不仅直接损害了公司的利益,也损害到其他股东的利益,利益受损的股东可直接依据《公司法》第20条第2款的规定向滥用股东权利的公司股东主张赔偿责任,或依据《公司法》第21条的规定向利用其关联关系损害公司利益的控股股东、实际控制人、董事、监事、高级管理人员主张赔偿责任,或依据《公司法》第149条的规定向违反法律、行政法规或者公司章程的规定给公司造成损失的董事、监事、高级管理人员主张赔偿责任。

本案中,首先,李昕军既是太一热力公司法定代表人,又是兴盛建安公司法定代表人,其利用关联关系将太一热力公司5600万余元资产转让款转入关联公司,若李昕军不能将相关资金及利息及时返还太一热力公司,则李昕军应当按照《公司法》第21条、第149条的规定对该损失向公司承担赔偿责任。其次,居立门业公司应得的盈余分配先是用太一热力公司的盈余资金进行给付,在给付不能时,则李昕军转移太一热力公司财产的行为损及该公司股东居立门业公司利益,居立门业公司可要求李昕军在太一热力公司给付不能的范围内承担赔偿责任。第三,《公司法》第152条规定的股东诉讼系指其直接利益受到损害的情形,本案中李昕军利用关联关系转移公司资金直接损害的是公司利益,应对公司就不能收回的资金承担赔偿责任,并非因直接损害居立门业公司的股东利益而对其承担赔偿责任,一审判决对该条规定法律适用不当,应予以纠正。因此,一审判决判令太一热力公司到期不能履行本案盈余分配款的给付义务则由李昕军承担赔偿责任并无不当,李昕军不承担责任的上诉主张,不予支持。

综上所述,太一热力公司、李昕军的上诉请求部分成立。据此,二审判决:1.撤销甘肃省高级人民法院(2013)甘民二初字第8号民事判决。2.太一热力公司于本判决生效后10日内给付居立门业公司盈余分配款16313436.72元。3.太一热力公司到期不能履行上述给付义务,由李昕军承担赔偿责任;4.驳回居立门业公司的其他诉讼请求。

实务要点:

《公司法司法解释(四)》第15条规定:"股东未提交载明具体分配方案的股东会或者股东大会决议,请求公司分配利润的,人民法院应当驳回其诉讼请求,但违反法律规定滥用股东权利导致公司不分配利润,给其他股东造成损失的除外。"本案系该司法解释生效后,最高人民法院公布的关于强制公司进行盈余分配的第一起案件。该案对正确理解与适用《公司法司法解释(四)》第15条的规定具有积极意义。通过阅读本案,可以发现:

第一,《公司法司法解释(四)》第15条规定的股东盈余分配的救济权利,并未规定需以采取股权回购、公司解散、代位诉讼等其他救济措施为前置程序,权利受损害的股东对不同的救济路径有自由选择的权利。

第二,有盈余分配决议的,在公司股东会或股东大会作出决议时,公司与股东之间即形成债权债务关系,若未按照决议及时给付则应计付利息,而司法干预的强制盈余分配则不然,在盈余分配判决未生效之前,公司不负有法定给付义务,故不应计付利息。

第三,盈余分配义务的给付主体是公司,若公司的应分配资金因被部分股东变相分配利润、隐瞒或转移公司利润而不足以现实支付时,不仅直接损害了公司的利益,也损害到其他股东的利益。利益受损的股东可直接依据《公司法》第20条第2款的规定向滥用股东权利的公司股东主张赔偿责任,或依据《公司法》第21条的规定向利用其关联关系损害公司利益的控股股东、实际控制人、董事、监事、高级管理人员主张赔偿责任,或依据《公司法》第149条的规定向违反法律、行政法规或者公司章程的规定给公司造成损失的董事、监事、高级管理人员主张赔偿责任。

四、违法分配公司盈余的民事责任

公司违法分配盈利,可能引发以下几种民事责任:

第一,股东承担违规分配盈余的返还责任。《公司法》第166条第5款规定:"股东会、股东大会或者董事会违反前款规定,在公司弥补亏损和提取法定公积金之前向股东分配利润的,股东必须将违反规定分配的利润退还公司。"

第二,董事承担对公司的损害赔偿责任。由于董事对公司负有勤勉义务,赞同违规分配的董事或执行董事,应承担违规分配给公司造成的损失。

第三,如果股东借盈余分配之名"抽回出资",则将构成"抽逃出资"。根据《公司法司法解释(三)》第14条的规定,抽逃出资的股东,除必须退还抽回的资金外,还可能在抽逃出资范围内承担公司债务。

五、公司盈余分配纠纷诉讼程序操作要点

(一)公司盈余分配纠纷的含义

在公司存续的情况下,盈余分配权是股东获取投资回报的主要手段。当公司形成具体的分配方案,公司不予执行或股东,尤其是大股东滥用股东权利,不予分配盈余时,均可能引发盈余分配权纠纷。对此,《民事案件案由规定》专门设置"公司盈余分配纠纷"这一案由,为股东提供司法救济。

(二)公司盈余分配纠纷的管辖

根据《民事诉讼法》第27条、《民诉法司法解释》第3条的规定,因公司盈余分配纠纷提起的诉讼,原则上由公司住所地人民法院管辖。公司住所地是指公司主要办事机构所在地。公司办事机构不明确的,由其注册地或者登记地人民法院管辖。

(三)当事人的诉讼地位

《公司法司法解释(四)》第13条规定:"股东请求公司分配利润案件,应当列公司为被告。一审法庭辩论终结前,其他股东基于同一分配方案请求分配利润并申请参加诉讼的,应当列为共同原告。"

(四)法律依据

《公司法》第 4 条、第 34 条、第 37 条、第 99 条、第 166 条;
《公司法司法解释(四)》第 13 条、第 14 条、第 15 条;
《公司法司法解释(五)》第 4 条。

第十四讲
股东代表诉讼
Lecture
14

一、股东代表诉讼概述

(一)股东代表诉讼的基本含义

股东代表诉讼,理论上也有学者称为"股东派生诉讼",是指公司利益受到损害,公司不提起诉讼或怠于提起诉讼时,股东作为公司的投资人,依法享有为公司的利益而提起诉讼的权利(见图14-1)。该制度源于19世纪中期,英国Foss vs. Harbottle案中所确立的"Harbottle规则",后在美国得以发展,进而逐渐在德国、法国、日本等大陆法系国家传播开来。借鉴国外成熟的立法经验,我国也在2005年《公司法》中正式导入了该制度。《公司法司法解释(四)》从当事人地位、胜诉利益的归属、诉讼费用的负担等方面进行了完善。《九民纪要》进一步从前置程序、反诉及调解等方面进行了规范。

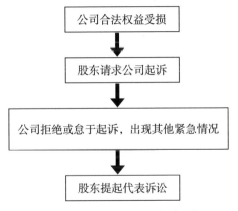

图14-1 股东代表诉讼发动逻辑

(二)与直接诉讼的区分

根据诉权性质的不同,公司诉讼可以分为直接诉讼和代位诉讼。直接诉讼基于自身权益的维护与保障,而在代位诉讼中,原告缺乏实体权利,是基于公司利益而发动的诉讼,因此,代位诉讼需要法律的明确规定,法官没有自由裁量权的余地。在公司法语境下,大部分公司诉讼都属于直接诉讼,股东代表诉讼则属于代位诉讼。在直接诉讼中,依据原告主体的不同,直接诉讼又可分为股东提起的直接诉讼、公司提起的直接诉讼等典型形式。

1.股东直接诉讼

股东直接诉讼属于股东提起的直接诉讼范畴,是指股东为自己的利益,以自己的名义向公司或其他权利侵害人提起的诉讼。这里的合法权益,是指股东依据《公司法》等法律法规或公司章程享有的权益,包括表决权、分红权、知情权等。在我国公司法上,通常认为除该法第151条规定的股东代表诉讼以外的股东诉讼均为直接诉讼。我国《公司法》中对股东诉权有明确规定的股东直接诉讼的具体类型包括:

(1)第20条第2款规定的股东滥用股东权利给其他股东造成损失的侵权损害赔偿之诉,以滥用权利的股东为被告;(2)第22条规定的股东会或者股东大会、董事会决议无效、撤销之诉,以公司为被告;(3)第33条、第97条规定的股东查阅权之诉,以公司为被告;(4)第152条规定的董事、高级管理人员违反规定损害股东利益的侵权损害赔偿之诉,以董事、高级管理人员为被告;(5)第182条规定的公司解散之诉,以公司为被告;(6)《公司法》没有明确规定,但理论与实务界均普遍承认的其他诉讼类型,比如股东请求分配利润之诉、公司损害股东利益的侵权赔偿之诉等。此外,需注意的是,当董事、高级管理人员的行为既给公司造成损失,又直接损害股东利益的情况下,公司和股东分别就各自的损失对董事、高级管理人员享有损害赔偿请求权。股东可以依据《公司法》第149条、第151条及第152条的规定,提起股东代表诉讼和直接诉讼。

2.股东代表诉讼前置程序中的直接诉讼

当监事会、监事或董事会、执行董事接受股东请求,依据《公司法》第151条第1款和第151条第3款规定代表公司向人民法院提起诉讼时,这就产生股东代表诉讼前置程序中的直接诉讼,如何确定原告及代表原告参加诉讼的人的问题?《公司法司法解释(四)》第23条规定:"监事会或者不设监事会的有限责任公司的监事依据公司法第一百五十一条第一款规定对董事、高级管理人员提起诉讼的,应当列公司为原告,依法由监事会主席或者不设监事会的有限责任公司的监事代表公司进行诉讼。董事会或者不设董事会的有限责任公司的执行董事依据公司法第一百五十一条第一款规定对监事提起诉讼的,或者依据公司法第一百五十一条第三款规定对他人提起诉讼的,应当列公司为原告,依法由董事长或者执行董事代表公司进行诉讼。"理解与适用该条规定,需注意以下问题:

第一,依据《公司法》第151条第1款和第151条第3款规定提起的诉讼应当列公司为原告,实际上明确了该两类诉讼在法律性质上属于公司提起的直接诉讼范畴。第二,由于《公司法》第151条第3款没有规定他人损害公司合法权益时,股东应向哪个公司机关请求起诉,为此,本条第2款规定股东此时应向董事会或执行董事请求起诉。

(三) 股东代表诉讼的管辖

目前,《公司法》《民事诉讼法》及其司法解释对股东代表诉讼的管辖均没有特别规定,因此,只能依据《民事诉讼法》第29条关于一般侵权案件管辖的规定和《民诉法司法解释》第24条的规定来处理,即侵权行为实施地、侵权结果发生地、被告住所地均可以成为诉讼管辖地。

二、股东代表诉讼的诉因

诉因是民事主体发动民事诉讼的原因,民事主体权益受到侵害是激发其发动诉讼程序的原因。具体到股东代表诉讼,诉因主要有两个:

(一) 公司利益受到损害时,公司怠于行使诉权

股东作为投资人,将自己的财产投资于公司,是为了获取投资回报,因此,公司的损失与股东的利益直接挂钩。当公司利益受到损害且公司怠于行使诉权时,为了维护公司利益,从而间接保护股东的投资权益,公司法特别赋予股东提起代表诉讼的权利。

(二) 公司利益受到侵害是因为公司的股东、董事及高管的作为或不作为或者第三人侵犯公司利益

这个诉因可称为股东代表诉讼的起诉事由,对此,笔者从《公司法》及其司法解释角度进行梳理如下:

1. 公司法规定的事由

《公司法》第151条规定了两个事由:第一,董事、监事及高管执行公司职务,违反法律、法规规定或公司章程规定,造成公司损失的,应承担赔偿责任;第二,他人侵犯公司合法权益,给公司造成损失的。

2. 公司法司法解释规定的特别事由

第一,追究清算组成员责任时的股东代表诉讼。《公司法司法解释(二)》第23条第2款、第3款规定:"有限责任公司的股东、股份有限公司连续一百八十日以上单独或者合计持有公司百分之一以上股份的股东,依据公司法第一百五十一条第三款的规定,以清算组成员有前款所述行为为由向人民法院提起诉讼的,人民法院应予受理。公司已经清算完毕注销,上述股东参照公司法第一百五十一条第三款的规定,直接以清算组成员为被告、其他股东为第三人向人民法院提起诉讼的,人

民法院应予受理。"

第二,对关联交易行为提起的股东代表诉讼。关联交易损害公司利益的,《公司法司法解释(五)》第1条第2款规定:"公司没有提起诉讼的,符合公司法第一百五十一条第一款规定条件的股东,可以依据公司法第一百五十一条第二款、第三款规定向人民法院提起诉讼。"第2条规定:"关联交易合同存在无效或者可撤销情形,公司没有起诉合同相对方的,符合公司法第一百五十一条第一款规定条件的股东,可以依据公司法第一百五十一条第二款、第三款规定向人民法院提起诉讼。"

【案例进阶58】股东能否提起双重代表诉讼?

案例名称: 新佰益(香港)投资有限公司、金红英与公司有关的纠纷案

案例来源: 最高人民法院(2018)最高法民终113号民事裁定书

裁判要旨:

山风公司作为中天公司的唯一股东,在中天公司合法权益受到董事、监事、高级管理人员或他人侵害而中天公司怠于提起诉讼的情况下,有权依据《公司法》第149条、第151条的规定以中天公司股东身份提起股东代表诉讼。但新佰益公司系山风公司的股东,并非中天公司的股东,其提起维护中天公司利益的股东代表诉讼,缺乏法律依据。

基本案情:

上诉人(一审原告)新佰益(香港)投资有限公司(以下简称"新佰益公司")系在中国香港注册的有限公司,是山风(巴巴多斯)有限公司(以下简称"山风公司")唯一股东。2006年4月24日,山风公司经批准独资设立北京中天宏业房地产咨询有限责任公司(以下简称"中天公司")。2008年3月,金红英以及闵凤振、闵财星由山风公司委派为中天公司董事,金红英被聘任为总经理,任期为三年。2011年3月任期届满后,山风公司并未继续委派上述三人为董事,金红英总经理职务亦未获续聘。期间,闵凤振、闵财星因刑事犯罪受到刑事追究。

2015年10月23日,新佰益公司以金红英任期届满后未能继续获得合法有效授权,侵害了中天公司合法权益为由,向一审法院提起诉讼,请求判令:1.金红英立即停止侵权,不得以中天公司名义对外从事任何活动,不得对中天公司所有的中汇广场及其他财产作任何处置。2.金红英交回中天公司公章、法定代表人章、财务专用章、合同专用章、银行预留印鉴、公司证照及账簿。3.金红英向中天公司赔偿自2011年9月至今的损失1.1亿元人民币。

法律关系图：

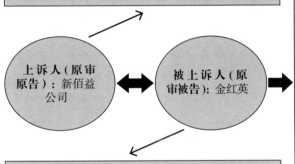

原告认为： 金红英在董事任期届满后未能继续获得合法有效授权的情况下，拒绝返还中天公司印鉴、证照等财产，并擅自处置中天公司资产。原告作为中天公司股东山风公司的唯一股东，与中天公司权益有直接利害关系，有权提起股东代表诉讼，要求金红英停止相关行为并赔偿中天公司损失。

争议焦点： 新佰益公司是否有权对中天公司董事、总经理的相关损害行为提起股东代表诉讼？

法院认为： 山风公司作为中天公司唯一股东，在中天公司合法权益受到董事、监事、高管或他人侵害而中天公司怠于提起诉讼的情况下，有权依据《公司法》第149条、第151条以中天公司股东身份提起股东代表诉讼。但新佰益公司系山风公司股东，并非中天公司的股东，其提起维护中天公司利益的股东代表诉讼，缺乏法律依据。

股权结构： 山风公司独资设立了中天公司，新佰益公司系山风公司唯一股东。

裁判过程及理由：

一审法院认为，当事人向人民法院提起民事诉讼，应当符合民事诉讼受理条件。首先，根据《民事诉讼法》第119条第1项（现第122条）的规定，向法院提起诉讼的原告应当是与本案有直接利害关系的公民、法人或其他组织。因此，原告是否与本案有直接利害关系属于立案审查的事项。其次，关于新佰益公司是否本案适格原告的问题。本案中，新佰益公司以金红英侵害中天公司的利益为由提起诉讼，请求金红英停止侵权并返还中天公司公章、公司证照及账簿，以及赔偿因侵权行为给中天公司造成的损失等。根据新佰益公司的陈述，其提起诉讼的法律依据是《公司法》第151条、第152条关于股东代表诉讼的法律规定。但《公司法》第151条仅赋予股东为了维护自己直接出资的公司的权益，对侵害该公司利益的行为提起股东代表诉讼的权利，并未规定上一层级的股东（股东的股东）有权对侵害其下一层级的股东出资之公司权益的行为提起股东代表诉讼。中天公司权益受到损害，中天公司的股东山风公司依法有权提起股东代表诉讼，新佰益公司作为山风公司的股东，无权就中天公司权益受到损害提起股东代表诉讼。新佰益公司与本案并没有直接利害关系，其提起的诉讼不符合民事诉讼起诉条件，依法应当不予受理。综上，一审法院裁定：不予受理新佰益公司的起诉。

新佰益公司不服一审裁定，提起上诉。

二审法院认为,新佰益公司系在中华人民共和国香港特别行政区注册成立的公司,山风公司系在巴巴多斯共和国注册成立的公司,故本案属于涉外、涉港商事纠纷案件。本案系新佰益公司认为中天公司前任董事金红英侵害中天公司权益,进而使新佰益公司权益受损而提起的与公司有关的纠纷,其起诉是否受理的问题属程序事项,应适用法院地法即中华人民共和国法律。

《民事诉讼法》第119条第1项(现第122条)规定,原告是与本案有直接利害关系的公民、法人和其他组织。因此,与本案是否具有直接利害关系作为判断原告主体是否适格的标准之一需要在审查起诉阶段确定。新佰益公司关于一审裁定混淆了"主体适格"与"具有直接利害关系",原告主体是否适格应当在实体审理后确定的上诉主张不能成立。此外,原告主体适格与否之判断,应当依据案件的具体情况,根据起诉人与诉讼的特定关系以及相关法律对诉权的特别规定来确定。新佰益公司依据《公司法》第151条、第152条分别赋予公司股东的派生诉讼提起权和直接诉讼提起权提起本案诉讼,一审法院根据上述法律相关条文审查认定新佰益公司主体资格具有法律依据。新佰益公司关于一审法院在立案阶段就进行实体审理,剥夺了新佰益公司诉讼权利的主张亦不能成立,应不予支持。

根据《公司法》第149条、第151条的规定,董事、监事、高级管理人员执行公司职务时违反法律、行政法规或者公司章程的规定,给公司造成损失以及他人侵犯公司合法权益给公司造成损失时,符合法定条件的股东有权提起股东代表诉讼。新佰益公司认为中天公司原高级管理人员侵害中天公司权益,并以维护中天公司利益为目的提起本案诉讼。山风公司作为中天公司的唯一股东,在中天公司合法权益受到董事、监事、高级管理人员或他人侵害而中天公司怠于提起诉讼的情况下,有权依据上述法律规定以中天公司股东身份提起股东代表诉讼。本案中,新佰益公司系山风公司的股东,并非中天公司的股东,其提起维护中天公司利益的股东代表诉讼,缺乏法律依据。

《公司法》第152条规定:"董事、高级管理人员违反法律、行政法规或者公司章程的规定,损害股东利益的,股东可以向人民法院提起诉讼。"该条规定了股东提起直接诉讼的权利。如中天公司董事、高级管理人员存在上述法定情形,山风公司作为中天公司股东可以依据该条向人民法院提起诉讼。新佰益公司并非中天公司股东,其依据上述规定就中天公司董事、高级管理人员损害股东利益之行为提起诉讼亦没有法律依据。

股东向公司完成出资成为公司股东后即享有公司股权,股东人格和财产与公司的人格与财产相互分离、各自独立。新佰益公司起诉认为中天公司的权益受到侵害,并请求侵害者向中天公司承担责任,其并非诉因涉及的民事法律关系之一方主体,与本案不存在直接的利害关系。新佰益公司关于中天公司是新佰益公司唯一和全部的资产权益所在,中天公司利益受损势必使新佰益公司权益受损,因而新佰益公司与本案有直接利害关系的上诉主张不能成立,应不予支持。

根据《民事诉讼法》第123条(现第126条)的规定,一审法院认定新佰益公司提起本案诉讼不符合法定起诉条件并裁定不予受理具有法律依据。综上,新佰益公司的上诉请求均不能成立,一审裁定认定事实清楚、适用法律正确。据此,二审法院裁定:驳回上诉,维持原裁定。

实务要点:

股东双重代表诉讼是指由母公司的股东提起的诉讼,代表母公司全资持有或控股的子公司,行使属于该子公司的诉讼权利。对于能否提起股东双重代表诉讼,甚至多重代表诉讼,在司法实践中,有不同的认识。通过阅读本案,可以发现:

第一,关于能否提起双重代表诉讼。在本案中,最高人民法院认为,标的公司"股东的股东"与标的公司遭受侵害不存在直接的利害关系,其代表标的公司提起诉讼缺乏法律依据。一审裁定不予受理并无不当,予以维持。通过阅读包括本案在内的(2021)最高法民申6233号、(2019)最高法民终521号等一系列案件,可以看出,最高院人民法院认为股东代表诉权系由法律特别赋予,该代表诉权不宜随意扩张,因此,倾向于不支持"股东双重代表诉讼"。

第二,关于能否提起直接诉讼。新佰益公司并非中天公司股东,自然不能以股东身份,依据《公司法》第152条,就中天公司董事、高级管理人员损害股东利益之行为提起直接诉讼。

三、股东代表诉讼的原告资格、当事人诉讼地位及反诉

(一)股东代表诉讼的原告资格

根据《公司法》第151条的规定,对于有限责任公司股东的持股期限、数额等没有任何限制,只要是有限责任公司适格股东,即可提起股东代表诉讼;而对于股份有限公司股东,则在持股期限和持股数额上均提出了要求,即连续180日以上单独或者合计持有公司百分之一以上股份的股份有限公司股东才符合原告主体资格条件。《公司法司法解释(一)》第4条解释了180日以上连续持股期间,应为股东向人民法院提起诉讼时,已期满的持股时间。规定的合计持有公司百分之一以上股份,是指两个以上股东持股份额的合计。《九民纪要》第24条则进一步明确了取得股权不管是在不法

行为发生前还是不法行为发生后并不影响原告提起股东代表诉讼的主体资格。因此,《公司法》第151条、《公司法司法解释(一)》第4条及《九民纪要》第24条的规定相结合,构成了我国股东代表诉讼原告主体资格的完整要求。此外,需注意的是:

第一,依据"洁手原则",提起股东代表诉讼的原告股东应当是没有同意、默认或者追认过所诉不法行为的股东。第二,公司在其利益受损后虽然未提起诉讼,但已经积极采取刑事报案等措施以维护公司利益,公司拒绝提起诉讼有正当理由的,已无赋予股东提起股东代表诉讼的权利之必要,股东提起股东代表诉讼应不予受理。

【案例进阶59】在案件审理过程中丧失股东资格的股东,是否可以提起股东代表诉讼?

案例名称: 李海宁与陆荣杰、杨立春、北京神州融信信息技术有限公司损害公司利益责任纠纷案

案例来源: 北京市第一中级人民法院(2017)京01民终9059号民事裁定书

裁判要旨:

股东代表诉讼审理过程中,如果有限责任公司股东将所持股股权转让给他人,则该股东就丧失了在案件中继续以股东身份进行代表诉讼的资格,应驳回其诉讼。

基本案情:

原审第三人北京神州融信信息技术有限公司(原名北京神州融信信息技术股份有限公司,以下简称"神州融信公司")成立于2006年12月21日,上诉人(原审被告)陆荣杰是其法定代表人,担任执行董事职务,上诉人(原审被告)杨立春是公司总经理,周凤兰是其监事。

2011年4月20日,国家知识产权局授予集群读写装置及系统实用新型专利证书,专利权人是神州融信公司,发明人是陆荣杰、周家术。2011年7月12日,国家知识产权局发出通知,准予将上述专利的专利权人由神州融信公司变更为周家术。

2011年12月,上诉人(原审原告)李海宁成为神州融信公司的股东。2012年3月底,神州融信公司的投资人由陆荣杰、杨立春、李思军、李海宁四人,变更为李海宁、陆荣杰、杨立春三人。

2013年7月28日,案涉专利的财产权评估值为1000万元。2013年7月30日,杨立春、周家术、陆荣杰共同出资设立中恒公司,公司注册资本为2001万元,其中货币出资1001万元,知识产权出资1000万元。2014年1月6日,周家术、杨立春、陆荣杰将三人享有的案涉专利财产权益转移至中恒公司。

2015年1月8日,案涉专利的专利权人登记为中恒公司。

2015年3月底,神州融信公司的股东变更为丁纯、李海宁,董事成员由陆荣杰变更为丁纯,监事成员由周凤兰变更为李海宁,经理由杨立春变更为李伟。

2015年10月,中恒公司决定将案涉专利从公司减资。2016年6月20日,国家知识产权局向中恒公司发出《专利权终止通知书》,写明该专利权于2015年10月13日终止。

李海宁以陆荣杰、杨立春侵害公司利益为由提起本案诉讼,请求法院判令:陆荣杰、杨立春向李海宁、神州融信公司返还案涉专利同等价款1000万元,并赔偿李海宁及神州融信公司损失300万元。

此外,二审查明:神州融信公司工商登记信息中载明,李海宁自2017年2月20日起不再是神州融信公司股东。李海宁在二审诉讼中明确表示,其是以股东身份而非神州融信公司监事身份提起本案诉讼,要求公司高级管理人员、控股股东陆荣杰、杨立春向神州融信公司承担侵占公司财产的赔偿责任。

法律关系图:

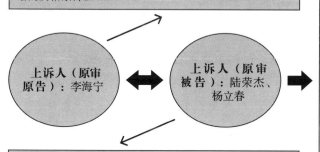

原告认为:陆荣杰、杨立春违反忠实义务,将神州融信公司的专利擅自无偿转出且增资至自己经营的公司,实施了损害神州融信公司利益的行为。原告一审起诉时具有神州融信公司股东身份,二审过程中虽将股权转让,但与神州融信公司具有间接投资关系,符合股东代表诉讼的资格条件。

被告认为:被告并不存在侵害神州融信公司利益的行为。原告二审时已将股权转让给第三方,丧失了神州融信公司股东身份,不符合股东代表诉讼的资格条件,不具有原告资格,应驳回原告起诉。

争议焦点:李海宁转让股权后是否还具有原告主体资格?

法院认为:虽然李海宁起诉时具备神州融信公司股东身份,符合股东代表诉讼原告资格的要求,但在法院审理过程中,其将所持股份全部转让,并办理了工商变更登记,其已丧失了神州融信公司股东的身份,即丧失了在本案中继续以神州融信公司股东身份进行股东代表诉讼的资格,应驳回其诉讼请求。

裁判过程及理由:

一审法院认为,李海宁以损害公司利益责任纠纷为由提起本案诉讼。李海宁在神州融信公司成立之初虽然不是公司股东,但依据李海宁与陆荣杰、杨立春签订的《投资协议》,应当认定股东李思军持有的股权系代李海宁持有。2011年12

月,李海宁成为神州融信公司的正式股东,之后又担任公司监事,根据《公司法》第151条、第152条的规定,李海宁有权以自己的名义向法院提起诉讼。

本案争议焦点是:陆荣杰和杨立春在担任神州融信公司高级管理职务期间将案涉专利无偿转让他人,是否损害了神州融信公司的利益。董事、监事、高级管理人员执行公司职务时违反法律、行政法规或者公司章程的规定,给公司造成损失的,应当承担赔偿责任。陆荣杰和杨立春是否应承担该责任,需考虑以下因素:(1)是否符合主体要求;(2)是否存在违反法定义务的行为;(3)是否因此损害了公司利益。据此分析如下:

第一,李海宁诉讼请求所涉行为发生于陆荣杰、杨立春担任神州融信公司法定代表人、总经理期间,其作为高级管理人员符合该纠纷主体要件。

第二,陆荣杰、杨立春作为公司高级管理人员,应当遵守法律、行政法规和公司章程的规定,对公司负有忠实义务和勤勉义务。陆荣杰和杨立春为证明案涉专利的来源提交了周家术的证人证言,但周家术与陆荣杰为朋友关系,其与陆荣杰存在一定利害关系,其证言并无其他证据佐证,故该院对其证言不予采纳。陆荣杰和杨立春将案涉专利无偿转让给周家术,并将专利作为三人的入资成立中恒公司,已构成对神州融信公司和其他股东利益的损害,违反了其法定义务。

第三,涉案专利曾被国家知识产权局授予专利号,但又被宣告为无效,并不代表涉案专利不具有财产价值。根据李海宁提交的神州融信公司与知识产权出版社签订的两份合同可知,神州融信公司的相关业务系以案涉专利为基础制作系统软件。如果专利被转让他人,将直接影响神州融信公司的经营活动,对神州融信公司造成经济损失。陆荣杰和杨立春应对损失作出赔偿。李海宁主张赔偿金额为300万元,但并未举证直接经济损失的实际发生金额,故对损失赔偿额酌定为30万元,赔偿款应支付给神州融信公司。对李海宁的其他诉讼请求,不予支持。

综上所述,一审法院判决:1.陆荣杰、杨立春于判决生效之日起十日内给付神州融信公司经济损失30万元;2.驳回李海宁其他诉讼请求。

李海宁、陆荣杰、杨立春不服一审判决,提起上诉。

二审法院认为,李海宁以损害公司利益责任纠纷提起本案诉讼,故本案为股东代表诉讼。股东代表诉讼是指当公司的正当利益受到控股股东、董事、高级管理人员或者其他人的侵害,而公司怠于通过诉讼追究侵害人的责任以及实现其他民事权利时,具备法定资格的股东为了公司的利益,依据法定程序以自己的名义提起的诉讼。根据《公司法》第151条的规定,具备公司股东身份是有限责任公司股东提起股东代表诉讼的身份要件。本案中,虽然李海宁起诉时具备神州融信公司股东的身份,符合法律关于股东代表诉讼原告资格的要求,但在法院审理过程中,其将所持股份全部转让给信安世纪公司,并办理了工商变更登记,李海宁已丧失了神州融信公司股东的身份,即丧失了在本案中继续以神州融信公司股东身份进行股东代表诉讼的资格。诉讼中,李海宁主张其仍与神州融信公司存在间接投资关系、与本案仍具有利害关系,对此,李海宁未提交充分的证据予以证明,且即使李海宁与神州融信公司存在其所主张的利害关系,在李海宁已不是神州融信公司股东的情形下,其以自己的名义要求陆荣杰、杨立春向神州融信公司进行赔偿,无相应的法律依据。因此,李海宁并非本案适格原告,对其诉讼请求应予驳回。

基于前述认定,本院对各方当事人的其他意见不再予以实体处理及评述。据此,二审法院裁定如下:1.撤销北京市海淀区人民法院(2015)海民(商)初字第24997号民事判决。2.驳回李海宁的起诉。

实务要点:

根据《九民纪要》第24条的规定,针对公司的不法行为发生在原告股东取得股东资格之前不会影响其原告资格,允许不法行为发生后取得股权的股东提起股东代表诉讼。但如果案件在审理过程中,原告股东资格丧失,应该如何处理?目前,立法并不明确。通过阅读本案,可以发现:

第一,本案中,二审法院认为,根据《公司法》第151条的规定,具备公司股东身份是有限责任公司股东提起股东代表诉讼的身份要件。本案中,虽然李海宁起诉时具备神州融信公司股东的身份,符合法律关于股东代表诉讼原告资格的要求,但在法院审理过程中,其将所持股份全部转让给信安世纪公司,并办理了工商变更登记,李海宁已丧失了神州融信公司股东的身份,即丧失了在本案中继续以神州融信公司股东身份进行股东代表诉讼的资格,因此,驳回李海宁的起诉。

第二,除了因股权转让而丧失股东资格,导致不能提起股东代表诉讼外,在上海高金股权投资合伙企业、许某某等与许某某、谢某某等损害公司利益责任纠纷案[最高人民法院(2015)民申字第2204号]中,最高人民法院认为,公司召开股东会并作出决议,以减少注册资本的形式解除了原告股东的股东资格。原告股东并没有依法提起申请撤销股东会决议诉讼或申请确认股东会决议无效诉讼。原告股东在诉讼中丧失了股东资格,无权提起股东代表诉讼,裁定驳回起诉。

(二)股东代表诉讼中当事人诉讼地位

第一,公司的诉讼地位。在股东代表诉讼中,股东虽然在实体法上对诉讼标的没有请求权,但为了维护公司利益,法律规定允许股东代表公司进行诉讼,因此,公司在股东代表诉讼中只能列为第三人。

第二，原告股东以外的其他股东的诉讼地位。根据《公司法司法解释（四）》第24条第2款的规定，一审法庭辩论终结前，符合《公司法》第151条第1款规定条件的其他股东，以相同的诉讼请求申请参加诉讼的，应当列为共同原告。

（三）股东代表诉讼中的反诉

在民事诉讼中，反诉是指本诉被告以本诉中的原告为被告，向法院提出与本诉有牵连关系的诉讼，旨在抵消、吞并、排斥本诉原告的诉讼请求的一项诉讼制度。因为股东代表诉讼的诉讼请求是为公司的利益而主张，所以，如果被告针对原告股东提起反诉，要求原告承担责任，并不能达到抵消其与公司之间的权利义务关系的目的，因此，股东代表诉讼原则上禁止反诉。只有在符合《公司法》第151条第3款规定，因他人侵犯公司合法权益提起的股东代表诉讼中，才区分不同情况对被告提起的反诉予以处理：被告以原告股东恶意起诉侵犯其合法权益为由提出反诉的，符合反诉形式要件，应当受理；被告以公司在案涉纠纷中应当承担侵权或者违约等责任为由对公司提出反诉的不符合反诉形式要件，不能作为反诉受理，但是当事人可以另行起诉。

四、股东代表诉讼的前置程序

为了过滤无价值诉讼，避免扰乱公司正常的经营活动，股东代表诉讼规定股东提起诉讼前需要履行前置程序。股东代表诉讼的前置程序又称为先诉请求，是股东代表诉讼"穷尽内部救济原则"的体现，是指股东提起代表诉讼之前，必须先书面请求公司以自己的名义向法院提起诉讼。不过，需注意的是，前置程序也不是绝对的，一定条件下，可以豁免股东履行前置程序。

（一）履行前置程序的一般规则

根据《公司法》第151条的规定，我国股东代表诉讼前置程序为，董事、高级管理人员有《公司法》第149条规定情形的，原告股东需首先书面请求监事会或监事向人民法院提起诉讼；如果是监事有《公司法》第149条规定情形的，则向董事会或执行董事提出上述请求。监事会、监事、董事会、执行董事收到前述书面请求后拒绝提起诉讼，或者自收到请求之日起30日内未提起诉讼，符合上述两个条件时，股东方可以自己名义提起股东代表诉讼。此外，根据《公司法司法解释（四）》第23条第2款的规定，股东依据《公司法》第151条第3款请求起诉的，应向董事会或执行董事提起。

(二)履行前置程序的豁免

在股东代表诉讼中,如果不考虑案件的具体情况,僵化地理解前置程序,既不利于股东提起诉讼,也会对股东和公司合法权益的维护带来消极影响。为了平衡两者的利益,在特定情况下,我国《公司法》规定可以豁免股东履行前置程序。

第一,紧急情况下的前置程序豁免。根据《公司法》第151条第2款的规定,情况紧急、不立即提起诉讼将会使公司利益受到难以弥补的损害的,前款规定的股东有权为了公司的利益以自己的名义直接向人民法院提起诉讼。

第二,公司治理失灵情况下的前置程序豁免。《九民纪要》第25条规定:"根据《公司法》第151条的规定,股东提起代表诉讼的前置程序之一是,股东必须先书面请求公司有关机关向人民法院提起诉讼。一般情况下,股东没有履行该前置程序的,应当驳回起诉。但是,该项前置程序针对的是公司治理的一般情况,即在股东向公司有关机关提出书面申请之时,存在公司有关机关提起诉讼的可能性。如果查明的相关事实表明,根本不存在该种可能性的,人民法院不应当以原告未履行前置程序为由驳回起诉。"

【案例进阶60】未经前置程序,股东可直接提起代表诉讼吗?

案例名称:周长春与庄士中国投资有限公司、李世慰、彭振傑及第三人湖南汉业房地产开发有限公司损害公司利益责任纠纷案

案例来源:最高人民法院(2019)最高法民终1679号民事裁定书,载于《最高人民法院公报》2020年第6期

裁判要旨:

在能够证明依法有权代表公司提起诉讼的公司机关基本不存在提起诉讼的可能性,由原告履行前置程序已无意义的情况下,不宜以股东未履行《公司法》第151条规定的前置程序为由驳回起诉。

基本案情:

一审第三人湖南汉业房地产开发有限公司(以下简称"湖南汉业公司")成立于2002年,注册资本为2500万元,股东为上诉人(一审原告)周长春、新时代投资有限公司(以下简称"新时代公司"),周长春持股10%,新时代公司持股90%。公司有5名董事,除周长春外,其余四名均由新时代公司委派,分别为被上诉人(一审被

告)李世慰(董事长)、被上诉人(一审被告)彭振傑、庄学农、李美心。且李美心、彭振傑、李世慰系本案被上诉人(一审被告)庄士中国投资有限公司(以下简称"庄士中国公司")董事,庄学农系庄士中国公司高层管理人员。

周长春提起股东代表诉讼,诉称2005年9月至2016年期间,李世慰(董事长)、彭振傑及庄士中国公司利用其对湖南汉业公司的控制和管理地位,通过关联交易或低价处置的方式,损害湖南汉业公司利益。请求判令:1. 庄士中国公司、李世慰、彭振傑共同赔偿湖南汉业公司人民币750.825万元。2. 庄士中国公司、李世慰、彭振傑共同赔偿湖南汉业公司经济损失32210138.92元。3. 庄士中国公司、李世慰、彭振傑赔偿因低价折抵湖南汉业公司资产,侵占湖南汉业公司商业机会,而造成的经济损失5000万元。

法律关系图：

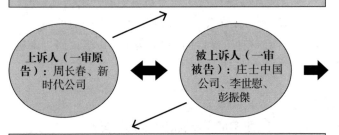

裁判过程及理由：

一审法院审查认为,本案系周长春代表湖南汉业公司提起的股东代表诉讼。根据《公司法》第151条的规定,他人侵犯公司合法权益,给公司造成损失的,本条第1款规定的股东可以依照前两款的规定向人民法院提起诉讼。本案中,周长春代表湖南汉业公司提起诉讼,应先履行《公司法》第151条有关股东代表诉讼的前置程序。周长春主张湖南汉业公司任命周益科为湖南汉业公司监事,为此,周长春向该院提交了2010年11月18日湖南汉业公司的《董事会决议》,申请对该《董事会决议》进行鉴定,拟证明周益科为湖南汉业公司监事。一审法院认为,湖南省长沙市中级人民法院0590号民事判决已对该《董事会决议》的真实性不予确认。一审法院已生效的(2017)湘民终636号民事判决对湖南省长沙市中级人民法院0590号民事判决认定的事实也予以了认定,根据《民诉法司法解释》第93条的规定,已为人民法院发生法律效力的裁判所确认的事实,当事人无须举证。故对周长春提出对2010年11月18日《董事会决议》进行鉴定的申请不予准许。周长春亦未提交其他证据证明周益科为湖南汉业公司监事,故现有证据不能证明周益科系湖南汉业公司的监事。因此,周长春主张书面向周益科请求提起本案诉讼被拒即履行了股东代表诉讼前置程序的理由不能成立。

周长春还认为,本案由于湖南汉业公司的董事和实际控制人不会自己起诉自己,在此时要求公司股东履行股东代表诉讼的前置程序没有可能,因此应允许股东直接提起股东代表诉讼。即使湖南汉业公司不认可周益科的公司监事身份,也不妨碍周长春作为湖南汉业公司股东为维护公司利益提起的股东代表诉讼。一审法院认为,湖南汉业公司董事会共有董事五人,即李世慰、李美心、彭振杰、庄学农、周长春,周长春作为本案一审原告起诉其中两名董事李世慰、彭振杰,董事会仍有可能形成多数表决意见来提起诉讼;更何况周长春不但起诉了湖南汉业公司两名董事李世慰、彭振杰,还起诉了庄士中国公司,根据《公司法》第151条第3款的规定,周长春也可通过书面请求湖南汉业公司董事会来提起诉讼,若董事会拒绝提起诉讼或三十日内未提起诉讼,周长春方可提起本案股东代表诉讼。故对于周长春未履行上述前置程序而直接提起股东代表诉讼不予支持。

综上,周长春未履行法律规定的提起股东代表诉讼的前置程序,同时本案客观上也不具备"情况紧急、损失难以弥补"的法定情形,周长春无权依据上述规定提出股东代表诉讼。在周长春目前无权提出股东代表诉讼的情况下,其关于对2009年10月30日《董事会决议》中范小汉、周长春签名的真实性进行笔迹鉴定的申请亦不予准许。据此,一审法院裁定:驳回周长春的起诉。

周长春不服一审裁定,提起上诉。

二审法院认为,本案争议焦点为:一审裁定驳回周长春的起诉是否正确。

根据《公司法》第151条的规定,股东先书面请求公司有关机关向人民法院提起诉讼,是股东提起代表诉讼的前置程序。一般情况下,股东没有履行前置程序的,应当驳回起诉。但是,该项前置程序针对的是公司治理的一般情况,即在股东向公司有关机关提出书面申请之时,存在公司有关机关提起诉讼的可能性。如果不存在这种可能性,则不应当以原告未履行前置程序为由驳回起诉。具体到本案,分析如下:

其一,根据《公司法》第151条的规定,董事、高级管理人员有《公司法》第149条规定的情形的,有限责任公司的股东可以书面请求监事会或者不设监事会的有限责任公司的监事提起诉讼。本案中,李世慰、彭振傑为湖南汉业公司董事,周长春以李世慰、彭振傑为被告提起股东代表诉讼,应当先书面请求湖南汉业公司监事会或者监事提起诉讼。但是,在二审询问中,湖南汉业公司明确表示该公司没有工商登记的监事和监事会。周长春虽然主张周益科为湖南汉业公司监事,但这一事实已为另案人民法院生效民事判决否定,湖南汉业公司明确否认周益科为公司监事,周长春二审中提交的证据也不足以否定另案生效民事判决认定的事实。从以上事实来看,本案证据无法证明湖南汉业公司设立了监事会或监事,周长春对该公司董事李世慰、彭振傑提起股东代表诉讼的前置程序客观上无法完成。

其二,根据《公司法》第151条第3款的规定,庄士中国公司不属于湖南汉业公司董事、监事或者高级管理人员,因湖南汉业公司未设监事会或者监事,周长春针对庄士中国公司提起代表诉讼的前置程序应当向湖南汉业公司董事会提出,但是,根据查明的事实,湖南汉业公司董事会由李世慰(董事长)、彭振傑、庄学农、李美心、周长春组成。除周长春以外,湖南汉业公司其他四名董事会成员均为庄士中国公司董事或高层管理人员,与庄士中国公司具有利害关系,基本不存在湖南汉业公司董事会对庄士中国公司提起诉讼的可能性,再要求周长春完成对庄士中国公司提起股东代表诉讼的前置程序已无必要。

本案系湖南汉业公司股东周长春以庄士中国公司和李世慰、彭振傑为被告代表公司提起的损害公司利益责任纠纷诉讼,诉请三原审被告承担共同赔偿责任。综合以上情况,本院认为,周长春主张可以不经股东代表诉讼前置程序直接提起本案诉讼的上诉理由成立。一审裁定驳回起诉不当,应予纠正。

综上,周长春的上诉请求成立,据此,二审法院裁定:1. 撤销湖南省高级人民法院(2017)湘民初18号民事裁定。2. 本案指令湖南省高级人民法院审理。

实务要点:

根据《九民纪要》第25条的规定,当股东提起股东代表诉讼时,如果公司治理机制失灵,可以豁免股东代表诉讼的前置程序。本案对于如何认定公司治理失灵,具有积极的借鉴意义。通过阅读本案,可以发现:

第一,关于判断公司治理失灵的时间点。判断公司有关机关是否存在提起诉讼可能性时,以股东应当向公司有关机关提出书面申请之时为时间点。如果在股东起诉前公司治理失灵,不存在提起诉讼的可能性,而在股东已经提起代表诉讼之后公司有关机关发生相应变动,即使又存在了提起诉讼的可能性,也不能因此导致股东代表诉讼被驳回起诉。

第二,关于公司有关机关不存在提起诉讼可能的具体情形。本案中,公司没有设立监事或监事会,部分公司董事为被告,且董事会多数成员与他人损害公司利益的行为有利害关系,因此,公司相关机关不会提起诉讼,公司治理机制已失灵,可以豁免前置程序。

第三,关于是否存在豁免前置程序情形的举证责任。因履行前置程序是股东提起代表诉讼的前提,对于具体案件中是否存在上述可以豁免前置程序的例外情形,就应当由原告股东承担举证责任。如果原告股东无充分证据证明存在豁免前置程序的例外情形,在其没有履行先诉请求的前置程序即提起代表诉讼时,法院应当对该代表诉讼不予受理,已经受理的应当驳回起诉。

五、股东代表诉讼的调解、胜诉利益归属及费用承担

(一)股东代表诉讼的调解

股东代表诉讼属于民事诉讼范畴,为了及时解决纠纷,节约诉讼成本,维护公司的正常经营。股东代表诉讼当事人之间可以进行调解,但为了避免当事人之间的调解损害公司及其他股东的利益,对于调解的程序应作特别规定。

《九民纪要》第27条规定:"公司是股东代表诉讼的最终受益人,为避免因原告股东与被告通过调解损害公司利益,人民法院应当审查调解协议是否为公司的意思。只有在调解协议经公司股东(大)会、董事会决议通过后,人民法院才能出具调解书予以确认。至于具体决议机关,取决于公司章程的规定。公司章程没有规定的,人民法院应当认定公司股东(大)会为决议机关。"为了正确理解与适用该条规定,需要注意以下几点:

第一,有权对股东代表诉讼调解协议进行决议的机关是公司的股东会、股东大会或者董事会,具体取决于公司章程的规定。公司章程没有规定的,应当由公司股东会或股东大会为决议机关。第二,法院除了按照上述规定审查股东会或董事会决议外,还应当与审查其他民事案件调解协议一样,审查其是否符合自愿、合法原则。第三,尽管没有经过股东会召开并作出决议的过程,但是如果有证据证明全体股东均对该调解协议表示同意,或者全体股东实际参与调解,而不表示反对的情况下,法院也可以出具相应的调解书。

(二)股东代表诉讼的胜诉利益归属

股东虽然以自己的名义提起诉讼,但其实质是为了公司的利益提起诉讼,针对的也是损害公司利益的行为,公司是实质意义上的原告,股东仅为名义原告,因此,根据《公司法司法解释(四)》第 25 条的规定,股东代表诉讼的胜诉利益归属于公司,而非提起股东代表诉讼的股东。这里胜诉利益不仅包括金钱利益,还包括"撤销重大交易合同,归还公司印章、营业执照等文件资料"的非金钱利益。此外,需要注意的是,公司获得金钱利益以后,在利润分配时,被诉侵犯公司利益的股东,能否参与此笔金钱利益的分配,尚存争议。本书认为,如果该股东正好是股东代表诉讼的被告,在公司分配利润时,该股东不应参与该笔金钱利益的分配,以体现对该股东侵害公司利益行为的惩罚性。

(三)股东代表诉讼的费用承担

根据《公司法司法解释(四)》第 26 条的规定,对原告股东出于共益目的而支出的合理费用予以补偿的原则,同时坚持保障股东诉权与防止滥诉并重,仅在原告股东胜诉的情况下,由公司承担合理费用。原告股东对公司主张的律师费、调查费、评估费、公证费等与诉讼请求相关的支出,法院应审查其合理性。合理费用的分担比例应当根据胜诉比例,也就是诉讼请求得到支持的比例确定,属于被告负担的除外。原告股东在提起股东代表诉讼的同时,请求由公司承担合理诉讼支出的,可以合并审理,也可分开审理,由法院根据实际情况决定。

第十五讲
公司对外担保
Lecture
15

一、公司对外担保概述

公司作为市场经济主体,可以为他人提供担保。担保是指以保证、抵押、质押、留置以及定金的方式确保债务履行的一种法律制度。公司提供担保的方式,主要是保证、抵押、质押。公司为他人提供担保,可能要承担相应的责任,这就会对公司和股东的利益产生影响,因此,《公司法》第 16 条对公司为他人提供担保作出了严格的限制。根据《公司法》第 16 条的规定,第一,公司为他人提供担保分为关联担保与非关联担保,前者是指公司为其股东或者实际控制人提供的担保,后者是指为股东或实际控制人以外的其他人提供的担保。第二,在决策程序上,为其股东或者实际控制人提供的关联担保,必须要经股东会或股东大会决议,且关联股东需要表决回避;为股东或实际控制人以外的其他人提供的非关联担保,决策机关在股东会、股东大会或董事会范围内,由公司章程具体规定。第三,公司章程对担保的总额及单项担保的数额有限额规定的,不得超过规定的限额。

二、公司法定代表人越权担保的效力和责任

(一)违反《公司法》第 16 条规定,公司法定代表人为他人提供担保的效力

在司法实务中,《公司法》第 16 条对公司为他人担保的规定,是属于管理性强制规范,还是效力性强制规范,历来争议较大。对于公司法定代表人越权担保的效力问题,《九民纪要》没有界定《公司法》第 16 条的规范性质,而是从相对人善意角度出发,认为关于公司法定代表人越权担保的效力,既要根据《公司法》的相关规定是否构成越权,也要根据《民法典》的相关规定来认定合同效力及后果。换言之,这种思路的着眼点在于《公司法》第 16 条作为私法自治规范,是对公司担保权利能力的特殊限制,其目的是保护中小股东和公司债权人的利益,因此,如果公司为他人担保不满足《公司法》第 16 条的规定,则表明它不是公司的行为,对公司而言,这一行为是不成立的。但如果全然认定违反《公司法》第 16 条的行为对公司不发生效力,公司也不承担责任,又很可能损害善意相对人的信赖利益,不利于交易安全。

为了平衡公司与债权人之间的利益,《九民纪要》第 17 条明确指出,"……担保行为不是法定代表人所能单独决定的事项,而必须以公司股东(大)会、董事会等公司机关的决议作为授权的基础和来源。法定代表人未经授权擅自为他人提供担保的,构成越权代表,人民法院应当根据《合同法》第 50 条关于法定代表人越权代表的规定,区分订立合同时债权人是否善意分别认定合同效力:债权人善意的,合同

有效;反之,合同无效。"由此可见,《九民纪要》把公司法定代表人越权担保的效力判断转换为合同法上的问题。《民法典担保制度司法解释》继续沿用了这一思路。

根据《民法典担保制度司法解释》第7条的规定,关于法定代表人越权提供担保的效力,要视相对人是否为善意来确定:相对人善意的,构成表见代表,担保合同对公司发生效力,相对人请求公司承担担保责任的,人民法院应予支持;相对人非善意的,担保合同对公司不发生效力。

【案例进阶61】如何认定非法定代表人以公司名义提供对外担保的效力?

案例名称:寿光广潍汽车销售服务有限公司、潍坊广潍汽车销售服务有限公司、潍坊广潍汽车销售服务有限公司寿光分公司与王龙江、梁廷国民间借贷纠纷案

案例来源:最高人民法院(2016)最高法民再207号民事判决书

裁判要旨:

公司聘用的经理,其在并未得到授权的情况下在担保人处加盖公司公章的行为显系无权代理。在相对人与公司之间能否有效成立担保合同关系,取决于该经理加盖公章的行为是否构成表见代理。如果构成表见代理,则担保行为有效;否则,该担保行为不对公司发生效力。

基本案情:

2012年6月19日,被申诉人(一审原告、二审上诉人)王龙江与被申诉人(一审被告)梁廷国签订《借款协议》约定:梁廷国于2012年6月19日向王龙江借款1290万元,期限为2012年6月19日至2012年9月18日计三个月;梁廷国应按约定及时还清欠款,逾期(最长不能超过三天)未还清的,每逾期一天,按欠款金额的5%计算罚息。逾期每超过一个月,在上一个月罚息基础上加收5%的罚息,直至还清为止;梁廷国为王龙江出具借款凭证,并由担保人在借款协议上盖章担保;因解决本协议纠纷产生的费用,包括但不限于调查费、诉讼费、律师费等,由败诉方承担。王龙江与梁廷国均在该借款协议上签字,申诉人(一审被告、二审被上诉人)寿光广潍汽车销售服务有限公司(以下简称"寿光广潍公司")、申诉人(一审被告、二审被上诉人)潍坊广潍汽车销售服务有限公司寿光分公司(以下简称"潍坊广潍寿光分公司")作为担保人在协议上加盖了公章。同日,梁廷国给王龙江出具了借条,内容为:借现金1290万元,到期2012年9月18日。借条上加盖了寿光广潍公司的公章。在上述借款合同签订前,王龙江与梁廷国之间曾多次发生借贷关系。经双方协商,于2012年6月19日重新签订了上述借款合同,将尚未归还的本金1200万元和尚欠的90万元利息一并作为借款本金,由梁廷国给王龙江重新出具了借款1290

万元的借条。

2012年10月25日,王龙江起诉至一审法院,请求判令:梁廷国偿还借款1290万元及利息,寿光广潍公司、申诉人(一审被告、二审被上诉人)潍坊广潍汽车销售服务有限公司(以下简称"潍坊广潍公司")、潍坊广潍寿光分公司承担连带保证责任。

法律关系图:

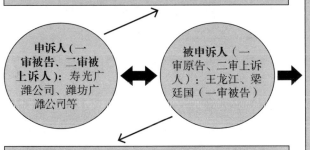

裁判过程及理由:

一审法院认为,虽然王龙江与梁廷国于2012年6月19日签订了借款合同,且梁廷国给王龙江出具了借条,但因借款合同为实践性合同,除出借人和借用人达成合意外,必须以出借人将出借款项交付借用人为生效要件。而在本案中,王龙江并未按照合同约定将1290万元借款支付给梁廷国,故该借款合同并未生效。根据《担保法》第6条(现《民法典》第681条)的规定,保证是指保证人和债权人约定,当债务人不能履行债务时,保证人按照约定履行债务或者承担责任的行为。寿光广潍公司在借款合同上标注的担保人处加盖公章,应视为愿意对梁廷国的借款承担保证责任,但因作为主合同的借款合同未生效,作为从合同的保证合同失去了履行依据,故王龙江要求寿光广潍公司承担保证责任没有事实和法律依据,不予支持。潍坊广潍寿光分公司系潍坊广潍公司的分支机构,不具备法人资格,依法不能作为保证人,其在未取得潍坊广潍公司书面授权的情况下,为梁廷国向王龙江借款1290万元提供保证,双方之间签订的保证合同依法应认定为无效。因借款合同未生效,潍坊广潍寿光分公司的无效保证行为亦不可能给王龙江造成损失,潍坊广潍寿光分公司无须因保证合同无效而承担赔偿责任。

虽然王龙江与梁廷国于2012年6月19日签订的借款合同未生效,但梁廷国认可在签订该借款合同前分三次共向王龙江借款1200万元,双方之间就这些借款依法形成借款合同关系。因无证据证明这些借款约定了借款期限且未届满,故梁廷国依法应当偿还王龙江上述借款。梁廷国主张从王龙江处取得借款时,双方未约定利息,而王龙江主张按月息2.5分支付利息,因梁廷国未提交证据证明存在可免于支付对价或补偿的情形,故梁廷国从王龙江处取得巨额借款并长期使用而不支付利息,明显不符合常理,应认定双方之间存在支付利息的约定。因利息均是梁廷国自愿支付的,且王龙江未提交证据证实梁廷国于2012年7月11日最后一次支付利息时尚拖欠利息,综合双方往来款项的支付情况,应认定双方对该日以前的利息已经结清。因利息为法定孳息,在双方对借款利息的支付标准及时间均存在争议的情况下,对2012年7月11日以后的利息,梁廷国应按照中国人民银行同期银行贷款利率为标准向王龙江支付。王龙江主张寿光广潍公司、潍坊广潍寿光分公司为上述借款提供了担保,因梁廷国与寿光广潍公司、潍坊广潍寿光分公司对此不予认可,且王龙江未提交有效证据予以证实,故不予采信。对于王龙江于2011年12月24日和2012年3月23日分别支付给梁廷国的12万元和30万元,因双方对款项的性质存在争议,故不予处理,双方可另行主张。据此,一审法院判决:1.梁廷国偿还王龙江借款1200万元及相应利息(自2012年7月12日起按中国人民银行同期贷款利率为标准计算至判决生效之日),于判决生效后十日内一次付清;2.驳回王龙江的其他诉讼请求。

王龙江不服一审判决,提起上诉。请求撤销一审判决第2项,改判寿光广潍公司、潍坊广潍公司、潍坊广潍寿光分公司对借款1200万元及利息承担连带保证责任。

二审法院认为,关于2012年6月19日的《借款协议》是否履行的问题。由于梁廷国在签订《借款协议》前欠王龙江借款1200万元未予偿还,梁廷国对此予以认可,且在一审判决梁廷国偿还王龙江该借款后梁廷国没有上诉,双方签订《借款协议》后,梁廷国在王龙江未实际支付该《借款协议》约定的1290万元借款的情况下给王龙江出具了收到该款的借条,这充分说明梁廷国认可其欠王龙江的原借款转化成了《借款协议》约定的新借款。寿光广潍公司在上述借条上加盖公章的行为,亦说明寿光广潍公司认可梁廷国欠王龙江的原借款转化成了《借款协议》约定的新借款。一审把新旧借款协议割裂开来,认定2012年6月19日的借款协议未履行不当,予以纠正。另外,王龙江主张新借款协议约定的1290万元借款由1200万元原借款和90万元新利息组成,理由充分,亦符合常理,应予以认定。

关于寿光广潍公司、潍坊广潍公司、潍坊广潍寿光分公司是否应当对梁廷国的欠款承担连带责任的问题。

(1)关于寿光广潍公司的担保责任问题。《最高人民法院关于适用〈中华人民共和国担保法〉若干问题的解释》第22条第2款规定:"主合同中虽然没有保证条款,但是,保证人在主合同上以保证人身份签字或盖章的,保证合同成立。"本案中,寿光广潍公司在王龙江与梁廷国签订的《借款协议》的保证人处加盖了公司印章,因此,寿光广潍公司与王龙江、梁廷国之间形成担保关系,寿光广潍公司应依约承担担保责任。一审未判决寿光广潍公司承担担保责任不当,予以纠正。寿光广潍公司关于其不应当承担连带担保责任的抗辩理由不成立,不予支持。

(2)关于潍坊广潍公司及其寿光分公司的责任问题。债权人王龙江没有提交证据证明潍坊广潍寿光分公司的担保行为得到了潍坊广潍公司的授权,潍坊广潍公司对其寿光分公司的担保行为不认可。根据《担保法》第29条关于"企业法人的分支机构未经法人书面授权或超出授权范围与债权人订立保证合同的,该合同无效或超出授权范围的部分无效,债权人和企业法人有过错的,应当根据其过错各自承担相应的民事责任;债权人无过错的,由企业法人承担民事责任"的规定,潍坊广潍寿光分公司的担保行为无效。但由于潍坊广潍公司没有有效证据和充分理由证明王龙江有过错,根据上述规定,潍坊广潍公司应对王龙江因担保无效而造成的损失承担赔偿责任。

综上,王龙江的上诉请求和事实、理由基本成立。一审判决部分欠当,应予纠正。据此,二审法院判决:1.维持山东省潍坊市中级人民法院(2012)潍民初字第258号民事判决第1项,即梁廷国偿还王龙江借款1200万元及相应利息,于判决生效后十日内一次付清。2.撤销山东省潍坊市中级人民法院(2012)潍民初字第258号民事判决第2项。3.寿光广潍公司对梁廷国的上述债务承担连带保证责任。4.潍坊广潍公司在梁廷国、寿光广潍公司不能偿还的借款本金和利息范围内承担赔偿责任。

寿光广潍公司、潍坊广潍公司、潍坊广潍寿光分公司不服上述二审判决,向检察机关申请监督。最高人民检察院向最高人民法院提起抗诉。在本案再审中,寿光广潍公司、潍坊广潍公司、潍坊广潍寿光分公司的再审请求是:撤销山东省高级人民法院(2013)鲁民一终字第244号民事判决,改判其不承担民事责任。

最高人民法院认为，本案在再审中的争议焦点为：梁廷国所欠的主债务金额应如何认定？申诉人应否承担担保责任或赔偿责任？

第一，根据原审查明的事实，在王龙江与梁廷国于2012年6月19日签订《借款协议》前，梁廷国曾分数次共向王龙江借款1200万元，并在借款到期后多次延期。在此过程中，梁廷国先后向王龙江支付了509.50万元。对该509.50万元的性质，梁廷国称其应视为归还的本金，理由是双方未书面约定利息。而王龙江则主张，双方约定利率为月息2.5分，该509.50万元中有467.50万元系归还的利息，其余42万元系多付的利息且已退还梁廷国。对此，本院认为，梁廷国从王龙江处取得巨额借款并长期使用而不支付利息，明显不符合常理，故应认定双方之间存在支付利息的约定。因已支付的利息均是梁廷国自愿支付的，且王龙江未提交证据证实梁廷国于2012年7月11日最后一次支付利息时尚拖欠利息，综合双方往来款项的支付情况，应认定双方对该日以前的利息已经结清。因此，在本案中，应认定至2012年7月11日梁廷国尚欠王龙江借款本金1200万元。

第二，寿光广潍公司等申诉主张，本案王龙江与梁廷国2012年6月19日签订的《借款协议》属于借新还旧，根据《最高人民法院关于适用〈中华人民共和国担保法〉若干问题的解释》第39条中"主合同当事人双方协议以新贷偿还旧贷，除保证人知道或者应当知道的外，保证人不承担民事责任"之规定，寿光广潍公司等不应承担保证责任。对此，本院认为，根据原审查明的事实，2012年6月19日《借款协议》载明的借款，系王龙江和梁廷国双方之前的借款本金加上利息转化而成，故双方签订该《借款协议》以及梁廷国向王龙江出具《借条》的行为，应认定为双方对于之前借款的重新确认，双方之间存在真实的借款关系，应认定有效。借新还旧是指对于期限届满无力偿还的借款，借贷双方通过签订虚假用途的借款合同，并将新贷款用于偿还之前旧贷款的行为。而本案借贷双方于2012年6月19日签订的《借款协议》只是对原有借款关系的重新确认，并非借新还旧，因此不能适用《最高人民法院关于适用〈中华人民共和国担保法〉若干问题的解释》第39条的规定。寿光广潍公司等援引该条规定而主张不承担责任，理由不能成立。

第三，寿光广潍公司等申诉主张，梁廷国私自在2012年6月19日《借款协议》担保栏加盖申诉人公章的行为不构成表见代理，王龙江是有经验的商人，其知道或者应当知道梁廷国擅自以申诉人名义为自己的债务提供担保显然是越权行为，是非善意的，因此申诉人不应当承担担保责任。被申诉人王龙江则主张，原审判决对《公司法》第16条的理解与适用符合最高人民法院的审判观点和司法实践，认定寿光广潍公司向王龙江提供的担保合法有效正确，梁廷国挪用资金罪的生效刑事判决查明的事实和认定的证据足以证明其有权决定使用公章,不存在无权代理的问题。对此,本院认为,《公司法》第16条调整的是公司内部管理事项,未明确规定公司违反该条款对外提供担保将导致担保合同无效,并非规制公司对外担保合同的效力性强制性规定。因此,不能仅仅依据《公司法》第16条的规定否定公司对外担保合同的效力。此外,虽然不能仅依上述规定否定公司对外担保合同的效力,但也不因此而意味着该合同确定有效,其是否有效还须依据合同法的相关规定进行考察。《合同法》第49条(现《民法典》第172条)规定:"行为人没有代理权,超越代理权或者代理权终止后以被代理人名义签订的合同,相对人有理由相信代理人有代理权的,该代理行为有效。"在本案中,梁廷国不是寿光广潍公司的法定代表人,而是公司聘用的经理,其在并未得到授权的情况下在2012年6月19日的《借款协议》担保人处加盖寿光广潍公司公章的行为显系无权代理,这一点在潍坊市中级人民法院(2015)潍刑二终字第188号刑事判决所查明的事实中已有充分体现。因此,在王龙江与寿光广潍公司之间能否有效成立担保合同关系,取决于梁廷国加盖公章的行为是否构成表见代理,亦即取决于作为相对人的王龙江是否"有理由相信"梁廷国有代理权。

在本案中,梁廷国与王龙江之间的借贷关系开始于2010年,王龙江多次向梁廷国提供借款,金额共计高达1200万元。虽然双方对于实际支付利息的情况有不同主张,但可确认至2012年6月19日双方签订案涉《借款协议》之前,梁廷国至少已向王龙江支付利息377.50万元,且仍欠利息90万元。案涉《借款协议》就是在梁廷国尚欠借款本金1200万元且不能支付利息的情况下签订的。毫无疑问,此时王龙江明知其巨额债权面临巨大风险,而无论是谁为梁廷国提供担保亦将同样面临巨大风险。梁廷国系寿光广潍公司聘用的经理,虽然其掌握公司公章,但在其个人巨额债务已处于不能清偿状态的情况下,未通过任何方式与公司法定代表人或董事会等进行沟通,即在《借款协议》担保人处加盖公司公章为自己不能清偿的个人债务提供担保,显然超越了其作为经理的职权范围。换言之,从一般社会常识判断,任何公司通常都不会在不问借款金额、借款用途、借款期限、还款资金来源等条件,亦即对主债权债务的状况一无所知的情况下,轻易授权其聘用的经理对外提供担保。何况像本案这样,金额巨大的主债务已处于不能清偿状态,且主债务人恰恰就是公司聘用的经理,就更难轻易相信公司会同意该经理以授权代理人的身份在《借款协议》上加盖公司公章为自己的个人债务提供担保。因此,作为相对人的王龙江,应当知道梁廷国在《借款协议》上加盖寿光广潍公司公章提供担保的行为,是无权代理行为。

王龙江提出的"梁廷国有权决定使用公章，不存在所谓无权代理的问题"的答辩意见不能成立。换言之，王龙江不属于善意无过失的相对人，不能得到表见代理制度的保护。根据《合同法》第49条（现《民法典》第172条）之规定，梁廷国在《借款协议》上加盖寿光广潍公司公章的行为不构成表见代理，寿光广潍公司与王龙江之间并未成立有效的担保合同关系，寿光广潍公司无须承担担保责任。《最高人民法院关于适用〈中华人民共和国担保法〉若干问题的解释》第22条第2款规定："主合同中虽然没有保证条款，但是，保证人在主合同上以保证人身份签字或盖章的，保证合同成立。"该款规定解决的是在特定情形下认定保证合同成立的问题，并未规定在该情形下保证合同已生效，且其适用以保证人签字或盖章的行为系其真实意思表示为前提。二审判决援引该款规定判令寿光广潍公司承担担保责任属于适用法律错误，应予纠正。

《担保法》第29条规定："企业法人的分支机构未经法人书面授权或者超出授权范围与债权人订立保证合同的，该合同无效或者超出授权范围的部分无效，债权人和企业法人有过错的，应当根据其过错各自承担相应的民事责任；债权人无过错的，由企业法人承担民事责任。"在本案中，梁廷国作为潍坊广潍寿光分公司经理，在2012年6月19日的《借款协议》上加盖了该分公司的公章。现潍坊广潍公司对其寿光分公司的担保行为不认可，债权人王龙江亦没有提交证据证明潍坊广潍寿光分公司的担保行为得到了潍坊广潍公司的授权，故应认定潍坊广潍寿光分公司的担保行为无效。在此情形，王龙江如主张潍坊广潍公司根据其过错承担相应的民事责任，则应按照"谁主张谁举证"的要求，举证证明潍坊广潍公司存在过错，但王龙江并未提交相应的证据，故潍坊广潍公司亦无须承担赔偿责任。二审判决以潍坊广潍公司没有有效证据和充分理由证明王龙江有过错为由，判令潍坊广潍公司承担赔偿责任，系举证责任分配错误，应予以纠正。

综上，本案二审判决判令寿光广潍公司承担担保责任，以及判令潍坊广潍公司在梁廷国和寿光广潍公司不能偿还的本息范围内承担赔偿责任，均属错误，应予以纠正。一审判决正确，应予维持。据此，再审法院判决：1.撤销山东省高级人民法院（2013）鲁民一终字第244号民事判决。2.维持山东省潍坊市中级人民法院（2012）潍民初字第258号民事判决。

实务要点：

《民法典担保制度司法解释》第7条解决了公司法定代表人越权担保的效力和责任问题，但如何认定非法定代表人以公司名义提供对外担保的效力与责任，值得探讨。具体到本案，公司聘用的经理（非法定代表人）以公司名义，为经理个人债务

提供担保。通过阅读本案,可以发现:

第一,在公司对外担保中,需要区分法定代表人越权提供对外担保,和其他代理人无权/越权提供对外担保的不同情形,二者所采取的处理思路并不一致。前者采用越权代表的处理思路,而后者采用无权代理的处理思路,即其他代理人在以公司名义从事对外担保时,相对人应审查代理人的代理权限。而对于明显超出代理权限的担保行为,相对人在没有尽到审查义务情况下,不能作为善意相对人主张使用表见代理,此时,由于担保合同缺乏有效的代理权及被代理人的追认,对公司不发生效力。

第二,关于分支机构对外提供担保的效力与责任。《民法典担保制度司法解释》同样遵循法定代表人越权担保的处理思路。此外,相对人向公司追究担保无效时的赔偿责任时,应按照"谁主张谁举证"的要求,由相对人举证证明公司存在过错行为。

(一) 相对人"善意"的认定

根据《民法典担保制度司法解释》第7条的规定,法定代表人越权提供担保的效力,要视相对人是否为善意而定,因此,对于如何认定善意就变得至为关键。所谓"善意"是指相对人在订立担保合同时不知道且不应当知道法定代表人超越权限。相对人有证据证明已对公司决议进行了合理审查,人民法院应当认定其构成善意,但是公司有证据证明相对人知道或者应当知道决议系伪造、变造的除外。这里的"合理审查",仅是一种形式审查,并非实质审查。"合理审查"只是在审查要求上比一般的形式审查要严格。比如构成关联担保时,相对人需要审查股东会或股东大会决议;构成非关联担保时,不仅需要审查股东会、股东大会决议或董事会决议,还需要审查公司章程中规定的应由哪个机构作出决议。如果公司章程规定应由股东会决议,但相对人仅审查了董事会决议,就不应认定相对人是善意的。

在对公司决议进行"合理审查"时,主要有以下要求:第一,审查股东或者董事的身份是否属实;第二,在关联担保情况下,应当回避表决的股东是否参与了表决。至于公司以机关决议系法定代表人伪造或者变造、决议程序违法、签章(名)不实、担保金额超过法定限额等事由抗辩债权人非善意的,法院一般不予支持,除非公司有证据证明债权人明知决议系伪造或者变造。

(三) 越权担保的责任

《民法典担保制度司法解释》第7条第1款第2项规定:"相对人非善意的,担保合同对公司不发生效力；相对人请求公司承担赔偿责任的，参照适用本解释第十七条的有关规定。"第17条规定："主合同有效而第三人提供的担保合同无效，人民法院应当区分不同情形确定担保人的赔偿责任：（一）债权人与担保人均有过错的，担保人承担的赔偿责任不应超过债务人不能清偿部分的二分之一；（二）担保人有过错而债权人无过错的，担保人对债务人不能清偿的部分承担赔偿责任；（三）债权人有过错而担保人无过错的，担保人不承担赔偿责任。主合同无效导致第三人提供的担保合同无效，担保人无过错的，不承担赔偿责任；担保人有过错的，其承担的赔偿责任不应超过债务人不能清偿部分的三分之一。"由此可见，相对人非善意的，担保行为不对公司发生效力，公司不承担基于有效担保产生的担保责任，但要根据公司的过错程度，承担缔约过失责任。

（四）公司向法定代表人的追偿

《民法典担保制度司法解释》第7条第2款规定："法定代表人超越权限提供担保造成公司损失，公司请求法定代表人承担赔偿责任的，人民法院应予支持。"如果公司拒不向法定代表人提起追偿之诉的，根据《公司法》第151条的规定，适格股东可以提起股东代表诉讼。

（五）公司为他人提供担保时，无须机关决议的例外情形

考虑到我国公司治理的实际及金融类机构的业务需要，《民法典担保制度司法解释》第8条规定："有下列情形之一，公司以其未依照公司法关于公司对外担保的规定作出决议为由主张不承担担保责任的，人民法院不予支持：（一）金融机构开立保函或者担保公司提供担保；（二）公司为其全资子公司开展经营活动提供担保；（三）担保合同系由单独或者共同持有公司三分之二以上对担保事项有表决权的股东签字同意。上市公司对外提供担保，不适用前款第二项、第三项的规定。"

（六）公司对外担保的裁判思路

在《最高人民法院〈民法典担保制度司法解释〉理解与适用》一书中，根据《民法典担保制度司法解释》第7条的规定，将公司对外担保的裁判思路归纳为以下步骤：第一，先看有无决议。无决议的，表明法定代表人未经公司决议程序对外提供担保，原则上构成越权代表。但考虑到当前我国公司治理的现状，《民法典担保制度解释》第8条规定了三种例外情形。属于该例外情形的，即便未经公司决议程序，公司也应承担担保责任。第二，有决议的，要看是否为适格决议来确定是否构

成越权代表。公司为其股东或者实际控制人提供担保的,必须由股东会或股东大会决议;为其他人提供的非关联担保则看章程如何约定。法定代表人提供的决议符合法律规定或者章程约定的,担保行为对公司发生效力;反之,构成越权担保。第三,对于越权担保,要看相对人是否为善意来确定担保行为的效力。相对人善意的,构成表见代表,担保行为对公司发生效力;相对人非善意的,担保行为对公司不发生效力。第四,要根据担保行为的效力确定公司的责任:构成表见代表,对公司发生效力的,公司承担担保责任;反之,担保行为尽管对公司不发生效力,公司不承担基于有效担保而产生的担保责任,但仍要承担缔约过失责任。

三、公司对外担保的特别规定

(一)境内上市公司对外担保

境内上市公司属于公众公司,为了保护中小投资者的利益,维护资本市场的稳定。相对于非公众公司,《民法典担保制度司法解释》对境内上市公司对外提供担保作出了更为严格的规定。《民法典担保制度司法解释》第 9 条规定:"相对人根据上市公司公开披露的关于担保事项已经董事会或者股东大会决议通过的信息,与上市公司订立担保合同,相对人主张担保合同对上市公司发生效力,并由上市公司承担担保责任的,人民法院应予支持。相对人未根据上市公司公开披露的关于担保事项已经董事会或者股东大会决议通过的信息,与上市公司订立担保合同,上市公司主张担保合同对其不发生效力,且不承担担保责任或者赔偿责任的,人民法院应予支持。相对人与上市公司已公开披露的控股子公司订立的担保合同,或者相对人与股票在国务院批准的其他全国性证券交易场所交易的公司订立的担保合同,适用前两款规定。"为了正确理解与适用该条规定,需要注意以下几点:

第一,本条的适用对象是境内注册、在境内证券交易所上市交易的股份有限公司;上述境内上市公司已公开披露的控股子公司;股票在国务院批准的其他全国性证券交易场所交易的公司,比如新三板上市公司。第二,关于担保合同效力与责任承担,以相对人是否依据公开披露的关于担保事项已经董事会或者股东大会决议通过的信息订立担保合同,以此为标准区分担保合同的不同效力。一方面,境内上市公司对外担保,不仅须依据《公司法》第 16 条由董事会或股东大会决议,而且还要对决议公开披露,但如果债权人仅仅是根据披露的信息与境内上市公司签订担保合同,人民法院也应认定担保有效,境内上市公司应承担担保责任;另一方面,即使境内上市公司已根据《公司法》第 16 条由董事会或股东大会对担保事项进行决议,但如果债权人不是根据境内上市公司公开披露的对外担保的信息签订担保合同,人民法院也应认为担保合同对境内上市公司不发生效力,此时公司既不承担担保责任,也不承担其他赔偿责任。第三,境内上市公司对外担保,仅公告了该上市公司同意为某人的多少债务进行担保,没有公告股东大会或董事会决议通过的内容,该担保对境内上市公司不发生效力。

(二)一人公司为股东提供的担保

1. 一人公司为股东提供担保的效力

在一人公司为其股东提供担保的情形下,可以理解为公司为自己的债务提供担保,自然无须公司决议,因此,根据《民法典担保制度司法解释》第10条的规定,一人有限责任公司为其股东提供担保,公司以违反公司法关于公司对外担保决议程序的规定为由主张不承担担保责任的,人民法院不予支持。

2. 一人公司为股东提供担保的法律后果

根据《民法典担保制度司法解释》第10条的规定,公司因承担担保责任导致无法清偿其他债务,提供担保时的股东不能证明公司财产独立于自己的财产,其他债权人请求该股东承担连带责任的,人民法院应予支持。此外,需要注意的是,由于一人公司为股东提供担保导致无法清偿其他债务的事实,就构成公司人格与股东人格混同的重要证据,因此,"公司因承担担保责任导致无法清偿其他债务,提供担保时的股东不能证明公司财产独立于自己的财产"表达是因果关系,即因"公司因承担担保责任导致无法清偿其他债务"导致"提供担保时的股东不能证明公司财产独立于自己的财产",进而公司的其他债权人可主张股东承担连带责任,而非表达其他债权人主张股东承担连带责任时,需要满足"公司因承担担保责任导致无法清偿其他债务"和"提供担保时的股东不能证明公司财产独立于自己的财产"两个条件。

(三)公司分支机构未获授权提供的担保

1. 公司的分支机构对外提供担保的效力

法人的分支机构,是指法人在一定区域内设置的以完成法人部分职能的机构。法人的分支机构通常被称为分公司、分理处等。根据《公司法》第14条第1款的规定,分公司不具有法人资格,可以以自己的名义从事民事活动,但担保行为属于异常交易而受到《公司法》的特别规制。公司法定代表人代表公司对外提供担保尚且需要公司以决议的形式授权,为了保护股东及公司的利益,公司的分支机构对外提供担保就更需要公司以决议的形式授权。因此,《民法典担保制度司法解释》第11

条第1款规定:"公司的分支机构未经公司股东(大)会或者董事会决议以自己的名义对外提供担保,相对人请求公司或者其分支机构承担担保责任的,人民法院不予支持,但是相对人不知道且不应当知道分支机构对外提供担保未经公司决议程序的除外。"由此可见,本款规定与《民法典担保制度司法解释》第7条的处理思路基本一致,同样也是遵循法定代表人越权担保的处理思路。其处理的具体规则为:

第一,公司分支机构以自己名义对外提供担保应适用《公司法》第16条第1款的规定,由公司的股东(大)会或董事会作出决议,未作出决议的,担保合同无效。第二,相对人善意时可以主张表见代表的效果,将担保合同的效力归属于公司。相对人善意的内容是"不知道且不应当知道分支机构对外提供担保未经公司决议程序"。通常,若分支机构未出具公司股东会或者董事会的决议,分支机构提供的担保即认定为无效。但有关金融机构、担保公司分支机构提供的担保除外,此时应适用《民法典担保制度司法解释》第11条第2款和第3款的特殊规定。至于相对人善意的判断标准,也与《民法典担保制度司法解释》第7条有关公司法定代表人越权担保一致,即采用合理审查标准。

2.金融机构的分支机构与担保公司分支机构的特殊规定

《民法典担保制度司法解释》第11条第2款、第3款规定:"金融机构的分支机构在其营业执照记载的经营范围内开立保函,或者经有权从事担保业务的上级机构授权开立保函,金融机构或者其分支机构以违反公司法关于公司对外担保决议程序的规定为由主张不承担担保责任的,人民法院不予支持。金融机构的分支机构未经金融机构授权提供保函之外的担保,金融机构或者其分支机构主张不承担担保责任的,人民法院应予支持,但是相对人不知道且不应当知道分支机构对外提供担保未经金融机构授权的除外。担保公司的分支机构未经担保公司授权对外提供担保,担保公司或者其分支机构主张不承担担保责任的,人民法院应予支持,但是相对人不知道且不应当知道分支机构对外提供担保未经担保公司授权的除外。"理解本条,需注意的是:

第一,金融机构的分支机构提供保函之外的担保,仍然应遵循《民法典担保制度司法解释》第11条第1款规定的一般规则。第二,这里的"担保公司授权"不能仅理解为担保公司分支机构营业执照已记载了担保业务,而应理解为应获得总公司的授权。

3.公司的分支机构提供担保无效时的赔偿责任

《民法典担保制度司法解释》第11条第4款规定:"公司的分支机构对外提供担保,相对人非善意,请求公司承担赔偿责任的,参照本解释第十七条的有关规定处理。"

四、公司债务加入的准用

债务加入是指第三人加入到债务中,作为新债务人与原债务人一起向债权人承担连带债务。既然公司为他人提供保证都需要按照《公司法》第 16 条的规定,由公司股东会或者董事会依照章程的有关规定作出同意的决议,否则法定代表人就无权代表公司对外担保,而债务加入人承担的责任与公司作为保证人承担的责任相比,债务加入人承担的责任比保证更重,因此,为了保护公司的利益,根据举轻以明重的原理,法定代表人依照《民法典》第 552 条的规定以公司名义加入债务的效力,可以参照公司为他人提供担保的有关规则处理。

第十六讲
公司司法解散

Lecture
16

一、公司司法解散概述

公司解散,是指已经成立的公司,因公司章程或者法定事由出现而停止公司的经营活动,并开始公司的清算,使公司法人资格消灭的法律行为。学理上,公司解散可分为自愿解散和非自愿解散,后者又包括行政解散和司法解散。我国《公司法》第 180 条规定了 5 种解散事由,其中第 1 项至第 3 项属于自愿解散,即"公司章程规定的营业期限届满或者公司章程规定的其他解散事由出现;股东会或者股东大会决议解散;因公司合并或者分立需要解散";第 4 项属于行政解散,即"依法被吊销营业执照、责令关闭或者被撤销";第 5 项属于司法解散,即人民法院依照《公司法》第 182 条的规定予以解散。本讲仅涉及公司司法解散,不涉及自愿及行政解散。

所谓"司法解散",是指在公司出现僵局或其他严重问题时,继续存续会使股东利益受到重大损失,通过其他途径不能解决时,法院根据股东的请求而强制解散公司。司法解散作为公司解散的一种情形,具有以下特征:第一,司法解散依股东的申请而启动;第二,提起司法解散必须具有法定事由;第三,司法解散是在用尽其他救济方式后的终极处理措施;第四,司法解散是通过法院判决来实现的。此外,需要注意的是,在案件性质上,司法解散属于诉讼案件,而申请法院强制清算公司属于非诉案件。因此,《公司法司法解释(二)》第 2 条规定:"股东提起解散公司诉讼,同时又申请人民法院对公司进行清算的,人民法院对其提出的清算申请不予受理。人民法院可以告知原告,在人民法院判决解散公司后,依据公司法第一百八十三条和本规定第七条的规定,自行组织清算或者另行申请人民法院对公司进行清算。"

二、公司司法解散要件的适用

《公司法》第 182 条规定:"公司经营管理发生严重困难,继续存续会使股东利益受到重大损失,通过其他途径不能解决的,持有公司全部股东表决权百分之十以上的股东,可以请求人民法院解散公司。"由此可见,司法解散公司应当具备四个要件,即持有公司全部股东表决权 10% 以上的股东提起、公司经营管理发生严重困难、公司继续存续会使股东利益受到重大损失及通过其他途径不能解决。针对这四个要件,下文分别进行阐述。

(一) 原告的适格要求

根据《公司法》第182条的规定，持有公司全部股东表决权10%以上的股东可以提起公司解散之诉，《公司法司法解释(二)》第1条第1款进一步明确了持股10%以上的股东的含义，即指单独或者合计持有公司全部股东表决权10%以上的股东。此外，理解适格的原告，还需注意以下几点：

第一，"单独或合计持有公司全部股东表决权10%以上"是指股东向人民法院"起诉时"所持有的表决权比例，受理过程中，法院只要审查"起诉时"原告所持有的表决权比例状况，只要原告在起诉时"单独或合计持有公司全部股东表决权10%以上"，即视为符合原告条件，对于起诉前的原告持有该比例股份的持续时间没有限制。第二，法院只对原告股东所持股份事实进行形式审查，只要股东能够依工商登记、股东名册等资料证明其所持股份情况即可，该股东没有实际出资到位或未实际支付受让股权的转让款，不影响其具有提起解散公司诉讼的主体资格。第三，法院受理了股东请求解散公司诉讼之后，在案件审理的过程中，如果原告股东的持股比例发生了变化，比如原告丧失股东资格或实际享有的表决权达不到公司全部股东表决权10%的，法院应裁定驳回起诉。第四，隐名股东没有登记在公司股东名册上，缺乏具有公示效力的股权证明，因此，不能提起公司解散之诉。第五，由于有限责任公司股东的表决权并不必然与登记的股权比例一致，因此，应注意审查股东名册、公司章程及其他相关文件，以确定原告持有的表决权比例。

(二) 公司经营管理发生严重困难

《公司法司法解释(二)》第1条第1款规定："……以下列事由之一提起解散公司诉讼，并符合公司法第一百八十二条规定的，人民法院应予受理：(一)公司持续两年以上无法召开股东会或者股东大会，公司经营管理发生严重困难的；(二)股东表决时无法达到法定或者公司章程规定的比例，持续两年以上不能做出有效的股东会或者股东大会决议，公司经营管理发生严重困难的；(三)公司董事长期冲突，且无法通过股东会或者股东大会解决，公司经营管理发生严重困难的；(四)经营管理发生其他严重困难，公司继续存续会使股东利益受到重大损失的情形。"为了正确理解与适用本条规定，需要注意以下几点：

第一，《公司法》第182条规定的"公司经营管理发生严重困难，继续存续会使股东利益受到重大损失"，不仅是法院受理股东请求解散公司诉讼时形式审查的法律依据，也是股东请求解散公司诉讼进行实体审查的法律依据。

第二,通常而言,公司经营管理发生严重困难,可以分为公司外部的经营困难和公司内部的管理困难。经营困难,即公司的生产经营状况发生严重亏损的情形;管理困难,则是指公司的股东会、董事会等公司机关处于僵持状态,有关经营决策无法作出,公司日常运作陷入停顿与瘫痪状态。判断公司的经营管理是否出现严重困难,应当从公司的股东会、董事会或执行董事及监事会或监事的运行现状进行综合分析,公司是否处于盈利状况并非判断公司经营管理发生严重困难的必要条件。公司经营管理发生严重困难的侧重点在于公司管理方面存有严重内部障碍,如股东会机制失灵、无法就公司的经营管理进行决策等,不应片面理解为公司资金缺乏、严重亏损等经营性困难。

第三,《公司法司法解释(二)》第1条第1款规定了公司僵局及经营管理发生其他严重困难的情形。前者是指公司股东(大)会和董事会等机构运行出现持续性的严重困难,具体包括股东(大)会僵局与董事会僵局两种情形;后者是一个兜底条款,即除了《公司法司法解释(二)》第1条第1款列举的3种具体僵局情形外,还可能存在其他情形,比如股东压迫、公司丧失经营条件等。

第四,公司经营管理发生严重困难的排除性规定。《公司法司法解释二》第1条第2款规定:"股东以知情权、利润分配请求权等权益受到损害,或者公司亏损、财产不足以偿还全部债务,以及公司被吊销企业法人营业执照未进行清算等为由,提起解散公司诉讼的,人民法院不予受理。"

第五,《公司法司法解释(二)》第1条第1款第1项中的"无法召开"指的是应当召开而不能召开,客观上长期没有召开过会议不能当然认定为"无法召开";第2项中的"两年以上"的时间要求必须是持续的状态,一旦召开了会议或做出过有效决议即发生期间中断,不能再据此认定公司僵局;第3项中的董事会僵局应已尝试通过股东(大)会进行解决。

【案例进阶62】具有盈利能力的公司,可以由法院判决解散吗?

案例名称: 林方清诉常熟市凯莱实业有限公司、戴小明公司解散纠纷案

案例来源: 江苏省高级人民法院(2010)苏商终字第0043号民事判决书,最高人民法院指导案例8号

裁判要旨:

《公司法》第183条(现第182条)将"公司经营管理发生严重困难"作为股东提起解散公司之诉的条件之一。判断"公司经营管理是否发生严重困难",应从公司组织机构的运行状态进行综合分析。公司虽处于盈利状态,但其股东会机制长期

失灵,内部管理有严重障碍,已陷入僵局状态,可以认定为公司经营管理发生严重困难。对于符合公司法及相关司法解释规定的其他条件的,人民法院可以依法判决公司解散。

基本案情:

被上诉人(原审被告)常熟市凯莱实业有限公司(以下简称"凯莱公司")成立于2002年1月,上诉人(原审原告)林方清与被上诉人(原审第三人)戴小明均系该公司股东,各占50%的股份,戴小明任公司法定代表人及执行董事,林方清任公司总经理兼公司监事。凯莱公司章程明确规定:股东会的决议须经代表二分之一以上表决权的股东通过,但对公司增加或减少注册资本、合并、解散、变更公司形式、修改公司章程作出决议时,必须经代表三分之二以上表决权的股东通过。股东会会议由股东按照出资比例行使表决权。

2006年起,林方清与戴小明两人之间的矛盾逐渐显现。2006年5月9日,林方清提议并通知召开股东会,由于戴小明认为林方清没有召集会议的权利,会议未能召开。同年6月6日、8月8日、9月16日、10月10日、10月17日,林方清委托律师向凯莱公司和戴小明发函称,因股东权益受到严重侵害,林方清作为享有公司股东会二分之一表决权的股东,已按公司章程规定的程序表决并通过了解散凯莱公司的决议,要求戴小明提供凯莱公司的财务账册等资料,并对凯莱公司进行清算。同年6月17日、9月7日、10月13日,戴小明回函称,林方清作出的股东会决议没有合法依据,戴小明不同意解散公司,并要求林方清交出公司财务资料。同年11月15日、25日,林方清再次向凯莱公司和戴小明发函,要求凯莱公司和戴小明提供公司财务账册等供其查阅、分配公司收入、解散公司。

江苏常熟服装城管理委员会(以下简称"服装城管委会")证明凯莱公司目前经营尚正常,且愿意组织林方清和戴小明进行调解。另查明,凯莱公司章程载明监事行使下列权利:(1)检查公司财务;(2)对执行董事、经理执行公司职务时违反法律、法规或者公司章程的行为进行监督;(3)当董事和经理的行为损害公司的利益时,要求董事和经理予以纠正;(4)提议召开临时股东会。从2006年6月1日至今,凯莱公司未召开过股东会。服装城管委会调解委员会于2009年12月15日、16日两次组织双方进行调解,但均未成功。

林方清向一审法院提起公司解散之诉,诉称凯莱公司经营管理发生严重困难,陷入公司僵局且无法通过其他途径解决,其权益遭受重大损害,请求解散凯莱公司。

法律关系图:

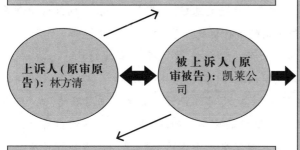

裁判过程及理由:

一审法院认为,根据《公司法》第183条(现第182条)之规定,公司解散应当具备三个必要条件:一是公司经营管理发生严重困难,二是公司继续存续会使股东利益受到重大损失,三是通过其他途径不能解决。本案中,虽然两股东陷入僵局,但凯莱公司目前经营状况良好,不存在公司经营管理发生严重困难的情形。如果仅仅因为股东之间存在矛盾而导致公司从业人员失去工作、几百名经营户无法继续经营,既不符合《公司法》第183条(现第182条)的立法本意,也不利于维护任何一方股东的权益。股东之间的僵局可以通过多种途径来破解。《公司法》在维护股东权利方面制定了明确而具体的规定,若林方清认为其股东权利受损,可依法进行救济。此外,林方清可以要求戴小明或凯莱公司收购林方清股份,通过以合理的价格转让股份,既能打破僵局救济股东权利,又能保持公司的存续。同时,服装城管委会作为管理部门,其出面协调两股东的矛盾,也是林方清救济股东权利的有效途径之一。综上,林方清关于解散凯莱公司的请求依据不足,不予支持。据此,一审法院判决:驳回林方清的诉讼请求。

林方清不服一审判决,提起上诉。

二审法院认为,本案争议焦点为:凯莱公司是否符合司法解散的条件。

根据《公司法》第183条(现第182条)关于"公司经营管理发生严重困难,继续存续会使股东利益受到重大损失,通过其他途径不能解决的,持有公司全部股东表

决权百分之十以上的股东,可以请求人民法院解散公司"的规定,凯莱公司已经符合司法解散的条件。理由如下:

第一,凯莱公司的经营管理已发生严重困难。

公司的正常经营管理建立在其权力机构(股东会)、执行机构(董事会或执行董事)及监督机构(监事会或监事)有效运行的基础上,判断一个公司的经营管理是否出现严重困难,应从上述组织机构的运行现状入手,加以综合分析。

首先,凯莱公司已持续四年未召开股东会,亦未形成有效的股东会决议,股东会机制已经失灵。根据《公司法司法解释(二)》第1条第1款的规定,"公司持续两年以上无法召开股东会或者股东大会,公司经营管理发生严重困难的"或"股东表决时无法达到法定或者公司章程规定的比例,持续两年以上不能做出有效的股东会或者股东大会决议,公司经营管理发生严重困难的",单独或者合计持有公司全部股东表决权百分之十以上的股东,以上述事由之一提起解散公司诉讼,并符合《公司法》第183条(现第182条)规定的,人民法院应予受理。该规定既是人民法院受理解散公司诉讼案件的形式审查依据,同时也是判断公司是否符合解散条件的实体审查依据。根据上述规定,"公司持续两年以上无法召开股东会或者股东大会"以及"股东表决时无法达到法定或者公司章程规定的比例,持续两年以上不能做出有效的股东会或者股东大会决议"这两种具体情形,均属于判断公司是否出现股东僵局的重要参考因素。

本案中,凯莱公司仅有戴小明与林方清两名股东,两人各占50%的股份,拥有对等的表决权,同时,凯莱公司章程规定"股东会的决议须经代表二分之一以上表决权的股东通过",且各方当事人一致认可该"二分之一以上"不包括本数,因此,凯莱公司只有在两位股东意见一致的情况下才能作出有效的股东会决议。凯莱公司的持股比例与议事规则无异于赋予股东一票否决权,只要两位股东的意见存有分歧、互不配合,就无法形成有效表决,进而影响公司的运作。可见,凯莱公司关于股东持股比例、议事方式与表决程序的制度设计本身,使得该公司更容易出现表决僵局,而且僵局一旦形成,难以打破。2004年7月12日,凯莱公司及其分公司的相关印章从林方清处转至戴小明处保管时,两人之间的矛盾即已初显,但尚可通过签订《股东内部协议》《会议纪要》、聘请中间人等途径进行调和,以保证凯莱公司的正常运转。但是,从2006年开始,两人的矛盾激化,从互相发出召开会议的通知,到林方清要求重新选举执行董事,甚至要求解散公司,矛盾不断升级,并进一步影响到凯莱公司内部机制的运作。从2006年6月1日之后,凯莱公司再未召开过股东会。凯莱公司持续未召开股东会、无法形成有效股东会决议的时间至今已长达四年,凯莱公司不能也不再通过股东会决议的方式管理公司,形成了股东僵局,股东会机制已经失灵。

其次,凯莱公司执行董事管理公司的行为已不再体现权力机构的意志。根据公司章程,凯莱公司不设董事会,仅设执行董事一名,由股东戴小明担任。由于出现股东僵局,凯莱公司股东会不能形成有效决议,无法行使章程规定的决定公司经营方针与投资计划、审议批准执行董事的报告等相关职权。同时,执行董事戴小明正是互有矛盾的两名股东之一。在此情况下,凯莱公司的执行机构即执行董事戴小明管理公司的行为,已不再依据股东会的决议,无法贯彻权力机构的意志,相反,体现的正是对立股东中一方的个人意志。可见,凯莱公司股东会机制的失灵已进一步影响到执行机构的运作。

再次,凯莱公司的监督机构无法正常行使监督职权。根据公司章程,凯莱公司不设监事会,仅设监事一名,由林方清担任,但是,林方清并不能正常行使监事职权。林方清关于查询财务资料的要求一再遭到拒绝。根据《公司法》第54条第1项(现第53条第1项)的规定,监事会、不设监事会的公司的监事有行使"检查公司财务"的职权,且对于监事的该项监督职权,《公司法》并未设置限制条件,但执行董事戴小明却以林方清未提交书面查阅申请、未说明查账目的等理由不予配合,监事林方清无法有效地对执行董事戴小明的行为进行监督及纠正。可见,由于林方清与戴小明之间的矛盾,凯莱公司的监督机构实际上已无法发挥监督的作用。

最后,公司本身是否处于盈利状况并非判断公司经营管理是否发生严重困难的必要条件。根据《公司法》第183条(现第182条)以及《公司法司法解释(二)》第1条的相关规定,"公司经营管理发生严重困难"主要是指管理方面存有严重内部障碍,如股东会机制失灵、无法就公司的经营管理进行决策等,不应理解为资金缺乏、亏损严重等经营性困难。本案中,在凯莱公司的内部机制已无法正常运行、无法对公司的经营作出决策的情况下,即使尚未处于亏损状况也不能改变该公司的经营管理已陷入困境的局面。因此,凯莱公司与戴小明以公司仍在盈利为由,认为凯莱公司的经营管理尚未发生严重困难的观点,应不予采纳。

因此,凯莱公司作为一个法律拟制的法人机构,其权力机构、执行机构、监督机构均无法正常运行,凯莱公司的经营管理已发生严重困难。

第二,凯莱公司继续存续会使股东林方清的利益受到重大损失。

作为股东而言,投资设立公司的最终目的是获得收益。股东通过参与公司决策、行使股东权利来争取利益的最大化、保证收益的及时获取。公司的经营管理如果出现严重困难,则有可能影响公司的正常运转以及股东权利实现通道的畅通,进而对股东的利益构成严重损害。本案中,凯莱公司的内部运作机制早已失灵。林方清虽为持有凯莱公司 50% 股份的股东及监事,但其股东权、监事权长期处于被剥夺的状态。由于凯莱公司长期不召开股东会,林方清并不能通过行使表决权来参与公司决策,亦不能有效地行使监督权。林方清投资设立凯莱公司的目的无法实现,合法权益遭到损害,如果这样的局面继续存续,林方清的合法权益将进一步遭受重大损失。

第三,凯莱公司的僵局通过其他途径长期无法解决。

将调解等其他救济途径设置为司法解散公司的前置程序,是因为司法解散将导致公司主体资格的消灭,且具有不可恢复性,处理不当可能导致社会资源浪费。但是,立法对此所持的谨慎态度并不等同于前置程序可以久拖不决。对于那些已经陷入严重经营管理困难的公司,在通过其他多种方法仍无法化解纠纷时,只能通过司法解散公司这一股东退出机制来打破僵局。因此,在强调司法解散公司前置程序的同时,《公司法司法解释(二)》第 5 条中明确规定"当事人不能协商一致使公司存续的,人民法院应当及时判决",否则,过于冗长的前置程序可能使得公司司法解散机制形同虚设。

本案中,林方清在提起公司解散诉讼之前,已通过其他途径试图化解与戴小明之间的矛盾,如聘请中间人进行调和、要求查阅财务账册等,双方的沟通还涉及凯莱公司内部制度的修改、重新选举执行董事与监事、收购股权等。进入诉讼程序之后,服装城管委会作为管理部门曾组织各方当事人调解,并提出了对凯莱公司进行审计、修改章程、聘请职业经理人进行管理等建议性方案,对此,各方当事人仍未能达成一致意见。一、二审法院也从慎用司法手段强制解散公司的角度出发,给予各方当事人充分的时间进行调解,并组织当事人探寻化解僵局的办法,但均无成效。据此,凯莱公司的股东已穷尽了其他救济途径,仍无法打破公司僵局,符合通过司法程序解散公司的条件。在此情况下,如果再要求林方清继续通过其他途径解决矛盾,不符合《公司法司法解释(二)》第 5 条的规定,也有违公司司法解散前置程序的立法本意。

第四,林方清持有凯莱公司 50% 的股份,符合《公司法》关于提起公司解散诉讼的股东须持有公司 10% 以上股份的条件。

综上所述,由于凯莱公司股东戴小明、林方清之间存有较大矛盾,且彼此不愿妥协而处于僵持状况,导致公司股东会等内部机制不能按照约定程序作出决策,凯莱公司长期陷入无法正常运转的僵局,现有僵局如继续存续,将进一步损害股东的利益,在此情况下,林方清作为持股 50% 的股东提出解散凯莱公司,有事实与法律依据,应予支持。原审判决关于凯莱公司司法解散条件尚未成就的认定错误,应予纠正。据此,二审法院判决:1.撤销江苏省苏州市中级人民法院(2006)苏中民二初字第 0277 号民事判决。2.解散凯莱公司。

实务要点:

本案例作为最高人民法院颁布的第 8 号指导性案例,对案涉公司的经营状态、是否符合公司僵局的特征等作出了正确认定,明确了依法判断公司经营管理是否发生严重困难及股东请求解散公司的条件,对依法妥善处理公司僵局的有关问题具有积极的指导意义。通过阅读本案,可以发现:

第一,在总体论证思路上,二审法院围绕司法解散公司应当具备的四个要件展开,即持有公司全部股东表决权 10% 以上的股东提起、公司经营管理发生严重困难、公司继续存续会使股东利益受到重大损失及通过其他途径不能解决。

第二,何为"公司经营管理发生严重困难"?二审法院认为,公司的正常经营管理建立在其权力机构(股东会)、执行机构(董事会或执行董事)及监督机构(监事会或监事)有效运行的基础上,判断一个公司的经营管理是否出现严重困难,应从上述组织机构的运行现状入手,加以综合分析。当公司的权力机构、执行机构、监督机构均无法正常运行,可以认定公司经营管理已发生严重困难。公司本身是否处于盈利状况并非判断公司经营管理是否发生严重困难的必要条件。

第三,目前,法院对于公司解散持相对保守的态度,不到万不得已,不会轻易判决解散公司,因此,在代理公司解散纠纷时,应详细梳理客户提供的资料是否符合公司解散的四个要件。如果不符合这四个要件,应协助客户认真准备相关材料,特别是"用尽其他救济措施"的证据资料,待条件成熟时,才向法院提起公司解散之诉。

【案例进阶 63】大股东滥用优势地位,损害小股东权益的,小股东可以诉请法院解散公司吗?

案例名称: 吉林省金融控股集团股份有限公司与吉林省金融资产管理有限公司、宏运集团有限公司公司解散纠纷案

案例来源: 最高人民法院(2019)最高法民申 1474 号民事裁定书,载于《最高人民法院公报》2021 年第 1 期

裁判要旨:

大股东利用优势地位单方决策,擅自将公司资金出借给其关联公司,损害小股东权益,致使股东矛盾激化,公司经营管理出现严重困难,经营目的无法实现且通

过其他途径已无法解决,小股东诉请解散公司的,人民法院应予支持。

基本案情:

2014年,吉林省人民政府批准设立该省唯一一家地方资产管理公司,由吉林省政府金融办负责业务指导和监督管理。2015年,宏运集团公司与金融控股公司签订《出资协议书》,共同出资设立再审申请人(一审被告、二审上诉人)吉林省金融资产管理有限公司(以下简称"金融管理公司")。该公司于2015年2月28日注册成立,注册资本10亿元,被申请人(一审原告、二审被上诉人)吉林省金融控股集团股份有限公司(以下简称"金融控股公司")占股20%,再审申请人(一审第三人、二审上诉人)宏运集团有限公司(以下简称"宏运集团公司")占股80%;主营业务为金融企业不良资产批量收购、处置,以防范和化解地方金融风险;法定代表人由时任宏运集团公司法定代表人王宝军担任。经吉林省政府报请中国银监会备案,确认自2015年7月10日起可批量转让不良资产。

金融管理公司《章程》规定,其经营宗旨与《出资协议书》约定一致;股东会、董事会除一般职权外,还要求就对外投资、对外担保、批量不良资产收购及处置方案、重大人事任免等事项审议表决前保证股东间、董事间充分沟通。股东会分为股东年会和临时会议,股东年会每年召开一次。董事会会议分为董事会例会和临时会议,董事会例会每年召开二次(第一和第四季度)。公司成立当日(2015年2月28日)召开第一次股东会会议,2015年4月27日召开第一次董事会会议。同年12月18日召开第二次股东会会议和董事会会议。

金融管理公司成立后不久,在未经股东间充分协商及董事会批准的情况下,该公司将9.65亿元资金借给宏运集团公司实际控制的三家公司。后宏运集团公司将其持有的金融管理公司出资额8亿元的股权全部质押给阜新银行葫芦岛分行,担保债权数额8亿元,该股权因其他诉讼案件被法院冻结。

自2015年10月起,金融控股公司及吉林省金融监管部门多次发函催促宏运集团公司解决借款问题、保障公司回归主营业务,宏运集团公司也承诺最迟于2015年年底前收回外借资金,但截至2016年12月31日,金融管理公司对外借款问题仍未解决,银行存款余额仅为2686465.85元。其后,金融控股公司又多次发函宏运集团公司,要求其配合调整金融管理公司股权,宏运集团公司复函表示同意但坚持按市场化原则操作,双方最终未就股权转让事宜达成共识,金融控股公司遂提起本案公司解散诉讼。

金融管理公司于一审第一次开庭前发出召开董事会和股东会的通知,并于2017年11月20日、27日先后召开董事会、股东会,该次董事出席人数不符合章程规定的董事会召开条件,股东会仅有宏运集团公司单方出席。

法律关系图：

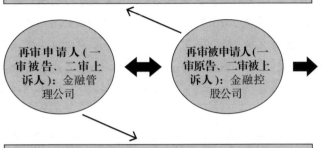

裁判过程及理由：

经审理,一审法院判决解散金融管理公司,二审法院判决驳回上诉,维持原判。金融管理公司、宏运集团公司不服二审判决,以金融管理公司未出现公司治理僵局、经营管理困难等情形,不符合公司司法解散法定事由为由,向最高人民法院申请再审。

最高人民法院申请再审审查认为,本案当事人各方争议的核心是金融管理公司是否符合司法解散的条件,审查的焦点问题为：金融管理公司经营管理是否发生严重困难,继续存续是否会使股东利益受到重大损失；公司困境是否能够通过其他途径解决。

第一,关于公司经营管理是否发生严重困难,继续存续是否会使股东利益受到重大损失的问题。

认定金融管理公司经营管理是否发生严重困难、应否司法解散,应以《公司法》第 182 条、《公司法司法解释(二)》第 1 条的规定为据。根据一、二审判决查明的事实,最高人民法院认为一、二审判决认定金融管理公司经营管理发生严重困难符合司法解散的条件并无不当。

首先,从公司经营方面看。金融管理公司作为吉林省人民政府批准设立的省内唯一一家地方资产管理公司,主营业务为不良资产批量收购、处置,以防范和化解地方金融风险。但金融管理公司成立后不久,在未经股东会、董事会审议决定的情况下，宏运集团公司即利用其对金融管理公司的控制地位，擅自将10亿元注册资本中的9.65亿元外借给其实际控制的关联公司宏运投资控股有限公司、辽宁足球俱乐部股份有限公司及宏运商业集团有限公司，这是股东之间产生矛盾乃至其后公司人合性丧失的诱因。虽然此后金融控股公司及吉林省金融监管部门多次催促宏运集团公司解决借款问题、保障公司回归主营业务，宏运集团公司也承诺最迟于2015年年底前收回外借资金，但截至2016年12月31日，金融管理公司的对外借款问题仍未解决，其银行存款余额仅为2686465.85元。由于金融管理公司的经营资金被宏运集团公司单方改变用途作为贷款出借且长期无法收回，导致公司批量收购、处置不良资产的主营业务无法正常开展，也使公司设立目的落空，公司经营发生严重困难。

其次，从公司管理机制运行方面看。金融管理公司于2015年2月28日成立后，除2015年4月27日召开过董事会之外，未按公司章程规定召开过股东年会和董事会例会。2015年12月18日召开的股东会、董事会，是在股东双方发生分歧之后召开的临时股东会和董事会临时会议。此后直至金融控股公司于2017年10月提起本案诉讼，虽然股东双方之间已经出现矛盾，公司经营也已出现严重困难，但金融管理公司未能召开股东会、董事会对存在的问题妥善协商加以解决。金融控股公司提起本案诉讼后，金融管理公司虽于2017年11月先后召开了董事会和股东会，但董事出席人数不符合章程规定的董事会召开条件，股东会也仅有宏运集团公司单方参加。金融控股公司完全否认该次股东会、董事会召集程序的合法性和决议的有效性，且股东双方已经对簿公堂，证明股东之间、董事之间的矛盾已经激化且无法自行调和，股东会、董事会机制已经不能正常运行和发挥作用。在此情形下，继续维持公司的存续和股东会的非正常运行，只会产生大股东利用其优势地位单方决策，压迫损害小股东利益的后果。

第二，关于公司困境是否能够通过其他途径解决的问题。

金融控股公司与宏运集团公司因资金外借出现矛盾后，双方自2015年起即开始协调解决，但直至本案成讼仍未妥善解决，股东间的信任与合作基础逐步丧失。期间，双方也多次沟通股权结构调整事宜，但始终未能就股权转让事宜达成一致。在本案诉讼期间，一审法院于近十个月的期间内，多次组织双方进行调解，试图通过股权转让、公司增资、公司控制权转移等多种途径解决纠纷，但股东双方均对对方提出的调解方案不予认可，最终未能达成调解协议。在已经穷尽司法解散之外的其他途径仍无法解决问题的情形下，一、二审法院判决解散金融管理公司，于法于理均无不当。

综上,金融管理公司、宏运集团公司的再审申请不符合《民事诉讼法》相关规定。据此,再审法院裁定:驳回吉林省金融资产管理有限公司、宏运集团有限公司的再审申请。

实务要点:

《公司法司法解释(二)》第1条明确列举的三种公司强制解散事由,均属于公司僵局情形。在理论上,导致公司经营管理发生严重困难,不仅只有股东会、董事会发生僵局,还有股东压迫等情形。所谓"股东压迫",一般是指多数股东以各种形式排挤或者压迫少数股东,以实现谋取非法利益目的的行为。由于现代公司实行资本多数决原则,有限责任公司的多数股东才可以通过股东会、董事会决议等多种手段实施压迫少数股东的行为。典型的压迫行为有:剥夺小股东知情权、拒不分配利润、滥用决策权、侵占公司财产等。本案就大股东滥用控制权、挪用公司资金等行为而言,可视为"股东压迫"的案例。通过阅读本案,可以发现:

第一,目前,我国《公司法》及其司法解释没有明确规定"股东压迫"应作为公司强制解散的理由。因此,在本案的论证过程中,尽管再审法院论证的落脚点在于"大股东利用其优势地位单方决策,压迫损害小股东利益",但纵观整个判决,再审法院并没有将"股东压迫"作为论证核心,而是从传统思路出发,从经营与管理两个层面上,论证了"公司经营管理发生严重困难"。

第二,在理论与实务界,对于是否引入"股东压迫"作为公司强制解散的事由,均存在一定的争议。本书认为,在立法没有明确规定之前,在裁判说理上,可借由《公司法司法解释(二)》第1条第1款第4项的兜底条款,将"股东压迫"情形解释为经营管理发生其他严重困难的情形,从而实现对小股东合法权益的保护。

(三) 公司继续存续股东利益受到重大损失的认定

目前,《公司法》及司法解释没有明确"公司继续存续股东利益受到重大损失"的认定标准。本书认为,股东投资公司的目的在于获取投资回报,当出现公司僵局时,股东权利无法保障,股东投资目的将落空,股东利益自然会受损。因此,认定"公司继续存续股东利益受到重大损失"应当从股东权利的角度来判定股东的利益是否受损。根据《公司法》第4条的规定,公司股东依法享有资产收益、参与重大决策和选择管理者等权利。据此,股东权利可分为公司管理控制权和投资收益权两类,只要这两类权利受到整体、间接、可能的损害,即使非具体、直接或有形的损害,也可以认定为"股东利益受到损失"。具体说来,对于"股东利益受到损失"的认定,可以从公司的盈利及亏损状况,公司的资金状况,注册资本充实状况,股东是否实际取得分红,股东是否正常行使参与公司经营决策、管理和监督,以及选择管理者的股东权利等方面进行综合判断。此外,对于何为"重大损失"也不存在统一的量化标准,通常应根据公司当下的经营和管理状态对股东造成的影响进行综合认定。

(四) 不能通过其他途径解决的审查

"通过其他途径不能解决"的立法本意是促使原告在起诉解散公司之前尽力化解公司矛盾,也是法院判定股东之间矛盾是否已经不可调和的标准之一。"其他途径"一般包括内部途径与外部途径两个方面:第一,内部途径,如申请召开股东会、行使知情权、行使质询建议权、协商内部股权转让、请求公司收购股权等;第二,外部途径,如请求行业协会或行政部门等第三方进行矛盾调解、股东提起知情权或股东权益受损责任之诉等。需要注意的是,该要件并不要求原告股东在诉讼前穷尽全部救济途径,否则将因欠缺现实可操作性而在客观上废止公司解散之诉。法院认定原告股东已通过其他多种途径仍不能解决公司僵局状态且符合其他法定要件的,经组织调解无果后应及时依法作出判决。

三、公司司法解散中的调解与判决的约束力

(一) 公司司法解散中的调解

由于公司是否存续关涉股东、债权人、供应商等诸多相关者的利益,为了避免公司解散给这些利益主体带来冲击,尽可能维持公司存续,有必要在公司解散案件中引入调解程序。对此,《公司法司法解释(二)》第5条规定:"人民法院审理解散公司诉讼案件,应当注重调解。当事人协商同意由公司或者股东收购股份,或者以减资等方式使公司存续,且不违反法律、行政法规强制性规定的,人民法院应予支持。当事人不能协商一致使公司存续的,人民法院应当及时判决。经人民法院调解公司收购原告股份的,公司应当自调解书生效之日起六个月内将股份转让或者注销。股份转让或者注销之前,原告不得以公司收购其股份为由对抗公司债权人。"此外,为强调法院在相关案件审理中强化调解,引导股东协商解决分歧,恢复公司正常经营,避免公司解散,《公司法司法解释(五)》第5条还建立了有限责任公司股东重大分歧解决机制。对此,《公司法司法解释(五)》第5条规定:"人民法院审理涉及有限责任公司股东重大分歧案件时,应当注重调解。当事人协商一致以下列方式解决分歧,且不违反法律、行政法规的强制性规定的,人民法院应予支持:(一)公司回购部分股东股份;(二)其他股东受让部分股东股份;(三)他人受让部分股东股份;(四)公司减资;(五)公司分立;(六)其他能够解决分歧,恢复公司正

常经营,避免公司解散的方式。"

(二)司法解散判决的约束力

《公司法司法解释(二)》第 6 条规定:"人民法院关于解散公司诉讼作出的判决,对公司全体股东具有法律约束力。人民法院判决驳回解散公司诉讼请求后,提起该诉讼的股东或者其他股东又以同一事实和理由提起解散公司诉讼的,人民法院不予受理。"对于此条的理解,应注意以下两点:

第一,关于"同一事实和理由"的理解。这里的"同一事实和理由"系指"同一个"事实和理由,而非"同类"事实和理由。如股东第一次提起解散公司诉讼请求时系以《公司法司法解释(二)》第 1 条第 1 款第 1 项"公司持续两年以上无法召开股东会或者股东大会,公司经营管理出现严重困难"为由提起的,在法院驳回其诉讼请求后,过了一年,其又以同样的表述提起,而此时的两年和第一次起诉时的两年在起止点上有所不同,则这两次起诉的事实和理由不属于本规定所言的"同一事实和理由",法院不应以此为由不予受理。

第二,"人民法院判决驳回解散公司诉讼请求后,提起该诉讼的股东或者其他股东又以同一事实和理由提起解散公司诉讼的,人民法院不予受理"是否有时间限制。在公司解散诉讼中,如果仍然是"同一事实和理由",而不是由于时间的变化造成事实和理由不同,那么无论什么时间之后再次重复诉讼,法院都应当不予受理。但是,如果由于时间的变化而导致事实和理由发生变化,则可以再次起诉。

四、公司解散纠纷诉讼程序操作要点

(一)公司解散纠纷的含义

当公司僵局出现时,股东依据《公司法》第 182 条的规定向人民法院起诉请求解散公司,该类纠纷即属于公司解散纠纷。在性质上,公司解散纠纷属于变更之诉,系变更股东和公司之间的出资与被出资关系。

(二)公司解散纠纷的管辖

依据《民事诉讼法》第 26 条、《公司法司法解释(二)》第 24 条的规定,解散公司诉讼案件由公司住所地人民法院管辖。公司住所地是指公司主要办事机构所在地。公司办事机构所在地不明确的,由其注册地人民法院管辖。基层人民法院管辖县、县级市或者区的公司登记机关核准登记公司的解散诉讼案件,中级人民法院管辖地区、地级市以上的公司登记机关核准登记公司的解散诉讼案件。

(三) 当事人的诉讼地位

《公司法司法解释(二)》第 4 条规定:"股东提起解散公司诉讼应当以公司为被告。原告以其他股东为被告一并提起诉讼的,人民法院应当告知原告将其他股东变更为第三人;原告坚持不予变更的,人民法院应当驳回原告对其他股东的起诉。原告提起解散公司诉讼应当告知其他股东,或者由人民法院通知其参加诉讼。其他股东或者有关利害关系人申请以共同原告或者第三人身份参加诉讼的,人民法院应予准许。"

(四) 公司解散纠纷中的保全

《公司法司法解释(二)》第 3 条规定:"股东提起解散公司诉讼时,向人民法院申请财产保全或者证据保全的,在股东提供担保且不影响公司正常经营的情形下,人民法院可予以保全。"为了正确理解与适用本条规定,需注意以下几点:

第一,"股东提供担保且不影响公司正常经营",并非必然导致人民法院采取保全措施。是否采取保全措施,由法院根据具体情形综合考量决定。第二,人民法院对公司进行相关保全时,要以保证公司正常经营为原则,尽量采取一些特殊的安排来实现方便清算的目的,同时,又能保证公司正常运行。如果不能保证公司的正常运行,人民法院可不予保全。第三,由于公司解散诉讼中财产保全属于特殊的例外规定,因此,法院不应该采取诉前财产保全,更不能在股东没有申请的情况下,依职权实施财产保全。第四,具体的财产保全数额应该以股东申请的数额为准,人民法院就具体案情进行综合考虑。

(五) 法律依据

《民法典》第 69 条;
《公司法》第 180 条、第 182 条;
《公司法司法解释(二)》第 1—6 条。

第十七讲
公司清算

Lecture
17

一、公司清算概述

(一) 公司清算的基本含义

公司清算,是指解散事由出现后,公司依法定程序了结事务,清理债权、债务,分配剩余财产,终止公司的活动。根据《公司法》第 183 条的规定,除因合并、分立而解散外,公司解散时都应当进行清算。进入清算程序后,公司便进入终止前的特殊阶段,其权利能力和行为能力均发生重要变化。根据《公司法》第 186 条第 3 款及《公司法司法解释(二)》第 10 条的规定,清算期间,公司存续,但不得开展与清算无关的经营活动。公司财产在未依照前款规定清偿前,不得分配给股东。公司依法清算结束并办理注销登记前,有关公司的民事诉讼,应当以公司的名义进行。公司成立清算组的,由清算组负责人代表公司参加诉讼;尚未成立清算组的,由原法定代表人代表公司参加诉讼。公司清算的最终结果是公司法人资格消灭,公司终止。

(二) 公司清算的类型

公司清算分为破产清算与非破产清算。破产清算,是指公司被宣告破产时,依破产程序进行的清算。破产清算应依据《企业破产法》进行。非破产清算,又称为解散清算,是指公司非因破产原因解散,按照公司法规定的程序进行的清算。非破产清算的主要法律依据是《公司法》和《公司法司法解释(二)》。非破产清算又可以分为自行清算和强制清算。自行清算由公司股东或管理层自行组织。强制清算则是因自行清算不能或难以启动,而由公司债权人、股东、董事或其他利害关系人申请法院启动并监管的清算。

(三) 公司非破产清算与破产清算的衔接

《公司法》第 187 条、《企业破产法》第 7 条、《公司法司法解释(二)》第 17 条、《关于审理公司强制清算案件工作座谈会纪要》(以下简称《强制清算案件会议纪要》)第 32 条、第 33 条及《九民纪要》第 117 条均规定了公司非破产清算与破产清算衔接的相关问题。其主要内容如下:

第一,清算组在清理公司财产、编制资产负债表和财产清单后,发现公司财产不足以清偿债务的,应当依法向人民法院申请宣告破产。公司经人民法院裁定宣告破产后,清算组应当将清算事务移交给人民法院。

第二,公司强制清算中,人民法院指定的清算组在清理公司财产、编制资产负债表和财产清单时,发现公司财产不足以清偿债务的,可以与债权人协商制作有关债务清偿方案。债务清偿方案经全体债权人确认且不损害其他利害关系人利益的,人民法院可依清算组的申请裁定予以认可。清算组依据该清偿方案清偿债务后,应当向人民法院申请裁定终结清算程序。债权人对债务清偿方案不予确认或者人民法院不予认可的,清算组应当依法向人民法院申请宣告破产。

第三,公司强制清算中,有关权利人依据《企业破产法》第2条和第7条的规定向人民法院另行提起破产申请的,人民法院应当依法进行审查。权利人的破产申请符合《企业破产法》规定的,人民法院应当依法裁定予以受理。人民法院裁定受理破产申请后,应当裁定终结强制清算程序。

第四,债权人对符合破产清算条件的债务人提起公司强制清算申请,经人民法院释明,债权人仍然坚持申请对债务人强制清算的,人民法院应当裁定不予受理。

二、公司自行清算程序

(一)公司自行清算程序

自行清算是指公司解散后,无须公权力介入,公司自身进行的清算。根据《公司法》及《公司法司法解释(二)》的规定,公司自行清算应按以下步骤进行(见图17-1):

第一步,成立清算组。公司应当在解散事由出现之日起15日内成立清算组,开始清算。有限责任公司的清算组由股东组成,股份有限公司的清算组由董事或者股东大会确定的人员组成。清算组应当自成立之日起10日内将清算组成员、清算组负责人名单向公司登记机关备案。清算组在清算期间行使下列职权:清理公司财产,分别编制资产负债表和财产清单;通知、公告债权人;处理与清算有关的公司未了结的业务;清缴所欠税款以及清算过程中产生的税款;清理债权、债务;处理公司清偿债务后的剩余财产;代表公司参与民事诉讼活动。

第二步,通知、公告债权人。清算组应当自成立之日起10日内,将公司解散清算事宜书面通知全体已知债权人,并于60日内根据公司规模和营业地域范围在全国或者公司注册登记地省级有影响的报纸上公告。

第三步,债权申报及债权登记。①债权申报。债权人应当自接到书面通知书之日起30日内,未接到通知书的自第一次公告刊载于报纸之日起45日内,向清算组申报债权。债权人申报债权时,应当说明债权的有关事项并提供证明材料,并以书面方式进行,其内容及附件清单应符合债权通知和公告的要求。②债权登记。

清算组在收到债权人申报债权的同时,审查债权人所提交的债权证明材料,对符合要求的债权进行登记;对不符合要求或不能证明对公司享有债权的,应说明理由,不予登记。公司清算时,债权人对清算组核定的债权有异议的,可以要求清算组重新核定。清算组不予重新核定,或者债权人对重新核定的债权仍有异议,债权人可以以公司为被告向人民法院提起诉讼要求确认债权。③债权补充申报。根据《公司法司法解释(二)》第13条、第14条的规定,债权人在规定的期限内未申报债权,在公司清算程序终结前补充申报的,清算组应予登记。公司清算程序终结,是指清算报告经股东会、股东大会确认完毕。债权人补充申报的债权,可以在公司尚未分配财产中依法清偿。公司尚未分配财产不能全额清偿,债权人有权主张股东以其在剩余财产分配中已经取得的财产予以清偿,但债权人因重大过错未在规定期限内申报债权的除外。债权人或清算组,以公司尚未分配财产和股东在剩余财产分配中已经取得的财产,不能全额清偿补充申报债权为由,向人民法院提出破产清算申请的,人民法院不予受理。

第四步,清理公司财产。清算组负责梳理确定公司全部财产,包括但不限于债权、股权、实物等财产权利,自成立之日起即开始清理、核对和登记,并编制资产负债表及财产清单。如果公司资产规模较大或资产构成情况、债权、债务较复杂,可以聘请律师协助办理,聘请会计师对公司财务进行审计,聘请评估师对公司财产进行资产评估。清算组在清理公司财产、编制资产负债表和财产清单以后,如果发现公司财产不足以清偿债务,应当立即向人民法院申请宣告破产。

第五步,制定、实施清算方案。清算组在清理公司财产、编制资产负债表和财产清单后,应当制定清算方案,并报股东会、股东大会确认。未经确认的清算方案,清算组不得执行。公司财产能够清偿公司债务的,清算组应当按照如下顺序清偿债务及分配财产:支付清算费用;支付职工的工资、社会保险费用和法定补偿金;缴纳所欠税款;清偿债务;向股东分配。有限责任公司按照股东的出资比例分配,股份有限公司按照股东持有的股份比例分配。在清理公司债务时,若存在享有抵押、质押、留置等担保物权的债务,需要优先予以清偿。

第六步,办理注销登记。公司清算结束后,清算组应当制作清算报告,报股东会、股东大会确认,并报公司登记机关,申请注销登记。公司需要先向税务部门申请税务注销,取得税务部门出具的清税证明,再向公司登记机关提交工商注销申请,最终由登记机关出具《注销登记核准通知书》,确认公司注销,公司自行解散清算流程宣告结束。

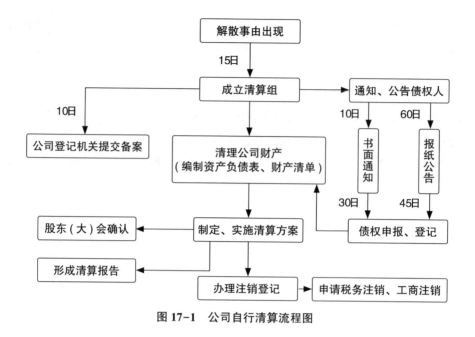

图 17-1　公司自行清算流程图

(二) 公司自行清算中的相关问题

1. 简易注销流程

(1) 适用对象

简易注销登记程序适用于未发生债权债务或已将债权债务清偿完结的市场主体(上市股份有限公司除外)。市场主体在申请简易注销登记时,不应存在未结清清偿费用、职工工资、社会保险费用、法定补偿金、应缴纳税款(滞纳金、罚款)等债权债务。

企业有下列情形之一的,不适用简易注销程序:涉及国家规定实施准入特别管理措施的外商投资企业;被列入企业经营异常名录或严重违法失信企业名单的;存在股权(投资权益)被冻结、出质或动产抵押等情形的;有正在被立案调查或采取行政强制、司法协助、被予以行政处罚等情形的;企业所属的非法人分支机构未办理注销登记的;曾被终止简易注销登记程序的;根据法律、行政法规或者国务院决定的规定,在注销登记前需经批准的;不适用企业简易注销程序的其他情形。

企业存在"被列入企业经营异常名录""股权(投资权益)被冻结、出质或动产抵押等情形""企业所属的非法人分支机构未办注销登记的"等不适用简易注销登记程序的,无须撤销简易注销公示,待异常状态消失后可再次依程序公示申请简易注销登记。对于承诺书文字、形式填写不规范的,市场监管部门在市场主体补正后予以受理其简易注销申请,无须重新公示。符合市场监管部门简易注销条件,未办理过涉税事宜,办理过涉税事宜但未领用发票(含代开发票)、无欠税(滞纳金)及罚款且没有其他未办结涉税事项的纳税人,免予到税务部门办理清税证明,可直接向市场监管部门申请简易注销。

(2)办理流程

第一步,符合适用条件的企业登录注销"一网"服务平台或国家企业信用信息公示系统《简易注销公告》专栏主动向社会公告拟申请简易注销登记及全体投资人承诺等信息,公示期为 20 日。

第二步,公示期内,有关利害关系人及相关政府部门可以通过国家企业信用信息公示系统《简易注销公告》专栏"异议留言"功能提出异议并简要陈述理由。超过公示期,公示系统不再接受异议。

第三步,税务部门通过信息共享获取市场监管部门推送的拟申请简易注销登记信息后,应按照规定的程序和要求登录税务信息系统,查询核实相关涉税情况。对经查询系统显示为以下情形的纳税人,税务部门不提出异议:一是未办理过涉税事宜的纳税人;二是办理过涉税事宜但未领用发票(含代开发票)、无欠税(滞纳金)及罚款且没有其他未办结涉税事项的纳税人;三是查询时已办结缴销发票、结清应纳税款等清税手续的纳税人。

第四步,公示期届满后,在公示期内无异议的,企业应当在公示期满之日起 20 日内向登记机关办理简易注销登记。期满未办理的,登记机关可根据实际情况予以延长时限,宽展期最长不超过 30 日。企业在公示后,不得从事与注销无关的生产经营活动。

2. 公司如何撤销清算组备案

对于因公司章程规定的营业期限届满或者公司章程规定的其他解散事由出现,以及股东会或者股东大会决议解散的企业,如已办理了清算组备案但尚未办理注销登记的,企业可自主撤销清算组备案。撤销清算组备案的企业需通过公示系统公示撤销清算组备案、终止清算活动的承诺声明,同时上传有关终止清算注销、恢复经营活动的股东会决议等材料。线下现场办理撤销清算组备案的,登记机关须留存《指定代表或者共同委托代理人授权委托书》、指定代表或者委托代理人的身份证复印件、企业权力机构终止清算的决议等材料。

办理撤销清算组备案后,企业即可办理登记注册相关业务。撤销清算组备案后企业再次申请注销的,应重新依法办理清算组备案和发布债权人公告。重新办理清算组备案和债权人公告无时间间隔和次数限制。对因依法被吊销营业执照、责令关闭或者被撤销的企业及人民法院强制解散的企业,不适用本通知关于撤销清算组备案的措施。

3. 存在股东失联、不配合等问题

对有限责任公司存在股东失联、不配合等情况难以注销的,经书面及报纸(或国家企业信用信息公示系统)公告通知全体股东,召开股东会形成符合法律及章程规定表决比例的决议、成立清算组后,向企业登记机关申请办理注销登记。

4. 存在营业执照、公章遗失问题

对于营业执照遗失的企业,可以持在国家企业信用信息公示系统自行公示的执照遗失公告,向企业登记机关申请注销,无须申请补发营业执照。涉及公章遗失的,经全体股东签字盖章或由清算组负责人签字确认,相关注销材料可不盖公章。

5. 存在股东(出资人)已注销问题

因股东(出资人)已注销却未清理对外投资,导致被投资企业无法注销的企业,其股东(出资人)有上级主管单位的,由已注销企业的上级主管单位依规定办理相关注销手续;已注销企业有合法继受主体的,可由继受主体依有关规定申请办理;已注销企业无合法继受主体的,由已注销企业注销时登记在册的股东(出资人)申请办理。

6. 公司尚未履行完毕的合同处理

根据《公司法》第184条第3项的规定,清算组负责处理与清算有关的公司未了结的业务。清算组有权根据清算工作的需要,遵照有利于保护公司和债权人合法权益的原则,决定公司尚未履行完毕的合同是继续履行或是终止履行。如果清算组决定继续履行合同,则该履行行为应当认定为与清算有关的业务活动;如果清算组决定终止履行,合同相对方可以向清算组申报债权,其中包括因清算组决定终止履行给合同相对方造成的损失以及应当承担的违约责任债权。在实操过程中,为避免或减少公司清算给尚未履行完毕的合同相对方造成损失,以及使得公司在进入清算程序后能尽快完成清算注销流程,建议在不损害债权人和公司股东利益的前提下,于正式启动清算流程前与合同相对方友好协商终止该类合同。

7. 清算组成员的构成

根据《公司法》第183条的规定,有限责任公司的清算组由股东组成,股份有限公司的清算组由董事或者股东大会确定的人员组成。公司自行清算时,清算组成员是公司自己指定的;而公司强制清算时,清算组成员是由法院指定的。《公司法》第184条至第189条概括规定了清算组及清算组成员的权利和义务。因此,不管是公司自行清算还是强制清算,《公司法》对清算组及其成员的要求是一致的,即清算组成员在办理清算事宜期间应当忠于职守,谨慎、勤勉地履行法定义务,处理清算

事务。此外,容易引起争议的是,有限责任公司清算组成员可以由非股东人员参与吗?司法实践中,法院普遍认为,《公司法》第183条关于"有限责任公司的清算组由股东组成"的规定,并非强制性规定,在《公司法》并没有明确禁止股东以外的人员进入清算组的情况下,应当允许非股东人员成为清算组成员。

8. 公司注销后,遗漏债权的处理

实务中,经常出现公司在注销登记后,发现公司还存在遗漏债权的情形。此种情形下,原公司所享有的债权该如何处理?公司注销后发现遗漏债权,现行《公司法》《企业破产法》及相关司法解释均未有明确规定。《公司法》第186条规定:"……公司财产在分别支付清算费用、职工的工资、社会保险费用和法定补偿金,缴纳所欠税款,清偿公司债务后的剩余财产,有限责任公司按照股东的出资比例分配,股份有限公司按照股东持有的股份比例分配。"由此可见,由于遗漏债权在清算时没有进行处理,应该属于原公司财产。由于公司已经注销,不具有诉讼主体资格,因此,原公司股东对公司注销后遗漏的债权可以提起诉讼。此外,需要注意的是,由于遗漏债权属于原公司财产,并不属于任何一个股东,任一股东通过诉讼追回的财产,在未分配的情况下,均属于原公司所有。应该由全体股东按照公司章程或法律的规定进行分配。

【案例进阶64】公司清算程序终结后,新出现的债务应该如何处理?

案例名称:厦门易方达实业发展有限公司与厦门市东区开发有限公司股东损害公司债权人利益责任纠纷案

案例来源:厦门市中级人民法院(2020)闽02民终4598号民事判决书

裁判要旨:

公司清算分配后新确定的债权在本质上与补充申报的债权相当,股东无对价取得清算分配财产,如遇公司清算并分配全部剩余资产后出现新债务的情形,可类推适用《公司法司法解释(二)》第14条第1款和《最高人民法院关于民事执行中变更、追加当事人若干问题的规定》第22条的相关规定,股东应以分配中已经取得财产的范围为限进行清偿。

基本案情:

案外人厦门友益房地产开发有限公司(以下简称"友益公司")由上诉人(原审被告)厦门市东区开发有限公司(以下简称"东区公司")与美国友益企业公司共同出资设立。2004年10月29日,被上诉人(原审原告)厦门易方达实业发展有限公司(以下简称"易方达公司")与友益公司签订商品房买卖合同,约定易方达公司向友益公司购买友益公司开发建设的菡菁大厦第1幢第四层,总价款150万元,其后双方履约完毕。

2010年5月4日,友益公司召开董事会,决议同意公司依法清算解散,2011年11月8日注销了友益公司的地方税务登记及社保登记。2013年1月8日,友益公司召开股东会研究清算关闭有关事项,并形成决议。至公司清算截止日(2012年11月30日),公司的实际结余净利润为4112501.70元,按照合资双方股权比例分配,合作公司所剩余的债权债务皆由美国友益企业公司负责承担;其他合作公司清算关闭后的未尽事宜(如菡菁大厦四楼产权纠纷及产权登记等问题)仍由双方按照股权比例予以承担和享有,协商解决。

2017年3月,易方达公司向厦门仲裁委员会申请仲裁。厦门仲裁委员会作出厦仲裁字20170162号裁决书,裁决解除商品房买卖合同,要求友益公司向易方达公司支付购房款、可得利益损失、装修损失、律师费损失、仲裁费用共计9979069.80元。裁决生效后,易方达公司于2018年1月申请强制执行,法院经穷尽财产调查措施仍未能查到有可供执行财产,遂作出终结该次执行程序裁定。同时,易方达公司在案件审理过程中申请诉讼财产保全,支出保全申请费5000元。

易方达公司提起诉讼,请求判令:1. 东区公司对厦仲裁字20170162号裁决书项下厦门友益房地产开发有限公司应支付给易方达公司的购房款1500000元、可得利益损失8244360元、装修损失129850.80元、律师费28200元、仲裁费76659元以及迟延履行债务利息承担连带清偿责任。2. 东区公司承担本案案件受理费及保全费5000元。

法律关系图:

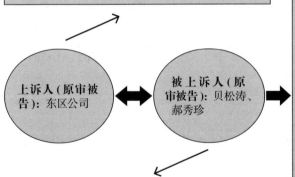

裁判过程及理由：

一审法院认为,本案系股东损害公司债权人利益纠纷。根据查明的事实,友益公司已于2012年10月1日至2012年11月30日期间进行了清算,友益公司的股东东区公司、美国友益企业公司已经根据前述清算对收回投资款进行了确认,并对剩余资产进行了分配。根据清算截止日的审计结果,友益公司的所有者权益数额虽略少于易方达公司举证的友益公司1999年度《联合年检报告书》显示的相关数额,但并不足以据此认定存在因清算行为导致友益公司资产贬值、流失、毁损或者灭失的情况。

然而,由于友益公司的股东东区公司、美国友益企业公司收回投资款并对友益公司剩余资产进行了分配。根据审计报告,"截至2012年11月30日公司清算分配后的净资产为零",这与后续友益公司无法清偿厦仲裁字20170162号裁决书项下对易方达公司的债务成立因果关系。事实上,从2013年1月8日友益公司股东会有关"其他合作公司清算关闭后的未尽事宜(如菡菁大厦四楼产权纠纷及产权登记等问题)仍由双方按照股权比例予以承担和享有,协商解决"的决议内容看,东区公司及案外人美国企业友益公司对后续友益公司可能因菡菁大厦四楼产权纠纷产生或有债务在主观上也是有预见的,但并未为此预留清偿债务的资产,而是将友益公司的相关资产作为清算结余全部进行了分配。

根据《公司法司法解释(二)》第14条第1款及《最高人民法院关于民事执行中变更、追加当事人若干问题的规定》第22条的规定,本案的债权确定于友益公司的股东对友益公司进行清算并分配剩余资产之后,本质上是公司清算分配后出现新债务的清偿问题。从债权确定的时点而言,易方达公司在厦仲裁字20170162号裁决书项下的债权在本质上与补充申报的债权相当;从东区公司取得清算分配财产的角度而言,显然是无须支付对价亦即是无偿的。因此,本案友益公司经清算分配后无财产可供清偿新出现的对于易方达公司的债务的情形,与前述《公司法司法解释(二)》第14条第1款及《最高人民法院关于民事执行中变更、追加当事人若干问题的规定》第22条规定的有关情形在本质上是一致的,可以类推适用相应规定处理。据此,东区公司应当在分配取得友益公司清算资产的范围内清偿易方达公司在厦仲裁字20170162号裁决书项下的债权。易方达公司诉求东区公司对厦仲裁字20170162号裁决书项下的合计9979069.80元债务承担连带清偿责任,予以支持。易方达公司已就发生法律效力的厦仲裁字20170162号裁决书申请人民法院强制执行。易方达公司还诉求东区公司对友益公司迟延履行前述债务的利息承担连带清偿责任,符合法律规定,一并予以支持,但应自2017年12月9日起计算。同时,根据厦门方华会计师事务所有限公司出具清算审计报告书[厦门方华审(2012)3479号],东区公司已提前收回投资款4158000元,并在清算后分配30%未分配利润1233750.51元,合计从友益公司取得分配资产5391750.51元。东区公司就前述债务及迟延履行的债务利息承担责任,应以其分配取得的5391750.51元为限。

易方达公司仅起诉东区公司并不违反法律规定,但其经释明法律风险仍坚持不起诉友益公司的另一股东美国友益企业公司,应自行承担不利的法律后果,对于超过前述5391750.51元的部分,其主张东区公司承担连带清偿责任,不予支持。至于东区公司承担有关债务如超出应承担的份额,可以依据有关规定及约定向其他参与分配友益公司清算财产的公司股东进行追偿。最后,关于易方达公司申请诉讼财产保全支出的保全申请费5000元,依法亦应当由东区公司偿付。

综合上述,一审法院判决:1.厦门市东区开发有限公司以5391750.51元为限对厦仲裁字20170162号裁决书项下厦门友益房地产开发有限公司对厦门易方达实业发展有限公司的全部债务9979069.80元及其迟延履行期间的债务利息承担连带清偿责任,于判决生效之日起十日内向厦门易方达实业发展有限公司支付。2.厦门市东区开发有限公司于判决生效之日起十日内偿付厦门易方达实业发展有限公司保全申请费5000元。3.驳回厦门易方达实业发展有限公司的其他诉讼请求。

东区公司不服一审判决,提起上诉。二审法院经审理后判决:驳回上诉,维持原判。

实务要点:

本案系股东损害公司债权人利益纠纷,争议焦点在于,对友益公司清算程序终结后新出现的债务,作为公司股东的东区公司是否需承担清偿责任?通过阅读本案,可以发现:

第一,《公司法司法解释(二)》第12条、第13条对"债权人在规定的期限内未申报债权,在公司清算程序终结前补充申报"的情形进行了规定,但对于公司清算程序终结后注销之前,因处置程序拖延、诉讼、仲裁等原因,新出现的公司债权,如何处理?目前,《公司法》及司法解释没有明确规定。本案中,法院从保护债权人利益出发,按照"举重以明轻"原则,类推适用《公司法司法解释(二)》第14条第1款和《最高人民法院关于民事执行中变更、追加当事人若干问题的规定》第22条的相关规定,注销之后的债权都可保护,那么,清算完毕但公司尚未注销时的债权亦理应受到保护。

第二,对清算程序终结后新出现的债务,股东承担连带清偿责任,应符合以下条件:存在确定的债权;公司遗留财产不足以清偿债务;股东无偿取得分配财产;股东无偿取得财产的行为和无法清偿结果之间存在因果关系。

第三,股东以无偿获得的公司财产为限承担清偿责任。如果公司股东为多个,债权人可以向任意股东追索,各股东应在无偿取得分配财产的限度内对债权人承担连带清偿责任。承担有关债务的股东如超出应承担的份额,可以依据有关规定及约定向其他参与分配清算财产的股东进行追偿。

三、公司强制清算

(一)公司强制清算程序

强制清算,是指当公司自行清算程序不能启动或自行清算程序中可能出现违法情形时,由公司债权人、股东、董事或其他利害关系人依法向法院申请启动的清算。在性质上,公司清算案件属于非诉程序案件。根据《公司法》《公司法司法解释(二)》及《强制清算案件会议纪要》的相关规定,公司强制清算程序主要包括以下内容(见图17-2):

1. 申请强制清算的事由及申请人

《公司法司法解释(二)》第7条第2款规定:"有下列情形之一,债权人、公司股东、董事或其他利害关系人申请人民法院指定清算组进行清算的,法院应予受理:(一)公司解散逾期不成立清算组进行清算的;(二)虽然成立清算组但故意拖延清算的;(三)违法清算可能严重损害债权人或者股东利益的。"由此可见,提起强制清算的主体限于债权人、公司股东、董事或其他利害关系人。启动事由包括:公司解散逾期不成立清算组进行清算的;虽然成立清算组但故意拖延清算的;违法清算可能严重损害债权人或者股东利益的。

2. 强制清算案件的管辖

强制清算案件的管辖包括地域管辖和级别管辖。地域管辖法院应为公司住所地人民法院,即公司主要办事机构所在地法院,公司主要办事机构所在地不明确、存在争议的,由公司注册登记地法院管辖。级别管辖应当按照公司登记机关的级别予以确定,即基层法院管辖县、县级市或者区的公司登记机关核准登记公司的公司强制清算案件,中级人民法院管辖地区、地级市以上的公司登记机关核准登记公司的公司强制清算案件。

3. 强制清算的申请

债权人、公司股东、董事或其他利害关系人向法院申请强制清算应当提交清算申请书。申请书应当载明申请人、被申请人的基本情况和申请的事实和理由。同时,申请人应当向法院提交被申请人已经发生解散事由以及申请人对被申请人享有债权或者股权的有关证据。公司解散后已经自行成立清算组进行清算,但债权人或者股东以其故意拖延清算,或者存在其他违法清算可能严重损害债权人、股东、董事或其他利害关系人利益情形为由,申请法院强制清算的,申请人还应当向法院提交公司故意拖延清算,或者存在其他违法清算行为可能严重损害其利益的相应证据材料。

申请人提交的材料需要更正、补充的,法院应当责令申请人于七日内更正、补充。申请人由于客观原因无法按时更正、补充的,应当向法院书面说明并提出延期申请,由法院决定是否延长期限。

4. 对强制清算申请的审查

审理强制清算案件的审判庭审查决定是否受理强制清算申请时,一般应当召开听证会。对于事实清楚、法律关系明确、证据确实充分的案件,经书面通知被申请人,其对书面审查方式无异议的,也可决定不召开听证会,而采用书面方式进行审查。

法院决定召开听证会的,应当于听证会召开五日前通知申请人、被申请人,并送达相关申请材料。公司股东、实际控制人等利害关系人申请参加听证的,法院应予准许。听证会中,法院应当组织有关利害关系人对申请人是否具备申请资格、被申请人是否已经发生解散事由、强制清算申请是否符合法律规定等内容进行听证。因补充证据等原因需要再次召开听证会的,应在补充期限届满后十日内进行。

法院决定不召开听证会的,应当及时通知申请人和被申请人,并向被申请人送达有关申请材料,同时告知被申请人若对申请人的申请有异议,应当自收到法院通知之日起七日内向法院书面提出。

5. 对强制清算申请的受理

法院应当在听证会召开之日或者自异议期满之日起十日内,依法作出是否受理强制清算申请的裁定。

被申请人就申请人对其是否享有债权或者股权,或者对被申请人是否发生解散事由提出异议的,法院对申请人提出的强制清算申请应不予受理。申请人可就有关争议单独提起诉讼或者仲裁予以确认后,另行向法院提起强制清算申请。但对上述异议事项已有生效法律文书予以确认,以及发生被吊销企业法人营业执照、责令关闭或者被撤销等解散事由有明确、充分证据予以证明的除外。

申请人提供被申请人自行清算中故意拖延清算,或者存在其他违法清算可能严重损害债权人或者股东利益的相应证据材料后,被申请人未能举出相反证据的,法院对申请人提出的强制清算申请应予受理。债权人申请强制清算,被申请人的主要财产、账册、重要文件等灭失,或者被申请人人员下落不明,导致无法清算的,法院不得以此为由不予受理。

法院受理强制清算申请后,经审查发现强制清算申请不符合法律规定的,可以裁定驳回强制清算申请。法院裁定不予受理或者驳回受理申请,申请人不服的,可以向上一级法院提起上诉。

6. 强制清算申请的撤回

法院裁定受理公司强制清算申请前,申请人请求撤回其申请的,法院应予准许。

公司因公司章程规定的营业期限届满或者公司章程规定的其他解散事由出现,或者股东会、股东大会决议自愿解散的,法院受理强制清算申请后,清算组对股东进行剩余财产分配前,申请人以公司修改章程,或者股东会、股东大会决议公司继续存续为由,请求撤回强制清算申请的,法院应予准许。

公司因依法被吊销营业执照、责令关闭或者被撤销,或者被法院判决强制解散的,法院受理强制清算申请后,清算组对股东进行剩余财产分配前,申请人向法院申请撤回强制清算申请的,法院应不予准许。但申请人有证据证明相关行政决定被撤销,或者法院作出解散公司判决后当事人又达成公司存续和解协议的除外。

7. 强制清算清算组的指定

法院受理强制清算案件后,应当及时指定清算组成员。公司股东、董事、监事、高级管理人员能够而且愿意参加清算的,法院可优先考虑指定上述人员组成清算组。上述人员不能、不愿进行清算,或者由其负责清算不利于清算依法进行的,法院可以指定《人民法院中介机构管理人名册》和《人民法院个人管理人名册》中的中介机构或者个人组成清算组。法院也可根据实际需要,指定公司股东、董事、监事、高级管理人员,与管理人名册中的中介机构或者个人共同组成清算组。法院指定管理人名册中的中介机构或者个人组成清算组,或者担任清算组成员的,应当参照适用《最高人民法院关于审理企业破产案件指定管理人的规定》。

强制清算清算组成员的人数应当为单数。

法院指定清算组成员的同时,应当根据清算组成员的推选,或者依职权指定清算组负责人。清算组负责人代行清算中公司诉讼代表人职权。同时,《公司法司法解释(二)》第9条规定:"人民法院可以根据债权人、公司股东、董事或其他利害关系人的申请,或者依职权更换清算组成员:(一)有违反法律或者行政法规的行为;(二)丧失执业能力或者民事行为能力;(三)有严重损害公司或者债权人利益的行为。"

8. 清算组议事机制及工作

公司强制清算中的清算组因清算事务发生争议的,应当参照《公司法》第111条的规定,经全体清算组成员过半数决议通过。与争议事项有直接利害关系的清算组成员可以发表意见,但不得参与投票;因利害关系人回避表决无法形成多数意见的,清算组可以请求法院作出决定。与争议事项有直接利害关系的清算组成员未回避表决形成决定的,债权人或者清算组其他成员可以参照《公司法》第22条的规定,自决定作出之日起60日内,请求法院予以撤销。

在法院监督下,清算组开展以下工作:通知、公告债权人;债权申报及债权登记;清理公司财产;制定、实施清算方案。清算组具体工作的开展,可以参阅自行清算部分。此外,需注意的是,清算方案拟订后,应当报法院确认。未经确认的清算方案,清算组不得执行。

9. 无法清算案件的审理

对于被申请人主要财产、账册、重要文件等灭失,或者被申请人人员下落不明的强制清算案件,经向被申请人的股东、董事等直接责任人员释明或采取罚款等民事制裁措施后,仍然无法清算或者无法全面清算,对于尚有部分财产,且依据现有账册、重要文件等,可以进行部分清偿的,应当参照《企业破产法》的规定,对现有财产进行公平清偿后,以无法全面清算为由终结强制清算程序;对于没有任何财产、账册、重要文件,被申请人人员下落不明的,应当以无法清算为由终结强制清算程序。

债权人申请强制清算,法院以无法清算或者无法全面清算为由裁定终结强制清算程序的,应当在终结裁定中载明,债权人可以另行依据《公司法司法解释(二)》第18条的规定,要求被申请人的股东、董事、实际控制人等清算义务人对其债务承担偿还责任。股东申请强制清算,法院以无法清算或者无法全面清算为由作出终结强制清算程序的,应当在终结裁定中载明,股东可以向控股股东等实际控制公司的主体主张有关权利。

10. 强制清算程序的终结

公司依法清算结束,清算组制作清算报告并报法院确认后,法院应当裁定终结清算程序。公司登记机关依清算组的申请,注销公司登记后,公司终止。

公司因公司章程规定的营业期限届满或者公司章程规定的其他解散事由出现,或者股东会、股东大会决议自愿解散的,法院受理债权人提出的强制清算申请后,对股东进行剩余财产分配前,公司修改章程、或者股东会、股东大会决议公司继续存续,申请人在其个人债权及他人债权均得到全额清偿后,未撤回申请的,法院可以根据被申请人的请求裁定终结强制清算程序。强制清算程序终结后,公司可以继续存续。

【案例进阶65】多数股东与公司清算事务存在利益冲突,少数股东可以申请强制清算吗?

案例名称:陈余胜与上海上器集团新能源科技有限公司申请公司清算强制清算案

案例来源:上海市高级人民法院(2019)沪清终1号民事裁定书

裁判要旨:

多数股东因故意损害公司权益对公司负有巨额债务且拒不清偿的,如果由多数股东主导对公司进行自行清算,将与清算事务发生直接的利益冲突,使清算程序存在故意拖延或者违法清算的现实可能性。其他股东基于上述理由申请对公司实行强制清算,而多数股东不能提出足以确保依法及时自行清算的有效措施或者提供有效担保的,人民法院应当参照《公司法司法解释(二)》有关规定,对少数股东提出的公司强制清算申请裁定予以受理。

基本案情:

被上诉人(原审被申请人)上海上器集团新能源科技有限公司(以下简称"新能源公司")设立于2009年4月,股东为上海上器(集团)有限公司(持股48%,以下简称"上器集团公司")、上诉人(原审申请人)陈余胜(持股35%)和上海上器集团母线桥架有限公司(持股17%,以下简称"母线桥架公司")。自2010年起,新能源公司三股东之间发生严重的矛盾对立,各方之间诉讼纠纷不断。

2013年3月,陈余胜以上器集团公司、母线桥架公司共同损害新能源公司利益为由诉至法院,要求两股东赔偿相应损失。2018年5月,上海市第二中级人民法院作出(2017)沪02民终8899号民事判决,认定上器集团公司、母线桥架公司通过股东会决议放弃原来应属于新能源公司的案涉工业用房建设项目,并在未对案涉项目进行价值评估,也未与新能源公司进行结算的情况下,由上器集团公司取得该案涉项目,损害了新能源公司的利益,判令上器集团公司、母线桥架公司赔偿新能源公司相应损失人民币4449万余元(以下币种均为人民币)。该判决发生法律效力后,上器集团公司、母线桥架公司未履行相应义务,陈余胜申请对两公司进行强制执行,但两公司仍未按照执行通知书履行义务,也未按照法律规定申报财产。同时,(2017)沪02民终8899号民事判决作出后,陈余胜和上器集团公司分别向检察机关申请抗诉。经检察机关抗诉,上海市高级人民法院于2019年3月6日作出(2019)沪民抗2号民事裁定,裁定提审(2017)沪02民终8899号案,再审[案号

(2019)沪民再4号]期间,中止原判决的执行。

2018年8月,陈余胜以新能源公司面临严重管理僵局,且无法通过自力救济途径加以打破为由,诉至法院要求解散新能源公司。2019年2月11日,上海市嘉定区人民法院作出(2018)沪0114民初13972号民事判决,判决解散新能源公司。该判决书已发生法律效力。

2019年5月5日,新能源公司召开临时股东会并决议成立清算组,清算组成员由三方股东各指派一人组成。陈余胜收到相关会议通知但未参加临时股东会。之后,陈余胜以新能源公司解散后无法成立清算组且股东间缺乏基本信任,不能进行自行清算等为由,向上海市第三中级人民法院申请对新能源公司进行强制清算。期间,新能源公司及上器集团公司、母线桥架公司均表示,新能源公司已在判决解散后的法定期限内成立了清算组,因(2019)沪民再4号案尚在审理过程中,故清算工作无法开展,待该案裁判结果确定后即可推进清算工作。

本案二审审理期间,上海市高级人民法院对(2019)沪民再4号案作出再审判决,判决维持(2017)沪02民终8899号民事判决。该判决生效后,上器集团公司、母线桥架公司仍拒绝履行相应义务。经法院释明,新能源公司清算组仍未通知和公告债权人申报债权,未全面清理公司债权债务;多数股东上器集团公司、母线桥架公司表示不能提出足以确保依法及时清算的有效措施,或者提供相应担保。

法律关系图:

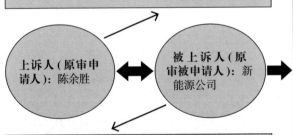

上诉人认为: 新能源公司因股东间纠纷被法院判决解散。公司两名大股东存在滥用职权损害公司利益的情形,如果公司股东自行成立清算组进行自行清算,势必由两名大股东完全把控,损害公司和上诉人合法权益,应由法院进行强制清算。

上诉人(原审申请人): 陈余胜

被上诉人(原审被申请人): 新能源公司

被上诉人认为: 新能源公司股东上器集团公司、母线桥架公司不认可法院对其损害新能源公司利益的判定。公司已成立清算组,但因相关债权涉诉讼正在审理中的客观原因导致无法进行清算,不存在故意拖延和违法清算的情形,不同意对新能源公司进行强制清算。

争议焦点: 新能源公司是否符合强制清算的条件?

法院认为: 新能源公司的控股股东曾实施滥用股东权利,严重损害公司和其他股东合法权益的行为,并因此对公司负有巨额损害赔偿债务。如果由上述股东主导公司清算过程,将与清算事务发生直接和严重的利益冲突。在此情形下,新能源公司的小股东申请对公司进行强制清算,公司控股股东又不能提出足以确保依法及时清算的有效措施或者提供相应担保的,应予以支持。

裁判过程及理由：

一审法院认为，根据《公司法解释（二）》第 7 条的规定，新能源公司解散后，在法定期限内通过股东会决议已经成立清算组，后系因本院作出（2019）沪民抗 2 号民事裁定书而未能实施清算，该情形不属于故意拖延清算。现陈余胜以新能源公司解散后无法成立清算组等为由申请强制清算，不符合上述规定。据此，一审法院裁定：对陈余胜的申请，不予受理。

陈余胜不服一审裁定，提起上诉。

二审法院认为，（2019）沪民再 4 号民事判决书发生法律效力后，新能源公司在一审中主张的公司自行清算的客观障碍已经不复存在，理应按照《公司法》相关规定尽快推进公司清算工作。但新能源公司两控股股东上器集团公司、母线桥架公司却表示该案裁判结果仍未确定，并以此为由拒绝推进清算工作；且在法院发出执行通知书后，仍拒绝履行生效裁判文书确定的义务，也未按照法律规定向法院申报财产。上器集团公司和母线桥架公司的上述行为，已经构成《公司法解释（二）》第 7 条第 2 款第 2 项规定的"故意拖延清算"。同时，在法院释明相关法律规定后，新能源公司清算组至今仍未依法通知和公告债权人，属于《公司法解释（二）》第 7 条第 2 款第 3 项规定的"违法清算可能严重损害债权人或者股东利益"的情形。基于上述情况，以及目前没有债权人提起清算申请的事实，陈余胜申请对新能源公司进行强制清算，符合《公司法解释（二）》第 7 条第 2 款第（二）项、第（三）项及第 3 款的规定，依法应予受理。

此外，陈余胜在一、二审中申请强制清算，主要理由是认为新能源公司两名控股股东曾经滥用股东权利，实施了严重损害公司利益和其他股东利益的行为，现公司清算也主要是对两名控股股东进行债务追索。因此，如果由两名控股股东主导对公司实行自行清算，将难以确保清算过程公平公正，存在严重损害公司利益和其他股东利益的现实可能性。对此，二审法院认为，综合考量本案相关事实，应当认定陈余胜主张的上述理由成立。主要理由阐述如下：

第一，上器集团公司、母线桥架公司与新能源公司清算事务存在直接和严重的利益冲突。公司清算是为了清理公司债权债务，并就公司资产清偿全部债务后的剩余部分在全体股东之间进行分配。因此，公司清算过程中应当客观、中立地认定公司债权债务，依法维护债权人和全体股东的合法权益。本案中，各方当事人一致确认，新能源公司现有资产主要是该公司对上器集团公司、母线桥架公司享有的债权。同时，上器集团公司、母线桥架公司因投资、垫付款项等也对公司享有部分债权。因此，本案涉及的清算工作主要就是认定和追收上器集团公司、母线桥架公司对新能源公司所负的债务。考虑到上述债务本身就是由于上器集团公司、母线桥架公司滥用股东权利、严重损害公司利益所引发的损害赔偿，而上器集团公司、母线桥架公司对于相关行为的违法性至今不予认可，且在人民法院生效裁判作出后仍拒绝履行相应债务等事实，可以认定上器集团公司、母线桥架公司与新能源公司清算事务之间存在直接的、严重的利益冲突。在此条件下，如果由上器集团公司、母线桥架公司主导对新能源公司实行自行清算，确实存在难以确保清算过程客观、中立的问题，具有损害债权人或者其他股东利益的风险。

第二，上器集团公司、母线桥架公司具有曾经滥用股东权利，严重损害公司和其他股东利益的重大情节。如果说控股股东与清算事务之间存在利益冲突只是使自行清算具有损害债权人或者其他股东利益的可能性，那么，上器集团公司、母线桥架公司曾经滥用股东权利，严重损害公司和其他股东利益的事实，则使这种可能性具有了很强的现实性，加大了自行清算给债权人或者其他股东利益造成损失的现实风险。生效裁判文书表明，上器集团公司、母线桥架公司在未做资产评估的情况下，通过股东会决议的形式，无偿放弃本应属于新能源公司的巨额房地产项目（该项目也是新能源公司最主要的资产），并由公司股东之一的上器集团公司直接取得该在建工程项目，且至今未就此事与新能源公司进行协商和结算。上述行为属于《公司法》第20条规定的滥用股东权利、损害公司或者其他股东合法权益的情形，且涉及金额特别巨大，情节特别严重。在此情况下，作为公司小股东的陈余胜有合理理由认为，如果由上器集团公司、母线桥架公司主导对新能源公司实行自行清算，极有可能发生《公司法解释（二）》第7条第2款第2项、第3项规定的情形。本院（2019）沪民再4号民事判决书发生法律效力后，上器集团公司、母线桥架公司仍拒绝推进清算工作的事实，也印证了陈余胜此前的疑虑符合通常情理。因此，对陈余胜在一、二审中以前述理由提起强制清算申请，应当认定其具有正当事由。

第三，上器集团公司、母线桥架公司未能提出足以确保依法及时清算的有效措施，或者提供相应担保。根据《公司法》和相关司法解释规定，公司清算应以自行清算为原则，以强制清算为例外。新能源公司自行清算虽有严重损害债权人或者股东合法权益的现实可能性，但如果其控股股东能够提出足以确保依法及时清算的有效措施，或者对此提供相应担保，则人民法院仍有可能允许新能源公司自行清算，并在自行清算实际损害利害关系人合法权益时，依法支持相关主体的救济请求。二审期间，本院就相应事项向上器集团公司、母线桥架公司进行了释明，但两公司未能提出相应有效措施，也未提供有效担保。上述事实，使对新能源公司进行强制清算具有了现实必要性。

综合上述分析,新能源公司的控股股东曾实施滥用股东权利,严重损害公司和其他股东合法权益的行为,并因此对公司负有巨额损害赔偿债务。本案所涉清算工作主要就是认定和追收上器集团公司、母线桥架公司对新能源公司所负的债务。在此前提下,如果由上器集团公司和母线桥架公司主导公司清算过程,将与清算事务发生直接和严重的利益冲突,难以确保清算过程客观中立,存在发生故意拖延或者违法清算,严重损害债权人或者其他股东利益的现实可能性。在此情形下,新能源公司的小股东陈余胜申请对公司进行强制清算,公司控股股东又不能提出足以确保依法及时清算的有效措施或者提供相应担保的,应当参照《公司法解释(二)》第7条第2款第(二)项、第(三)项和第3款的规定,对陈余胜提出的强制清算申请予以受理。一审法院对陈余胜提出的上述理由不予支持,并裁定对其申请不予受理,适用法律有误,应当予以纠正。据此,二审法院裁定:1.撤销上海市第三中级人民法院(2019)沪03清申19号民事裁定。2.指令上海市第三中级人民法院裁定受理陈余胜对上海上器集团新能源科技有限公司的强制清算申请。

(二)公司强制清算中的相关问题

1. 强制清算的期限

《公司法司法解释(二)》第16条规定:"人民法院组织清算的,清算组应当自成立之日起六个月内清算完毕。因特殊情况无法在六个月内完成清算的,清算组应当向法院申请延长。"这里的"特殊情况"具体包括:被解散公司的债权债务关系复杂,一时难以确认;追回公司被侵占财产、公司财产被追究等的诉讼还未结束,债权债务关系还不确定;公司现有财产较多,评估作价尚需一段时间;清算组主要成员因丧失行为能力需要更换,等等。

2. 强制清算中的财产保全

法院受理强制清算申请后,公司财产存在被隐匿、转移、毁损等可能影响依法清算情形的,法院可依清算组或者申请人的申请,对公司财产采取相应的保全措施。

3. 强制清算案件的申请费

参照《诉讼费用交纳办法》关于企业破产案件申请费的有关规定,公司强制清算案件的申请费以强制清算财产总额为基数,按照财产案件受理费标准减半计算,法院受理强制清算申请后从被申请人财产中优先拨付。因财产不足以清偿全部债务,强制清算程序依法转入破产清算程序的,不再另行计收破产案件申请费。按照上述标准计收的强制清算案件申请费超过30万元的,超过部分不再收取,已经收取的,应予退还。

4. 强制清算清算组成员的报酬

公司股东、实际控制人或者股份有限公司的董事担任清算组成员的,不计付报酬。上述人员以外的有限责任公司的董事、监事、高级管理人员,股份有限公司的监事、高级管理人员担任清算组成员的,可以按照其上一年度的平均工资标准计付报酬。中介机构或者个人担任清算组成员的,其报酬由中介机构或者个人与公司协商确定;协商不成的,由法院参照《最高人民法院关于审理企业破产案件确定管理人报酬的规定》确定。

5. 强制清算案件衍生诉讼的审理

法院受理强制清算申请前已经开始,法院受理强制清算申请时尚未审结的有关被强制清算公司的民事诉讼,由原受理法院继续审理,但应依法将原法定代表人变更为清算组负责人。

法院受理强制清算申请后,就强制清算公司的权利义务产生争议的,应当向受理强制清算申请的法院提起诉讼,并由清算组负责人代表清算中公司参加诉讼活动。受理强制清算申请的法院对此类案件,可以适用《民事诉讼法》第37条和第39条的规定确定审理法院。法院受理强制清算申请后,就强制清算公司的权利义务产生争议,当事人双方就产生争议约定有明确有效的仲裁条款的,应当按照约定通过仲裁方式解决。

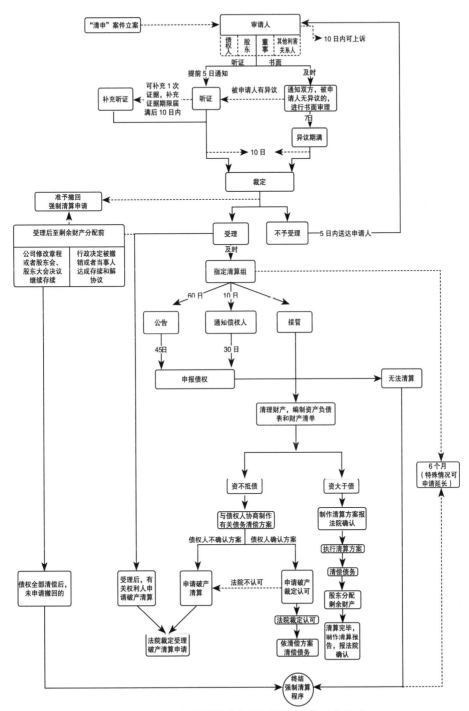

图 17-2 公司强制清算流程图(来源:重庆破产法庭)

第十八讲
清算责任
Lecture 18

一、清算责任概述

公司法语境下的清算责任,有广义与狭义之分。广义上的"清算责任"是指清算义务人、清算组成员等在清算期间,因未履行法定义务,而对公司、债权人等利害关系人应承担的责任。狭义上的"清算责任"是指清算组成员在清算期间,因故意、重大过失给公司或债权人造成损失应承担的赔偿责任。无论广义上的"清算责任",还是狭义上的"清算责任",二者在本质上均属于侵权责任,因此,应符合侵权责任的构成要件,即行为违法性、损害事实、因果关系和具有主观过错。目前,根据《公司法》及相关司法解释的规定,清算责任主要包括:清算义务人的责任;清算组成员的责任;保结人的责任;公司解散时,股东未缴出资下的清算及民事责任。基于公司解散时,股东未缴出资下的清算及民事责任,属于股东出资义务范畴,在本书第三讲"股东出资"已经涉及,在此不再赘述。此外,清算责任还可能涉及行政及刑事责任,本讲仅讨论民事责任。

二、清算义务人的民事责任

(一)清算义务人的基本含义及界定

清算义务人,是指基于其与公司之间存在的特定法律关系而在公司解散时对公司负有依法组织清算义务,并在公司未及时清算给相关权利人造成损害时依法承担相应责任的民事主体。清算义务人与清算人是两个不同的法律概念。清算义务人的义务是组织清算,故又有人称之为公司清算的组织主体。而清算人是在清算中具体进行清算事务的主体。自行清算中合议产生的清算组或强制清算中法院指定清算组(包括律所等中介机构担任的),属于清算人范畴。当然,清算义务人在直接担任清算人进行清算时,在具体民事主体上存在竞合的情形。

根据《公司法司法解释(二)》第18条的规定,公司清算义务人是有限责任公司的股东、股份有限公司的董事和控股股东。目前,追究清算义务人民事责任的主要依据是《公司法司法解释(二)》,其中第18条规定了清算义务人怠于履行义务所导致的侵权民事责任;第19条规定了清算义务人恶意侵权和欺诈注销的民事责任;第20条第1款规定了公司未经依法清算即办理注销登记时清算义务人的民事责任。

在公司解散后,实际控制人没有对公司组织清算的直接法定义务,因此,实际控制人并非清算义务人。如果实际控制人利用实际控制地位造成相同后果,根据《公司法》相关规定及侵权责任的一般原理,实际控制人应对公司债务承担相应的民事责任。至于承担民事责任的方式和范围,应当综合考虑其主观过错的性质、影响公司的程度、导致公司未能依法清算的情形以及造成公司财产损失的范围等因素,参照上述清算义务人民事责任的相关规定,在具体个案中加以分析认定。

(二)清算义务人不作为的侵权民事责任

《公司法司法解释(二)》第18条第1款、第2款规定:"有限责任公司的股东、股份有限公司的董事和控股股东未在法定期限内成立清算组开始清算,导致公司财产贬值、流失、毁损或者灭失,债权人主张其在造成损失范围内对公司债务承担赔偿责任的,人民法院应依法予以支持。有限责任公司的股东、股份有限公司的董事和控股股东因怠于履行义务,导致公司主要财产、账册、重要文件等灭失,无法进行清算,债权人主张其对公司债务承担连带清偿责任的,人民法院应依法予以支持。"由此可见,本条规定了公司解散后,清算义务人不尽清算义务的两种不作为情形及其应承担的法律后果。为了准确理解与适用本条规定,应注意以下要点:

第一,公司解散后,清算义务人不尽清算义务的不作为行为,主要包括两种情况:一种是在法定期限内未成立清算组开始进行清算,即根本未履行清算义务;另一种是虽然已经成立清算组,但却未及时开始清算,即怠于履行清算义务。两种情况的性质不同,造成的损失情况也有所不同,因而清算义务人的民事责任也不同。《公司法司法解释(二)》第18条第1款、第2款基于未依法清算所造成的不同后果,规定了清算义务人的不同民事责任。第一种情况,清算义务人未在《公司法》第183条规定的期限内组织清算组开始清算,造成公司财产贬值、流失、毁损或者灭失的,应当在造成损失的范围内对公司债务承担赔偿责任。该责任是从法人财产制度和侵权责任角度作出的规定。第二种情况,因清算义务人怠于履行清算义务或其他义务,导致公司主要财产、账册、重要文件等灭失,无法进行清算的,应当对公司的债务承担连带清偿责任。此处追究清算义务人连带责任的理论基础是法人人格否认制度。

第二,关于《公司法司法解释(二)》第18条第2款中"无法进行清算"的认定。这里的"无法进行清算"是指由于公司据以进行清算的财产、账册、重要文件等灭失,无法按照法律规定的程序对公司的债权债务进行正常的清理,造成公司的财产和负债范围无法确定,债权人的债权无法得以清偿。

第三,在《公司法司法解释(二)》第18条第2款的适用过程中,针对有限责任公司,一些案件的处理结果不适当地扩大了股东的清算责任。对此,《九民纪要》从"怠于履行清算义务的人""因果关系抗辩""诉讼时效期间"等三个方面进行了完善。

首先,怠于履行清算义务的认定。《公司法司法解释(二)》第18条第2款规定的"怠于履行义务",是指有限责任公司的股东在法定清算事由出现后,在能够履行清算义务的情况下,故意拖延、拒绝履行清算义务,或者因过失导致无法进行清算的消极行为。股东举证证明其已经为履行清算义务采取了积极措施,或者小股东举证证明其既不是公司董事会或者监事会成员,也没有选派人员担任该机关成员,且从未参与公司经营管理,以不构成"怠于履行义务"为由,主张其不应当对公司债务承担连带清偿责任的,法院依法予以支持。此外,需注意的是,从《公司法司法解释(二)》第7条规定的表述来看,"公司股东申请人民法院指定清算组对公司进行清算",是公司股东的权利,并非义务,因此,公司股东没有申请法院指定清算组对公司进行清算,不属于《公司法司法解释(二)》第18条第2款规定的"怠于履行义务"。

其次,因果关系抗辩。有限责任公司的股东举证证明其"怠于履行义务"的消极不作为与"公司主要财产、账册、重要文件等灭失,无法进行清算"的结果之间没有因果关系,主张其不应对公司债务承担连带清偿责任的,人民法院依法予以支持。

最后,诉讼时效期间。依据民法上诉讼时效的一般原理,只要是债权请求权,相对方均可以提出诉讼时效抗辩。为了进一步明确适用《公司法司法解释(二)》第18条第2款所产生的诉讼时效计算问题,《九民纪要》第16条规定:"公司债权人请求股东对公司债务承担连带清偿责任,股东以公司债权人对公司的债权已经超过诉讼时效期间为由抗辩,经查证属实的,人民法院依法予以支持。公司债权人以《公司法司法解释(二)》第18条第2款为依据,请求有限责任公司的股东对公司债务承担连带清偿责任的,诉讼时效期间自公司债权人知道或者应当知道公司无法进行清算之日起计算。"

第四,债权人依据《公司法司法解释(二)》第18条第2款追究股东承担连带清偿责任的,是否必须先提起强制清算。理论上债权人可以直接提起诉讼,不必先提起强制清算。但问题是,债权人要想在案件中胜诉,能否举出股东"因怠于履行义务,导致公司主要财产、账册、重要文件等灭失,无法进行清算"的证据。实践中,债权人如果不先提起强制清算,在人民法院的终结裁定中获得类似"公司主要财产、账册、重要文件等灭失,无法进行清算"的事实认定,则很难胜诉。因此,实践中的做法几乎一致,即先提起强制清算,然后再起诉股东。

第五,按照《公司法司法解释(二)》第18条的规定应当承担责任的有限责任公司的股东、股份有限公司的董事和控股股东,以及公司的实际控制人为二人以上的,其中一人或者数人依法承担民事责任后,主张其他人员按照过错大小分担责任的,法院应依法予以支持。换言之,对于没有过错的清算义务人,只要能够证明其没有过错,则可免除其对责任的承担,但此免责应限于内部责任分担,对外则不能以此对抗债权人的主张。此外,这里所讲的分担规则,也同样适用于《公司法司法解释(二)》第20条第1款的情形所引起的责任分担。

【案例进阶66】应由债权人举证是否构成怠于履行清算义务及具有因果关系吗?

案例名称:常州市武进三健医药保健品研究所与贝松涛、郝秀珍清算责任纠纷案

案例来源:常州市中级人民法院(2020)苏04民终4214号民事判决书

裁判要旨:

股东举证证明其已经为履行清算义务采取了积极措施,或者小股东举证证明其既不是公司董事会或者监事会成员,也没有选派人员担任该机关成员,且从未参与公司经营管理,以不构成"怠于履行义务"为由,主张其不应当对公司债务承担连带清偿责任的,人民法院依法予以支持。股东举证证明其"怠于履行义务"的消极不作为与"公司主要财产、账册、重要文件等灭失,无法进行清算"的结果之间没有因果关系,主张其不应对公司债务承担连带清偿责任的,人民法院依法予以支持。据此,不构成怠于履行清算义务以及不具有因果关系的举证责任均在股东一方,股东未能举证证明的,应当依法承担连带清偿责任。

基本案情:

北京婴在起点母子健康科技中心(以下简称"婴在起点中心")设立于2004年7月,企业类型为集体所有制(股份合作),注册资本10万元,股东为被上诉人(原审被告)贝松涛及郝秀珍,贝松涛出资6万元,郝秀珍出资4万元,法定代表人贝松涛(执行董事),郝秀珍为监事。2009年11月5日,婴在起点中心因未在规定期限内接受企业年检,也未在规定日期内补办年检手续,被北京市工商行政管理局海淀分局吊销企业法人营业执照,当事人的债权债务由主办单位、投资人或者清算组织负责清算,并到原登记机关办理注销登记。

2008年12月19日,北京市海淀区人民法院(以下简称"海淀法院")作出(2008)海民初字第12367号民事判决书,判决婴在起点中心于判决生效之日起十日内给付上诉人(原审原告)常州市武进三健医药保健品研究所(以下简称"武进三健研究所")55200元并承担违约金70000元,刘静洁对婴在起点中心的上述给付义务承担连带责任。婴在起点中心、刘静洁不服上述一审判决,上诉至北京市第一中级人民法院(以下简称"北京一中院")。北京一中院经审理于2009年8月19

日作出(2009)一中民终字第6129号民事判决书,判决驳回上诉,维持原判。此后,因婴在起点中心、刘静洁未能履行判决所确定的给付义务,武进三健研究所遂于2009年9月15日向海淀法院申请强制执行。因查无可供执行财产,海淀法院于2009年12月4日作出(2009)海民执字第10774号执行裁定书,裁定终结本案执行程序。

2017年8月,武进三健研究所经工商查询得知婴在起点中心营业执照被吊销情况,向一审法院提起诉讼,请求判令:1.判令贝松涛、郝秀珍共同给付武进三健研究所对婴在起点中心享有的债权129504元(包含货款55200元、违约金70000元、案件受理费2804元、鉴定费1500元)。2.判令贝松涛、郝秀珍加倍支付武进三健研究所对婴在起点中心享有债权的迟延履行期间的债务利息。

法律关系图:

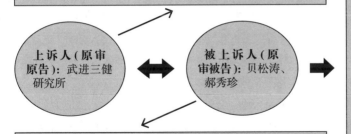

原告认为: 二被上诉人怠于履行清算义务,导致公司的财务账册等重要文件资料下落不明,财产状况始终处于不明状态,该行为与原告无法获得债权之间存在因果关系,且该种因果关系应由被告举证,若不能举证,则应承担举证不能的不利后果。

上诉人(原审原告): 武进三健研究所

被上诉人(原审被告): 贝松涛、郝秀珍

企业情况: 婴在起点中心为集体所有制(股份合作),股东为被上诉人。2009年8月法院判决婴在起点中心向原告支付129504元;2009年11月,婴在起点中心因未按时参加年检,被工商行政部门吊销营业执照。

争议焦点: 被告是否应对婴在起点中心债务承担连带责任?

法院认为: 股东在公司清算过程中是否构成怠于履行清算义务以及是否具有因果关系,应由股东负责举证,股东未能举证证明的,应当依法承担连带清偿责任。

裁判过程及理由:

一审法院认为,依照《民法总则》的规定,法人以其全部财产独立承担民事责任;同时,法人依法被吊销营业执照的,法人解散。法人解散的,法人的董事、理事等执行机构或者决策机构的成员为清算义务人,清算义务人未及时履行清算义务,造成损害的,应当承担民事责任,主管机关或者利害关系人可以申请人民法院指定有关人员组成清算组进行清算。

本案中,武进三健研究所对婴在起点中心的债权,已经法院生效判决确认,武进三健研究所为婴在起点中心的合法债权人。婴在起点中心为集体所有制(股份

合作)企业,系法人组织,在婴在起点中心于2009年11月5日被吊销营业执照而解散的情况下,贝松涛作为婴在起点中心的股东及执行董事、法定代表人,郝秀珍作为婴在起点中心的股东、监事,对婴在起点中心负有清算义务。武进三健研究所主张贝松涛、郝秀珍作为婴在起点中心的清算义务人,逾期未进行清算,给武进三健研究所的债权造成了损害,进而要求贝松涛、郝秀珍承担赔偿责任。根据《民法通则》第106条的规定,清算义务人不履行清算义务的不作为行为造成法人财产损失以及债权人债权得不到清偿的结果,且清算义务人未履行清算义务的行为与债权人的利益受到侵害的结果之间存在因果关系,是清算义务人承担清算赔偿责任的必要条件。本案中,武进三健研究所在海淀法院(2008)海民初字第12367号民事判决书生效后,在婴在起点中心未被吊销营业执照前,即向法院申请了强制执行,法院依职权开展执行工作后,因查无可供执行财产,遂裁定终结执行程序。由此可见,贝松涛、郝秀珍不履行清算义务的行为并没有侵害到武进三健研究所债权的实现,也没有切实证据证明贝松涛、郝秀珍因不履行清算义务的行为导致了婴在起点中心财产贬值、流失、毁损或者灭失的情况发生。因无证据证明贝松涛、郝秀珍不履行清算义务的行为与武进三健研究所债权未能实现之间存在因果关系,故武进三健研究所的诉请,证据不足,一审法院不予支持。贝松涛、郝秀珍经一审法院合法传唤未到庭参加诉讼,视为放弃抗辩权利,一审法院依法可缺席判决。据此,一审法院判决:驳回武进三健研究所的诉讼请求。

武进三健研究所不服一审判决,提起上诉。

二审法院认为,根据有关规定,有限责任公司的股东、股份有限公司的董事和控股股东因怠于履行清算义务,导致公司主要财产、账册、重要文件等灭失,无法进行清算,债权人主张其对公司债务承担连带清偿责任的,人民法院应依法予以支持。其中"怠于履行清算义务",是指有限责任公司的股东在法定清算事由出现后,在能够履行清算义务的情况下,故意拖延、拒绝履行清算义务,或者因过失导致无法进行清算的消极行为。股东举证证明其已经为履行清算义务采取了积极措施,或者小股东举证证明其既不是公司董事会或者监事会成员,也没有选派人员担任该机关成员,且从未参与公司经营管理,以不构成"怠于履行义务"为由,主张其不应当对公司债务承担连带清偿责任的,人民法院依法予以支持。股东举证证明其"怠于履行义务"的消极不作为与"公司主要财产、账册、重要文件等灭失,无法进行清算"的结果之间没有因果关系,主张其不应对公司债务承担连带清偿责任的,人民法院依法予以支持。据此,不构成怠于履行清算义务以及不具有因果关系的举证责任均在股东一方,股东未能举证证明的,应当依法承担清算责任。

就本案而言,婴在起点中心于2009年11月5日被吊销企业法人营业执照,贝松涛作为婴在起点中心的股东、法定代表人兼执行董事,郝秀珍作为婴在起点中心的股东及监事,两人对婴在起点中心均负有清算义务。但婴在起点中心至今未进行清算并办理注销登记。在本案争议进入诉讼程序后,贝松涛、郝秀珍亦未参加一、二审诉讼程序,未举证证明两人不存在怠于履行清算义务的消极不作为行为,也未举证证明两人"怠于履行义务"的消极不作为与"公司主要财产、账册、重要文件等灭失,无法进行清算"的结果之间没有因果关系。因贝松涛、郝秀珍举证不能,两人应当就婴在起点中心对武进三健研究所所负债务承担连带清偿责任。一审法院对武进三健研究所的诉讼请求未予支持不当,应依法予以纠正。

综上所述,上诉人武进三健研究所的上诉请求成立,予以支持。据此,二审法院判决:1.撤销江苏省常州市武进区人民法院(2019)苏0412民初9430号民事判决。2.贝松涛、郝秀珍于本判决发生法律效力之日起十日内向常州市武进三健医药保健品研究所支付货款55200元、违约金70000元、案件受理费2804元、鉴定费1500元及迟延履行期间的债务利息。

实务要点:

对清算义务人怠于履行清算义务应承担的连带清偿责任问题,《公司法司法解释(二)》第18条第2款进行了规定。同时,为了防止扩大追究股东责任的情况发生,《九民纪要》对"怠于履行清算义务的认定""因果关系抗辩"等进行了进一步的明确。本案就涉及"怠于履行清算义务""因果关系抗辩"的举证责任分配问题。通过阅读本案,可以发现:

第一,一审法院认为,原告没有提供证据证明被告怠于履行清算义务及存在"因果关系",因此,不予支持其诉请。换言之,一审法院把举证责任分配给了债权人,如果债权人举证不能,则应该承担败诉后果。二审法院认为,被告未举证证明两人不存在怠于履行清算义务的消极不作为行为,也未举证证明两人"怠于履行义务"的消极不作为与"公司主要财产、账册、重要文件等灭失,无法进行清算"的结果之间没有因果关系,因此,被告应对婴在起点中心所负债务承担连带清偿责任。换言之,二审法院把举证责任分配给了清算义务人,如果清算义务人举证不能,则应对公司债务承担连带清偿责任。

第二,本案涉及的企业类型为集体所有制(股份合作)。在法律适用上,股份合作制企业能否参照适用《公司法》的相关规定,尚存争议。本书认为,股份合作制企业兼有合作制和股份制两种经济形态的特点,是一种实行劳动合作和资本合作相结合的特殊组织形式,具有法人资格。在法律适用问题上,首先,应该适用《民法典》法人章节的相关规定；其次，适用关于股份合作制企业的特别规定，比如1997年发布的《国家体改委关于发展城市股份合作制企业的指导意见》(已失效)，深圳市人民代表大会常务委员会1994年发布的《深圳经济特区股份合作公司条例》(已被修改)等；再次，依据章程自治原则，适用企业章程的规定；最后，在上述法律法规及文件均没有相关规定的情况下，应参照适用《公司法》类似条款，给予权利人救济。具体到本案，婴在起点中心名义上是股份合作制企业，但由两位自然人股东组成，并非真正意义上的股份合作制企业，其本质上与公司无异。因此，在清算义务人责任问题上，可以参照《公司法》及其相关司法解释处理。

(三) 清算义务人作为的侵权民事责任

《公司法司法解释(二)》第19条规定："有限责任公司的股东、股份有限公司的董事和控股股东，以及公司的实际控制人在公司解散后，恶意处置公司财产给债权人造成损失，或者未经依法清算，以虚假的清算报告骗取公司登记机关办理法人注销登记，债权人主张其对公司债务承担相应赔偿责任的，人民法院应依法予以支持。"由此可见，本条规定了清算义务人因其侵权和欺诈注销这两种积极作为而对债权人承担的赔偿责任。这里所说的"恶意"，是指清算义务人及实际控制人在作出损害公司财产的行为时存在故意或重大过失，即知道或者应当知道其行为会造成公司财产损害并导致债权人的利益受到损害而作出该行为。恶意处置公司财产的行为一般表现为侵占、私分公司财产或者以明显不合理的价格出售公司财产等情形。关于清算义务人和实际控制人对债权人赔偿责任的范围，根据侵权赔偿责任的一般原理，应当限定在因其行为造成债权人损失的范围内。清算义务人为多人时，多个清算人之间应当承担连带责任。

(四) 清算义务人未经清算注销的民事责任

《公司法司法解释(二)》第20条第1款规定："公司解散应当在依法清算完毕后，申请办理注销登记。公司未经清算即办理注销登记，导致公司无法进行清算，债权人主张有限责任公司的股东、股份有限公司的董事和控股股东，以及公司的实际控制人对公司债务承担清偿责任的，人民法院应依法予以支持。"由此可见，本款规定了清算义务人未经依法清算即办理注销时应对公司债务承担清偿责任。为准确理解与适用本款的规定，需要注意以下两点：

第一，如果公司未经清算即办理注销登记，导致公司无法进行清算的，清算义务人应当对公司债务承担清偿责任；如果公司注销登记后，根据具体情况仍然可以进行清算,则应当对公司进行清算,清算义务人在造成损失的范围内对公司债务承担赔偿责任。

第二,本款与《最高人民法院关于民事执行中变更、追加当事人若干问题的规定》第21条"作为被执行人的公司,未经清算即办理注销登记,导致公司无法进行清算,申请执行人申请变更、追加有限责任公司的股东、股份有限公司的董事和控股股东为被执行人,对公司债务承担连带清偿责任的,人民法院应予支持"联系起来,常适用于债权执行程序中。

【案例进阶67】执行程序中,公司未依法进行清算即注销,清算义务人能否被追加为被执行人?

案例名称: 长江三峡旅游发展有限责任公司与程陆峰、程钧追加、变更被执行人异议之诉

案例来源: 宜昌市中级人民法院(2021)鄂05民终2016号民事判决书

裁判要旨:

《最高人民法院关于民事执行中变更、追加当事人若干问题的规定》(以下简称《执行规定》)第21条规定的"未经清算",无论从目的解释还是文义解释的角度,"未经清算"均应包括"未依法进行清算"的情形。因此,申请执行人可以依照《执行规定》第21条申请追加清算义务人为被执行人。

基本案情:

2017年12月25日,(2017)鄂0591民初1058号民事判决确定宜昌市鲟皇苑酒店有限公司(以下简称"鲟皇苑公司")向被上诉人(原审被告、申请执行人)长江三峡旅游发展有限责任公司(以下简称"三峡旅游公司")返还占用的商品房并支付房屋占用使用费。同月27日,(2017)鄂0591民初1059号民事判决确定鲟皇苑公司给付三峡旅游公司租赁费210万元和违约金6.3万元,三峡旅游公司赔偿鲟皇苑公司80万元。2018年9月17日、18日,案件生效后,三峡旅游公司向一审法院就1059号案件和1058号案件申请执行,其中就1059号案件申请执行标的1369640元及逾期利息,1058号案件申请执行标的3733933元及逾期利息,一审法院作出(2018)鄂0591执472号、473号执行裁定书,在执行过程中,鲟皇苑公司返还了房屋,但其他执行标的均未能执行到位。

2019年12月11日,鲟皇苑公司成立由何朝东(法定代表人)、上诉人(原审原告、执行案外人)程陆峰及程钧组成的清算组,次日在《三峡商报》上刊登《清算公告》,2020年3月14日出具《清算报告》载明"六、公司无债权债务。……十、公司不

欠债务。十一、公司剩余财产已按股东出资比例分配完毕,实收资本为零",同日的《股东会决议》载明"宜昌市鲟皇苑酒店有限公司依法办理公司注销登记,其注销后的债权债务及相关责任分别由股东程陆峰、程钧承担",程陆峰、程钧签字确认。鲟皇苑公司将上述材料提交给宜昌市夷陵区市场监督管理局申请注销。2020年3月17日,鲟皇苑公司经核准注销登记。

2021年2月24日,三峡旅游公司以鲟皇苑公司未经依法清算即注销公司为由,申请追加程陆峰、程钧为被执行人,一审法院作出(2021)鄂0591执异4号执行裁定,追加程陆峰、程钧为(2018)鄂0591执472号、473号案件的被执行人。随后,程陆峰、程钧提起执行异议之诉,向一审法院起诉请求:撤销(2021)鄂0591执异4号执行裁定书,不予追加程陆峰、程钧为(2018)鄂0591执472号、473号案件被执行人。

法律关系图:

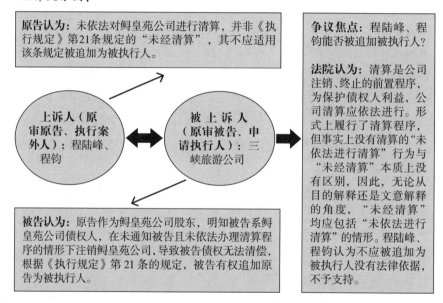

裁判过程及理由:

一审法院认为,《执行规定》第21条规定:"作为被执行人的公司,未经清算即办理注销登记,导致公司无法进行清算,申请执行人申请变更、追加有限责任公司的股东、股份有限公司的董事和控股股东为被执行人,对公司债务承担连带清偿责任的,人民法院应予支持。"

第一,关于程陆峰、程钧诉称其虽未完全依法进行清算,但并非未经清算,法院对清算只应进行形式审查,不应适用该条规定追加二人为被执行人。一审法院认为,执行程序中变更、追加被执行人,是为了规制逃避执行、保障债权人权益、减少当事人诉累的措施,其结果是追加、变更的被执行人要承担债务人的责任,故法院对公司清算应结合实体法规定认定,而不能仅进行形式审查。根据《公司法司法解释(二)》第20条第1款的规定,公司解散应当在依法清算完毕后,申请办理注销登记。公司未经清算即办理注销登记,导致公司无法进行清算,债权人可主张有限责任公司的股东对公司债务承担连带清偿责任。《公司法司法解释(二)》与《执行规定》法理同源,《执行规定》第21条中的"清算"是指依法清算,而非形式清算。

第二,《公司法》第185条和《公司法司法解释(二)》第11条均规定,公司清算时,清算组应将公司解散清算事宜书面通知全体已知债权人,并根据公司规模和营业地域范围在全国或者公司注册登记地省级有影响的报纸上进行公告。本案中,鲟皇苑公司在清算时未向已经生效判决确定的已知债权人三峡旅游公司履行书面通知义务,仅在相关报纸上刊登清算公告,违反了法律强制性规定。同时,股东程陆峰、程钧在明知鲟皇苑公司尚欠三峡旅游公司债务未清偿的情况下,出具鲟皇苑公司"不欠债务"的虚假的《清算报告》,骗取公司登记机关办理法人注销登记,鲟皇苑公司清算程序不合法,《清算报告》与事实不符,属于《执行规定》第21条中"未经清算即办理注销登记",三峡旅游公司申请追加程陆峰、程钧为被执行人符合法律规定。

第三,《公司法司法解释(二)》第20条第2款规定公司未经依法清算即办理注销登记,股东在公司登记机关办理注销登记时承诺对公司债务承担责任,债权人可主张其对公司债务承担相应民事责任。程陆峰、程钧在2020年3月14日的《股东会决议》中承诺对鲟皇苑公司注销后的债权债务承担责任,该决议是向宜昌市夷陵区市场监督管理局提交的用于注销登记的材料,具有对外公示性,二人称该决议只对股东内部产生效力的意见与事实不符,一审法院不予采纳,二人依法亦应对该债务承担责任。

第四,因三峡旅游公司向一审法院提出的是追加程陆峰、程钧为被执行人,并非变更被执行人,《执行规定》第21条对于公司未经清算注销的,赋予了申请执行人追加、变更被执行人的权利,一审法院依申请执行人申请和法律规定作出追加程陆峰、程钧为(2018)鄂0591执472号、473号案件的被执行人并无错误,程陆峰、程钧主张撤销(2021)鄂0591执异4号执行裁定的诉讼请求一审法院不予支持。据此,一审法院判决:驳回程陆峰、程钧的诉讼请求。

程陆峰、程钧不服一审判决,提起上诉。

二审法院认为,根据《执行规定》第21条的规定,程陆峰、程钧称其仅是"未依法进行清算",但并非"未经清算",因此不应适用该条被追加为被执行人。本院认为,清算是公司注销、终止的前置程序,为保护债权人利益,公司法及其司法解释均规定公司清算应当依法进行。形式上履行了清算程序,但事实上没有清算的"未依法进行清算"行为,与"未经清算"本质上没有区别,因此,无论从目的解释还是文义解释的角度,"未经清算"均应包括"未依法进行清算"的情形。程陆峰、程钧的该项上诉理由没有法律依据,不予支持。

《执行规定》第21条仅规定了在有限责任公司中可以变更、追加股东为被执行人,其他清算组成员的责任,以及股东与其他清算组成员之间内部责任的划分,并非该规定解决的问题,程陆峰、程钧可以另寻法律途径解决。

《执行规定》第21条规定了申请执行人可以变更、追加有限责任公司的股东为被执行人,也就是说,变更或者追加属于申请执行人的选择性权利,程陆峰、程钧关于追加不当的上诉理由与法相悖,不予支持。

综上所述,程陆峰、程钧的上诉请求不能成立,应予驳回。据此,二审法院判决:驳回上诉,维持原判。

实务要点:

对于未经清算即办理注销登记的情形,债权人除了提起清算责任之诉外,还可以按照《执行规定》第21条的规定,在执行程序中申请变更、追加有限责任公司的股东、股份有限公司的董事和控股股东为被执行人,要求其对公司债务承担连带清偿责任。但是该条款是否适用于未依法进行清算的情形?如何理解该条款中的"未经清算"?在司法实践中,尚存争议。通过阅读本案,可以发现:

第一、二审法院认为,公司清算是公司注销、终止的前置程序,为保护债权人利益,《公司法》及其司法解释均规定公司清算应当依法进行。形式上履行了清算程序,但事实上没有清算的"未依法进行清算"行为,与"未经清算"本质上没有区别。因此,无论从目的解释还是文义解释的角度,"未经清算"均应包括"未依法进行清算"的情形。因此,申请执行人可以依照《执行规定》第21条申请追加清算义务人为被执行人。

第二,申请执行人根据《执行规定》第21条的规定追究被执行人时,有权选择不追加全部清算义务人,而仅选择性地追加清算义务人中一人或数人。至于清算义务人内部责任的划分,可通过其他追偿程序解决。

三、清算组成员的责任

(一)清算组成员责任概述

清算组成员责任是指清算组成员在清算期间,因故意或者重大过失给公司、债权人等造成损失,应承担的赔偿责任。公司清算期间,清算组是对内执行清算事务,对外代表公司处理债权债务的公司机关。清算组成员应当与公司董事一样对公司负有忠实义务和勤勉义务。《公司法》第189条规定:"清算组成员应当忠于职守,依法履行清算义务。清算组成员不得利用职权收受贿赂或者其他非法收入,不得侵占公司财产。清算组成员因故意或者重大过失给公司或者债权人造成损失的,应当承担赔偿责任。"由此可见,清算组成员的赔偿责任为过错责任,并且仅限于清算组成员的故意或重大过失行为。所谓故意,是指清算组成员明知自己的行为会产生损害公司或债权人利益的后果,而希望或者放任这种结果的发生。所谓重大过失,是指清算组成员处理清算事务时,法律作出了要求其特别注意的规定,但是清算组成员因为疏忽大意,没有对该法律规定引起注意,或虽然注意了,却轻信可以避免,以致发生了不应该发生的法律后果。根据《公司法司法解释(二)》第23条第1款的规定,只要清算组成员违反法律、行政法规或公司章程的规定,就视为其主观上具有故意或重大过失,清算组成员就应当承担赔偿责任。此外,需注意的是,《公司法司法解释(二)》第11条对"清算组未履行通知和公告义务的责任"和第15条第2款对"清算组执行未经确认清算方案的责任"进行了进一步明确。

清算组成员往往并非一人而是数人,无过错的清算组成员是否应当对其他清算组成员的过错行为承担连带赔偿责任?对此,应当根据清算组成员过错行为违反的义务性质而确定。如果清算组成员的过错行为违反的是法律课以清算组成员个体的义务,比如不得侵占公司财产的义务,则仅有过错的清算组成员承担赔偿责任,其他无过错的清算组成员不承担赔偿责任。如果清算组成员的过错行为违反的是法律课以清算组整体的义务,比如履行通知和公告义务的义务,则所有的清算组成员应当承担连带责任,无论其是否具有过错,因为清算组整体的义务和责任自然应当由所有清算组成员承担,清算组成员之间的内部因素不得对抗外部第三人。当然,无过错的清算组成员承担赔偿责任后可以向有过错的清算组成员进行追偿。

(二)清算组未履行通知和公告义务的责任

根据《公司法》第185条第1款的规定,清算组应当自成立之日起十日内通知债权人,并于六十日内在报纸上公告。《公司法司法解释(二)》第11条第1款进一步细化,即"公司清算时,清算组应当按照公司法第一百八十五条的规定,将公司解散清算事宜书面通知全体已知债权人,并根据公司规模和营业地域范围在全国或者公司注册登记地省级有影响的报纸上进行公告"。由此可见,通知和公告债权人是清算组的法定职责,当清算组成员未履行这一义务时,即可视为存在故意和重大过失。根据《公司法司法解释(二)》第11条第2款的规定,其应对就此给债权人造成的损失进行赔偿,债权人无须对该事项承担举证责任。在理解与适用《公司法司法解释(二)》第11条第2款的规定时,应注意以下几点:

第一,《公司法司法解释(二)》第11条第2款中的"债权人未及时申报债权而未获清偿"既包括未在规定期限内申报债权,又包括未能及时补充申报债权两种情形。第二,清算组成员赔偿的前提是有损害后果和因果关系且赔偿的范围仅限于与未依法履行通知和告知义务有因果关系的部分,即"因此造成的损失"。第三,通知和公告中一般应包括债权申报的期限、地点、方法和需要提交的证明材料等内容,而对债权申报的这些重要事项的缺失应被认定为清算组未依法履行通知或者公告义务。

(三)清算组执行未经确认清算方案的法律后果

所谓"清算方案",是指清算组在清查公司财产、确认公司债权后,依法制定的关于如何清偿公司债务、分配公司剩余财产的一整套计划,它是清算组用以处理公司清算事务、了结公司债权债务关系的基本法律文件。其主要内容包括:公司资产和负债情况,公司主要财产清单、财产作价依据和方式,债权、债务清单和债权、债务处理办法以及剩余财产分配办法等。清算方案是否合法、合理是清算能否依法完成的前提,在整个清算过程中起承上启下的作用。

对于清算方案的确认及效力问题,《公司法司法解释(二)》第15条第1款规定:"公司自行清算的,清算方案应当报股东会或者股东大会决议确认;人民法院组织清算的,清算方案应当报人民法院确认。未经确认的清算方案,清算组不得执行。"此外,需注意的是,清算方案在执行之前报有关机关确认,仅是清算方案得以生效的形式要件,而清算组就清算方案作出决议才是清算方案有效的实质要件。

清算方案经公司股东会、股东大会决议或者人民法院确认后,清算组应该执行该方案。根据《公司法司法解释(二)》第15条第2款的规定,如果清算组违规执行未经确认的清算方案,给公司或者债权人造成损失,公司、股东、董事、公司其他利害关系人或者债权人可以向法院提起诉讼,清算组成员应承担赔偿责任。给公司或者债权人造成的损失具体可以表现为清算组自行处分了公司财产、财产估价过高或过低、减少(如债务打折)免除了公司债务等。

(四)股东对清算组成员诉讼的特殊规定

第一,公司清算期间的股东代表诉讼。根据《公司法司法解释(二)》第23条第2款的规定,有限责任公司的股东、股份有限公司连续一百八十日以上单独或者合计持有公司百分之一以上股份的股东,依据《公司法》第151条第3款的规定,以清算组成员有《公司法司法解释(二)》第23条第1款规定的行为为由向人民法院提起诉讼的,人民法院应予受理。此外,需注意的是,公司股东可以直接向人民法院提起诉讼,无须遵守书面请求公司董事会、执行董事起诉的前置程序。

第二,公司注销后对股东代表诉讼的参照。根据《公司法司法解释(二)》第23条第3款的规定,公司已经清算完毕注销,上述股东参照《公司法》第151条第3款的规定,直接以清算组成员为被告、其他股东为第三人向人民法院提起诉讼的,人民法院应予受理。

四、保结人的责任

(一)保结人的含义

公司保结人,又称为对公承诺人,是指在公司登记机关办理注销登记时承诺处理或者承担公司债务的承诺人。公司保结人基于保结承诺所应承担的责任即保结责任。公司注销保结制度的产生是基于原《企业法人登记管理条例》及《企业法人登记管理条例实施细则》的有关规定。原《企业法人登记管理条例》第21条规定,企业法人办理注销登记,应当提交法定代表人签署的申请注销登记报告、主管部门或者审批机关的批准文件、清理债务完结的证明或者清算组织负责清理债权债务的文件。《公司法司法解释(二)》第20条第2款规定了两种保结人,即股东和第三人。

(二)保结人责任的构成要件

《公司法司法解释(二)》第20条第2款专门规定了公司注销保结人的相关民事责任。该款规定:"公司未经依法清算即办理注销登记,股东或者第三人在公司登记机关办理注销登记时承诺对公司债务承担责任,债权人主张其对公司债务承担相应民事责任的,人民法院应依法予以支持。"当前此类案件的审判实践,反映对该条款的适用还不够准确统一,特别是不注意审查"未经依法清算"这一前提条件。把握该款规定时,需注意保结人对公司未了债务承担责任的构成要件包括:第一,公司未经依法清算即办理注销登记;第二,保结人向公司登记机关承诺,对公司债务承担责任。对符合这两项构成要件的事实存在与否,法院需要全面审查,不应遗漏。只有在同时符合这两项要件的情况下,保结人才对公司债务承担责任,缺一不可。

(三)保结人不同承诺情形下,其责任性质与范围的区分

保结人责任的性质和范围依承诺的内容不同而有所区别:如果承诺内容是对公司债务承担偿还、保证责任等,承诺人应当对公司债务承担偿还或保证责任;如果承诺内容是负责处理公司债权债务,则承诺人承担对公司财产进行清算的义务,如果公司财产流失而无法清算,承诺人在造成公司财产损失范围内承担赔偿责任。此外,需要注意的是,追究保结人民事责任,并不当然免除清算义务人应当清算而不清算的责任,公司债权人仍然可以依据《公司法司法解释(二)》第20条第1款的规定,要求有限责任公司的股东、股份有限公司的董事和控股股东以及公司的实际控制人对公司债务承担清偿责任。

五、清算责任纠纷诉讼程序操作要点

(一)清算责任纠纷的含义

因公司清算原因引发的纠纷,依据《最高人民法院民事案件案由》的相关规定,可能适用不同的案由。比如,在清算过程中,因清算义务人的作为或不作为而侵害债权人利益的,可能属于股东损害公司债权人利益责任纠纷或实际控制人损害公司债权人利益责任纠纷。这里的清算责任纠纷是指清算组成员在清算期间,因故意或重大过失给公司、债权人等造成损失,应承担赔偿责任而引发的纠纷。

(二)清算责任纠纷的管辖

因清算责任纠纷提起的诉讼,原则上以《民事诉讼法》中管辖的相关规定为基础,但要综合考虑公司所在地等因素来确定管辖法院。

(三)法律依据

《公司法》第184条、第185条、第186条、第187条、第188条、第189条;《公司法司法解释(二)》第11条、第15条、第23条。

参考文献

1. 黄薇主编:《中华人民共和国民法典释义(上)》,法律出版社 2020 年版。
2. 黄薇主编:《中华人民共和国民法典释义(中)》,法律出版社 2020 年版。
3. 最高人民法院民法典贯彻实施工作领导小组办公室编著:《最高人民法院实施民法典清理司法解释修改条文(111 件)理解与适用(上)》,人民法院出版社 2022 年版。
4. 最高人民法院民事审判第二庭编著:《最高人民法院关于公司法司法解释(一)、(二)理解与适用》,人民法院出版社 2015 年版。
5. 最高人民法院民事审判第二庭编著:《最高人民法院关于公司法司法解释(三)、清算纪要理解与适用》,人民法院出版社 2016 年版。
6. 最高人民法院民事审判第二庭编著:《最高人民法院关于公司法司法解释(四)理解与适用》,人民法院出版社 2017 年版。
7. 最高人民法院民事审判第二庭编著:《〈全国法院民商事审判工作会议纪要〉理解与适用》,人民法院出版社 2019 年版。
8. 最高人民法院民事审判第二庭:《最高人民法院民法典担保制度司法解释理解与适用》,人民法院出版社 2021 年版。
9. 最高人民法院民事审判第二庭编:《公司案件审判指导(增订版)》,法律出版社 2018 年版。
10. 最高人民法院研究室编著:《最高人民法院新民事案件案由规定理解与适用(下)》,人民法院出版社 2021 年版。
11. 人民法院出版社编著:《最高人民法院民事案件案由适用要点与请求权规范指引(下册)》,人民法院出版社 2019 年版。
12. 宋燕妮、赵旭东主编:《中华人民共和国公司法释义》,法律出版社 2019 年版。
13. 江必新、何东林等:《最高人民法院指导性案例裁判规则理解与适用(公司卷)》,中国法制出版社 2012 年版。
14. 贺小荣主编:《最高人民法院第二巡回法庭法官会议纪要(第二辑)》,人民法院出版社 2021 年版。

15. 赵旭东主编:《公司法学》,高等教育出版社 2015 年版。

16. 王东敏:《公司法审判实务与疑难问题案例解析(第二版)》,人民法院出版社 2021 年版。

17. 王军:《中国公司法(第二版)》,高等教育出版社 2017 年版。

18. 程啸、高圣平、谢鸿飞:《最高人民法院新担保司法解释理解与适用》,法律出版社 2021 年版。

19. 禹海波:《股权转让案件裁判精要》,法律出版社 2020 年版。

20. 朱锦清:《公司法学(修订本)》,清华大学出版社 2019 年版。

21. 王军:《公司资本制度》,北京大学出版社 2022 年版。

22. 邵兴全编著:《股权、控制权与公司治理》,北京大学出版社 2021 年版。

23. 〔美〕理查德·D. 弗里尔:《美国公司法(第七版)》,崔焕鹏、施汉博译,法律出版社 2021 年版。

24. 陈龙业:《指导案例 8 号〈林方清诉常熟市凯莱实业有限公司、戴小明公司解散纠纷案〉的理解与参照》,载《人民司法》2012 年第 15 期。

25. 施杨、闫伟伟:《公司解散纠纷案件的审理思路与裁判要点》,载"上海一中法院"公众号,2019 年 5 月 27 日。

26. 马士鹏:《公司司法解散的要件》,载《人民司法》2021 年第 11 期。

27. 李建伟:《司法解散公司事由的实证研究》,载《法学研究》2017 年第 4 期。

28. 蒋大兴:《"好公司"为什么要判决解散——最高人民法院指导案例 8 号评析》,载《北大法律评论》2014 年第 1 期。

29. 汪晓波:《顾恺诉安庆市天盛装饰工程有限公司申请撤销仲裁裁决案——如何确定公司在设立阶段所签订合同的民事责任主体》,载最高人民法院中国应用法学研究所编:《人民法院案例选(第 117 辑)》,人民法院出版社 2018 年版。

30. 李芹:《有限公司股东资格确认法律问题研究》,山东大学 2007 年硕士学位论文。

31. 张勤、钱茜:《真实的债转股可认定为出资》,载《人民司法》2021 年第 2 期。

32. 王晨:《浅析股东出资义务加速到期》,载"东方法律人"公众号,2021 年 10 月 12 日。

33. 王斌、左靖东:《自行清算的基本流程》,载"企业法律风险管理中心"公众号,2020 年 2 月 19 日。

34. 赵旭东:《第三种投资:对赌协议的立法回应与制度创新》,载《东方法学》

2022 年第 4 期。

35. 刘燕:《"对赌协议"的裁判路径及政策选择——基于 PE/VC 与公司对赌场景的分析》,载《法学研究》2020 年第 2 期。

36. 王毓莹:《对赌纠纷裁判的法律适用逻辑与诉讼体系定位》,载《华东政法大学学报》2021 年第 5 期。

37. 孙赛男、杜欣怡:《一文梳理不同类型股份公司股份转让场所及变更登记情形》,载"法天使"公众号,2020 年 2 月 28 日。

38. 杨清清:《股权重复转让应当向谁履行——马罗喜诉陈昌信股权转让案》,载国家法官学院案例开发研究中心编:《中国法院 2017 年度案例·公司纠纷》,中国法制出版社 2017 年版。

39. 唐青林、贾伟波:《未明确股权价格的股权转让合同,是本约合同还是预约合同?》,载"公司法权威解读"公众号,2020 年 8 月 6 日。

40. 李志刚:《股权让与担保的多维透视与法律适用》,载《法律适用》2021 年第 5 期。

41. 张英周:《股权让与担保中,谁有权持有公司印章证照?》,载"京法网事"公众号,2021 年 1 月 28 日。

42. 张英周、车玉龙:《股权让与担保的效力及内、外部法律关系处理规则——甲公司诉乙公司、崔某返还原物纠纷案》,载"北京审判"公众号,2020 年 9 月 25 日。

43. 何晓安:《公司法人人格否认纠纷的举证要点》,载"高杉 LEGAL"公众号,2020 年 8 月 13 日。

44. 黄英、钱滢:《股东知情权纠纷案件的审理思路和裁判要点》,载"上海一中法院"公众号,2020 年 3 月 23 日。

45. 马乐呈:《无法准确把握公司决议瑕疵类型时的诉讼方案制定》,载"高杉 LEGAL"公众号,2021 年 11 月 3 日。

46. 花泽鹏:《涤除法定代表人登记纠纷办案精要》,载"炜衡上海律师事务所"公众号,2022 年 7 月 21 日。

47. 陶肇炜:《公司印章法律效力研究》,湖南大学 2012 年硕士学位论文。

48. 唐青林等:《与公司印章证照控制权纠纷案件有关 25 个典型判例及裁判规则汇总》,载"法客帝国"公众号,2017 年 3 月 14 日。

49. 上海第一中级人民法院:《损害公司利益责任纠纷案件的审理思路和裁判要点》,载"法语峰言"公众号,2020 年 11 月 23 日。

50. 施天涛:《公司法应该如何规训关联交易?》,载《法律适用》2021 年第 4 期。

51. 高俊、王珊:《董监高保护伞之商业判断规则在司法实践中的运用》,载威科先行公众号,2021年9月14日。

52. 何云、及小同:《董事损害公司利益之过错认定》,载《人民司法》2022年第5期。

53. 周欣、石洋洋:《上市公司董事担责,该如何认定?》,载上海金融法院公众号,2022年1月4日。

54. 杨力:《公司法语境下竞业禁止的认定标准与救济》,载北京市第一中级人民法院公众号,2022年5月28日。

55. 张桦:《自我交易的效力及归入权行使》,载《人民司法》2021年第14期。

56. 陈基周、陈芳序:《公司清算后出现新债务的处理》,载《人民司法》2021年第11期。

57. 沈旭军:《股东对公司注销后遗留债务承担保结责任应审查公司未经依法清算即注销的事实要件》,载上海市高级人民法院网,2011年11月21日。

58. 陈巨澜:《对专有技术出资的认定——上海新友水性聚氨酯有限公司诉段友芦、邹荷仙股东出资案》,载国家法官学院案例开发研究中心编:《中国法院2018年度案例·公司纠纷》,中国法制出版社2018年版。

59. 田璐、王天冕:《出资人以合同目的不能实现解除出资协议的司法认定——田某虎诉华北(北京)电气有限公司股东出资案》,载国家法官学院、最高人民法院司法案例研究院编:《中国法院2020年度案例·公司纠纷》,中国法制出版社2020年版。